장자, 제자백가를 소요하다

장자, 제자백가를 소요하다

이 책을 쓰는 동안 함께 한

이정욱(李正旭)

마영범(馬英範)

임희근(林希根)

강대구(姜大求)

이승원(李承遠)

오혜종(吳惠鐘)

정양수(鄭良秀)

노경래(盧慶來)

이왕복(李旺馥)

9명의 도반들께 이 책을 바칩니다.

차례

머리말

　우리는 세상에 대해서 얼마나 알 수 있고, 그렇게 알게 된 것은 또 얼마나 정확한 것일까? 그리고 세상에 대해 이렇게 저렇게 해야 한다고 주장하는 수많은 견해는 어느 것이 옳고 어느 것이 그른 것일까? 머리가 말랑말랑하던 시절, 여러 주장을 만날 때마다, 이쪽 주장을 들으면 이것이 맞는 거 같고, 저쪽 주장을 들으면 또 저것이 맞는 거 같아서 머리가 복잡했던 적이 많다. 각자의 입장에서 각자가 옳을 수 있다는 성숙한 견해에서 그렇게 느낀 게 아니라 뭐가 뭔지 몰라서 혼란스러웠던 탓이다. 도대체 어떤 견해가 옳은 것일까? 이 물음에 대한 답을 찾는 과정에서 나는 장자에게 큰 빚을 졌다.

　어릴 적부터 무언가 좁은 소견을 드러낼 때 늘 듣던 소리가 있다. '모르는 소리, 그건 장님 코끼리 만지기야!'라는 말인데, 이른바 군맹무상(群盲撫象)이다. 하도 친숙히 듣던 소리라 우리말 속담인 줄로만 알고 있었는데, 나중에 알고 보니, 불경에 나오는 어떤 이야기에서 유래한 것이었다. 내막은 이렇다.

　『열반경』「사자후보살품」의 이야기 하나. 어느 날 왕이 소경들에게 코끼리를 보여주고 무엇인지 묻자, 각기 그 대답이 달랐다, 이빨을 만진 이는 무라고 했고, 귀를 만진 이는 키(箕)라고 했고, 머리를 만진 이는 돌이라 했으며, 다리를 만진 이는 기둥이라고 했는데, 이에 왕은, 이들이 코끼리에 대해 제대로 말하고 있는 것은 아니지만, 말하고 있지 않은 것도 아니라고 말한다. 아마 이때 코끼리란 불성(佛性)을, 소경이란 어리석은 중생을 가리키며, 중생들이 좁은 소견으로 불성을 이해하고 있음을 비판한 듯하다.

그런데 어느 날 화쟁(和諍)을 주장하는 대화상(大和尙) 원효(元曉)의 글을 보다가, 뒤통수를 맞은 것 같은 신선한 충격을 받은 적이 있다. 위의 이야기를 원효식 관점에서 보면, '어쨌든 모두 코끼리에 관해 이야기하고 있는 것이 아닌가!'라는 말로 집약된다. 다시 말해 신라 불교에서, 복잡하게 분열하며 논쟁하고 있는 뭇 주장들 역시 '어쨌든 모두 부처에 대해 말하고 있는 것' 아니냐고 원효는 말한다.

이 말은 나에게 퍽 눈이 밝아지는 깨우침을 주었다. 소경이 자기 손에 잡힌 것을 자기가 아는 것에 근거하여 해석하고 이해하는 것은 어찌 보면 지극히 자연스러운 일이 아닌가. 장자는 자연의 실상에서 보면, 모든 존재자는 각기 자기에게 마땅한 바에 따라 존재를 영위한다고 한다. 즉 각득기의(各得其宜)라는 것인데, 자연의 입장에서 각 존재자는 각기의 이유를 가지며, 그러한 실존 그 자체에는 어떤 오류도 없다는 것이다. 그러므로 각각의 관점에서 옳음의 근거를 찾아야 한다는 것(因是)이고, 세상사의 요청에 대한 부득이한 일에 대해서는 합의를 위한 어떤 공통의 시각이 마련되는 것이 필요한데, 이때 중요한 것이 양중(養中)의 태도라는 것이다.

오랫동안 여러 사상가에 대해 나름의 관점으로 이해하고 있다가, 다시 장자의 관점에 따라서 백가의 사상을 보니, 제자(諸子)의 여러 견해가 옳고 그름을 가리는 차원이 아니라 각기 자신의 시대에 대한 절절한 문제의식에서 나온 충정(衷情) 어린 견해로 다가오기 시작했다. 아무도 옳지 않지만, 아무도 그르지 않음이 보였고, 모두 각기의 입장에서 옳음에 관해 주장했음이 보였다. 그리하여 '장자의 눈'에 의지하여 이들을 다시 한번 보고 싶어졌다. 그래서 그들 사상이 지닌 각각의 각득기의를 알고 싶었다. 최대한 그들의 관점에서 그들의 고민에 공감하며 그들의 사상을 이해하고 설명하고 싶었다. 이 책을 쓰게 된 배경으로서의 마음이다. 그리고 다만 인연 따라 사는 것을 원칙으로 하는 나에게, 이런 마음이 난 것도 인연사일 것이라 생각했다.

십수 년 동안 대학에서 제자백가 교양강의를 하면서 적절한 교재가 하나 있었으면 좋겠다고 생각하면서도 쉬이 실행에 옮기지 못하고 있었다. 그러던 중 어느 날 어떤 이유에서인지, 강의를 마치고 돌아와 책상에 달라붙어 그날 수업한 내용을 복기해 기록하는 내 모습을 보았다. 그리고 그것이 이 책의 시작이 되었다. 복기한 내용에 이런저런 내용을 덧붙여 정리하여 막 한 꼭지를 마치고 났을 때, 여동생이 젊은 나이에 말기 암에 걸렸다는 사실을 알게 되었다. 동생은 14개월간의 힘겨운 투병 끝에 하늘나라로 가버렸고, 그 과정에서 나 역시 절반은 함께 죽어가고 있었다. 물론 책 원고는 한 걸음도 나가지 못했다.

그러고 나서도 한동안은 책에 손을 대지 못하고 있었다. 조금씩 슬픔에서 벗어나 동생의 죽음을 현실로 받아들이면서, 그리고 '죽음'이라는 피할 수 없는 명(命)을 가까이 느끼면서 다시 쓰기 시작했다. 거의 1년 가까이 조금 씩 써 내려갔고, 한 꼭지가 완성될 때마다 함께 공부하던 도반들이 정성스레 읽어주었다. 어떤 의미에서 이 책은 이 도반들이 있었기에 쓸 수 있었고, 마칠 수 있었던 것 같다. 삶과 죽음을 평등하게 보는 것에는 아직 미치지 못했지만, 언젠가는 그렇게 죽음을 자연스러운 변화의 과정으로 받아들일 수 있으면 좋겠다고 생각하면서 마음을 추스르며 써 내려갈 때 도반들은 든든한 힘이 돼주었다. 그리고 뒤늦게 도반으로 참여하여 원고를 봐주신 최명자 님, 장재혁 님의 조언도 큰 격려가 되었다.

이 책은 전체 16개의 강(講)으로 구성된 강의 형태의 글이다. 한 학기 강의가 16차시로 구성되기 때문에 그렇게 배치했는데, 첫 시간의 강의 오리엔테이션과 두 번의 시험 기간을 제하면 13번이다. 그래서 뒷부분에 장자를 세 강에 걸쳐 배치할 수 있었다. 앞부분의 13개의 강은 수업내용을 바탕으로 복기한 것에 살을 덧붙인 것이고, 장자 부분은 새롭게 다시 썼다. 사실 대학 강의에서 장자는 참으로 다루기 힘든 철학자이다. 강의자의 처지에서 제대로 설명하기도 힘들고, 수강자의 처지에서도 이해하기 어렵다. 장자를 언급하면서 보게 되는 것은 '대체 저런 이야기가 무슨 소용이 있지?'라는 학생들의 반응이다. 아마 장자의 말은 이렇게 저렇게 세상을 겪어보고, 마음에서도 몇 번 넘어져 본 사람들의 귀에라야 들리게 되는 모양이다.

첫 번째 강에서는 역사적으로 인류의 집단적 사유가 시작된 계기를 살펴보았고, 2강에서는 고대 중국에서 무위와 유위의 사유가 어떻게 발생하고 전개되었는지를, 3강에서는 서로 다른 이 두 사유가 어떤 내용으로 대립하는가를 보았다. 그다음으로는 후대에 계승한 자들의 사상적 스펙트럼에 따라 차례로, 대립적인 두 사유의 중용을 제창한 공자(4, 5강), 공자의 중용을 기준으로 무위 쪽으로 한 걸음 나간 맹자(6, 7강), 맹자와 반대편의 방향으로 한 걸음 나간 순자(8, 9강), 무위의 방향으로 맹자보다 한 걸음 더 간 노자(10, 11강), 유위의 방향으로 순자보다 한 발 더 간 한비자(12, 13강)에 대해 살펴보았다. 그리고 마지막 세 강에서는 무위적 방향의 사유이든 유위적 방향의 사유이든 모두 인간에 의해 만들어진 유위적 사유라는 관점에서 각 사상들의 타당성을 그 근본에서부터 다시 사유해 보자고 주장하는 장자로 마무리하였다.

천학비재(淺學非才)임을 알면서도 다소 거창한 주제를 다루려 마음을 내기까지는 많은 용기가 필요했다. 하지만 어떤 면에서 우리는 모두 코끼리를 만지는 소경이 아닐 수 없음을 위안으로 삼으면서, 그저 '저의 눈에는 이렇게 비쳤습니다'라는 말로밖에는 변명할 길이 없다. 너그러이 보아주시길 바란다.

책도 책 나름의 운명이 있다고 한다. 이 책은 쓰일 때도, 또 탈고 이후에도, 꼴을 갖추고 태어나는 데도 이런저런 일을 많이 겪었다. 그 역시 이 책의 운명이다. 마침내 책이 인연을 만나게 해준 김보경 님께, 그리고 원고를 보자마자 반가워하며 자기 일로 삼아주고, 제대로 된 모습을 갖춰주기 위해 열과 성을 다해 일사천리로 일을 진행해 준 빈빈책방 박유상 대표님께 오랜 인연을 즐거워하며 깊은 감사의 마음을 전한다.

2018년 새해 벽두에
정용선

제1강

인류, 집단적 사고를 시작하다

이 강의의 전반부 열세 개의 강의는 장자 철학에 본격적으로 들어가기 전, 그 철학이 나오게 된 시대적 배경과 사상사적 개요를 큰 틀에서 짚어보기 위한 것입니다. 장자는 제자백가 사상 중에서 가장 철학적인 체계를 갖추고 있습니다. 여기서 철학적이라는 것은 단지 당대의 시대적 문제를 해결하기 위한 처방으로써 제출된 여타의 사상과는 달리 인간과 세계의 근본 문제에 대한 사유를 주로 다루고 있다는 것을 의미합니다. 장자 철학의 어떤 점이 그러한지에 대해서는 강의 후반부 장자 편에서 천천히 살펴보기로 하고 여기서는 우선 장자 이전의 상황을 살펴보려 합니다.

추축의 시대

지금도 전 세계 대학에서는 2천 년 전의 철학을 공부합니다. 붓다와 소크라테스, 공자와 예수, 이 네 분의 철학에서 시작합니다. 그런데 묘하게도 이분들이 활동하던 시기는 지금부터 대략 2천 년에서 2천 6백 년 전에 해당합니다. 여기서 한 가지 의문이 듭니다. 지금도 여전히 가장 강대한 영향력을 미치고 있는 스승들이 이 시기에 약속이나 한 듯이 한꺼번에 나타난 것일까요?

독일의 실존주의 철학자 야스퍼스(Karl Jaspers, 1883~1969)는 이 시기를 '추축(樞軸)의 시대(The Axial Age)'라고 부릅니다.[1] 그 이유는 이 시기에 인간의 사유가 가장 깊고 가장 높은 수준에 이르렀기 때문이라고 합니다. 말하

---

[1] 칼 야스퍼스, 『역사의 기원과 목표』(Vom Ursprung und Ziel der Geschichte, 1949). 한국어 번역판은 백승균 옮김, 이화여자대학교 출판부, 1986.

자면 인간의 본질, 우주의 원리, 인간과 세계와의 관계, 온당한 삶의 길 등등 시대를 뛰어넘는 인간 보편의 문제가 이 시기에 한꺼번에 다루어졌을 뿐만 아니라 거의 완성된 형태로 제출되었다는 것입니다. 그런데 여기서 또 한 가지 의문이 듭니다. 이 시기에 대체 무슨 일이 있었기에 별 교류도 없었던 동양과 서양 모두에서 깊이 있는 사유체계가 완성되었는가 하는 것입니다.

물론 언제 어디서든 어떤 한 개인이 자기 생각을 개인적으로 피력할 수는 있습니다. 그러나 그것이 하나의 사상적 조류가 되고 큰 흐름의 힘으로 자리 잡기 위해서는 일정한 공동의 경험이 필요합니다. 집단적인 경험은 사람에게 공동의 문제의식을 느끼거나 공동의 해법을 추구하게 할 가능성을 높이기 때문입니다.

자, 그럼 한번 생각해 봅시다. 어떤 경우에 우리는 '생각'을 많이 하게 될까요? 대체로 고민이 있을 때 집중적으로 많은 생각을 하게 됩니다. 문제에 봉착해서 문제를 해결하는 과정에 고민하게 됩니다. 그런데 고민을 통해 해당 문제만 해결하는 것이 아니라, 그 과정에서 드러난 자신의 문제와 부딪치기도 하고 이전에 몰랐던 문제의 밑바닥을 보기도 합니다. 그러는 동안 수없이 갈등하고 방황도 하게 되죠. 고민하면서 때로 잊기도 하고 때로 망가지기도 하고 때로 발광하기도 합니다. 그렇다면 이 시기에 인류가 집단으로 고민해야 할 문제가 있었다는 것에서 이 시기에 인류는 집단으로 무언가를 경험한 것이 아닐까를 미루어 짐작해 볼 수 있습니다. 개인으로도 고민이었겠지만, 함께 고민할 수밖에 없는 어떤 일들을 겪었던 것은 아닐까요?

철기, 인류의 삶을 바꾸다

그렇다면 이 시기가 어떤 시대였는지부터 살펴보겠습니다. 역사가들에 따르면, 기원전 1200년 무렵 아메리카 대륙과 오세아니아 등 몇몇 지역을 제외하면 인류가 거주하는 전 지역에 걸쳐 히타이트를 필두로 앞서거니 뒤서

거니 철기가 도입되었습니다.[2] 그리하여 기원전 1000년 무렵에는 유럽의 거의 전 지역으로 철기가 퍼져나갔고, 인도와 중국에도 철기가 유입되었습니다. 그러니까 대략 네 분의 스승이 나타날 때까지 700년에서 1000년 동안 철기화가 진행된 것입니다. 그렇다면 인류 역사에서 철기의 도입은 도대체 어떤 역할을 했던 것일까요?

철기의 유입은 인류사에 엄청난 변화를 가져오게 됩니다. 그중 하나는 추축의 시대가 출현할 수 있는 토대가 이 시기 만들어진 것입니다. 우리는 이 시기에 구체적으로 정확하게 어떤 일이 일어났는지는 잘 알지 못합니다. 다만 구석기에서 신석기에 접어들면서 인류는 농경을 시작하고 정착생활을 하게 되었다는 것, 그리고 청동기시대에 접어들면서는 보다 큰 부족 국가 형태를 이루게 되었고, 철기시대에는 규모 있는 고대 국가 체제가 등장했다는 정도를 알고 있습니다. 그런데 이런 것이 단순히 형태상의 변화를 이해한 것이라면 더 중요한 것은 철기를 사용하면서 어떤 질적인, 즉 내용적인 변화가 일어났는가 하는 것이겠지요.

역사학자들에 따르면, 그 이전 시기에 비해 가장 두드러진 변화는 철제 농기구와 가축을 농경에 사용한 것이라고 합니다. 청동기시대에 청동은 농기구를 만드는 데는 거의 사용되지 않았습니다. 주로 거울 등의 생활용품이나 장식품 등을 만드는 데 사용되었지요. 철제 농기구의 사용은 그 이전까지는 경험해 보지 못한 비약적인 곡물 생산량의 증가를 가져왔습니다. 쌀을 한번 예로 들어 볼까요. 이전에 한 섬의 쌀이 생산된 농토였는데 소나 말 같은 가축과 보습과 같은 철제기구를 이용해 농사를 지으니 열 섬의 쌀이 생산되었다고 합시다. 대단히 놀라운 일이죠. 모두 다 놀랐을 겁니다. 사람들의 인식도 자연스럽게 달라졌겠지요. 별 볼 일 없었던 땅이 귀한 자산이 되고, 농사를 짓지 못하던 땅도 개간하려는 생각을 가지게 되었습니다. 농사를 짓기 위

---

[2] 쇠는 구리보다 용해 온도가 높아서 강했으며, 철광 자원 또한 풍부해 생산비용이 적게 들었다. 이런 배경 위에 철은 청동기를 대신해 인류사에서 가장 많이 사용되는 금속이 되었다. 그러나 아메리카나 오세아니아 등 유럽인에 의하여 식민화된 대륙에서는 철기시대가 존재하지 않는 예외적 경우도 존재한다.

해서 가장 필요한 것은 땅과 노동력입니다. 생산량이 늘게 되면서 땅의 가치도 커지고, 생산을 담당하는 노동력도 더 많이 필요하게 되었지요.

한편 거의 장식용으로 사용되던 청동제 기구와 달리 철제 무기는 엄청난 위력을 발휘했습니다. 유례없는 살상력을 지닌 군사무기에 말과 기구가 합쳐진 전차도 등장했습니다. 이제 전투는 곤봉을 휘두르고 대나무 창과 돌촉이 달린 화살을 쏘는 규모를 넘어섰습니다. 토지의 가치가 높아져서 전쟁은 이제 자연스럽게 토지 쟁탈전이 되었고, 더욱 많은 노동력을 차지하기 위한 노예 확보전쟁으로 이어졌습니다. 말하자면 철기의 도입은 인류사에 한 획을 그을 정도로 대규모의 전쟁발발 사태를 가져온 것입니다.

철기, 인류를 고뇌하게 하다

그렇다면 대규모로 빈번하게 벌어지는 전쟁은 인간의 정신에 어떤 영향을 주었을까요? 일단 엄청난 충격과 상처, 그리고 고민을 안겨주었을 겁니다. 그 이전까지는 보지도 듣지도 못했던 대규모의 인명살상과 재산파괴가 이어지고, 인간이 인간을 강압적으로 지배하고, 거의 모든 일은 힘의 논리에 의해 결정되는 사태가 벌어졌을 테니까요. 이 시기를 기록한 중국의 전적(典籍)[3]에 따르면 "피가 강물처럼 흘러 절굿공이가 떠다닐 정도"였다고 하니, 그 참혹함을 짐작할 수 있겠지요. 무왕이 주나라를 건국했던 시기가 바로 철기가 유입되어 전쟁 무기로 사용되던 시기에 해당합니다.

토지에 대한 탐욕, 그로 인한 인간에 의한 인간의 살상을 보면서 당시 인류는 무슨 생각을 했을까요? 도대체 인간은 어떤 존재이기에 이런 끔찍한 행동을 하는 것일까. 인간의 본질은 도대체 무엇일까. 인간이 인간답게 산다는 것은 무엇일까. 이런 상황에서 어떻게 사는 것이 옳은 것이고, 이 상황을 진정시키는 데 필요한 것은 무엇일까 등등.

이런 고민이 깊었을 것이라는 점은 네 분 스승이 강조하신 가르침의 정점

---

[3] 『서경』 「무성편」을 인용한 『맹자』 「진심하」.

만 살펴봐도 짐작 가능합니다. 먼저 기원전 6세기 전후 활동한 붓다의 가르침의 정수는 무엇일까요? 거대한 산맥과도 같은 붓다의 가르침을 한마디로 말하기는 어렵지만 저는 일단 자비(慈悲)라고 생각합니다. 중생을 제도하고자 하는 붓다의 마음이 곧 자비의 마음이기 때문입니다. 붓다와 비슷한 시기에 활동한 공자의 가르침에 대해서는 여러 가지 관점이 있지만 저는 공자 가르침의 핵심은 인(仁)이라고 생각합니다. 붓다와 공자의 가르침 내용은 상당히 비슷합니다. 왜 이 두 사람은 자비나 인을 강조했을까요? 그만큼 인간에게 자비와 어짊이 필요하다고 생각했기 때문일 것입니다. 당시 인간들이 자비롭지 않고, 어질지 못한 행위를 많이 했기 때문이겠지요. 노자는 대도(大道)가 없어지면서 인의(仁義)가 생기게 되었다고 말합니다.[4] 또 프란츠 부케티츠라는 과학철학자는 "악이 나타나지 않거나 존재하지 않는다면 인간은 선하려고 애쓸 필요가 전혀 없을 것"이라고 말합니다.[5] 말하자면 이 두 스승은 이기적 욕망에 따른 다툼과 혼란을 악은 아니어도 문제 상황으로 보고 그것을 해결하기 위해서는 자비와 인이 필요하다고 본 것입니다.

그렇다면 소크라테스는 어떨까요? 소크라테스 자신이 직접 저술했거나 남긴 말은 없습니다. 지금 전해지는 소크라테스의 가르침은 플라톤의 기록 속에 나오는 것입니다. 그렇기에 어디까지가 소크라테스의 말이고, 어디서부터 플라톤의 주장인지 알기 어려울 때가 많습니다. 그런데도 소크라테스는 '힘이 곧 정의'라는 당시 아테네 사회의 상식에 맞서 '좋은 삶', '도덕적인 삶'에 관심을 두고, 어떤 삶이 좋은 삶이고 도덕적인 삶인가에 대해 올바른 지식, 즉 진리를 얻기 위해 노력했던 스승이라고 생각합니다.

마지막으로 예수입니다. 예수는 지금까지도 전 세계적으로 가장 강력한 영향력을 가진 종교 지도자이자 가르침을 편 스승입니다. '네 이웃을 사랑하고, 원수조차 사랑하라'라고 외친 이 스승의 핵심적 가르침은 '사랑'이라는 점에 대해서는 대부분 동의할 것입니다.

---

4) 『도덕경』 18장. 大道廢有仁義.
5) 프란츠 부케티츠, 염정용 역, 『왜 우리는 악에 끌리는가』(21세기북스, 2009).

이렇게 네 분 스승의 가르침은 '인간과 삶'에 초점이 맞춰져 있고, 인간과 인간다움이라는 주제에 대한 성찰이 주를 이루고 있습니다. 그렇다면 이 네 분 스승 이전에는 어떤 생각들이 사회를 지배하고 있었을까요?

추축의 시대 이전

기록에 따르면 추축의 시대 이전에는 대체로 자연철학이 주를 이루었습니다. 가장 이른 시기에 출현한 붓다가 살았던 곳에서는 자연을 의인화한 신들, 예컨대 태양신(수리야), 불의 신(아그니), 바람신(바유), 강의 신(강가), 죽음의 신(야마), 그리고 신들의 신 인드라(번개) 등 자연의 힘이나 추상적인 관념들을 신격화하고 신으로 숭배했습니다. 이들을 기리는 제사 의식을 주관하는 브라만들이 사회의 최상위 계급을 차지하고 크샤트리아 계급의 왕족과 귀족들이 사회를 다스리는 형태를 취했지요.

그러다가 철기가 유입되면서 영토 쟁탈전이 일어났고, 전쟁이 가속되면서 군소국들은 강대국들에 합병되고 말지요.[6] 이런 상황에서 사상계에서도 새로운 생각을 가진 세력이 등장하기 시작합니다. 이들은 의례와 제사 중심의 기존의 종교적 경향을 비판하면서 철학적 사색을 심화시킵니다. 이들이 바로 브라만에 맞서 새로운 지도자로 등장한 사문(沙門, samana)인데, 이들은 브라만들과 달리 이전의 계급제도를 무시하고 어떤 계급이라도 사문이 될 수 있다고 생각했으며 깨달음을 얻을 수 있다고 보았습니다. 이러한 생각을 가장 깊이 있게 실천한 분이 바로 붓다입니다. 계급적 구속에서 벗어나 인간의 보편적 측면을 평등하게 인정하는 경향이 나타난 것이지요.

한편 소크라테스가 살았던 그리스는 어떨까요? 이 지역 역시 자연철학이 지배하고 있었습니다. 만물의 근원에 관한 질문이 철학의 근본문제가 되었고, 만물의 근원, 즉 아르케에 해당하는 것이 물이냐 불이냐 원자냐 수(數)이

---

6) 초기 불교 경전에 따르면 당시 (북인도에는) 규모가 큰 부족 국가가 16개 정도 있었다고 하는데(십육대국, Mahājanapadas), 전쟁이 가속되면서 이 군소 부족 국가들은 점차 마가다(Magadha), 코살라(Kosala), 밧사(Vatsa), 아반티(Avanti) 등 4개의 강대국으로 합병되어 갔다고 한다.

냐 등을 놓고 논쟁을 벌였습니다. (그리스 옆의 페르시아에서 발달한 조로아스터 교 역시 불을 만물의 근원으로 보고 숭배하는 종교입니다) 그리고 다른 한편으로 자연을 의인화한 신들, 즉 올림포스의 신들을 신전에 모셔놓고 기도하고 신 탁을 받으며 살았습니다. 인도와 달리 그리스 지역은 한편으론 자연에 대해 종교적인 태도를, 또 한편으론 대단히 철학적, 과학적 태도를 지니고 있었던 셈이지요.

소크라테스 시대의 전쟁은 주변 지역 단위의 영토전쟁이 아니라 대륙을 넘나드는 대규모의 전쟁이었습니다. 페르시아 전쟁이 이 시기에 일어났습니 다. 그리스는 페리클레스 시대에 페르시아 전쟁에서 승리하고 지중해 패권 을 장악합니다. 그러면서 철학적 중심문제가 자연에서 인간으로 전환됩니다. 이러한 흐름을 주도한 학파가 소피스트인데, 대표적인 학자인 프로타고라스 는 '인간은 만물의 척도'라는 주장을 내세웠습니다. 이때 인간은 보편적 인 간이 아니라 '개별적 인간'을 의미합니다. 마찬가지로 소피스트에 속하는 트 라시마코스는 '정의란 강자의 이익'이라고 주장했고, 고르기아스는 '진리란 없다. 있다 해도 알 수 없다. 안다 해도 전할 수 없다'는 불가지론을 주장했 습니다. 이들의 이런 단편적인 말에서 우리는 인간의 행위의 옳음과 이로움, 인간 인식의 문제 등에 대한 본격적인 논의가 시작되었다는 것을 미루어 짐 작해 볼 수 있습니다. 소크라테스는 매우 치밀하고 논리적인 대화의 과정을 통해 인간은 무엇인가, 정의는 무엇인가, 진리는 무엇인가의 문제에 대해 토 론했으며 보편적 진리와 선(善)의 존재를 주장하고 그 실천을 촉구했습니다.

예수가 살았던 지역은 절대신 야훼를 섬기고 그 신이 내린 율법과 지도에 따르며, 야훼로부터 선택받아 구원된다는 선민(選民)사상을 가진 유대교가 지배하고 있었습니다. 당시 로마의 식민지였던 그 지역에서 등장한 선지자 예수는 그 이전 선지자들과는 달리 유대민족만을 사랑하는 신이 아니라 인 류 전체를 사랑하는 신의 아들임을 자처하며 인류에 대한 '보편적 사랑'을 강조했습니다. 예수가 다른 철학자와 다르게 중시한 점이 있다면 그것은 인 간에 대한 존엄과 평등이었습니다. 예수의 '신 앞에서는 모든 인간이 존귀하고 평등하다'라는 주장과 '남에게 대접받고 싶은 대로 남을 대접하라'는 황금률은 그가 가진 인간 존엄과 평등이라는 생각을 잘 드러내 줍니다. 이러한 주장은 당시 사회가 계급적 차별이 심각했으며, 인간에 대한 인간의 부당한 폭력이 자행되고 있었다는 것을 방증하는 것이기도 합니다.

이런 측면에서 보면, 결국 인류의 사유는 자연, 혹은 신에서 '인간' 혹은 '인간다운 삶'으로 옮겨갔고, 더 나아가 인간의 보편성에 대한 논의로 이어졌습니다.

철기 이전의 중원

그러면 이제 다음으로 공자가 살았던 중국을 살펴봅시다. 중국은 이 강의에서 본격적으로 다룰 장자의 나라이므로 좀 더 상세히 볼 필요가 있습니다.

위에서 언급했던 다른 문화권과 달리 중국은 역사적으로 종교적인 색채가 상대적으로 약했다고 할 수 있습니다. 수당 시대에 불교가 한 차례 황금시대를 구가했지만 그 이전이나 이후에는 별다른 종교적 기풍이 성행했던 적이 없었습니다. 게다가 불교는 민간에서는 도교와 습합해서 기복적인 종교로, 지식인층에서는 장자와 결합해서 철학적인 선불교로 발전된 것을 보면 여타 지역과는 종교의 성격 자체도 많이 다른 것 같습니다. 말하자면 중국에서는 종교가 사회정치적 시스템까지 장악하지는 못했던 것 같습니다.

대체로 중국 문화사를 살펴보면 중국은 종교적이라기보다는 실제적인 문화를 가지고 있다고 말해야 할 것 같습니다. 그래서인지 자연에 대해서도 '신'으로 숭배하는 관념은 그다지 발달하지 않았습니다. 후대에는 자연에 대한 태도를 중심으로 서로 다른 다양한 사상이 출현하긴 하지만, 초기에는 대체로 토템적 사유로 발달했던 것 같습니다. 중원을 중심으로 펼쳐진 거대한 대륙에는 청동기시대만 해도 매우 많은 부족 국가들이 있었고, 각 부족이 필요에 따라 연합하거나 통합되면서 독특한 형태의 사회구조를 이루어냈습니다. 이런 추측을 가능하게 하는 것이 바로 '용(龍)'의 존재입니다. 라오서(老

舜)가 자기 나라를 가리켜 '용의 나라 중국'이라 한 것처럼, 지금도 중국인들은 자신들을 용의 후손이라고 합니다.[7] 베이징에 있는 이화원이라는 곳에는 초기 형태의 용이 떡하니 버티고 있는데, 그 모습은 매우 단순합니다. 우리가 알고 있는 복잡한 모습이 아니라, 낙타의 얼굴에 매의 발톱, 조금은 비대한 뱀의 몸통, 사슴의 뿔 정도로 구성되어 있습니다. 그런데 왜 몇 가지 서로 다른 종에 속하는 동물들의 특성을 묘하게 결합해 놓았는지가 궁금해집니다. 베르그송이라는 철학자에 따르면 토템은 일반적으로 알고 있는 것과 달리, 동물숭배의 풍습이라기보다는 각 부족의 '로고(logo)'의 의미가 강했다고 합니다. 예를 들어 우리에게 익숙한 부족에 관한 표현으로, '어떤 부족은 곰 토템 족이다' 또는 '어떤 부족은 호랑이 토템족이다'라고 한다면. 그것은 곰의 후손이나 호랑이 후손을 지칭하는 것이 아니라, 서로 다른 혈족(de sang différent)[8]임을 나타내는 표현이라는 것입니다.

이런 견해에 비추어 보면, 방어를 위한 것이든 경제적 이익을 위한 것이든 초기 부족 단위의 집단들이 하나의 연맹체를 구성하게 될 경우, 그 연맹체를 상징할 만한 로고가 필요했을 것이고, 복속이나 지배로 이루어진 것이 아닌 연맹체라면 로고 역시 대표집단의 토템을 사용하기보다 각 토템의 상징을 합치는 방식을 택했다고 볼 수 있는 것이지요. 그리하여 점차 결합하는 연맹의 수가 많아지면서 상징 로고에 합쳐진 토템의 수도 늘어가고, 현재의 용처럼 복잡한 형태를 띠게 되었을 겁니다.

이를 뒷받침해주는 흥미로운 이야기가 있습니다. 시기를 특정할 순 없으나, 상고시기부터 민간에 전해지길 용은 아홉의 아들을 두었다고 합니다. 이를 용생구자설(龍生九子說)이라고 하는데, 여기서 흥미로운 것은 용이 아들

---

7) 라오서, 최성일 역, 『청다오의 조가비』(현우사, 2015), 27쪽(초판본 老舍, 蛤藻集, 開明出版社 1936). 지금은 중국의 동북공정 등의 작업에 따라 소수민족 전체를 통합하기 위한 정책으로 '황제(黃帝)의 후손'임을 내세우지만 전통적으로는 용의 후손으로 자처했고, 용은 황제(皇帝)의 상징으로 사용되었다.
8) 앙리 베르그송, 『도덕과 종교의 두 원천』(Les Deux Sources de la morale et de la religion, 1932), 2장 194쪽.

을 낳았으면 용을 낳아야 했는데 그렇지 않다는 점입니다. 이렇게 전해지는 민간의 설을 명나라 때 호승지(胡承之)라는 이가 『진주선(眞珠船)』에 정리해 기록해 두었는데, 이 책에 따르면 용의 아홉 아들은 각각 낳은 순서에 따라 그 이름을 비희(贔屭), 이문(螭吻), 포뢰(蒲牢), 폐안(狴犴), 도철(饕餮), 공하(蚣蝦), 애자(睚眦), 산예(狻猊), 초도(椒圖)라고 합니다.

먼저 첫째 아들인 비희는 무거운 것을 들기 좋아하여 비석 밑에서 비석을 받치고 있다고 합니다. 거북이처럼 생겨서 거북이로 오해하는 것이 대부분인데, 한(漢)대의 비석들에서도 발견되는 것을 보면 이미 춘추전국시대 이전부터 존재해 온 형태인 듯합니다. 둘째 아들인 이문은 높은 곳에서 먼 데를 바라보기를 좋아하므로 건물 지붕에 올려놓고, 셋째 아들인 포뢰는 잘 울기에 종에 장식하며, 넷째 아들인 폐안은 범을 닮은 얼굴에 시비를 가리고 논하는 것을 좋아하여 관아에 장식하고, 다섯째 아들인 도철은 먹고 마시기를 즐기므로 솥에 붙이며, 여섯째 아들인 공하는 물을 좋아하여 다리 기둥에 세우고, 일곱째 아들인 애자는 죽이기를 좋아하므로 칼자루에 새기며, 여덟 째 아들인 산예는 연기와 불을 좋아하며 향로에 새기며, 막내아들인 초도는 문을 잘 지키고 숨기를 좋아해 문고리에 조각해 넣었다고 합니다.

첫째 비희
무거운 것을 지고 있길 좋아하여 비석을 등에 지고 있음

둘째 이문
먼 곳을 내려다보기 좋아해 지붕 위에 앉아 있음

셋째 포뢰
울기를 잘하여 종의 꼭대기에 장식

넷째 폐안
시비를 가리기 좋아하고 범을 닮은 얼굴을 하여 관아에 장식

다섯째 도철
먹고 마시길 좋아하여 솥에 장식

여섯째 공하
물을 좋아하여 다리 기둥에 세움

일곱째 애자
죽이기를 좋아하여 칼에 장식

여덟째 산예
연기와 불을 좋아하여 향로에 장식

아홉째 초도
문을 잘 지키고 숨기를 좋아하여 문고리에 조각

이런 걸 보면 용이란 것이 단일 집단의 아이덴티티를 상징하는 것이 아니라 통합적인 집단의 상징이라는 주장에 무게가 실립니다.

이렇게 철기 이전의 중국이 서로 다른 토템을 가진 부족들이 연맹의 형태로 결합된 사회였으리라는 짐작은 맹자나 공자가 입만 열면 성인(聖人)으로 칭송했던 요순(堯舜)시대에 관한 서술을 통해서도 추정할 수 있습니다. 요임

금은 순임금에게 왕위를 물려주고, 순임금은 우임금에게 왕위를 물려줍니다. 물론 요순우 시대에 관해서는 사마천의 『사기』 「오제본기」나 『서경』의 「요전(堯典)」, 「순전(舜典)」에도 실려 있습니다. 하지만 이 시대가 이상적인 시대의 전범이 된 것은 공자와 맹자가 그런 의미를 부여한 해석을 해 놓았기 때문입니다.

요(堯)와 순(舜) 그리고 우(禹)

그런데 순은 요의 아들이 아니고 우 역시 순의 아들이 아닙니다. 부자상속을 하지 않았던 겁니다. 권력이든 재산이든 사유재산제도가 제도적으로 정립된 사회에서는 부자상속이나 형제상속을 하는 것이 일반적입니다. 그러니 이 시기는 아직 사유재산제도가 정립되지 않은 시기로 볼 수 있을 것인데, 바로 이 시기를 공자는 대동사회라고 하여 이상화하였습니다. 그러면 양위는 어떤 방식으로 했을까요. 맹자에 따르면 그 집단에서 가장 현자로 추앙받는 자에게 양위했다고 합니다. 요임금은 순이 현자라는 말을 듣고 자신의 두 딸, 즉 아황과 여영을 그에게 시집보내 그의 인물됨을 살펴본 뒤, 그에게 양위했다고 합니다. 권력 이양이 평화롭고 정성스럽게 이루어졌겠지요. 정확한 고증은 어렵지만 역사학자들에 따르면 이 시기는 청동기 이전, 그러니까 신석기시대의 부족연맹의 시기로 볼 수 있다고 합니다.

그런데 요임금 말년, 순이 섭정하고 있을 때 나라에 큰 어려움이 닥치게 됩니다. 그 유명한 대홍수가 일어난 것이지요. 혹자는 이를 노아의 홍수 시대로 보기도 하는데, 어쨌든 이 홍수는 그 규모가 전례 없이 큰 것이어서 대대적인 치수사업이 필요했습니다. 치수사업에 등용된 사람이 바로 우임금의 아버지인 곤(鯤)이었는데 곤이 9년 동안 힘쓰고도 치수에 실패하자 가업을 이은 그 아들 우가 이후 13년을 더 일해서 결국 성공해냈습니다. 우가 치수사업에 얼마나 집중했던지, 『열자』의 「양주편」에는 "이때 일에 너무 몰두하여 집안일도 돌보지 않았으며 몸은 비쩍 말라 쇠약해지고 손발에 굳은살이

박였다."9)라고 기록되어 있고, 맹자에 따르면 세 번이나 자기 집 문 앞을 지나갔지만 집에 들어가지 않아서 공자가 그를 현명하게 여겼다10)고 합니다.

이 대목에서 우임금의 말을 한번 직접 들어 볼까요. 『서경』「우서(虞書)」에 나오는 말입니다. 어느 날, 순임금이 우를 불러 창언(昌言), 즉 아름답고 좋은 말을 해보라고 합니다. 그러자 우는 거의 자화자찬의 수준으로 자신의 공을 이야기합니다.

> 우(禹)가 말했다. '홍수가 하늘에 넘쳐 출렁출렁 산을 감싸고 언덕까지 올라가 아래에 사는 백성들이 정신을 잃고 물에 빠졌는데, 내가 네 가지 탈것(배, 수레, 썰매, 나막신)을 타고서 산을 따라다니며 나무를 제거하고 익(益)과 함께 여러 가지 날고기(鮮食)를 먹게 하였으며, 내가 구주의 하천(九川)을 터서 사해(四海)에 이르게 하고 밭도랑과 봇도랑을 깊이 파서 하천에 이르게 하였으며, 직(稷)과 더불어 파종하여 여러 거친 음식(艱食)과 날 음식(鮮食)을 장만했으며, 힘써 재물이 있는 것을 없는 곳에 교역하여 쌓아둔 것을 소통시켰으므로 백성들이 곡식(粒)을 먹게 되고 만방이 다스려졌습니다.'11)

우임금의 말이 아니어도 치수를 위한 사업이 대규모 토목공사였음을 짐작하는 것은 어려운 일이 아닙니다. 중국은 동고서저(東高西低)의 지형인 우리나라와 달리 서고동저(西高東低)의 지형으로 이루어져 있습니다. 말하자면 서쪽은 높은 산악과 구릉지대로 되어 있고 동쪽은 낮은 평원지대이지요. 중원 지역은 거의 평지입니다. 물을 가둬둘 산이 거의 없기에 비가 크게 오면 지금도 홍수가 빈번하게 일어납니다. 그리고 요임금과 순임금은 동쪽 지역 사람입니다. 그러니 홍수로 인한 물들이 동쪽으로 많이 몰렸을 것이고, 강줄기가 달라질 정도의 대홍수였다면 당시 기술 수준으로 이 홍수를 감당해내

---

9) 『열자』 제7 양주(楊朱)편. 禹纂業事讎 惟荒土功 子産不字 過門不入 身體偏枯 手足胼胝.

10) 『맹자』「이루하」. 禹稷當平世 三過其門而不入 孔子賢之.

11) 『서경』「우서」익직편. 禹曰 洪水滔天 浩浩懷山襄陵 下民昏墊 予乘四載 隨山刊木 暨益 奏庶鮮食 予決九川 距四海 濬畎澮 距川 暨稷播 奏庶艱食鮮食 懋遷有無化居 烝民乃粒 萬邦作乂.

기는 매우 어려웠을 것입니다.

  자 그렇다면 이런 상황에서 물줄기를 막고 돌리고 하여 바다로 흘러들게 하는 대규모 토목공사를 하자면, 가장 필요한 것은 무엇이었을까요? 당연히 노동력이었을 겁니다. 지금이야 급료를 지급하면 노동력을 확보할 수 있지만 당시에는 사정이 달랐을 것입니다. 인력을 동원하려면 강력한 힘, 권력이 필요했을 겁니다. 요임금이나 순임금이 가졌던 부족연맹 수준의 권력이 아니라 더 강력하고 통제력 있는 권력이 필요했겠지요. 대역사(大役事)의 과정에서 이전보다 강력한 권력을 얻게 되어서인지, 순은 우에게 양위했지만, 우는 다른 현자에게 자신의 왕위를 양위하지 않았습니다. 오히려 하(夏)라는 왕조를 수립하여 아들에게 왕위를 세습했습니다. 드디어 연맹 수준의 느슨한 국가형태가 아니라 부자세습이 정착된 왕조국가가 세워진 것이지요. 그 이전과는 질적으로 다른 사회시스템이 구축된 것입니다. 그러면 어떤 점이 질적으로 달라졌을까요? 핵심은 무위(無爲)와 유위(有爲)의 분기, 즉 무위의 정치에서 유위의 정치로의 전환입니다. 이 부분은 다음 강에서 본격적으로 논해보기로 하겠습니다.

제2강

중원에서의 사유

유위 대 무위

중국을 제외한 문화권에서 붓다와 소크라테스 이전의 기록은 대체로 신화적인 것들입니다. 신화는 신과 영웅들의 이야기지요. 이집트의 신들이나, 인도의 신들, 올림포스 신들은 인간 영웅과 어울리며 사랑과 복수의 서사시를 남겼습니다. 트로이 이야기만 해도 얼마나 많은 신들과 그 아들들이 편을 갈라 전쟁에 뛰어듭니까?1) 반면에 역사는 인간들의 이야기입니다. 인간의 힘으로 세상을 개척하고 인간들의 욕망이 갈등하고 충돌하면서 벌어지는 서사극입니다. 그런데 묘한 것은 여타 문화권이 신화를 전승하고 있을 때 중국에서는 역사 이야기처럼 보이는 기록을 남겨 놓았다는 겁니다.

말하자면 공자 이전의 신석기시대로 추정되는 요임금, 순임금에 대한 기록이 역사의 기록처럼 문자로 전해지고, 우임금의 하(夏)와 청동기시대에 해당하는 상(商)의 기록도 그렇습니다.2) 물론 신석기시대나 청동기시대에 지금과 같은 역사서가 집필되었다고 보기는 어렵습니다만, 입에서 입으로 전해지던 이야기들이 후대에 기록되면서 이런 형태를 띤 것 같습니다. 이런 기록 덕분에 우리는 공자가 등장하기 이전, 즉 철기가 보편화되고 전쟁이 본격화되기 이전에 중원에서 어떤 사유가 발흥하고 교류하고 충돌했는지를 좀 더 자세히 살펴볼 수 있습니다.

---

1) 가장 오래된 역사서로 그리스-페르시아 전쟁을 주로 기술하고 있는 헤로도토스의 『역사』는 기원전 5세기부터 기술하고 있다. 철기 이후의 시대이다.

2) 상(商)은 후에 도읍을 옮기면서 은(殷)으로 불렸다. 경전에는 주로 은으로 나타나는데, 역사학계에서는 상으로 부르기도 한다. 상나라가 청동기 문화임은 역사유적 발굴을 통해 상당 부분 확인되었으나, 하(夏)나라의 존재는 확인되지 않으며 신석기시대에 해당하는지 청동기시대에 해당하는지도 분명하지 않다. 다만 청동기가 유입되기 시작한 초기가 아닌가 추정되는 정도이다. 1959년 하남성(河南省)에서 발굴된 이리두(二里頭, BC 2000~1600) 문화를 하의 유적으로 보는 주장이 있으나, 학계에서 별로 인정되지 않는다.

역사학자들에 따르면 중국에서 철기가 처음 등장한 것은 기원전 11세기경 주(周)나라가 건국될 즈음이고, 그렇게 등장한 철기가 보편화되면서 전쟁이 극대화된 것은 기원전 7세기 무렵부터 약 500년 동안 이어진 춘추전국시대라고 합니다. 너도나도 철제무기를 확보하면서 전쟁이 일반화된 거죠. 그런데 주나라 이전에는 상나라, 즉 은(殷)이라 불리던 나라가 있었고, 그 이전에는 우임금이 세운 하나라가 있었습니다.3)

지난 강의에 이어 이번 강의에서는 중원에서 집단적 사유가 발흥하는 과정을 살펴보려 합니다. 앞서 우리는 우임금 시대에 대홍수가 일어났고, 이를 해결하는 과정에서 시대를 가르는 새로운 사유가 출현했음을 간단히 보았습니다. 즉 유위(有爲)적 사유가 시작되었다는 건데요. 그러면 구체적으로 어떤 사유를 유위적 사유라고 하는지, 그리고 우임금 이전의 요임금과 순임금 시절에는 어떤 사유가 지배했는지 등등의 문제를 이제부터 살펴보겠습니다.

생각의 힘, 자신을 바꾸고 세계를 바꾸다

우리는 늘 '생각'이라는 걸 하며 삽니다. 무엇을 생각하는지, 어떻게 생각하는지는 서로 달라도 누구나 '생각'을 하면서 살지요. 그러면 인간이 개인적으로든 집단적으로든 '생각'을 한다는 것은 어떤 의미를 지닐까요. 사실 이 문제는 철학의 중심문제 중 하나이기도 합니다만, 철학이 여타 분야의 학문과 다루는 대상이 어떻게 다른가를 생각해보면 도움이 됩니다. 예컨대 물리학은 물리현상을, 문학은 문학작품을, 생물학은 생물현상을, 역사학은 역사적 사실을, 법학은 법률을 대상으로 합니다. 그러면 철학은 무엇을 다루는 학문일까요. 사실 철학 공부 백날 해봤자 벼 한 포기 키우는 데 도움이 되지 않습니다. 그래서 참으로 실용성이 없는 학문이라고들 하지요. 그런데 정말 그럴까요. 이런 평을 듣는 이유는 아마도 철학이 대상으로 삼는 것이 외부

---

3) 하(夏)와 상(商)은 전설처럼 전해지다가, 1898년 갑골문이 발견되고 이어 20세기 초 은허(殷墟)가 발굴되면서 상나라는 역사적으로 인정되었다. 은허의 은왕조 유적은 『사기』의 기록과 거의 일치하는 까닭에, 학계에서는 하왕조까지는 소급 인정할 수 있다는 견해가 있다.

사물이나 세계 자체가 아니라 세계에 대한, 사물에 대한, 인간에 대한 사유 그 자체이기 때문일 것입니다.

토머스 네이글(Thomas Nagle. 1937~)[4])이라는 미국의 철학자는 『죽음에 관한 질문』(Mortal Questions)이라는 책에서 "왜 생쥐의 삶은 부조리하지 않은가"라는 질문을 던진 뒤 이렇게 말합니다. "왜냐하면 생쥐는 자신이 결국 한 마리의 쥐에 불과하다는 것을 깨닫게 해줄 자기의식과 자기초월의 능력이 없기 때문이다. 만일 생쥐에게 이런 깨달음이 생긴다면 그의 삶도 부조리해질 것이다."[5])

네이글의 생각을 따라가 보면, 결국 인간이 사유하고 성찰할 수 있는 것은 생쥐와 달리 자기의식과 자기초월능력을 지녔기 때문일 겁니다. 그리고 생각하는 능력은 개인적으로든 집단적으로든 공포나 불안이 심화된 상황에서 그 힘이 더욱더 강하게 발휘합니다. 공포와 불안의 원인이 자연에 있을 때는 자연을 극복하고 개조하는 방향으로 힘을 발휘하고, 그 원인이 인간이나 사회에 있을 때는 인간 본질이나 내면을 향해 파고듭니다. 그리하여 생각하는 힘은 자신을 바꾸거나 세계를 바꾸는 어떤 변화를 이뤄냅니다.

수천 년 전 중원대륙을 덮친 물 공포와 그로 인한 생존의 불안은 이전보

---

[4]) 미국의 철학자. 1974년 발표한 「박쥐가 된다는 것은 어떤 것일까?」(What Is It Like To Be A Bat?)라는 글로 학계의 주목을 받으며 잘 알려졌다. 저서로 『이타주의의 가능성』(The Possibility Of Altruism, 1970), 『죽음에 관한 질문』(Mortal Questions, 1979), 『이 모든 것은 무엇을 의미하는가?』(What Does It All Mean?, 1987), 『평등과 편파』(Equality And Partiality, 1991), 『마음과 우주』(Mind And Cosmos, 2012) 등이 있다.

[5]) 생쥐 이야기가 나오니 떠오르는 이야기가 있다. 생쥐와 코끼리의 진화에 관한 이야기인데, 우리는 일반적으로 진화라고 하면 뭔가 발전이나 진보라고 생각하지만, 실제로는 그게 아니라 자연에 적응해나가기 위한 변화라고 한다. 그런데 코끼리와 생쥐는 두 종 모두 진화의 마지막 단계에 있다고 한다. 말하자면 멸종을 향해 나아가고 있다. 코끼리는 포식자로부터 자신을 방어할 수단, 즉 뿔이나 발톱을 가지고 있지 않기 때문에(상아는 어금니이다.) 몸을 계속 키우는 방향으로 진화했다고 한다. 5천만 년 전 코끼리의 조상은 돼지 정도의 몸집을 가지고 있었다고 한다. 생쥐 역시 방어수단을 갖지 못해 코끼리와 반대로 몸집을 줄이는 방향으로 진화했다고 한다. 그리하여 하루 종일 빠르게 움직여야 하고, 자기 몸무게의 50배나 되는 양의 먹이를 먹어야만 한다고 한다. 그런데 여기서 생각해볼 게 있다. 이 코끼리와 생쥐가 자신들의 처지를 바꾸기 위해 어떤 노력을 기울이거나, 아니면 처지를 비관하여 자살했다거나 하는 경우를 들어보았는가.

다 훨씬 더 실제적(practical) 측면의 사유를 필요로 했고, 이에 적극적으로 응한 우임금이 하왕조를 수립하면서 새로운 시대, 공자와 맹자가 언필칭하는 '요순시대'와는 다른 시대가 열린 것입니다. 맹자의 말을 빌리면 요순의 무위지치(無爲之治)에서 우의 유위지치(有爲之治)로 전환이 이루어진 겁니다.

우, 유위의 다스림을 일으키다

유위란 무언가의 목적을 이루기 위해 자연의 본래 결(理)을 거슬러 자연에 인위적이고 인공적인 힘을 가하는 것인데, 자연에 자연스럽게 녹아드는 방식이 아니라 맞서는 방식을 사용합니다. 그렇기에 자연을 인간과 대립적인 위치에 놓고 대상화시킨다는 특징이 있습니다. 그렇게 함으로써 자연에 대한 인간의 지배 영역을 넓혀 나갑니다. 이 점은 앞에서 인용한『서경』의 우의 발언에서도 확인됩니다. '산에 다니며 나무를 제거했다'라는 것과 '네 가지 탈 것'을 사용했다는 것이 그것입니다.

우임금은 물길을 트는 데 왜 산의 나무를 베어내야 했을까요. 물이란 아래를 향해 흐르는 것인데, 왜 높디높은 산으로 올라갔을까요. 여기서 바로 자연을 개조한다는 개념이 등장합니다. 산이 가로놓여 물이 빠지지 않으니 산을 허물어 물길을 내야 했을 것이고, 산을 허물기 위해서는 우선 나무를 베어내야 했겠지요. 평지에는 온통 물이 범람하여 오직 보이는 것은 산이나 높은 언덕뿐이었다는 기록을 보면, 왜 산을 깎고 허물어야 했는지 이해가 됩니다.

과학기술이 첨단으로 발달했다는 지금의 기술로도 산을 깎고 허무는 것은 매우 큰 역사(役事)에 해당하는데, 청동기 혹은 그 이전의 기술 수준으로 이런 작업을 해야겠다고 생각한 것이나, 또 해낸 것은 간단히 넘어갈 문제가 아닙니다. 자연과 사이좋게 생존을 도모하지 못하는 상황에서 자연은 공포와 불안의 대상이 되었을 것이고, 이 자연을 어떻게든 이겨내지 않으면 안 된다는 절박한 심정은 거대한 자연의 힘에 맞선 인간의 '꾀(謀)', 즉 지능을 극대화하는 노력을 기울이게 한 것입니다. 동시에 사회집단의 규모도 키워야 했을 것이고요.

그러면 '네 가지 탈 것(四載)'은 어떻게 사용했을까요? 이에 대해 『서경』의 주(註)에서는 이렇게 덧붙입니다. "물에서는 배를 타고, 육지에서는 수레를 타고, 진흙에서는 썰매를 타고, 산에서는 송곳을 박아 넣은 나막신을 타는 것이다"라고.

배나 수레(바퀴), 나무썰매 등은 기원전 7천 년에서 5천 년 사이에 신석기시대부터 사용된 것인데, 우는 이런 도구를 적극적으로 사용했습니다. 그리고 송곳 박힌 나막신은 마치 등산용 신발에 아이젠을 채운 것처럼 높은 산에 오를 때 미끄러지지 않기 위해 신었던 듯합니다. 이렇게 우는 이 네 가지 유위의 방편들을 적극적으로 사용하여 자(尺)를 들고 다니며 측량을 하고, 물길을 트고 제방을 쌓아 구주(九州)6)의 물길을 바다로 흐르게 하여 치수사업을 완료했다고 합니다.

귀 기울여야 하는 우임금의 말은 또 있습니다. 바로 "직(稷)과 더불어 파종하여 …… 백성들이 곡식(粒)을 먹게 되었다"라는 것입니다. 이 말은 「익직(益稷)편」에 나오는 것인데, 익과 직이 누구냐 하면, 순임금 밑에서 일했던 유명한 현신(賢臣)들입니다. 익은 오늘날의 건설부 장관에, 직은 농림부 장관쯤에 해당합니다. 그러니 치수를 위해 토목공사를 하는 과정에서 우가 익과 함께 다니며 일했다는 것은 당연해 보입니다. 그런데 직과 함께 종자를 뿌려 곡식을 생산했다는 것은 무슨 말일까요.

서울의 광화문에서 독립문 쪽으로 가는 길에 '사직공원'이라는 곳이 있습니다. 조선시대 제사를 지내던 사직단이 있었던 자리에 조성된 공원입니다. 토지신인 사(社)와 곡식신인 직(稷)을 합쳐 사직이라 하는데, 천자나 제후가

---

6) 여기서 흥미로운 점은 구주라는 명칭의 탄생이 바로 이 우임금의 이 측량과 토목공사의 결과와 관련이 있다는 점이다. 구주란 고대 전적에서 중국을 지칭하는 용어로 사용되는 말인데, 『서경』에 '우임금 시기에 천하를 기주, 연주, 청주, 서주, 양주(揚州), 형주, 예주, 양주(梁州), 옹주의 9주로 나누었다'는 기록이 있는 걸 보면, 우임금 대에 이르러 왕조의 통치체제를 구축할 수 있는 지역 행정 단위가 개략적으로나마 조정된 것 같다.

나라를 세우면 사직단을 만들어 제사를 지내며 국태민안(國泰民安)을 기원했다고 합니다. 맹자는 "백성이 가장 귀하고 사직이 그다음이고 왕은 여기에 비해 가벼운 존재이다"[7]라고 했습니다. 이 말은 민본주의와 왕도정치를 강조하려는 의도를 담고 있는데, 여기서 맹자는 사직을 국가 자체로 간주하는 표현으로 사용하고 있습니다. 그 정도로 '직'은 후대에 신으로 지위가 격상되는 존재입니다.

그러면 '직'이라는 인물이 토지신과 어깨를 나란히 하는 신의 지위에 오른 까닭이 무엇일까요. '직'이라는 글자는 본래 '기장'이라는 곡식을 가리킵니다.[8] 치수사업으로 고인 물을 빼내고 토지를 정돈하여 안정적인 농경지를 확보하고 본격적인 농경을 시작한 것이 바로 이 시기가 아닌가 짐작해볼 수 있습니다. 앞의 인용문에서도 거친 음식(艱食)과 날고기(鮮食)를 먹게 하였다고 말한 것을 보면 이전에는 거친 농사에 수렵과 채집을 겸했던 것 같습니다. 그런데 치수사업 이후 본격적인 농경으로 곡물을 안정적으로 수확하면서, 민생도 안정되고 사회도 안정되었을 겁니다. 그러니 신으로 추앙되는 존재가 되었겠죠. 그리하여 우임금은 자신의 치적을 이런 말로 마무리합니다. "백성들이 곡식을 먹게 되고 그리하여 만방이 다스려졌다."

자 그럼 정리해볼까요. 우가 순임금의 명을 받아 13년 동안 자기 집 대문 앞을 몇 차례 지나면서도 들르지 못할 정도로 집중하고, 쇠 신발이 닳도록 산에 올라 나무를 베고 산을 허무는 엄청난 공사를 해서 물길을 사해로 통하게 하여, 농경지를 확보하고 곡식을 길러 백성을 먹이고 만방을 안정시킨 결과, 그 공으로 임금 자리에 올라 하왕조를 열었습니다. 적극적인 유위를 통해 자연을 극복하고 개조하여 인간의 삶터를 구축하여 백성들의 살길을 열어준 것입니다.

---

7) 『맹자』, 「진심하」. 孟子曰 民爲貴 社稷次之 君爲輕.
8) 우리나라에서도 조선시대 산간지방에서는 서속(黍粟)밥을 해먹었다고 하고, 관리들이 받는 곡식에도 서속이 포함되었다고 한다. 이때 '서'는 기장을 '속'은 좁쌀을 의미하는데, '서'는 찰기장을 '직'은 메기장을 가리키는 말로 둘 모두 기장이다. 당시에는 주로 기장을 먹었던 것 같다. 기록에 의하면 그다음에 보리를 재배하고, 쌀은 청동기시대 이후에야 재배되었다고 한다.

그런데 우리는 여기서 인용한 기록들이 신석기 혹은 초기 청동기시대에 대한 기록이라는 점에 주목해야 합니다. 물론, 입에서 입으로 전해 내려오면서 이야기가 걸러지고, 걸러진 후 윤색되어 문자로 기록된 것이겠지만,[9] 그 기록이 서구나 다른 문화권에서처럼 신들의 이야기로 나아가지 않고 구체적인 인간의 생존과 통치에 대한 기록으로 나아간 점이 중국답다고 생각됩니다. 실제적이라는 것이죠. 그리하여 우임금은 유가의 사관(史觀)에 따르면 유위의 정치를 연 최초의 성인(聖人)으로 기록됩니다.

요순(堯舜)의 무위지치

그러면 우임금 이전에 무위지치를 했다는 요와 순은 어떤 인물이었고 어떤 사회를 조직해 다스렸을까요. 사실, 입만 열면 요순을 칭송하면서, 부족장 수준의 인물이던 그들을 이상적 군주로 높이고, 그들의 치세를 이상적인 태평성대로 격상시켜 놓은 것은 공자와 맹자입니다. 신석기시대부터 전해지는 신화나 전설을 역사화하여 전범(典範)으로 만들어놓은 기록이 전해지고, 공맹이 그것을 역사적 사실로 보고 '이상적 모델'로 삼았다는 것은 사실성 여부를 떠나 많은 점을 시사해줍니다.

일단 『서경』의 기록을 보면, 『서경』의 첫 부분은 요전(堯典), 순전(舜典), 대우모(大禹謨)의 순으로 되어 있습니다. 뜻을 해석해보면 요전과 순전은 각각 '요임금과 순임금의 법 삼을 만한 가르침'인데 비해서, 대우모는 '위대한 우임금의 꾀(계획)'로 해석됩니다. 이 부분에서 의문이 듭니다. 어째서 앞의 두 성인은 '본받아 따를 만한 가르침'으로 받들면서, 우임금은 '꾀'로 낮추어 표현하는 것일까요. 전(典)과 모(謨)라는 표현에는 가치의 서열이 개입해 있

---

9) 『서경』은 상고시대부터 역사서술을 담당했던 각국의 사관(史官)들이 기록한 것을 공자가 정리하였다고 전해진다. 공자 당시에는 『서(書)』라고 불리다가 유학이 성장하면서 경(經)의 지위를 얻어 『서경』이라 하였고, 더 높여 『상서(尙書)』라고도 한다. 기록의 정확성 여부는 고증하기 어려우며 후대의 관점에서 윤색되면서 기록되었을 가능성이 높다. 참고로 『한서』 「예문지」에 다음과 같은 말이 있다. "옛날에는 왕실에 대대로 사관을 두었는데…… 좌사(左士)는 말을 기록하고 우사(右士)는 일을 기록하였다. 일의 기록이 『춘추』가 되었고, 말의 기록이 『서경』이 되었다."

습니다.

「요전」에 묘사된 요임금의 모습은 한마디로 빛나고 빛나는 덕 있는 존재입니다. 요에 대해 "경건하고 밝고, 교양 있고 사려 깊으며, 편안하고 편안했다. 진실로 공손하고 참으로 겸손하여, 그 광채가 사방으로 퍼져나가 하늘에 닿고 땅에 닿았다."10)라고 하니까요. 또「순전」에 묘사된 순은 "요임금과 덕이 부합하고, 깊고 명철하고 교양 있고 밝으며 온화하고 공손하고 성실하고 독실하여 현덕(玄德)이 위로 알려지니, 요임금이 마침내 자리를 이으라고 명하셨다11)"라고 되어 있습니다.

이 묘사에는 어떤 신적인 초월성이나 신비함도, 영웅적인 탁월함이나 위대함도 보이지 않습니다. 게다가 구체적인 공적이 서술되어 있지도 않습니다. 다만 갖춘 바의 인품과 덕이 너무도 훌륭하여 온 세상을 밝힌 군주라는 정도로 기록되어 있습니다. 이에 더하여 요순의 치세에는 가족들이 화합하고 백관의 직분이 공명정대하였다는 것, 절기를 정해 농사 시기를 정하고, 태음태양력에 가까운 역법(曆法)을 정했다는 정도의 치적이 기록돼 있을 뿐입니다. 그러니 요순의 위대함은 구체적이고 실제적인 공적에 따랐다기보다는, 다분히 후대에 도덕적인 이상사회로, 또 이상적인 군주로 떠받들릴 만한 추상적인 덕성에 의거한 듯 합니다.

요컨대 '어진 임금'이 '어진 정치'를 했다는 것, 바로 무위지치입니다. 즉 누가 다스리는지 모를 만큼 평화로운 치세를 이루었다는 것이죠. 하지만 입증하기는 어렵습니다. 후대인들의 희망과 이상이 담긴 채로 이상화되었을 가능성이 더 커 보입니다.

이 시기가 얼마나 이상화되어 후대에 인식되었는지는 동한 때 황보밀(皇甫謐)12)이라는 학자의 글에서도 볼 수 있습니다. 요임금이 어느 날 나라 안

---

10) 『서경』「요전」. 曰若稽古帝堯 曰放勳 欽 明 文 思 安安 允恭克讓 光被四表 格于上下.
11) 『서경』「순전」. 曰若稽古帝舜 曰重華 協于帝 濬 哲 文 明 溫 恭 允 塞 玄德升聞 乃命以位
12) 동한 때의 사학자. 그가 편찬한 『제왕세기(帝王世紀)』에 이 이야기가 수록되어 있다. 이 책은 황제들의 가계를 정리한 역사책으로 이른바 삼황오제(三皇五帝)부터 동한까지를 포함하고 있다. 주로 당시의 역사책인 사마천의 『사기』나 반고(班固)의 『한서(漢書)』에 언급되지 않은 내용이나 소략한 내용

을 둘러보고 있는데, 어떤 한 노인이 길가에 두 다리를 쭉 뻗고 앉아 한 손으로는 배를 두드리고 다른 손으로는 땅바닥을 쳐서 장단을 맞추며 이렇게 노래를 부르고 있더랍니다.

해가 뜨면 일하고(日出而作)
해가 지면 쉬고(日入而息)
우물 파서 마시고(鑿井而飮)
밭을 갈아 먹으니(耕田而食)
임금의 덕이 내게 무슨 소용이 있으랴(帝力于我何有哉).

이 노래가 바로 그 유명한 격양가(擊壤歌)입니다. 후대에 '격양가를 부른다'라는 말은 태평성대를 의미하는 관용구가 됩니다. 이 노래의 핵심은 고마움을 느끼게 해주는 정치보다는 그것을 아예 느끼지 못하는 정치가 진실로 위대하다는 것이죠. 바로 무위지치입니다. 누가 뭘 하는지조차 알 필요가 없는 다스림입니다.

무위의 다스림: 천하 공공의 대동사회

공자는 『논어』의 「위령공편」에서 "무위로 다스린 분은 순임금인데…… 몸가짐을 공손히 하고 바르게 남면했을 뿐"[13]이라고 말합니다. 그리고 맹자는 요순을 일러 '본성대로 하신 분(性之者)'라고 칭합니다. 그래서인지 '어진 정치'를 '본성대로 한 것'으로 본 맹자는 어짊(仁)을 인간 본성으로 보고 성선설을 주장합니다. 그러면 '본성대로' 이끌었던 무위지치의 사회는 어떤 사회일까요. 그 단서가 『예기』「예운(禮運)편」에 있습니다.

어느 날 공자가 노(魯)나라의 국가 제사에 참여했는데, 제사를 마치고 성

을 보충하고 있다.
13) 『논어』「위령공」. 子曰 無爲而治者 其舜也與 夫何爲哉 恭己正南面而已矣. 남면이란 군주가 북쪽에 앉아 남쪽으로 신하들을 향해 있었다는 데서 나온 말로, 왕노릇한다는 의미이다.

문에서 쉬다가 탄식을 합니다. 당시 노나라 현실을 탄식한 것인데, 언언(言偃)이라는 제자가 곁에 있다가 무엇 때문에 탄식을 하느냐 물었더니, '대도(大道)가 행해지던 시대'와 '하은주 시대'의 기록을 본 적이 있다고 하면서 이야기를 시작합니다. 이때 '대도가 행해지던 시대'란 바로 요순시대를, 그리고 '하은주 시대'란 우임금의 하나라와 탕의 은, 무왕의 주를 가리킵니다. 공자는 전자를 대동사회로, 후자를 소강사회로 정리합니다. 이 대동사회는 후대 청말 캉유웨이(康有爲, 1858~1927)라는 학자의 개혁입론의 근거가 되기도 합니다. 대략 그 중요한 내용만 짚어보면 이렇습니다.

대도가 행해지던 시대에는(大道之行也)
천하가 공공의 것이어서(天下爲公)
현자와 능력 있는 자를 선출하여 일을 맡겼고(選賢與能)
신뢰와 친목을 가르치고 닦았다(講信脩睦).

우선 주목되는 것은 '대도'라는 것입니다. 경전이나 역사 전적에서 가장 다양하게 사용되는 것이 도(道)라는 개념인데, 여기에 '대(大)'자가 더 붙었습니다. 대체로 '도'란 자연의 결, 혹은 자연 그 자체, 즉 모든 존재자가 저 깊은 뿌리에서 하나로 이어져 운행되는 자연의 실상을 의미합니다. 여기서 대도가 행해졌다는 것은, 아마도 모든 사회구성원이 평등하게 하나로 이어져 있다는 의미로 사용된 듯합니다.

다음으로 보이는 것은 '천하가 공공의 것'이라는 표현입니다. 토지든 재물이든 사적 소유의 개념이 없었다는 것, 즉 '사유재산' 제도가 없었다는 것입니다. 그리고 지도자나 지배자가 가문이나 세도에 의해 정해지지 않았고 현명함과 능력에 따라 정해졌다는 것, 마지막으로 사회가 추구하는 기본 가치가 효율이나 성장이 아니라 신뢰와 화목이었다는 겁니다. 물질적 가치보다 도덕적 가치를 중시했다는 것이지요. 그다음은 이렇게 이어집니다.

그러므로 사람들은 자기 부모만을 부모로 여기지 않았고(故人不獨親其親)
자기 자식만을 자식으로 여기지 않았다(不獨子其子).

당시 사회가 일부일처제가 정착된 사회였는지, 아니면 모계 중심의 공동체사회였는지 분명하지는 않지만 어쨌든 가족 단위를 넘어 공동체 전체가 가족처럼 지냈다는 의미인 것 같습니다. 다음으로 이어지는 이야기는 대략 노인들은 명을 마칠 때까지 봉양하며 돌봐주었고, 장정들에게는 할 일을 주었으며, 아이들은 성장할 수 있게 해주었고, 홀아비나 과부, 자식 없는 노인과 불구자가 생활할 수 있게 해주었으며, 남자에게는 직분을 여자에게는 가정을 주었다는 내용입니다. 수확기에 거둔 잉여곡물을 개인이 차지하여 저장하는 것이 아니라 사회적 약자를 위해 배려했음이 돋보입니다. 충실한 복지사회의 면모를 보여주고 있죠. 그리고 이어서 말합니다.

재물이 땅에 버려지는 것을 미워했고(貨惡其棄於地也)
자기만을 위해 저장할 필요가 없었다(不必藏於己).
능력이 몸에서 발휘되지 않는 것을 미워했으며(力惡其不出於身也)
자기만을 위해 쓰지 않았다(不必爲己).

재물에 대한 낭비가 없었고, 개인적인 축적이 필요 없었다고 합니다. 낭비가 없었다는 것은 중요한 의미를 갖습니다. 당시 사람들이 자연, 혹은 자연물에 대해 어떤 태도를 보였는가를 보여주기 때문입니다. 「시애틀 추장의 편지」에 보면, 백인들이 재미 삼아 버펄로를 사냥하고는 시체를 들판에 버려둔 것에 대해 매우 슬퍼하며 분개하는 내용이 있습니다. 옛날 아메리카대륙의 인디언들은 일 년에 몇 번 버펄로 사냥을 하는데, 몇 가지 원칙이 있었다고 합니다. 우선 온종일 버펄로 떼를 쫓으며 가장 뒤에 처지는 녀석을 잡았다고 합니다. 종의 보존을 위해 우수한 유전자는 남겨둔 것이죠. 그리고 일단 잡은 버펄로는 감사하는 마음으로 터럭 하나, 뼛조각 하나까지 버리지 않고 사용했다고 합니다. 생존을 위해 사냥을 해야 하긴 하나, 필요 이상 잡지 않고, 생태계를 유지보존할 수 있도록 한 것이죠. '우리는 결국 하나의 형제'라고 외친 시애틀 추장의 말처럼 자연물을 형제같이 바라보고 대지를 어머니처럼 바라보는 그들의 세계관이 반영되어 있습니다. 이런 사유 속에서는 자연과 인간이 서로 대립하지 않습니다. 자연에 대한 인간의 우위나 지배력을 인정하지도 않습니다. 그랬기에 개인적으로 재물을 저장해둘 필요가 없었겠지요. 마치 원시공산제 사회를 보는 듯합니다.

다음에 또 중요한 대목이 나옵니다. 개개인의 능력이 발휘되지 않는 것을 미워했고, 그 능력을 자기만을 위해 쓰지 않았다는 것입니다.14) 그런데 이것이 왜 중요할까요. 바로 인간 개개인의 가치와 고유성을 존중했음을 보여주기 때문입니다. 『명심보감』에는 '하늘은 녹(祿)이 없는 사람을 내지 않고, 땅은 이름 없는 풀을 기르지 않는다'15)라고 되어 있고, 『성경』에는 하느님이 모든 사람에게 각자 몫의 달란트를 주었다고 되어 있습니다. 실제로 그런지는 모르겠습니다만, 개개 인간이 모두 자기만의 능력과 고유성을 가지고 있음을 인정하고 존중한다는 것은 외적 요인으로 사람을 함부로 평가하거나 짓누르지 않아야 한다는 하나의 관점을 보여주는 것이기 때문에 귀한 것입니다. 그리고 다음과 같은 문장으로 마무리합니다.

> 그런 까닭에 모략이 일어나지 않았고(是故 謀閉而不興)
> 절도나 도적이 생기지 않았다(盜竊亂賊而不作).
> 그리하여 바깥 대문을 잠그지 않았으니(故外戶而不閉)
> 이를 일러 대동이라 한다(是謂大同).

실제로 이 시대가 어떠했는지는 알기 어렵습니다. 다만 자신이 사는 당대

---

14) 이 문장을 '자신의 힘을 쓰지 않는 것을 미워했다'고 해석할 수도 있다. 즉 공동노동을 하거나 할 때 게으름을 부리거나 남에게 미루며 자기 힘을 쓰지 않는다는 것인데, 아무래도 이상사회를 서술했다는 점에서는 적합하지 않은 듯하여 위와 같이 해석하는 입장을 취한다.
15) 天不生無祿之人 地不長無名之草.

의 문제를 심각하게 느낀 나머지 옛날을 그리워하는 상고(尙古)주의를 드러내는 것인지도 모릅니다. 퇴계나 율곡 같은 조선시대의 철학자들의 글에서 자주 보게 되는 것은 그들이 자신의 시대를 난세로 보고 한탄하는 것입니다. 그러면서 늘 옛사람(古人)의 옛 시대를 그리워합니다. 이렇게 저 먼 옛날에서 이상향을 찾으려는 경향은 기독교가 '에덴동산'을, 맑시즘이 '원시공산제'를 상정하는 것과 상통하는 점이 있습니다. 후대의 공자는 이 시대의 이런 삶이 바로 인간이 자기본성에 따라 자연으로 사는 것이라고 보았던 것 같습니다. 나아가 공자는 대동사회를 관통하는 핵심개념을 '인(仁)'으로 보았고, 맹자는 그 '인'을 인간의 본성으로 보았습니다.

그런데 잘 살펴보면 위의 글에는 '인'이라는 말이나 내용이 등장하지 않습니다. '인'을 의식할 필요가 없는 사회였나 봅니다. 인과 대립하는 그 무엇이 있어야 이것을 인이라 하고 저것을 불인(不仁)이라 할 수 있지 않겠습니까. 아마도 후대에 이르러 자기 시대와 비교해보니 그 시대가 어진 시대였고, 어진 백성들이었다고 정리하면서 '인'의 개념을 세운 것이 아닌가 싶습니다. '대도가 사라진 후에 인의가 생겨난 것'이라고 한 노자의 말이 이런 뜻이겠지요.

어진 임금과 어진 백성들이 사는 사회는 특히 조선시대 선비들의 이상향이었습니다. 조선 중종 때 혁신정치로 유명한 조광조(趙光祖, 1482~1520)가 있습니다. 도학의 기풍을 열고 선비정신의 표본을 보인 학자로 유명하죠. 기묘사화(己卯士禍)로 비극적인 최후를 맞긴 했지만 한창 때 그는 중종의 후광을 입어 개혁을 시도했습니다. 그가 표방한 것은 지치(至治)주의였는데, 그 내용의 핵심은 군주(중종)를 요순과 같은 어진 임금으로 만들고, 백성을 요순의 백성처럼 어질게 한다는 것이었습니다. 말하자면 유가의 이상사회를 만들어보겠다는 것이지요. 조광조를 필두로 하여 조선시대 선비들이 입에 달고 살았던 요순시대의 모습이 대략 이러했습니다.

유위의 다스림: 소강사회

이렇게 대동사회에 대한 이야기를 마무리한 후, 다시 공자의 이야기가 이어집니다. 이번에는 소강사회입니다. 시작은 이렇습니다.

(그런데) 지금은 대도가 이미 숨어버리고(今大道旣隱)
천하는 한 가문의 것이 되었다(天下爲家).

대도가 숨어버렸다는 것은 인간이 자연대로, 즉 자연의 결에 따르지 않고, 자연과 인간의 본성을 거슬러 살게 되었다는 표현인 것 같습니다. 자연은 천(天)으로 표현되는데, 하늘이 하나인 것처럼 인간을 포함한 자연물은 평등하게 '하나'로 연결된다고 보는 사회가 바로 대도가 행해지던 사회입니다.

그런데 대도가 '없어졌다'라거나, '사라졌다'라고 표현하지 않고 '숨어버렸다'라고 한 것에 주목할 필요가 있습니다. '없어졌다'라는 것은 존재하지 않는다는 의미이지만, '숨어버렸다'라는 말은 존재하지만 드러나지 않는다는 의미가 담겨 있죠. 말하자면 자연의 실상인 대도는 여전히 존재하지만 인간의 욕망에 가려져 드러날 수 없다고 보는 것 같습니다. 하긴 인간이 자연의 결을 거슬러 산다고 해서 자연의 결, 즉 대도가 없어지는 것은 아닙니다.

그렇게 만인의 것이었던 세상이 시대가 바뀌면서 이제 한 가문의 소유가 되었다고 합니다. 그 실마리가 되는 기록을 『서경』에서 찾아볼 수 있습니다. 어떻게 물길을 연결하고, 어떻게 산을 깎아내고, 어디에 어떻게 제방을 쌓고, 어떻게 토질을 분류하는가 등의 내용으로 가득한 「우공(禹貢)편」에 다음과 같은 기록이 있습니다. "여러 땅이 서로 바르게 (정리)되자…… 상중하로 토양을 품별하여 나라 안에 조세제도를 시행했다"라는 것, 그리고 공이 있는 자들에게 "토지와 성씨(姓氏)를 하사했다"[16]라는 것입니다. 우임금 때 조세를 거두어 왕조의 기틀을 단단히 하고, 유력한 가문의 물적 기초가 되는 토

---

16) 『서경』 「우공(禹貢)」 庶土交正…… 咸則三壤 成賦中邦 錫土姓

지와 종(宗)을 세울 수 있는 성씨를 내려 주었다는 것은 부와 권력의 세습이 시작되었다는 것을 보여줍니다. 이 글귀는 왕가에서부터 제후, 대부 등등의 유력 가문들이 일정 지역을 소유하면서 사유재산제도가 정립되었음을 표현한 것 같습니다. 그렇게 되면 지배자가 되는 방식이나 사회가 추구하는 가치역시 달라지겠죠.

> 자기 부모만을 부모로 여기고(各親其親)
> 자기 자식만을 자식으로 여겼으며(各子其子)
> 재물과 능력은 자기를 위해서 썼다(貨力爲己).

이제 시스템으로 정착된 가족주의가 나타납니다. 엥겔스는 『가족, 사유재산, 국가의 기원』에서 '물질생산의 발달과 사적 소유로 인한 계급의 분화가 일부일(다)처제의 가족과 국가 탄생의 기원'이라고 보는데, 소강사회에 대한 묘사는 바로 이런 발전 도식에 잘 맞아떨어집니다. 공동체 전체가 하나의 가족같이 살던 대동사회와 달리, 경제단위로 가족이 분화하고, 사적 소유에 근거한 제도의 개념이 생깁니다. 대동사회가 '하나(仁)'임을 보여준다면 소강사회는 '분별(知)'을 보여줍니다. '내 것'과 '내 것 아닌 것'이 나뉘고, '내 것'을 확보하고 지키기 위한 별도의 노력이 요구되는 사회였던 것입니다. '내 것 아닌 것'을 '내 것'으로 만들고자 하는 것은 인간들이 가진 평범한 탐욕입니다. 남의 것을 부러워하고, 힘만 된다면 자기 것으로 만들고자 합니다. 그러면서 다툼이 생기고 혼란이 야기됩니다. 이 혼란을 막기 위해 무엇이 필요하겠습니까. 바로 예(禮)가 등장합니다.

> 대인들은 세습하는 것을 예로 삼았으며(大人世及以爲禮)
> 성곽과 연못을 만들어 견고한 방비로 삼았다(城郭溝池以爲固).
> 예의로 기강을 삼아(禮義以爲紀)
> 예로 군신관계를 바로잡고(以正君臣)
> 예로 부자관계를 돈독하게 하였으며(以篤父子)

형제관계를 화목하게 하였고(以睦兄弟)
부부관계를 조화롭게 하였다(以和夫婦).

여기서 '예'라는 말은 매우 광범위한 의미로 사용되었습니다. 단지 의례의
절차나 관계의 예절만 아니라 규범이나 규율, 법제 등등 시스템을 운용하는
데 필요한 '룰(rules)'을 전체적으로 지시합니다. 예법에 따라 세습을 보장하
고, 또 그런 세습을 통해 지배자를 정하고, '자기 것'을 지키기 위해 성곽을
쌓고 해자를 팝니다. 군신, 부자, 형제, 부부관계를 바로잡기 위해 예를 세우
고 예를 따르게 합니다. 성곽을 세운 것은 침략이 많았다는 것이고, 밀접한
여러 관계를 예로 바로잡았다는 것은 그만큼 관계가 어지러워졌다는 정황을
시사합니다. 그리하여,

제도와 법도를 만들고(以設制度)
토지와 마을의 경계를 세웠다(以立田里).
지(知)와 용(勇)을 현명하다 높이고(以賢勇知)
자기를 위해 공을 세웠다(以功爲己).
그리하여 간사한 꾀가 나오게 되었고(故謀用是作)
이로 말미암아 전쟁이 일어나게 되었다(而兵由此起).

서로 간의 계급적 신분적 차이를 구별하는 예법과 서로의 소유물을 구분
하는 경계가 세워집니다. 서로 소유하려고 다투는 상황에서는 피할 수 없는
일이었겠지요. 그리고 자신의 소유물을 확대하고 지키기 위해 모두가 애쓰
는 상황에서 가장 필요한 것은 '머리'와 '주먹'이었을 것입니다. 그리고 너나
할 것 없이 똑똑해지고 힘세지는 것을 추구하는 한편 이를 이용하여 재물과
권세도 추구했을 것입니다. 순한 양 같은 성품이나 노루 같은 머리로는 버틸
수가 없었겠지요. 꾀 많은 자와 힘센 자들이 대우받기 시작합니다. 자신의
꾀와 힘으로 더 많은 것을 차지하고자 하면 다툼은 필연이 됩니다. 전쟁이
일어나기 시작합니다. 생각하는 힘을 자기이익을 위해 사용할 때 '꾀'로 전

락합니다. 이런 상황에 대해 지도자들은 예로써 질서를 잡습니다.

우임금, 탕임금, 문왕, 무왕, 성왕, 주공은(禹湯文武成周公)
이 예로써 뛰어난 업적을 이룬 자들이다(由此其選也).
이 여섯 군자들은(此六君子者)
예에 삼가지 않은 자들이 없었다(未有不謹於禮者也).
예로서 옳음을 드러내고(以著其義)
신의를 살피고 죄과를 드러냈다(以考其信 著有過).

어지러운 세상, 예가 필요하다

여기까지 내용으로 보면 만사의 기준이 되는 것이 예법입니다. 요임금, 순임금, 하나라, 은나라, 주나라 이야기를 다룬 『서경』에서 내용의 절반 정도를 차지하는 것이 주나라 부분입니다. 주(周)가 가장 강조했던 것은 바로 예법인데, 여기서 중요한 인물이 바로 무왕의 동생 주공입니다. 주공은 공자가 꿈에서 본 지 오래되었다고 한탄할 정도로 오매불망 그리워했던 인물인데, 무왕이 세상을 일찍 뜨자 어린 조카 성왕의 섭정을 맡았던 주공은 주나라 예법을 정리하고 완성했다고 합니다. 공자가 왜 그렇게 예를 강조했는지, 왜 그토록 주공을 사모했는지, 노자를 만나서 질문한 것이 왜 '예'이었는지[17], 그 단서를 여기서 찾아볼 수 있습니다. 예법이 만사의 기준으로 강조된 것은 예가 없으면 안 될 정도의 혼란이 있었음을 방증하는 것이죠. 그런데 공자가 살았던 춘추시대는 그 혼란이 훨씬 격심했으니, 예법이 실행되던 시기라고 믿었던 주나라 시대가 그리웠을 겁니다. '나는 주를 따르겠노라(吾從周)'라는 공자의 말은 이런 심정을 반영한 듯합니다. 이어 공자는 다음의 말로 소강사회를 마무리합니다.

---

17) 『사기』「노자한비열전」에 나오는 말이다. "공자가 주나라에 가서 노자에게 예에 대해 물었다." 孔子適周, 將問禮於老子.

인과 겸양을 가르치고 드러내어(刑仁講讓)
백성들에게 항상된 윤리가 있음을 보여주었다(示民有常).
예법을 따르지 않는 자가 있으면(如有不由此者)
권세가라도 제거하여(在勢者去)
백성들이 재앙으로 여겼다(衆以爲殃).
이를 일러 소강이라 한다(是謂小康).

윤리교육을 강화하고, 예법을 따르지 않는 자는 그에 응하는 처벌을 하여
사회질서를 유지했다는 말입니다. 요순을 '본성대로 한 자(性之者)'라고 한
맹자는 소강시대의 위인들을 '본성을 회복한 자(反之者)'라고 표현합니다.[18]
본성이 이지러지고 상실되었기 때문에 본래 상태로 회복하기 위해 유위를
했다고 본 것입니다. 여기서 유위는 예를 세우고 예로 통치한 것을 가리킵니
다. 그래서 공맹은 이들의 유위를 인정하고, 성인의 반열에 올려놓습니다.
말하자면 개인의 탐욕을 채우기 위해 유위한 것이라 보지 않았기 때문에 이
들을 유위의 성인들로 보는 것입니다. 아름답고 필요한 유위라고 본 것이죠.
이제 정리해봅시다. 자연물인 인간이 자연에 안겨 자연의 흐름에 맡겨 본
성대로 살던 무위의 시대가 가고, 예와 법을 세워 통제하지 않으면 안 되는
사회로 전환되면서 유위의 시대가 왔습니다. 이건 인류사에서 돌아올 수 없
는 강을 건넌 역사적 사건입니다. 마치 글을 배우고 나면 더 이상 글을 모르
는 상태로 돌아갈 수 없는 것처럼, 유위의 시대가 도래하면서 무위의 시대에
는 드러나지 않았던 인간의 속성들이 드러나기 시작했고, 인류의 고민은 한
단계 깊어지게 되었습니다. 숨어버린 대도를 찾아야 하고, 인간 본성에 대해
더 많이 고민해야 하는 과제를 짊어지게 된 겁니다.
이어지는 시대, 즉 은(殷)과 주(周)는 소강사회에 해당하는 사회입니다.
즉 유위의 시대인 것이죠. 그런데 이 유위의 시대 안에서도 서로 다른 사유
가 교류하고 충돌합니다. 다음 강에서는 이 부분, 즉 공자의 시대인 춘추시

---

18) 8 『맹자』「진심하」. 孟子曰 堯舜性者也 湯武反之也.

대 직전 은주 시대에는 어떤 사유가 발흥하고 교류하고 충돌했는지 살펴보겠습니다.

제3강

소강시대의 사유

———

동과 서: 이(夷)와 하(夏)

앞 강에서 살펴본 대동사회와 소강사회에 대한 묘사는 참으로 인상적입니다. 특히 대동사회는 마치 하늘나라 천사들이 모여 살던 사회 같은 인상을 줍니다. 어진 백성들이 신뢰와 화목을 기르면서 자연을 사랑하고, 각자가 자기 능력에 맞게 직분을 맡으며 온 나라 사람들이 한 가족처럼 살았다고 하니 말입니다. 그렇지만 이렇게 아름다운 이야기를 들으면서도 한편으로는 의문이 뇌리에서 떠나지 않습니다. '진짜 그랬을까?' 정말로 자기 부모와 남의 부모를 차별 없이 섬기고, 자기 자식과 남의 자식을 똑같이 보살폈을까? 더 먹고 더 가지려는 욕심을 내지 않고 똑같이 나눠 먹으면서 자기 능력과 지혜를 발휘하는 삶을 살았을까? 마치 이기심이 거세된 인간들만 모여서 산 것 같은 인상을 주기 때문입니다.

인간의 이기심

"내 손가락에 상처가 나기보다는 온 세상이 파멸하기를 바라는 것은 이치에 어긋나는 일이 아니다"[1]라고 말한 사람이 있습니다. 『인성론(人性論)』이라는 저서로 유명한 영국 철학자 데이비드 흄(1711~1776)입니다. 그의 철학적 기조로 볼 때, 이 말은 이성만으로는 도덕이 성립할 수 없으며, 공감이나 감사, 죄의식 등의 감정이 행동의 원천이 되고 정의로운 분노와 윤리적 확신이 세상을 이끄는 원동력이 된다고 주장하기 위해 한 말일 겁니다. 말하자면 인간의 행동 근거는 감성적인 면에 있다는 것을 강조하기 위한 것이죠. 그러나 한편 이 말은 인간의 한 측면인 이기심을 잘 드러낸 말이기도 합니다.

---

1) 스티븐 핑커, 김한영 역, 『빈 서판』(사이언스북스, 2004), 489쪽에서 재인용.

최초의 인류라는 아담과 이브가 에덴동산에서 쫓겨난 후, 그들이 낳아 기른 두 아들, 카인과 아벨이 세상에 남긴 첫 번째 사건은 다른 것이 아니라 살인입니다. 동생을 죽인 형, 형에게 죽임을 당한 동생의 이야기가 전해지죠. 신에게 더 사랑받기 위해 형이 경쟁자인 동생을 돌로 쳐 죽인 이야기. 사실 이 사건은 액면 그대로가 아니라 상징적 의미로 파악해야 한다고 주장하는 사람도 있습니다. 하지만 우리에게 전해진 기록은 '살인사건'입니다. 그래서 인류를 '카인의 후예'라고 칭하는 소설가도 있습니다. 어쨌든 인류 최초의 이야기에 등장하는 사건치고는 참으로 충격적이고 비극적입니다. 이 이야기 역시 인간의 폭력적인 '이기심'을 보여줍니다.

스티븐 핑커(Steven Pinker, 1954~)에 따르면, 미국 전역에서 공동소유 철학을 기초로 해서 생겨난 자급자족 생활공동체들은 대부분 내부 갈등으로 붕괴했다고 합니다. 사회주의 이념을 따르던 공동체는 평균 2년 후에, 종교적 이념을 따르던 공동체는 평균 20년 후에 붕괴했다고 하는데,[2] 그 붕괴의 이유를 한 가지로 말할 수는 없겠지만, '내 것'과 '내 주장'이 갈등과 다툼을 일으키는 계기가 되었을 것 같습니다. 또 사회주의와 시오니즘의 이상이 결합하여 탄생한 이스라엘의 키부츠 역시 해체의 길을 가고 있는데, 키부츠의 한 단원은 '농장은 기생충들의 낙원이었다'라고 말했다 합니다. '내 것이 되어야 할 것'을 차지한 무임승차한 사람들에 대한 불만의 표현이겠지요. 결국 이기심이 문제입니다.

이 문제를 다른 각도에서 생각해볼 수도 있을 것 같습니다. 그 공동체 구성원들이 무위의 세계를 경험해보지 못한 채 '유위의 돌아올 수 없는 강'을 건넌 사람들이었기 때문이 아닐까 하는 것입니다. 말하자면 조선의 선비들이 오매불망 그리워하던 요순시대의 고인(古人), 즉 '옛날 사람들'이 아니기 때문이라는 거죠. 순박함은 상실된 채 사유재산제도에 길들었으며, 전생부터 이어져 온 것이든 현세에서 형성된 것이든 각자가 자신의 옳다는 신념이 자리 잡은 상태에서 만났으니 함께 달성하고자 하는 목표가 아무리 숭

---

2) 같은 책, 451쪽.

고하고 이상적이더라도 결국 그 목표를 이루기 어려웠던 것이 아닌가 하고 말입니다.

이런 문제를 이해하는 데 도움을 주는 것이 인류학 연구입니다. 기존의 유명한 인류학자들, 예컨대 마거릿 미드의 경우에는 대체로 선사시대 방식으로 사는 원주민 종족들을 평화롭고 평등주의적이고 자연을 사랑하는 모습으로 묘사합니다. 그런데 원주민의 삶을 연구하는 인류학자들에 따르면 최근 20여 년 전부터 이런 견해는 더 이상 수용되지 않는다고 합니다.[3] 그들의 연구에 따르면 국가 이전 사회에서 벌어졌던 삶과 죽음에 관한 자료가 보여주는 실상을 한마디로 말하면, 홉스가 옳고 루소가 틀렸다는 겁니다.[4] 즉 이들의 연구는 자연으로 돌아갈수록 인간의 선한 본성이 드러난다고 주장한 루소의 견해가 아니라, 자연 상태를 경쟁과 불신의 전쟁 상태라 보고 '만인에 대한 만인의 투쟁'을 역설한 홉스의 주장을 뒷받침한다는 것이죠. 역시 이기심의 문제입니다.

그런데 인간은 성인도 되고 죄인도 됩니다. 남을 위해 죽는 사람도 있고, 자신이 살기 위해 남을 죽이는 사람도 있습니다. 사람들은 저마다 이기심의 정도가 다릅니다. 사람들은 어째서 이다지도 넓은 스펙트럼에 분포되어 있을까요. 이기심을 인간의 본성으로 볼 수 있느냐 없느냐는 논쟁은 차치하고, 일단 인간에게 이기적인 측면이 있다는 점은 부정할 수 없습니다. 어쩌면 인간 각각의 고유성은 있어도 인간의 보편적 본성이라고 할 만한 것은 존재하지 않을지도 모른다는 생각도 듭니다.

여기서 도움이 되는 견해를 주는 학자가 있습니다. 20세기 최고의 철학자라 일컬어지는 하이데거입니다. 그는 인간의 존재를 '존재' 그 자체로 다루지 않고 '세계-내-존재'로 다룹니다. 말하자면 '인간 존재' 자체를 독립적이

---

[3] 마거릿 미드의 묘사는 형식적인 조사의 결과였으며, 거의 일방적으로 왜곡된 것임이 판명되었다고 한다. 또 칼라하리 사막 쿵산 족을 묘사한 엘리자베스 마셜 토머스의 『악의 없는 민족』이라는 책의 내용 역시, 인류학자들이 오랫동안 야영하며 자료를 수집한 결과 그곳의 살인율이 미국 도심보다 더 높았다고 한다.
[4] 같은 책, 113쪽.

고 고유한 본성을 가진 존재로서가 아니라 세계와의 관계 속에서 다루는 겁니다. 이런 주장은 매우 설득력이 높아 보입니다. '인간'이란 존재는 사실 '추상화'된 것입니다. 구체적인 인간은 구체적인 공간에서 구체적인 시간 동안 구체적인 모습과 생각을 가지고 일시적으로 존재하며 생로병사의 변화과정을 겪으며 살아가는 존재입니다. 이 세계 속에 태어나고 세계 속에서 성장하고 세계 속에서 죽어갑니다.

이런 면에서 이기심의 발현 정도가 시대나 장소에 따라 차이를 보이는 까닭을 가늠해볼 수 있습니다. 사실 이기심이라는 것은 욕망과 관련됩니다. 그리고 욕망은 소유할 만한 어떤 것이 손에 잡힐 듯 눈앞에 있는 상황에서 더욱더 기승을 부리게 마련입니다. 대체로 골육상쟁의 비극은 재물이나 권력이 있는 집안에서 벌어집니다. 지금도 유산싸움으로 집안이 콩가루가 되는 사건은 싸워서 얻을 만한 재산이 있는 집에서 벌어집니다. 아무리 소유하고자 하는 욕망이 강하다 해도 소유할 만한 권력이나 재물이 눈앞에 존재하지 않는다면 욕망은 발휘될 기회를 얻지 못합니다. 이렇게 본다면 공자가 침이 마르게 칭송하는 대동사회는 아마도 소유할 만한 권력이나 재물이 그다지 대단치 않은 사회가 아닐까 싶습니다.[5] 하지만 늘어난 생산량과 가치가 증대된 토지, 그리고 강화된 권력이 존재한다면 상황은 달라지겠지요. 제한된 물질을 두고 무한한 욕망이 다투게 될 겁니다.

---

[5] 예컨대 우리의 관념은 어떻게 형성되는지를 보면 좀 도움이 된다. 우리 대부분 태어날 때부터 한동안은 기억나지 않는다. 그리고 어릴 적부터 밥상머리에서 들은 소리와 생각, 학교에 들어가서 배우면서 알게 된 생각과 배우는 과정에서 스스로 한 생각, 그리고 사회에 나와서 보고 듣고 정리한 생각들 등 말하자면 어린 생명이 자라는 과정에서 그것을 둘러싼 세계가 들려주는 소리와 생각을 들으면서 자기 생각을 형성하게 된다. '세계-내-존재'로서의 성장과정을 거치면서 결국 또 '세계-내-존재'로 살아가는 것이다. 해당 사회가 담고 있는 이기심의 아우라가 그 사회에 살아가는 존재들을 덮을 수 있는 것이다. 사람마다 '당연하다'고 생각하는 것들의 차이는 얼마나 범위가 얼마나 넓은지를 보면 설득력이 있는 견해이다.

실제로 대동사회는

이런 맥락에서 보면, 생산력이 미약하여 근근이 먹고 사는 수준의 사회, 예컨대 신석기에 해당하는 사회에서는 그런 욕망이 발현될 조건이 마련되지 않았다고 볼 수도 있습니다. 한 인간이 속한 세계의 생산력과 생산량이 인간의 이기심에 일정 정도 영향을 준다는 면에서 보면, 요순의 대동사회는 이기심을 꽃피우기는 어려웠던 사회였을 것도 같습니다.

그렇게 보면, 세 갈래 정도의 추측이 가능해집니다. 한 가지는 당시 사회 자체가 이기심이라는 단어도 모를 정도로 소박하여 자연의 결에 따랐고 사람들의 성품이 순박하며, 신뢰와 화목을 가르치는 사회였고, 그리하여 무위라는 개념조차도 생각할 필요 없이 무위의 생활을 영위하면서 살았을 가능성도 있다고 보는 것입니다. 무위의 세계에 살아가는 무위의 존재라는 '세계-내-존재'로서 말입니다. 그리하여 대동사회의 면모가 실제로 발현되었을 수도 있다는 것입니다. 후대의 공자도 자기를 둘러싼 세계의 중요성을 매우 강조하였습니다. 그는 "마을이 어진 것(里仁)을 아름다움으로 삼으니, 잘 가려 어진 곳에 처하지 않는다면 어찌 지혜롭다고 하겠느냐"[6]고 했습니다. 스스로 어질게 살고자 한다면 마을 전체가 어진 것이 필요하고 또 필요하다는 말이겠죠.

두 번째는, 아무리 자신을 둘러싼 '세계'의 내용이 그렇다 해도 인간은 정도의 차이는 있겠지만 이기심을 가지고 있다는 점은 부정할 수 없다고 보고, 후대인들이 자신의 시대에 염증을 느낀 나머지 그 시대와 그 시대 사람들을 이상화했을 수 있다는 것입니다. 이상화하기 위해선 모델이 필요했을 것이고, 그 모델에 구체적으로 자신들의 이상을 담을 내용이 필요했겠죠. 그렇게 해서 설정된 모델이 요순이고, 그 내용이 '나'와 '너'를 예리하게 구분하지 않는 대동사회였다고 볼 수 있습니다. 그리고 이런 이상화 작업을 집대성하여 마무리한 사람을 공자로 보는 것입니다.

---

[6] 『논어』 「이인(里仁)편」. 子曰 里仁爲美 擇不處仁 焉得知.

세 번째는 대동사회는 있는 그대로의 정확한 사실과 부합되지는 않지만 그 모습에 가까운 사회였고, 그것을 근거로 그 사회를 이상사회로 보고 약간의 윤색을 했을 가능성입니다. 아마도 이 세 번째가 가장 가능성이 높을 수 있습니다만 알 수는 없습니다.

그러면 이 대동사회의 무위적 사유는 이후 어떻게 되었을까요? 이미 돌아올 수 없는 강을 건넌 상태가 되어, 이제 세상에서 무위적 사유는 찾아볼 수 없게 되었습니다. 그런데 흥미로운 것은 유위적 사유가 지배하는 세상이 되었지만, 대동사회의 무위적 사유는 하나의 철학소(哲學素)가 되어, 유위적 사유 안에 존재하게 됩니다. 즉 유위적 사유 속에서 더욱 발달한 유위적 사유와, 유위적 사유 안에서 무위적 사유를 지향하는 형태로 말입니다. 그리하여 각각 중원의 동쪽과 서쪽에서 서로 다른 문화를 펼쳐나가면서 양쪽의 사유가 대립하게 됩니다.

소강사회: 동(이)과 서(하)의 투쟁사

대동시대가 지나 대도가 숨어버리고 우리가 좀 더 이해하기 쉬운 소강사회가 도래합니다. 앞서 인용된 소강시대에 등장하는 왕조는 우(禹)가 세운 하(夏)와 탕(湯)이 세운 은(殷), 그리고 무(武)가 세운 주(周)입니다. 하은주 삼대라고 칭해지는 시대가 바로 소강시대인 셈인데, 이 가운데 은(상)나라부터 고고학적 유물을 토대로 한 역사시대로 인정됩니다.

그런데 대동사회와 마찬가지로 소강사회에 대해서도 의문을 떨쳐낼 수가 없습니다. 실제로 성곽을 높이 쌓고 해자를 파가며 방어를 해야 할 정도로 싸움이 잦았는데, 과연 예법으로 잘 다스려졌을까 하는 것이 바로 그것입니다. 이 점에 대해 설득력 있는 견해를 보여주는 학자가 있습니다. 바로 중국의 대 석학이자 은허(殷墟) 발굴을 주도한 부사년(傅斯年, 1896~1950)[7]인

---

7) 근대 중국의 대석학, 역사학자. 산동성 출신으로 베이징대학교를 졸업하고 영국 에든버러대학교와 런던대학교에서 공부했다. 독일 베를린대학교에서 철학 연구원으로 공부하였으며 귀국 후 중산대학교에서 교수로 재직하며, 1928~37년에 진행된 은허 발굴을 주도했다. 대만대학교 총장을 역임했으며,

데, 그는 공자가 소강시대라고 칭송한 이 시기를 동쪽의 이(夷)족과 서쪽의 하(夏)족의 투쟁사로 보고 있습니다. 그는 '하(夏)와 이(夷)의 각축(角逐)'이라는 제목의 장 서두에서 이렇게 말합니다.

> 하(夏)의 한 시대의 대사(大事)로서 지금 고찰하고자 하는 바는 무엇인가? 대답하자면 이른바 이인(夷人)과의 투쟁으로 총괄된다고 하겠다.[8]

앞서 말한 것처럼 중원대륙은 서고동저의 지형을 가지고 있습니다. 동쪽은 평원 지역으로 세계에서 가장 평탄하고도 넓은 땅 중 하나입니다. 하천이 일정한 물길도 없이 흐를 만큼 평탄했기 때문에 인위적으로 수로를 만들어 그 흐름을 조정해야만 했는데, 그 유명한 황하 역시 제방을 쌓은 다음에 비로소 수로가 생긴 것이라고 합니다. 그러니 동쪽의 평원지대는 서쪽에 비해 인구가 훨씬 더 많았을 겁니다. 안정된 넓은 농경지와 생산을 담당할 인구가 많다는 것은 경제적으로 서쪽에 비해 동쪽이 훨씬 유리했음을 말해줍니다. 하지만 요새가 되어줄 험준함이 없었기 때문에 비옥한 땅을 노리는 침략세력을 방어하는 데는 대단히 불리했겠지요. 따라서 통치력을 확대하는 데는 유리했지만 지역을 지키는 데는 불리했을 것입니다.

이에 반해 서쪽의 거대한 지역은 몇 개의 큰 산들이 몇 줄기 하천을 끼고 조성된 고원지대여서 도시는 늘 하천의 양쪽 주변에 형성됐습니다. 이 고원지대는 몽골의 고원과 비슷해서 유목민들이 살기에 적합했다고 합니다. 이 서쪽의 고원지대는 경제적으로 동쪽에 비해 풍부하지 못했지만 지형 조건상 남을 공격하기는 쉽고 공격받기는 어렵다는 이점을 가집니다. 고산지대라 농업에는 불리했지만 구릉과 계곡의 물과 풀이 있어 목축에는 유리합니다. 지리적으로 볼 때, 억세고 사나운 부락을 키우기 용이하고, 서방 세계와 근

'상(商)나라 족속은 이족(夷族)'이라는 주장을 펼쳐 역사인류학에 상당한 발전을 가져왔다. 『이하동서설』은 이와 관련된 대표적 저서다.
8) 부사년, 정재서 역, 『이하동서설』(우리역사연구재단, 2008), 155쪽.

접해 있어 서아시아 문명의 산물들, 예를 들면 수레나 청동기, 철기 등의 유입이 빠르게 이루어졌습니다.[9]

이런 지리상의 형국에서 부사년은 앞서 등장한 우임금의 하왕조는 서쪽 체계에 속해 있고, 하와 싸워 이기고 등장한 은왕조는 동쪽 체계에 속해 있다고 말합니다. 그의 말을 들어 봅시다.

> 동한 말 이래로 중국은 항상 남북으로 분열되었지만 고대로 소급되면 그렇지 않다. 하은주 삼대 및 삼대에 가까웠던 시기에 부족 단위로부터 제국에 이르기까지의 정치적 변천은 황하와 제수 및 회수 유역을 무대로 이루어졌으며, 이런 지리적 형세는 동서의 대립이었고, 남북의 대립이 아니었다. 동서는 서로 계통이 달라 서로 대치하여 투쟁했고, 혼합되기도 했다.

> 동서 양대 지역 구도에 배치해 보면, 분명 이(夷)와 은(殷)은 동쪽 체계에 속하고, 하(夏)와 주(周)는 서쪽 체계에 속해 있다고 말할 수 있을 것이다.[10]

소강시대인 하은주 삼대가 동쪽 종족과 서쪽 종족의 대립이었다니 좀 의외라는 생각이 듭니다. 하지만 다른 한편으로는 그러면 그렇지 하는 생각도 듭니다. 그런데 이 문장에서 하은주는 각각의 왕조를 가리키는 것으로 보이는데, 이(夷)라는 족(族)은 어디의 누구를 가리키는 것일까요? 그리고 나아가 그렇다면 요순은 어느 쪽 체계에 속하는 인물이었을까요?

요순의 동이

우선 동이를 먼저 보면, 여기에 단서를 제공하는 견해가 있습니다. 대만의 노간(勞幹)이라는 학자의 말입니다. 그는 이렇게 말합니다.

---

9) 같은 책, 232-235쪽 참조.
10) 같은 책, 각각 51쪽, 235쪽 참조.

우리들은 동방 사람들을 동이(東夷)라고 부른다.[11]

동쪽 사람들을 '동이'라고 한다고 합니다. 이해가 가는 설명입니다. 이족이 동쪽 체계에 속했다고 하니, 동쪽의 이족이라는 의미의 '동이'이겠지요. 나아가 이족을 거주 지역에 따라 아홉으로 나누어 구이(九夷)라고 칭합니다.[12] 그런데 이 칭호에는 좀 심상치 않은 면이 있습니다. 이 '동이'라는 말은 '동방예의지국'과 더불어 한반도에 사는 우리 민족을 가리키는 대표적인 지칭이자 표현 아닙니까? 우리에게는 매우 익숙한 말이지요. 그런데 중국 고대사를 다루는 전적들에서 이 말을 들으니 좀 의외입니다. 이와 관련하여 한(漢)대의 학자 왕충(王充, 27~97)이 흥미로운 이야기를 전하고 있습니다.

북이(北夷)의 탁리국(橐離國) 왕의 시비가 임신하자, 왕이 죽이고자 하였다. 시비가 말하길, '커다란 달걀 같은 기운이 하늘에서 내려왔는데, 내가 이 때문에 임신이 되었습니다.' 하였다. 나중에 아기를 낳자 돼지우리에 버렸더니 돼지들이 입김을 불어 덮었기 때문에 죽지 않았다. 다시 마구간에 옮겨다 놓고 말에게 밟혀 죽게 하려 했더니 말들도 입김으로 덮혀 죽지 않았다. 왕이 하늘의 자식이 아닐까 싶어 그 어미에게 거두게 하고 노비에게 그를 먹이게 하며 동명(東明)이라 부르고 소나 말을 치게 하였다. 동명이 활을 잘 쏘자 왕은 그가 왕국을 빼앗을까 두려워 죽이려 하였으므로 동명은 달아났다. 남쪽으로 엄사수에 이르자 활로 물을 두드리니 물고기와 자라가 떠올라 다리를 놓았다. 동명이 건너자 물

---

11) 노간, 『중국문화논집(中國文化論集)』(2), 「중한관계논략(中韓關係論略)」. 이에 더하여 그는 이렇게 주장한다. '이(夷)자와 인(仁)자는 통용된다. 인(仁)자와 인(人)자 또한 한 근원에서 나온 것이다. 그러므로 중국에서 인(人)자를 일컫는 것은 그 근원이 동방에서 나왔으며, 만약 동이족이 문화적으로 선진이고 먼저 '인(人)'을 사용하였다고 하면 후대에 와서 서방에서 기원한 부족들이 이를 빌려 전 인류의 명사로 쓴 것이다.'

12) 구이(九夷)는 흔히 아홉 가지 이족을 의미하는 말로 알려져 있다. 『후한서(後漢書)』 「동이전」에 구이의 구체적 명칭으로 견이(畎夷)·우이(于夷)·방이(方夷)·황이(黃夷)·백이(白夷)·적이(赤夷)·현이(玄夷)·풍이(風夷)·양이(陽夷)가 나온다. 그런데 다른 의견도 있다. 구(九)는 고대 중국인들이 많다는 것을 표현할 때 주로 사용했던 용어로, 구이의 구는 실제 아홉을 나타내기보다는 '많다'는 의미를 갖는 형용사로 보아, 구이는 중국 고대에 존재했던 동이 집단들을 전체적으로 일컫는 명칭으로 더 많이 사용된 것으로 보인다. 『한국민족문화대백과사전』(한국학중앙연구원), '구이족' 참조

고기와 자라가 흩어져 버렸으므로 뒤쫓던 병사들은 건널 수가 없었다. 이로 말미암아 도읍을 일으키고 부여를 다스렸으므로 북이에 부여국이 생겼다.[13)]

또 위진시대 장화(張華, 232~300)가 지은 지괴소설『박물지(博物志)』에도 동이족 나라인 서언왕(徐偃王) 신화가 전해지는데, 이것 역시 놀라운 점이 있습니다.[14)]

서군(徐君)의 궁인이 임신하여 알을 낳았는데 상서롭지 못하다 하여 물가에 갖다 버렸다. 홀로 사는 외로운 어미에게 곡창이라는 이름의 개가 있었는데, 물가에 갔다가 버려진 알을 얻어 (입에) 물고 돌아왔다. 어미가 덮어서 따뜻하게 해주니 마침내 어린아이가 나왔다. 나면서 쓰러져 있어서(偃), 그것을 이름으로 삼았다. 서군의 궁에서 알에서 아이가 나왔다는 말을 듣고 달려가 다시 데려갔는데, 자라서 어질고 지혜로워 서(徐)의 군주가 되었다. …… (서언왕은) 진(陳), 채(蔡)의 사이를 드나들면서 붉은(朱) 활과 화살을 얻었다. 이것을 상서로움을 얻었다고 여겨 마침내 (주[朱]를) 자신의 이름으로 삼고 스스로 서언왕(徐偃王)이라 칭하였다.

앞의 것은 하늘의 기운으로 잉태되고, 아무리 죽이려 해도 돼지나 말 등의

---

13) 『논형』「길험(吉驗)편」. 北夷橐離國王侍婢有娠. 王欲殺之. 婢對曰 有氣大如鷄子 從天而下 我故有娠. 後産子 捐於猪圈中 猪以口氣噓之 不死. 復徙置馬欄中 欲使馬藉殺之. 馬復以口氣噓之 不死. 王疑以爲天子 令其母收取 奴畜之. 名東明 令牧牛馬. 東明善射 王恐奪其國也 欲殺之. 東明走 南至掩㴲水 以弓擊水 魚鼈浮爲橋 東明得渡. 魚鼈解散 追兵不得渡. 因都王夫餘 故北夷有夫餘國焉. 東明之母初姙時 見氣從天下. 及生 棄之 猪馬以氣吁之而生之. 長大 王欲殺之 以弓擊水 魚鼈爲橋. 天命不當死 故有猪馬之救. 命當都王夫餘 故有魚鼈爲橋之助也.

14) 『박물지』 7권 「이문(異聞)」. 徐君宮人娠而生卵 以爲不祥 棄之水濱. 獨孤母有犬鳴鵠蒼 獵於水濱 得所棄卵 銜以東歸. 獨孤母以爲異 覆暖之 遂㶸成兒 生時正偃 故以爲名. 徐君宮中聞之 乃更錄取. 長而仁智 襲君徐國 …… 乃㴘東 蔡之間 得朱弓矢 以己得知眞 遂因名爲号 自稱徐偃王. 또『후한서』「동이열전」서(序)에 이런 기록이 전한다. "서이(徐夷)가 참람하여 왕호(王號)를 칭하며 구이(九夷)를 거느리고 종주(宗周)를 쳐서 서쪽으로 황하(黃河)의 상류(上流)에까지 이르렀다. 목왕(穆王)은 그 세력이 한창 떨침을 두려워하여 동방 제후(諸侯)를 분리시켜 서언왕(徐偃王)에게 명(命)하여 다스리게 하였다. 언왕(偃王)은 황지(潢池) 동쪽에 살았는데 국토(國土)가 500리였으며, 인의(仁義)를 행하니 육로(陸路)로 와서 조회(朝會)하는 나라가 36국(國)이나 되었다."

동물들이 보호하여 살리고, 동명이라는 이름을 가졌으며 활을 잘 쏘았고 해치려는 세력을 피해 도망하는데 엄(사)수를 건널 때 물고기와 자라가 다리를 놓아주어 무사히 건너 한 나라를 창업했다는 이야기입니다. 참으로 흡사하지 않습니까? 탁리국 왕의 시비가 유화부인으로 설정된 것과 건국한 나라가 고구려가 아니라 부여라는 점을 제외하면 거의 비슷합니다. 고구려 시조 고주몽의 신화와 말입니다. 고주몽은 동명왕(東明王)이라 불렸고, 고려의 이규보는 이를 근거로「동명왕편」이라는 서사시를 짓기도 했습니다. 마치 앞의 이야기와 뒤의 이야기를 합쳐서 주몽신화가 된 것이 아닌가 싶습니다.15)

이런 이야기를 보면, 우리 민족이 지금까지 동이족으로 불리는 것에는 역사적인 연고가 있음이 틀림없어 보입니다. 이 부분에 대해서는 뒤에서 좀 더 살펴볼 필요가 있습니다.

그런데 이 동이에 대해서는 또 한마디 한 사람이 있습니다. 바로『맹자』입니다. 그는 이렇게 말합니다.

순(舜)은 저풍에서 태어나, 부하로 옮겨갔으며, 명조에서 죽었다. 동이인이다.

순임금이 '동이'인이라고 말합니다. 주희는 여기에 저풍과 부하, 명조는 모두 지명으로 동방의 이족들 지역이라고 주를 달아 놓았습니다. 실제로 역사학계에서는 순임금이 동쪽 체계에 속하는 인물이라는 것을 대체로 인정하고 있습니다. 지금도 산동지방에 가면 심심치 않게 순임금의 동상과 유적지

---

15) 부사년은『이하동서설』에서 동이 쪽 신화를 소개할 때 고구려의 주몽신화도 포함해서 넣고 있다. 중원대륙 동부 일대에 이와 유사한 신화들이 많이 분포되어 있는데, 이러한 사실은 중국 쪽에서는 고구려를 자신들의 지방정권으로 포함시키려는 동북공정의 토대로 활용되어 하나의 주장을 이루고, 다른 한편 한국 쪽에서는 우리 쪽 신화와 유사한 것이 중국 동부에 많이 있음을 근거로 하여 그 지역이 우리 역사에 포함되어야 한다고 주장을 이루기도 한다. 하지만 이런 사실이 어느 한쪽 주장의 근거가 되는지 여부는 차치하고, 일단 드러난 사실만 가지고 보면, 동쪽 일대에 이러한 신화가 많다는 것은 '중국'이라는 국가체계가 성립하기 이전의 고대시기에 동쪽 일원에 광범위하게 분포되어 있던 하나의 문화군이 있었음을 보여주는 것이고, 이 문화군이 춘추전국시대 이후 중원대륙에서는 밀려나 비주류로 남은 반면, 한반도에서는 그 문화형태가 보존되고 계승되어 현재에 이른 것으로 보는 것이 타당해 보인다.

를 볼 수 있습니다. 실제로 그 시대의 유적지가 남아 있는 것은 아니지만, 『사기』에 따르면 순임금은 역산(歷山)에서 밭을 갈고 하빈(河濱)에서 질그릇 굽고 뇌택(雷澤)에서 고기잡이하다가,16) 요임금의 선양을 받은 것으로 전해집니다. 역산은 지금의 산동성 만남시(滿南市) 교외에 있는 순경산(舜耕山)을 가리킵니다.

그런데 주나라를 세운 무왕(武王)의 아버지인 문왕(文王)에 대해 맹자는 이렇게 말합니다.

> 문왕은 기주에서 태어나, 필영에서 죽었다. 서이(西夷)인이다.17)

여기서 부사년이 서쪽의 하(夏)족이라 칭한 것을 맹자는 서이(西夷)라고 칭하는 점이 좀 흥미롭습니다만, 결국 동서의 구조로 나누어 본 공통점이 있습니다. 물론 맹자가 이 말을 한 것은 동서의 대립이나 투쟁을 말하기 위한 것은 아닙니다. 이어지는 글에서, '(그들의) 지역적 거리가 천여 리이고, 시대적 차이가 천여 년이지만, 뜻을 얻어 인과 의의 도를 나라 안에 행한 것은 부절을 맞춘 듯 일치했다'18)라고 한 것을 보면 순임금과 문왕이 시간적으로 천 년 이상, 거리상으로 천 리 이상 떨어져 있었지만, 인의(仁義)의 도(道)로 나라를 다스린 점이 같았다는 것을 말하기 위한 것입니다. 동서의 대립적 현실보다 대립의 현실을 어떻게 다스렸는가에 중점을 둔 표현이죠.

순임금뿐 아니라 요임금 역시 동쪽 종족에 속했을 가능성이 큽니다. 자연과 늘 싸워야 하는 척박한 서쪽의 산악지대에서는 '무위'의 태평성대를 상상하기는 쉽지 않습니다. 오히려 그런 지역에서는 무위의 사유보다는 유위적 사유가 필요했을 것이고, 또 그런 사유를 거듭하다 보니, 그런 사유가 더 날카롭고 깊게 발달하게 되었을 겁니다.

---

16) 사마천, 『사기』 「오제본기」. 舜耕歷山 漁雷澤 陶河濱.
17) 『맹자』 「이루장하」. 孟子曰 舜生於諸馬 遷於負夏 卒於鳴條 東夷之人也 文王生於岐周 卒於畢郢 西夷之人也.
18) 『맹자』 「이루장하」. 地之相去也 千有餘里. 世之相後也 千有餘歲. 得志行乎中國 若合符節.

동이와 서하, 교대로 중원을 장악하다

이제 정리해보지요. 위의 전적 자료나 고고학 자료에 따르면 잠정적으로 이런 결론을 내릴 수 있습니다.

① 고대에는 동쪽에 동이 문화권과 서쪽에 서하 문화권이 양립하였다.

② 동쪽의 문화권은 평원지역에 기반을 두었기에 농업이 발달했지만, 서쪽 문화권은 척박한 산악지대와 초지에 기반을 두었기에 주로 유목이나 목축이 발달했다.

③ 왕조 교체에 따라 양 문화는 중원을 놓고 투쟁 혹은 협력의 방식으로 교류가 진행된 듯하다. 그러면서 힘의 세력관계에 따라 유위적 사유를 중심으로 하는 서쪽 문화권과 무위적 사유를 중심으로 하는 동쪽 문화권이 교대로 권력을 장악했을 것으로 추정된다.

④ 대략 요순시대는 동이권에, 우임금의 시대는 서하권에, 탕임금의 은나라는 동이권에, 무왕의 주나라는 서하권에 속했던 것 같다. 즉 무위적 사유와 유위적 사유, 다시 무위적 사유, 또다시 유위적 사유가 교대로 지배했던 것 같다.

마치 저울추가 왔다 갔다 하며 균형을 맞추듯이, 두 가지 대립적인 사유나 입장이 교대로 지배하는 것은 어찌 보면 건강한 정치문화라고 볼 수 있습니다. 인류의 역사를 '도전과 응전'으로 본 토인비가 말한 대로, 끊임없이 봉착하는 문제를 해결하기 위해 새로운 도전 세력, 토인비의 표현을 빌리면 '창조적 소수'가 등장하여 문화의 변화를 끌어내고, 다시 이 창조적 소수가 지배자가 되어 보수화되면, 또 다른 '창조적 소수'가 등장하여 이전 문화의 변화를 도모하는 것이죠. 역사는 흥망성쇠를 거듭하게 마련이고, 이 성쇠의 과정에 다양한 사유와 입장이 교류하고 충돌하면서 서로 권력을 교질하는 것이지요. 그런 의미에서 유위적 사유와 무위적 사유의 교대는 나름대로 고대의 건강한 정권교체가 아니었는가 하는 생각을 해봅니다.

⑤ 이 양대 문화가 교대로 중원을 장악했으나, 이 두 문화권의 대립과 갈등이 격화되는 와중에 철기가 유입되면서 투쟁이 더욱 치열해지고 결국 혼란과 아수라의 500여 년간의 춘추전국시대가 시작되었다.

그리하여 결국 진(秦)의 통일로 6국이 통합된 것은 서쪽이 동쪽을 이긴 것이라고 부사년은 말합니다.[19] 그는 대체로 동방은 경제가 발달하였기 때문에 문화가 우세했고, 서방은 지형조건이 우세하였기 때문에 무력에서 강세를 보였다고 하는데, 500여 년에 걸친 대 투쟁기에 서방이 위력을 발휘한 것은 어쩌면 필연적인 결과일지도 모릅니다. 무위에 대한 유위의 승리인 것이죠. 이를 한 줄로 정리해보면 이렇습니다.

요순(동이) – 하왕조(서하) – 은왕조(동이) – 주왕조(서하) – 춘추전국시대(동이와 서하의 격렬한 투쟁) – 진시황의 통일(서하의 승리)

그런데 이 동이와 서하 문화권은 단지 중국에 국한된 것이 아니라 한국을 포함한 동아시아 고대문화 전체에 관여되어 있습니다. 당시에는 중국이라고 칭할 만한 실체로서 단일한 국가형태가 존재하지 않았고, 기원전 3세기 무렵 진시황에 이르러 비로소 단일 국가가 출현했기 때문입니다. 그렇기에 이 시기 사유를 고찰할 때는 중국이 아니라 중원의 사유라고 칭할 필요가 있는 것이죠.

동이의 흑도문화

그러면 이제 양쪽 문화권의 사유가 어떻게 다른 형태로 구체화되어 전개

---

19) 『이하동서설』 238쪽.

되었는지를 살펴볼 차례입니다.

이미 소강시대에 접어들었으니, 대동사회 수준의 무위로 살아가는 인간의 모습은 이제 중원에서는 발견할 수 없습니다. 소강사회라는 것 자체가 이미 유위적 사유에 의해 지배되고 있으니 말입니다. 그러나 동쪽의 무위적 사유와 서쪽의 유위적 사유는 하나의 철학소가 되어 각기 그 갈래를 달리하면서 지역적 특색을 간직한 채 조금씩 다른 형태로 발전합니다.

철학소란 '철학적 사유의 요소'를 가리키는 말인데, 시대 상황에 따라 판본(version)을 달리하여 변화를 거듭하면서도 유지되는 기본적 요소를 가리킵니다. 무위적 철학소는 주로 동쪽지역에서 자연과 인간을 연관관계로 보고 궁극적으로 자연과 인간의 일체화라는 방향으로 발전하고, 유위적 철학소는 주로 서쪽지역에서 자연과 인간을 별도의 존재로 보고, 자연에 대한 인간의 개조와 지배를 추구하는 사상으로 나아간 것 같습니다.[20]

양쪽 문화권에서 지형의 차이로 말미암아 서로 다른 경제생활과 정치조직을 형성한 것은 자연스러운 일이었을 것입니다. 따라서 동서는 뚜렷이 구별되는 문화를 가지게 되었을 것입니다. 요순시대 및 은왕조의 동이 문화와 하왕조 및 주왕조의 서하 문화는 서로 상당한 차이를 보이며 각각 특색 있는 모습으로 전개됩니다.

요순시대와 은왕조의 동이 문화를 먼저 살펴봅시다. 요순시대는 앞서 무위의 대동사회를 통해 충분히 살펴본 것 같습니다. 그러니 이제 은의 문화를 통해서 동이 쪽 사유가 어떤 특색을 띠면서 펼쳐졌는지 살펴보겠습니다.

동이 문화의 선조 격인 용산(龍山)문화는 산동성(山東省) 일대에서 발달한 후기 신석기문화입니다. 대체로 기원전 2천 4백 년에서 2천 년 사이로 추정되는데, 가장 큰 특징은 검은 토기를 많이 사용한 점입니다. 그래서 '흑도(黑

---

20) 무위적 요소는 후대에 자연(天)과 인간(人)이 하나됨을 추구하는 천인합일(天人合一)의 사상으로 발전되어 가고, 유위적 철학소는 자연과 인간을 별도의 존재로 보고 자연에 대한 인간의 개조와 지배를 추구하는 '천인분리(天人分離)' 사상으로 나아간다. 전자는 주로 맹자에 의해, 후자는 순자에 의해 계승된다. 그리고 자연과의 합일 방향으로의 극단에 노자가, 자연에 맞서는 것의 극단에 한비자가 있다.

陶)문화'라고 불립니다(이에 반해 서쪽은 채도입니다). 그리고 짐승의 뼈로 점을 쳤다고 합니다.[21]

'흑도문화'라고 칭해질 정도로 검은색 위주의 토기만 발견되었다는 것은 우리에게 모종의 시사점을 제공합니다. 물론 채색기술이 발달하지 못해서 그랬을 수도 있습니다만, 다른 면에서 보면 '흑도'는 '다양성'보다는 '단일성'을 선호하는 사유의 흔적을 보여주는 것일 수 있습니다. 그러면 왜 단일성을 선호했고, 단일성을 선호했다는 건 무슨 의미일까요?[22]

자연계, 즉 세상에서 하나인 것은 무엇입니까? (일단 이 지역에 유일신 사상은 없으니 그것은 제외해도 좋겠습니다) 낮의 태양이 '하나'요, 밤의 달도 '하나'죠. 그리고 태양과 달은 하늘에 있습니다. 앞서 살펴본 것처럼 이 지역에서는 농업이 주로 발전했습니다. 농사를 지을 때 토지와 인력 이외에 결정적으로 중요한 것이 있습니다. 바로 강수량입니다.

강수의 양에 따라 한 해의 풍흉이 결정됩니다. 먹을 만큼 수확하느냐 부족해서 굶주리느냐 하는 것이 바로 하늘에 달려 있었지요. 즉 하늘의 뜻에 따라 풍흉이 결정됩니다. 그렇기에 농경을 주로 하는 사회에서는 늘 하늘을 바라봐야 하고, 하늘에 대고 빌어야 합니다. 고구려(동맹)나 부여(영고)에서도 제천행사를 거행하지 않았습니까? 비를 적당히 내려달라고 빌고, 수확한 후에는 감사의 인사를 해야 합니다. 그러다보니 하늘을 숭배하는 관념이 형성된 것이 아닐까요. 하늘에 대한 숭배는 땅에서의 현실적인 노력보다는 하늘에 기대는 일정한 종교적 태도를 형성했을 가능성이 큽니다. 그래서 하늘에 뜻이 있다고 생각했습니다. '하늘의 뜻', 바로 천명(天命)사상이 태동하게 된 것이죠.

하지만 하늘은 자기의 뜻을 말로 하지 않습니다. 비와 바람, 그리고 태양

---

21) 또 양자강 하류에서 발견된 '양저(良渚)'문화라는 신석기 유적지에서도 역시 흑도가 발굴되었다고 한다. 역시 남쪽이긴 하지만 동부에 해당하는 지역이다.
22) 동이 문화권에 속하는 한반도 문화 역시 도자기 분야에서는 단일성을 추구했던 것 같다. 고려시대의 청자나 조선시대의 백자를 보면 그렇다. 채도가 발달한 적은 없는 것 같다. 의복 또한 단일하게 흰옷을 좋아하여 백의민족이라고 불린 것 역시 이러한 견해를 뒷받침한다.

의 빛 등으로 말하지요. 그래서 인간은 하늘의 뜻을 알아내기 위해 점을 치고, 나아가 그렇게 점을 쳐서 알게 된 하늘의 뜻으로 인간사회의 질서를 잡으려 했고, 그 과정에서 결국 인간에게 복을 주기도 벌을 주기도 하는 존재로서의 '천(天) 사상'을 정립한 것이 아닐까요. 고맙기도 하지만 무섭기도 한 하늘은 경외(敬畏)의 대상이 되었을 겁니다.

후대에 이 천명사상은 맹자를 통해 본격적인 철학 개념으로 자리 잡습니다. 그리고 민간에서는 상제(上帝)로 통하면서, 옥황상제라는 거창한 이름도 갖게 됩니다. 현재 동이족이라 불리는 우리나라에는 예부터 한울님, 하느님 등의 개념이 있었습니다. 지금도 '천인공노(天人共怒)'라는 말이 쓰입니다. 사람만 노하는 것이 아니라 하늘도 노하는 것이죠. 그리고 그렇게 천인공노할 행위를 하는 자에 대해 이런 말도 말합니다. '하늘이 무섭지 않은가!'라고.

여하튼 이렇게 형성된 종교적 태도는 짐승의 뼈로 점을 쳤다는 것에서도 나타납니다.[23] 도대체 누구에게 물어보려고 점을 친 것일까요? 물론 '하늘'에게 물은 것입니다. '하늘의 뜻'을 알아보기 위해, 천명이 무엇인지를 알아보기 위해 점을 친 것이겠지요. 이제 하늘의 뜻을 묻는 내용은 날씨에 한정되지 않습니다. 하늘에 대한 종교적 태도는 하늘이 인간사를 관장한다는 관념으로까지 발전했습니다. 주목할 점은 여기에서 '하늘'은 구체적이고 특정한 신과 같은 것이 아니라 지극히 추상화된 하늘이라는 것입니다. 매우 흥미롭지 않습니까? 아주 실제적인 하늘로부터 지극히 추상적인 원리로서의 하늘에 이르기까지 다양하게 해석될 여지가 있는 '하늘'을 숭배했다는 것은 주목할 만합니다. 후대에 오면 하늘에 대한 해석이 더욱 다양해져서, 그냥 눈에 보이는 푸른 하늘, 즉 자연대상으로 해석하기도 하고, 인격을 지닌 상제로 해석하기도 하고, 반복되는 자연현상에서 패턴을 찾아 정립한 자연의 원

---

23) 『삼국지』 「위서」 동이전. 부여조에 보면 이 지역에서 우제점법이라는 형태로 점을 쳐 하늘의 뜻을 물었다고 한다. 기록은 다음과 같다. "전쟁이 발생하였을 때는 하늘에 제사 지내고, 그 길흉을 판단하는 방식으로 소를 죽여서 굽의 모양을 보아 합하는 것을 길하다고 여겼고, 벌어지는 것은 흉한 것으로 여겼다." 『한국민족문화대백과사전』 참조.

리로 해석하기도 합니다. 그리고 더 나아가면 인간사회의 도덕적 당위로 정립됩니다. 하지만 이 시기에는 여러 가지 관념이 분화되지 않은 채 나타납니다. 하지만 하늘에 대한 종교적 태도는 뚜렷하게 세워집니다.

'하늘'을 무서워한 동이 문화, 은(殷)

이런 특성, 곧 하늘에 대한 종교적 태도는 동쪽 체계에 속하는 은왕조에서 그대로 나타납니다. 은나라를 세운 탕왕은 하의 마지막 왕인 걸(桀)과 싸워 승리를 거두고 새로이 창업한 군주입니다. 그런데 이 사건에 대해 은왕조를 서술한 『서경』 「상서(商書)」에서는 이렇게 말합니다.

> 하왕(夏王)이 죄가 있어 하늘을 속이고 가탁하여 아래에 명령을 펴니, 상제께서 좋지 않게 여기시어 상나라로 (하여금) 천명을 받아 그 무리를 밝히게 하셨다.[24]

죄를 심판하고 벌을 주는 상제로서 하늘입니다. 무서운 하늘입니다. 은왕조 시대에 하늘은 정치에 개입합니다. 군주가 불선을 행하면 가차 없이 다른 군주로 대체한다는 것입니다. 그게 바로 하늘의 뜻이지요. 상나라가 바로 그 천명을 받아 새로이 왕조를 세웠으니, 매우 정당하고 정당하다는 것입니다. 하늘의 명령은 정치적 정당성의 판단 근거가 됩니다. 쿠데타로 집권한 조선왕조 역시 자기 왕조의 정당성을 널리 알리기 위해 「용비어천가(龍飛御天歌)」를 짓습니다. 그 첫 장은 '해동육룡(海東六龍)이 나른샤 일마다 천복이시니, 고성(古聖)이 동부(同符)ㅎ시니'로 시작합니다. 뜻인즉, '조선왕조가 천명을 받아 창업에 성공한 것이 중국의 창업주들이 천명을 받은 것과 정확히 같았다'라고 주장하는 것입니다.

하지만 문제는 하늘의 뜻을 해석하는 데 있습니다. 이렇게 해석할 수도 있

---

24) 『서경』 「상서」 중훼지고(仲虺之誥) 3. 夏王有罪 矯誣上天 以布命于下. 帝用不臧 式商受命 用爽厥師.

고 저렇게 해석할 수도 있습니다. 아전인수와 견강부회가 언제나 가능한 것이지요. 이런 정당화를 위해 흔히 사용하는 또 다른 방법이 마지막 군주를 포악하고 음란한 인격으로 폄훼하는 것입니다. 하왕조와 은왕조의 마지막 군주인 걸(桀)왕과 주(紂)왕은 천하의 악독한 폭군으로 그려져 있습니다. 폭군들의 폭정에 신음하는 백성들을 천명에 따라 새로운 왕조가 구제했다는 것을 주장하기 위해서였겠지요. 어차피 역사란 이긴 자의 기록입니다. 그리고 해당 역사 시기에 민심을 안정시키고 정치질서를 잡기 위해서는 과거의 왕조를 부정하고 현재의 왕조를 기꺼이 받아들이도록 해야 하는 현실의 요구도 있었을 겁니다. 하여간 이런 과정에 사용된 것이 바로 '하늘'입니다. 우임금이 치수사업에 성공하여 자연스럽게 왕위를 양위 받은 것과는 전혀 다릅니다. 무력에 의한 싸움의 승패를 '하늘의 뜻'으로 귀결시킨 것이지요. 그리하여 마침내는 '민심이 곧 천심'이라는 말까지 등장하게 됩니다.

그러나 하늘의 뜻은 일정하지 않습니다. 그러면 하늘의 뜻은 무엇에 의해 결정될까요? 기록에 의하면 하늘의 뜻은 '인간의 행위'에 달려 있다고 합니다. 『서경』에서는 이렇게 말합니다.

상제는 일정하지 않으시어 선을 행하면 온갖 상서로움을 내리고 불선을 행하면 온갖 재앙을 내려준다.[25]

일단 하늘에 상제가 있음을 전제로 합니다. 그리고 그 상제가 인간행위가 얼마나 도덕적인가에 따라 복을 주기도 하고 재앙을 주기도 한다는 것입니다. 이때의 하늘, 상제는 뚜렷한 인격을 지닌 종교적 섬김의 대상입니다. 그리고 위로 왕조 차원에서 하늘을 섬기는 종교적 태도는 아래로 백성에게는 도덕적 질서를 수립하기 위한 명(命), 즉 하늘의 명령으로 정립됩니다. 나아가 후대 성리학에서 군주는 천명의 대행자로 설정되기도 합니다. 백성의 처지에서 도덕적으로 살지 않으면 하늘의 벌을 받게 되니 벌을 받지 않기 위해

---

25) 『서경』「상서」 이훈(伊訓)편 8. 惟上帝不常 作善降之百祥 作不善降之百殃.

서는 선하게 살지 않으면 안 되는 것이지요. 하지만 선과 불선은 그 기준이 자의적일 수 있습니다. 한쪽에 선이 되는 것이 다른 쪽에 불선이 될 수도 있죠. 하늘의 뜻을 알고자 하면 어떻게 해야 할까요? 일단 하늘에 물어야 합니다. 어떻게 물을 수 있을까요? 바로 점을 치는 것입니다.

은왕조에서는 갑골점을 쳤습니다. 거북의 등껍질이나 짐승의 뼈에 글자를 새기고 불에 그슬린 후, 나타난 내용을 가지고 점을 칩니다. 은허에서 발견된 갑골문자는 한자의 기원이 됩니다. 이런 점법을 통해 군주는 제사, 정벌, 수렵, 농사의 풍흉, 날씨 등의 중요한 일을 하늘에 물어보았습니다. 심지어 공주를 어디로 시집보내야 하는지도 물었습니다. 점의 위력을 잘 볼 수 있는 사건이 『서경』의 기록에 있습니다.

> 반경이 은으로 천도하려 할 적에 백성들이 새 거주지로 가려 하지 않자, 여러 근심하는 사람들을 불러서 맹세하는 말을 내었다. 선왕이 여기에 도읍터를 정하신 것은 우리 백성들을 중히 여기신 것이지만…… 살지 못하겠기에 점을 쳐 살펴보니 '그 우리에게 어찌하겠는가'라고 하였다.[26]

반경은 은의 19대 왕입니다. 도읍을 옮기려 하자 당연하게도 세가 대족들은 거세게 반대하고 나섰습니다. 그러자 그들을 설득하기 위해 '점'을 쳐서 확인한 하늘의 명을 전합니다. 하늘이 말하길, '이 땅은 우리에게 어쩔 수 없다'고 했다는 것이지요. 기존 도읍터는 살 수가 없으니 결단코 천도해야 한다는 것이죠. 『서경』의 「반경편」은 상중하의 세 편으로 되어 있는데, 상과 중은 천도 이전의 상황을, 하편은 천도 이후의 일이 기록되어 있습니다. 그만큼 천도가 중요한 일이었으며, 그 중요한 일을 점을 쳐서 해결했다는 것이지요.

---

[26] 『서경』「상서」반경(盤庚)상편 1. 盤庚遷于殷 民不適有居 率籲衆慼 出矢言. 2. 曰我王來 旣爰宅于玆 重我民 無盡劉 不能胥匡以生 卜稽曰其如台.

동이 문화의 빛과 그늘

일단 여기까지 정리를 해봅시다. 동이와 은의 문화는 토착 농경문화로, 무위적 사유를 토대로 하여 독특한 자기 문화를 발전시켰는데, 그 핵심은 '하늘'에 대한 종교적 태도입니다. 하늘은 '하나'이기 때문에 단일하고 순일한 것을 추구하는 경향이 강하고, 점을 쳐서 대사를 결정하는 특색을 보입니다. '하늘'이 하나라는 문화적 특색은 '우리가 모두 하나'라는 공동체문화를 형성합니다. 즉 '나'와 '너'를 예리하게 구분 짓지 않는 요순의 무위문화를 계승하고 있습니다. 후대에 공자는 이 문화의 특징을 '인(仁)'이라는 개념으로 정리합니다. 이 '천명'과 '인'의 사상은 후대에 맹자가 계승합니다. 요컨대 동쪽 문화를 한마디로 말하면 '하늘이 하나인 것'처럼 '너와 나도 하나'라는 관념이라고 할 수 있습니다.

그러나 빛이 있으면 그늘이 따르는 법. 앞서 논한 특성이 동이 문화의 빛에 해당하는 측면이라면, 그늘의 측면도 있습니다. 빛과 그늘은 동전의 양면과 같은 것이니까요.

'우리가 모두 하나'라는 관념이 강한 공동체문화는 현실의 문제까지도 하늘의 뜻에 맡겨두는 경향이 강했기 때문에, 인간의 '꾀(知)'를 개발하고 적극적으로 현실문제에 대처하는 자주적 태도를 강화하지는 못했던 것 같습니다. 대사(大事)는 점으로 결정하고, 소사(小事)는 공동체의 다수가 나아가는 방향에 따라서 한 듯합니다.

예컨대 유목문화와 달리 농경문화는 계절에 따라 파종하고 가꾸고 수확하면 될 뿐 독자성이나 창조성이 요구되지는 않습니다. '자기만의 방식'을 고집하지 않고 옆집에서 하는 대로 해도 충실하게만 한다면 큰 지장이 없는 것이지요. 이런 특색이 공동체문화와 결합하면 '자주성 결여'라는 의타적인 성격을 지니게 될 수 있습니다. '나'가 하기보다는 '우리'가 한다는 의식이 강한 것이지요. 긍정적으로 보면 요순의 대동사회를 이루는 기본이 될 수 있지만 부정적으로 나아가면 '나'를 중심으로 '우리'를 구성한 후, 그 '우리'를 자기 뜻대로 지배하려는 '자기중심주의'로 나타날 수 있습니다. 바로 그런 점이 두드러지게 나타난 것이 동이 문화와 은왕조에서 두드러지게 발견되는 순장(殉葬)제입니다.

산동성에 가면 순마갱(殉馬坑)이라는 곳이 있는데, 그 지역에 제후가 죽자 그가 소유했던 말 수백 마리를 제후와 함께 묻은 곳입니다. 또 은허에서 발굴된 후가장(侯家莊) 묘실에서는 다수의 인골군(人骨群)이 발견되어 고고학자들을 놀라게 했는데, 소수의 시종과 시녀를 비롯하여 많은 병사가 순장되어 있었습니다. 더 놀라운 것은 한 왕묘에 순장된 사람이 오백 명에서 천 명에 이른다는 점입니다. 그 정도가 얼마나 심했는지 가늠해볼 수 있지요.

서하의 채도문화

지금까지 동이 문화의 빛과 그늘을 살펴보았습니다. 그렇다면 서하 쪽 문화, 즉 하왕조와 주왕조의 문화는 어떨까요? 하왕조는 우임금 편에서 살펴보았으므로, 여기서는 주왕조의 문화를 중심으로 보겠습니다. 한 가지 유의해야 할 것은 서하지역 문화가 '이러저러한 특성'이 발달했다고 할 때 그것은 동이 쪽과 비교하면 상대적으로 그렇다는 의미이지 절대적으로 그렇다는 의미는 아니라는 점입니다.

하왕조와 주왕조는 모두 적극적인 유위의 정치를 펼쳤습니다. 중원의 서부지역은 높은 산악지대로 이루어져 있어, 목축을 주로 하면서 미약한 수준의 농사를 겸했다고 합니다. 험한 산악지대에서 생존하려면 농경지대에 비해서 훨씬 더 큰 노력이 요구됩니다. 세계사적으로 보아도 척박한 환경은 사납고 거칠며 힘을 숭배하는 문화를 낳는 경향을 보입니다. 북유럽의 바이킹 문화도 그러하며, 세계 최초의 제국을 건설했다는 알렉산더 역시 그리스 북부의 험한 산악지대인 마케도니아에서 시작했습니다. 그리스 남부 지역에서 종교와 예술, 정치체제 등을 논하고 있을 때 마케도니아에서는 군사력을 키우는 데 힘을 쏟았습니다. 대제국을 건설한 한무제(漢武帝)가 제일 무서워했던 민족이 북방의 흉노족이었고, 몽골의 칭기즈칸 역시 동유럽대륙을 벌벌 떨게 했다고 합니다.

하여간 서하라는 지역은 인도나 메소포타미아, 곧 옛 문헌에서 줄곧 서역이라고 통칭하던 지역의 문화가 일찍부터 유입되었습니다. 침대를 사용하는 입식 문화나 수레와 청동도구, 그리고 철제기구 등이 동쪽 지역에 비해 훨씬 빨리 수용됐습니다. 즉, 서하지역은 외래문화의 유입이 쉬웠고, 그 영향으로 발전을 이룬 곳입니다.

중원 서부에 있는 섬서성(陝西省) 유역에서 주로 발견된 앙소문화(仰韶文化)는 기원전 5천 년에서 기원전 3천 년 경의 신석기문화입니다. 이 지역에서 발견된 토기는 백색과 적색, 흑색의 바탕에 인면(人面)이나 동물, 기하학적 무늬를 새긴 채도(彩陶)를 특징으로 하기에 채도문화라고 불리기도 합니다.

그런데 흥미로운 것은 동쪽의 흑도와 서쪽의 채도가 두 문화의 차이를 상징적으로 드러내고 있다는 점입니다. 채도는 흑도와 달리 다양성을 보여줍니다. 그리고 이 다양성은 하늘보다는 '땅'을 중시하는 태도를 보여줍니다. 농경문화의 공동체와는 달리 목축문화의 공동체는 어디에서 물과 목초를 구할 수 있는가를 사시사철 찾아야 합니다. 설사 마땅한 목초지를 찾는다 해도 다른 집단이 먼저 그 지역을 차지했거나 이미 목초를 다 소모해버렸다면 문제가 될 수 있습니다. 그러니 늘 목초지를 찾아 헤매야 하고, 같은 필요를 충족하려는 경쟁자들과 합의해야 하는 상황이 발생합니다. 요컨대 '계약'이 필요한 겁니다. 서쪽 지역은 동쪽 지역에 비해 계약 사상이 매우 발달해 있습니다.[27] 이 계약은 이후 예(禮)와 법(法)으로 발전하게 됩니다. 어차피 강수량은 중요한 것이 아니니, 하늘보다는 땅을 살펴야 하고, 다양한 지형과 지세에 익숙해지고 그 특성도 알아야 합니다. 그렇게 하는 과정에서 땅(현실)

---

27) 서역에 해당하는 지역의 설화인 『아라비안나이트』에는 이런 계약 사상이 서쪽 유목지대에 얼마나 발전했는지를 보여주는 자료가 많이 등장한다. 온갖 거래가 모두 계약으로 이루어지고, 심지어 결혼까지도 증인을 세우고 결혼 계약을 확인하는 절차가 아주 자연스럽고 당연하게 진행된다.

에 대한 '분석적' 사고가 발달하게 됩니다.

늘 하늘만 바라보며 비는 것만으로는 생존이 어려운 환경이었을 겁니다. 또 남들이 하는 대로 따라 했다가는 목초지를 얻을 수도 없었겠지요. 스스로 초지를 개척하고 물을 찾고, 일정 지역을 일정 기간 차지하기 위해서는 힘이 있어야 했을 것입니다. 그래서인지 서하지역에서는 대단히 '현실적'이고 '실제적'인 사고가 발달하게 됩니다. 앞서 중국 문화의 특색이 '실제적'이라는 말을 한 것을 기억할 것입니다. 이 말은 결국 서하의 '실제적'인 문화가 동이의 '종교적'인 문화를 밀치고 중원의 주류문화로 자리 잡았다는 것을 보여주는 것이기도 합니다.

이렇게 현실적이고 분석적인 사고는 또 다른 측면으로 발전합니다. 지형이나 목초지의 현황만을 분석하는 것이 아니라 사람을 비롯한 모든 일에 대해 분석적이고 합리적인 해결책을 찾는 태도를 형성하게 된 것입니다. 그리하여 '우리는 모두 하나'라는 관념과는 대척점에 있는 '너는 너, 나는 나'라는 관념이 자연스럽게 발달하게 됐을 겁니다. 후대에 공자는 바로 이런 태도, 즉 '너는 너, 나는 나'라는 관념을 '지(知)'로 정리하고, '너와 나의 차이'를 사회적으로 구분하고 표현하기 위한 방도를 예(禮)로 정립합니다. 그리고 이런 예법을 중심으로 하는 사상은 순자가 계승하게 됩니다.

동이의 후예, 바보의 대명사가 되다

그런데 여기에 흥미로운 사실이 하나 있습니다. 그토록 실제적이고 예를 강조하던 서하의 주 무왕이 은왕조를 멸망시키고 주를 건국한 후 '천명'을 크게 내세웠다는 것입니다. 도무지 '하늘'에 대한 종교적 태도를 지닌바 없었던 문화권의 수장이 어째서 '천명'을 강조하고 나선 것일까요? 공자가 '나는 주를 따르겠노라(吾從周)'라고 했던 것은 바로 주나라의 예법입니다. 그리고 '꿈에서라도 보기를 소망했던' 주공은 바로 무왕의 동생으로 주의 예법을 완성한 인물입니다. 예법의 나라인 주나라가 갑자기 천명사상을 크게 들고 나선 것이 무엇 때문일까요?

주 무왕은 백이숙제 이야기로도 유명한 군주입니다. 은나라의 한 제후국이던 주가 은의 주(紂)왕을 치려 하자, 고죽국(孤竹國)의 왕자였던 백이와 숙제는 신하가 군주를 치는 것의 대역무도를 질책하며 만류했지만 무왕은 듣지 않았습니다. 그리고 대략 기원전 1046년경 무왕은 그 유명한 목야(牧野, 중국 동부에 있는 벌)대전에서 승리를 거둔 후, 도읍을 서쪽에서 동쪽의 호경(鎬京)으로 옮깁니다. 그러자 백이숙제는 '주나라' 땅에서 나는 것은 먹지 않겠다고 하면서 수양산에 들어가 굶어 죽은 것으로 유명합니다. 사마천은 이 백이숙제의 이야기를 『사기열전』의 첫머리에 배치해두고, 백이숙제와 같은 어진 자들이 참혹하게 세상을 뜬 것을 한탄하며 '하늘은 있는 것인가' 하며 절규한 바 있습니다.

대역무도라는 오명을 무릅쓰고 건국한 주 무왕, 그에게 가장 필요한 것은 무엇이었을까요? 첫째는 대대적인 반란을 일으키며 저항한 은나라 유민들을 설득하는 일이었을 것이고, 둘째는 자기 왕조의 정통성을 확립하는 일이었을 겁니다.

은나라가 멸망한 뒤 그 유민들은 3년에 걸쳐서 대단히 격렬한 저항전쟁을 지속했습니다.[28] 종교적 태도를 강하게 취하고 있던 은나라 유민들은 어떻게 해야 설득할 수 있을까요? 바로 주의 통치가 그들이 믿고 숭배하던 '하늘'의 명령이라는 점을 내세우는 것이 아니었을까요? 주나라는 이전의 천명관에 한 가지를 더합니다. 바로 덕(德)입니다. 무슨 말인가 하면 은의 탕왕은 천명을 왕조가 받는 것으로 하였지만, 주나라에 이르러서는 천명을 받는 것은 덕을 지닌 자, 즉 천자로 설정되었다는 것입니다. 즉, 천명은 원래 하왕조에 있었으나, 하왕조 걸왕의 실정으로 은의 탕왕에게 천명이 옮겨갔고, 천명을 받은 탕왕은 하를 멸하고 은을 개국하여 천하를 통치할 수 있었습니다.

---

28) 은의 유민들은 주왕조 성립 후 송(宋)에 모여 살기도 했지만 각지에 흩어져 살았고, 주왕조 역시 은나라 유민들의 이주작업에 힘을 기울였다고 한다. 또 한 부류의 유민들은 정착하지 않고 여러 지역을 다니면서 장사를 했다고 하는데, 바로 여기에서 '상인(商人)'이라는 말이 유래했다. 상나라 사람이라는 뜻인데, 상나라 사람들이 중국 상업의 원조가 되는 셈이다.

하지만 은나라 주왕의 실정으로 다시 천명은 주나라의 문왕에게 옮겨 갔고, 다시 천명은 그 아들인 무왕에게로 전해져 새로운 왕조를 수립했다는 것입니다. 이러한 논리로 무왕이 은을 정벌하고 통치하는 것을 합리화하고, 은나라 유민을 포섭 · 회유하려 했던 것이지요.

은을 멸하고 나서 주왕조는 주왕의 이복형인 미자계(微子啓)를 동쪽 상구(商丘) 일대의 제후로 봉해 은나라 유민들을 다스리게 하고 그 나라 이름을 송(宋)으로, 이 나라 사람들을 송인(宋人)으로 불렀습니다. 그런데 흥미로운 것은, 이 송인이라는 말이 여러 전적에서 '바보'와 거의 동의어로 사용되고 있다는 점입니다.

그 대표적 인물이 송양공(宋襄公)이라는 제후입니다. 기원전 638년 초(楚)나라와 홍수(泓水)에서 건곤일척의 전쟁을 치르던 그는 인의(仁義)의 정신에 투철한 나머지 물을 건너는 적군을 공격하는 것은 '어진 군자의 도리가 아니다'라고 주장하며 몇 차례 요격의 기회를 놓치고 결국 대패한 군주입니다. 그래서 후대에 명분에만 집착하다 큰 손해를 보거나, 바보같이 착하게만 구는 사람을 빗대어 송양지인(宋襄之仁)이라고 합니다.

또 『한비자』 「오두(五蠹)편」에 나오는 수주대토(守株待兎) 이야기에도 송인이 등장합니다. 송나라의 한 농부가 밭을 갈다가 나무 그루터기에 머리를 부딪치고 기절한 토끼를 발견하고는 냉큼 주워서 배불리 먹은 다음, 그 후부터는 밭가는 일을 그만두고 그 그루터기를 지키며 토끼를 기다렸다는 이야긴데, 역시 '바보'의 이야기입니다.

그리고 『맹자』에도 역시 송인이 등장합니다. 맹자는 호연지기를 기르는 것에 관해 말하던 중 '송인(宋人)'처럼 하지 말아야 한다고 말합니다.

송인 중에 그 묘목이 자라지 못함을 안타까이 여겨서 그것을 뽑아놓은 자가 있었다. 그는 아무것도 모르고 돌아와서 사람들에게 말하길, 오늘 매우 피곤하다. 내가 싹이 자라는 것을 도와주었다, 고 하였다. 그 아들이 달려가 보니 말라 죽어 있었다.29)

이 이야기의 핵심은 호연지기를 기를 때 억지로 조장하거나 막거나 하지 말라(勿忘勿助長)는 것인데, 하필 조장의 예를 들면서 송인을 거론하는 것이 매우 흥미롭습니다. 맹자 역시 계통으로 보면 노나라와 인접한 추(鄒)라는 소국의 동이 쪽 사람으로 송나라와 가까운 지역 출신입니다. 그리고 그의 사상 역시 동이 쪽 계열에 속하는 것으로 보입니다. 그런데도 어리석은 행위를 한 자의 예를 거론하면서 송인을 지목한 것은 어떤 맥락이 있다고 볼 수밖에 없는데, 맹자는 이에 대해 아무런 언급도 없습니다. 그리고 『맹자』 본문에 주를 단 주희 역시 어떤 단서도 제공하지 않습니다. 구태여 설명하지 않아도 통할 만큼 자연스러운 것이었던 모양입니다.

자 그러면 이렇게 '바보' 같은 행위를 한 자들에 대해 언급할 때 '송인'을 거론하는 것은 무슨 까닭일까요? 송인이란 은나라 유민들로 구성된 그들의 후예들입니다. 종교적 태도가 강하고 합리적이고 실질적이기보다는 하늘에 의존적이고 공동체에 의존적인 성향이 강했을 겁니다. 그런 경향의 마인드가 첨예하게 이해관계가 대립하던 춘추전국시대에 이미 부정적(바보스러움)으로 인식되고 마침내는 중원지역에 발붙이지 못하고 밀려나게 된 것이 아닐까요. 그리고 여전히 그런 마인드를 바꾸지 못하고 그대로 지니고 있던 곳이 바로 우리 한반도 지역이 아니었나 하는 생각도 듭니다.

서하의 주, 천명관을 수립하여 중원을 지배하다

하여간 주나라가 내세운 천명사상은 단지 은나라 유민들을 포섭하고 회유하려는 정략으로만 사용된 것은 아니었을 것입니다. 주 왕실 자체의 새로운 정치사상과 세계관을 수립하기 위한 시도이기도 했습니다. 이에 따라 주나라 왕실은 '하늘'의 의지에 따라 천명을 부여받음으로써 하왕조와 은왕조의 뒤를 이은 수명(受命)의 군주로서 주나라 통치의 정통성을 확보할 수 있었던 것이지요. 나아가 주나라 왕실은 천명을 받은 군주일 뿐 아니라 하늘의 아

---

29) 『맹자』, 「공손추상」. 必有事焉而勿正 心勿忘 勿助長也 無若宋人然 宋人 有閔其苗之不長而揠之者 芒芒然歸 謂其人曰 今日 病矣 予助苗長矣 其子 趨而往視之 苗則槁矣.

들, 즉 천자(天子)라 칭합니다. 하늘의 뜻을 대행하는 천자이기 때문에 그 지배영역은 천하(天下)가 되어야 하는 것이지요. '천하는 모두 천자의 땅이고 천하의 모든 인민은 천자의 신하'라는 제왕사상으로 연결됩니다.

그리하여 주나라는 이런 천하관과 제왕사상에 근거하여 종법제에 기초한 봉건국가를 수립합니다. 거대한 중원을 중앙집권적으로 통치할 수 없으니, 친족들과 공신들에게 땅을 주고 제후로 봉한 다음 통치하게 한 것입니다. 그리고 이를 예법(禮法)으로 통치해나갑니다.

이제 정리해봅시다. 중원에는 동이와 서하의 두 문화가 각기 무위와 유위의 사유를 계승하여 독자적으로 발전하였고, 그 두 문화는 서로 대립하고 투쟁하면서 오랜 세월 교대로 중원에 대한 지배권을 차지하고 있었다는 것, 동이 문화는 종교적이고 공동체적이고 비실제적인 문화적 특성을 보이면서 '천명'사상을 발전시켰고, 서하는 현실적이고 실제적인 문화를 발전시켜 마침내 주나라에 이르러 동이 쪽 천명사상을 흡수하여 예법사상과 결합해 제국으로 등장했다는 것, 그리고 점차 동이 쪽 문화의 사유는 중원에서 쫓겨나게 되었다는 것 등입니다.

그러나 공자가 주나라 예법을 그리워하고, 본받고자 온갖 노력을 기울인 것은 예법 자체가 아름다웠기 때문은 아닌 것 같습니다. 공자는 주나라 예제를 아름다운 유위라고 보았던 것 같은데, 그 이유는 예법 자체, 즉 유위에만 머문 것이 아니라 무위를 지향하는 예법, 즉 본성으로서의 인(仁)을 회복하기 위한 예법을 치도의 원리로 주나라가 사용했다고 보았기 때문입니다. 이러한 유위를 공자는 중용(中庸)으로 봅니다. 그렇게 공자는 주나라까지는 소강시대의 아름다운 유위, 즉 무위를 지향하는 유위의 중용이 지켜졌다고 본 것 같습니다. 그러나 철기가 대대적으로 유입되고 보급되면서 이러한 중용의 조화가 깨지고, 급기야 약 5백 년에 걸친 춘추전국시대의 대혼란이 시작되었다고 공자는 생각한 것 같습니다.

다음 강에서는 춘추전국시대의 출발을 알리는 시대적 변화와 사상적 요구, 그리고 공자의 사상을 살펴보겠습니다.

공자(1)

무위적 요소와 유위적 요소의 균형 잡기

2천 년 넘게 인류의 스승으로 추앙받아온 인물들 - 붓다, 소크라테스, 예수, 공자는 앞서 말한 대로 철기화가 본격적으로 진행되면서 벌어진 인간사회 문제에 대한 해법을 찾으면서 인류사에 등장했습니다. 동아시아 지역의 공자 역시 예외가 아닙니다. 이제 중원대륙에도 철기가 유입되면서, 서서히 본격적인 투쟁의 시대를 예고합니다.

철기가 중국에 유입된 것은 대략 주나라 건국 무렵이며, 중국은 철기가 보편화되면서 대략 기원전 8세기에서 3세기까지 500여 년간 '춘추전국'이라는 전란의 시대를 겪게 됩니다.[1] '춘추'라는 시대명은 공자가 편찬한 노(魯)나라 역사책『춘추』에서 비롯되었고, '전국'이라는 명칭은 한나라 유향이 편찬한『전국책』에서 유래했다고 알려져 있습니다. 하지만 그와는 다른 유래를 주장하는 학설도 몇 가지 있습니다. 이번 강에서는 춘추전국시대의 출발을 알리는 시대적 변화와 그 변화에 따른 사상적 요구, 그리고 혼란한 시대를 극복하기 위한 해법으로 공자가 제시한 사상체계를 살펴보겠습니다.

---

[1] 주나라가 북방 견융에 쫓겨 호경이 함락되고 도읍을 낙읍으로 옮긴 이후를 '춘추시대'라 한다. 대략 기원전 771년경인데, 이 시기 힘이 약화된 주나라 왕실은 명목만 남아 있었고, 제후들은 각기 독립적으로 활동하고 있었다. 이후의 시기 중 전기를 춘추시대, 후기를 전국시대라고 부른다. 춘추라는 이름은 공자가 편찬한『춘추(春秋)』에서 비롯되었다. 공자는 노나라 은공(隱公) 원년(BC 722)부터 애공(哀公) 14년(BC 481)까지 242년 동안의 역사를 썼는데, 여기에 다른 제후국의 역사도 기록했기에 취한 명칭이다. 하지만 현재 학계에서는 동주 이후부터 말하고 있어 그 시작을 기원전 770년부터 보고 있다.

'전국'이란 명칭은 한나라 유향(劉向)이 편찬한『전국책(戰國策)』에서 취하였다고도 하고, 여러 제후국이 서로 전쟁을 계속 벌였기 때문에 전국시대라고 칭했다고도 한다. 전국시대의 시작은 여러 설이 있으나 대체로 진(晉)의 3분으로 잡는 설이 일반적이며, 그 끝은 진(秦)의 중국 통일까지로 본다.

주(周), 종법제로 나라의 기틀을 세우다

춘추전국시대에 돌입하기 전, 대략 기원전 11세기에서 8세기 즈음 중원 대륙은 주나라 왕실에 의해 통치되고 있었습니다. 그런데 주목할 만한 것은 주나라가 통치방식으로 사용한 제도입니다. 종법(宗法)에 기초한 봉건제(封建制)라는 것인데, 이것이 매우 독특한 제도입니다. 중원대륙은 매우 넓고 큽니다. 그런 까닭에 중앙집권적 통치는 어려웠을 겁니다. 작은 나라 일본도 험준한 산악지형 때문에 중앙집권적 통치가 어려웠는데 하물며 중원대륙에서야 말할 필요도 없겠지요.

주나라는 중원 서부의 기산(岐山)아래 주원(周原)이라는 곳에서 시작되었습니다. '주원'이란 지명에서 주(周)라는 나라 이름이 나왔다고 하는데, 무왕의 조부인 고공단보(古公亶父) 때부터 이곳에 자리 잡았다고 전해집니다. 은나라의 한 제후국에 불과하던 주나라가 세력을 키우며 점차 성장하다 무왕의 아버지인 문왕(文王) 대에, 세월을 낚고 있었다던 병법의 고수 태공망(太公望) 여상(呂尙)2)을 발탁하여 마침내 무왕이 목야대전에서 승리를 거두고 은을 멸하여 주를 건국합니다. 이때가 대략 기원전 11세기경입니다.

그런데 건국한 지 2년 만에 주나라에 위기가 닥칩니다. 아직 지배력이 안정되지 않은 상태에서 갑자기 무왕이 죽고 만 것입니다.3) 그리하여 그의 어린 아들 성왕(成王)이 왕위를 잇게 되자, 무왕의 동생이 섭정을 맡게 됩니다. 공자가 꿈에서도 보고 싶어 했다는 바로 그 주공입니다. 그가 섭정하여 주나

---

2) 본명은 강상(姜尙)이다. 그의 선조가 여(呂)나라에 봉해져서 여상(呂尙)이라 불렸다. 태공망이라는 이름은 문왕이 위수(渭水)에서 낚시하던 그를 보고 '태공이 그대를 기다린 지 오래도다'라고 했다는 데서 유래한다. 태공이란 고공단보를 가리킨다. 무왕을 도와 상나라 주왕(紂王)을 멸망시켰고, 그 공으로 제(齊)나라 제후에 봉해져 그 시조가 되었다. 강태공에 대한 전기는 대부분 전설적이기는 하지만, 전국시대부터 경제적 수완과 병법가로서의 그의 재주가 회자되었다. 병서 『육도(六韜)』가 그의 저작이다. 후에 한가하게 낚시하는 사람을 강태공 혹은 태공이라 하는 속어가 그에게서 비롯되었다.

3) 은나라 옛 도읍지에 은나라 유민들을 진정시키고자 제후로 봉해진 무경의 감시역할을 맡았던 무왕의 두 동생(관숙과 채숙)은 무경과 함께 무경의 난을 일으켜 죽임을 당했다. 주를 건국한 왕의 동생들이 은의 후예들이 일으킨 반란에 참여했다는 사실이 매우 흥미롭다. 당시 주의 지배권이 얼마나 안정적이지 않았는지를 보여주는 사례가 된다.

라의 기틀을 확립하는데, 그 기초가 된 것이 바로 주례(周禮)입니다. 공자가 주공을 그토록 칭송한 까닭도 여기에 있고, 후대 유가에 의해 성인의 반열에 오르게 된 것 역시 이에 기인합니다. '주례'로 주나라의 질서를 확립했다는 것이죠. 그렇다면 공자가 칭송하며 계승하고자 했던 그 주례가 어떤 것인지, 그리고 그것의 기반이 되는 사고의 유형이 어떤 것인지 살펴봐야겠습니다.

앞서 우리는 주(周)가 서하 쪽의 유위적 사유가 발달한 문화임을 본 바 있습니다. 그러니 그 기본적인 사고가 종교적이기보다는 실제적인 것임을 족히 짐작할 수 있는데, 바로 이 '실제성'이 주의 통치원리와 체계를 수립하는 데 그 힘을 발휘합니다.

주나라 건국 후, 가장 긴요하고 시급한 일은 중원의 지배권을 장악하고 그것을 영구히 존속시켜줄 제도적 장치를 마련하는 일이었습니다. 그런데 특기할 만한 것은, 이 과정에서 그들이 인간관계의 가장 강력한 끈인 '혈연관계'에 주목했다는 점입니다. 만일 군신관계가 부자관계처럼 결속되고, 군주와 백성이 어버이와 자식의 관계처럼 될 수 있다면 탁월한 결속력을 발휘할 것이라고 본 것이죠. 요컨대 인간사회의 기초가 되는 가족, 그 가족 사이의 친애의 감정에서 통치원리를 끌어낼 수 있다면 최상의 통치질서가 될 수 있다고 생각한 겁니다. 그것이 바로 종법제에 기초한 봉건제입니다.

종법제의 탄생과 와해

종법제는 주 왕실의 핏줄의 정통성을 확인하고, 이에 기초하여 혈연으로 맺어진 가족집단의 질서가 자연스럽게 유지되도록 만든 제도적 장치입니다. 그리고 이 종법제를 정치체제 전반에 확대 적용한 것이 바로 봉건제이죠. 이 제도에서 정당한 계승권자는 정실부인의 몸에서 난 맏아들, 즉 적장자가 되고, 그가 천자가 되어 직할지를 직접 통치합니다. 그리고 직할지 바깥에서 변경지역까지는 천자의 대리통치자들이 천자와 혈연적으로 가까운 순서대로 배치되어 통치하게 됩니다. 주 왕실은 친족과 개국공신들을 공(公)·후(

侯) · 백(伯) · 자(子) · 남(男)의 다섯 등급으로 나누어 지역에 봉했고, 그 대가로 왕실은 군사적인 봉사와 공납을 받았습니다. 예컨대 공신인 태공망은 제(齊)나라에, 혈족 가운데 반란을 일으킨 무왕의 세 동생은 제외하고, 주공은 노(魯)나라에, 문왕의 여섯째 아들인 조숙은 조(趙)나라에, 7남 성숙은 성(郕)나라에, 9남 강숙은 위(魏)나라에 봉해졌고, 무왕의 아들 당숙(唐叔)은 진(晉)에 봉해졌습니다. 그리고 이들과는 다른 목적으로 은의 왕자 미자계는 송(宋)에 봉해졌지요.4)

종법제는, 마치 종손을 중심으로 집안의 위계질서가 유지되듯, 주 왕실을 중심으로 천하의 질서가 유지, 영속되어가는 효과를 노린 것입니다. 혈연의 식에 기초한 가족질서를 사회 전체의 위계질서로 확대하면서 하나의 나라를 가족의 확대판으로 만들고자 했으니, 인간의 자연스러운 감정을 사회적 위계질서의 토대로 삼은 것입니다. '자연을 제도화'한 것이지요. 이러한 제도를 백성들이 자연스러운 삶의 질서로 받아들이게 하려면 규범체계가 필요합니다. 바로 여기서 등장한 것이 예입니다.

예란 왕과 백성, 백성과 백성, 가족구성원 등등 인간 사이의 차별적 질서를 세우기 위한 것으로, 그 사회에 속한 사람이라면 마땅히 따라야 할 삶의 규범을 가리킵니다. 작게는 관계의 예절에서부터 각종 의례, 나아가 법과 법을 실행하는 절차까지 모두 포괄합니다. 그러니 예는 상하관계의 위계질서를 유지하는 일종의 이데올로기로 작용했을 겁니다. 주례(周禮)는 바로 이런 의도 속에서 만들어진 주나라의 규범체계를 총체적으로 지칭하는 것입니다.

그러나 세대가 거듭되면서 혈연의 결속은 약화되고, 생산력의 증대로 인한 토지의 가치는 점차 높아지게 됩니다. 이민족의 침입을 막고 주나라 왕실을 존숭한다는 존왕양이(尊王攘夷)의 명분을 지키며 성읍국가 규모를 지녔던 각 제후국의 형세도 달라집니다. 철제 농기구와 가축 이용이 보편화되면서

---

4) 상나라 마지막 왕 주(紂)의 아들 무경(武庚)을 은의 옛 도읍지에 은후(殷侯)로 봉했으나, 무왕 사후 무경이 대대적으로 반란을 일으켜 3년 만에 진압되었다. 동이족인 무경의 숙부 미자계는 무경의 반란에 참여하지 않은 공으로 상구에 식읍을 받아 송을 건국했으며, 작위는 공작이었다. 이후 상구 송씨의 기원이 되었으며, 산동지방에 널리 분포해 살았다고 한다.

이른바 심경제초(深耕除草)의 농법이 발달하여 생산량이 크게 늘고, 기존의 씨족 질서가 점차 와해하면서 계급이 분화해갑니다. 결국 종법제로 주나라가 꿈꾸었던 혈연적 결속은 점점 찾아보기 어려워집니다. 핏줄은 엷어지고 눈앞의 이익은 크게 다가옵니다. 혈연의 동질성보다는 비옥한 땅과 권력이 더 큰 가치를 지닙니다. 그리하여 각 제후국은 통합된 지역의 군사력을 토대로 점차 주변 지역을 병합하고 복속시키면서 영토를 넓혀나갑니다. 춘추시대가 시작되기 전, 즉 주나라가 견융에 쫓겨 수도를 동쪽으로 옮기기 전 약 800개 가까이 되던 제후국들이 춘추시대 중엽에 이르면 약소국까지 포함하여 100여개 국으로 줄어들었다 하니, 토지 쟁탈전이 얼마나 격심하게 진행되었는지 짐작할 수 있습니다.

춘추, 오패(春秋五霸)가 등장하다

이들 백여 개의 나라 중, 춘추시대의 강국 다섯 나라인 춘추오패가 차례로 등장하게 됩니다. 아래 그림에서 보듯 춘추오패 중 세 나라, 즉 제나라, 오나라, 월나라가 동부에 있고, 초나라가 남부에 있습니다. 그리고 중원에는 진(晉)나라가, 낙읍에는 이름뿐인 주나라 왕실이 있었습니다.

오패 중 네 나라가 중원 동부와 남부에 있었다는 것은 다음을 환기시킵니다. 이 지역은 농경에 유리한 넓은 평원지역입니다. 서쪽에 비해 압도적으로 높은 이 지역의 농업 생산력은 부국의 기초가 되었을 것이고, 이를 바탕으로 강병을 도모하기에 유리했을 겁니다. 오패로 등장한 나라를 순서대로 보면, 먼저 관중의 보필을 받은 제나라의 환공(齊桓公, 재위 BC 685~643)이 첫 번째 패자로 등극했고, 다음으로는 진나라 문공(晉文公, 재위 BC 636~628), 다음으로는 초나라 장왕(楚莊王, 재위 BC 613~591), 다음으로는 와신상담(臥薪嘗膽)으로 유명한 오나라 부차(夫差, 재위 BC 495~473)와 월왕 구천(句踐, 재위 BC 496~465)이 패자가 됩니다.

춘추시대의 대립 형세는 앞 시대인 하은주 삼대와 비슷합니다. 동서대립

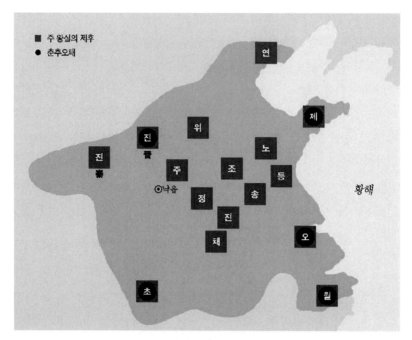

춘추시대의 영역

이 두드러진다는 점이지요. 형세로는 동서의 대립이지만, 내용으로는 동이적 사유와 서하적 사유의 대립이기도 합니다. 여기서 또 하나 주목되는 것은, 첫 번째와 두 번째 패자인 제환공과 진문공은 공작 작위의 칭호인 공(公)을 사용하지만 초나라 이후로는 왕(王)을 자칭한다는 것입니다. 초나라 장왕, 오왕 부차, 월왕 구천 등의 방식으로 말입니다. 왕호를 칭한다는 것은 주 왕실의 권위와 제후국의 권위에 차이를 두지 않음을 보여주는 동시에 주 왕실의 권위가 무시되고 있음을 보여줍니다. 바야흐로 전국시대의 돌입을 예고하는 것이지요. 노자와 공자, 그리고 묵자가 활동한 시기가 바로 춘추시대입니다.

전국, 칠웅(戰國七雄)이 할거하다

춘추시대와 전국시대의 전쟁은 그 양상이 달랐습니다. 춘추시대의 제후국들은 해당국을 공격하기 전, 어떤 죄과를 벌한다는 명목을 세워 주 왕실의 인가를 얻었습니다. 예를 들어 한 나라가 이웃 나라를 치고 싶다고 합시다. 하지만 치고 싶다고 해서 그냥 칠 수는 없었습니다. 어떻게든 꼬투리를 잡아서 '이 나라가 이런저런 잘못을 했으니 우리가 그 죄를 묻겠습니다'라고 주 나라 천자에게 보고하고 승낙을 받은 후 공격에 나서는 것이죠. 이를 정벌(征伐)이라고 합니다. 말하자면 춘추시대까지는 명목상이나마 주 왕실의 권위를 의식하고 있었단 것입니다. 그러나 전국시대에 들어서면 주 왕실의 권위나 정벌의 명분 같은 것은 더 이상 의미를 갖지 않습니다. 그야말로 탐나는 영토에 대한 야심을 노골적으로 드러내는 하극상과 약육강식의 시대였습니다. 그래서 이 시기를 전국(戰國)시대라고 하는 거죠. 이 시기에 활약한 사상가가 장자, 맹자, 순자, 한비자입니다.

전국시대의 형세를 보면 단연 눈에 띄는 것은 동부세력의 약화와 서부세력의 약진입니다. 춘추오패 중 오나라와 월나라는 초나라에 통합되어 동남부에는 제나라와 초나라만 남습니다. 그리고 진문공 때 패업을 이루었던 중원의 진(晉)은 조(趙), 위(魏), 한(韓)의 세 나라로 나뉘어 각기 칠웅의 한 자리씩을 차지합니다. 나중에 진시황을 배출하는 진(秦)나라는 서쪽에서 크게 성장한 모습을 보입니다.

춘추시대와 전국시대의 영역도를 보면 확연한 차이가 보입니다. 춘추시대에는 각 제후국의 영역이 한 도시, 혹은 성읍을 중심으로 한 지점을 가리키고 있지만, 전국시대에 들어서면 각국의 통치영역이 국경선으로 표시되어 있습니다. 성읍 중심으로 형성된 제후국들이 이후 영토를 넓혀가면서 확보한 영지에 다른 제후를 봉(封)하지 않고 그대로 직할지로 편입시켜 제후국 중앙에서 통치했다는 것을 보여주는 것입니다. 말하자면 종법제도 무너지고, 봉건제도 무너진 것입니다. 제후국들이 천자가 봉한 제후국의 하나로서 주

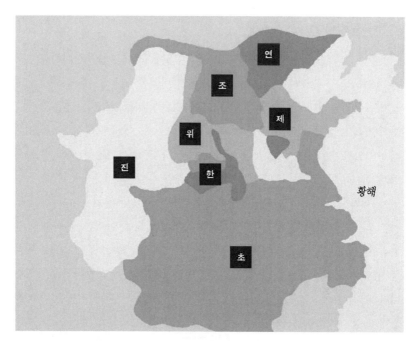

전국칠웅

나라 왕실을 받드는 것이 아니라 독립적인 나라로 부국강병과 영토 확장에
열중하는 모습이 영역도에 그대로 담겨 있습니다. 요컨대, 춘추시대와 전국
시대 모두 동서가 대립하고 투쟁하는 양상을 보이는데, 전국시대에 들어서
면서 서쪽의 약진이 현저하게 진행된다는 것입니다.

어쨌든 이 500여 년간 대륙의 중원은 전란에 휩싸였고, 이런 혼란은 어떤
방식으로든 해결하지 않으면 안 되는 고통을 사람들에게 안겨주었을 것입니
다. 생각해보십시오. 우리 조선시대 500여 년이 줄곧 전쟁으로만 채워진 역
사라고 한다면 얼마나 생지옥이었겠습니까.

혼란스럽고 고통스러운 세상은 사람들에게 더 많은 생각을 하게 합니다.
헤겔은 철학은 시대의 산물이라고 했고, 또 '미네르바의 부엉이는 황혼이 짙
어져야 날기 시작한다'라고도 했습니다. 특히 전란의 시대를 겪는다면 지혜

를 얻기 위한 노력을 많이 기울이게 되겠지요. 하여간 이 시대 사람들은 개인적인 부귀공명을 위한 것이든, 인류를 위한 것이든 많은 생각을 했고 많은 노력을 기울였습니다. 바야흐로 인류의 집단적 사유의 한 축을 담당하게 된 것이지요.

이 혼란의 원인은 무엇인가, 인간은 어떤 존재이기에 이런 혼란을 야기하는가, 이 혼란을 어떻게 해결할 것인가, 더 이상 힘을 발휘하지 못하는 기존의 질서와 제도는 무엇으로 새롭게 대체할 수 있는가, 어떻게 사는 것이 옳은 것인가, 살 만한 세상은 어떻게 만들 수 있는가? 등등의 고민과 몸부림이 제자백가를 출현시켰고, 중국 역사상 그 유례가 없는 사상의 황금기를 등장시킵니다. 그리고 그 정점에 우뚝 서 있는 것이 바로 공자입니다.

전란의 시대와 공자

공자는 춘추시대의 대혼란은 철기의 도입으로 격화된 것일 뿐 그 이전부터 충돌의 소지는 있었다고 본 것 같습니다. 바로 동서의 충돌, 다시 말해 동이와 서하의 문화적, 사상적 대립과 충돌이 원인이 되어 대혼란이 야기되었다고 본 것이지요. 그리하여 공자는 혼란을 치유하기 위한 해법으로 양쪽 사유가 균형을 이루는 중용, 즉 무위적 사유와 유위적 사유의 중용을 주창합니다.

사마천의 『사기』의 「공자세가」에 따르면 공자의 조상은 송나라 출신이라고 합니다.5) 송(宋)나라가 어떤 나라입니까. 바로 은의 유민들이 살던 동이족의 나라 아닙니까. 공자가 바로 그 동이 중의 동이들이 모여 살던 송나라 출신이라는 것은 매우 흥미롭습니다. 어찌 보면 동이족 사유의 세례를 받은 실제적 사유가, 다시 말해 무위를 지향하는 유위적 사유가 '중용'이라는 내

---

5) 『사기』 「공가세가」. 其先宋人也. 『사기』는 제왕들의 역사를 기록한 본기, 제후국의 역사를 기록한 세가, 역사적 인물 기록인 열전, 그리고 연대기에 해당하는 10표와 제도와 문물을 기록한 8서로 구성되어 있다. 공자가 제후가 아니었음에도 세가에 기록된 것은 특기할 만하다. 제후가 아닌 사람으로 세가에 오른 사람은 공자와 진섭인데, 진섭은 진시황에게 반기를 든 농민 반란군의 수장이었다.

용으로 공자에게서 종합된 것은 우연이 아닌지도 모릅니다.

그런데 흥미로운 점은 또 있습니다. 붓다와 예수, 소크라테스 그리고 공자에게는 인류 사유의 한 축을 형성했다는 공통점 외에 또 하나의 공통점이 있습니다. 자신들의 언행을 직접 저술하거나 기록하지 않았다는 것입니다. 그들의 가르침은 제자들에 의해 전해졌습니다. 불경은 붓다 사후 제자들이 스승의 행적과 말씀을 정리하여 '이와 같이 저는 들었습니다(如是我聞)'로 시작하는 암송의 형태로 전하다가 후에 기록된 것이고, 기독교의 신약 역시 예수 사후 오랜 시간이 흐른 뒤 제자에 제자를 거치면서 기록된 것이며, 소크라테스도 마찬가지로 제자 플라톤에 의해 그의 행적과 토론 내용이 기록된 것입니다. 그리고 『논어』 역시 공자 사후 제자들이 기록한 것으로 전해집니다. 말하자면 본인들이 무언가를 크게 외치고 전했다기보다는 제자들과 후대의 사람들에 의해 언행이 정리되고 평가되면서 인류의 스승으로 추앙받게 된 것입니다.

윈스턴 처칠(Winston Churchill, 1874~1965)은 "인류의 역사는 전쟁의 역사이다. …… 세계가 평화로웠던 적은 한 번도 없다"[6]고 했습니다. 대체로 수긍할 만한 말이긴 하지만, 어떤 면에서 전쟁 이외에도 또 한 가지 '중요한 일'을 인류가 한 것 같습니다. 위대한 스승을 알아보고 따라 배우면서, 그들의 위대한 업적들을 고전으로 정리해서 후손들에게 전해준 것이 바로 그것입니다. 이 점은 우리에게 상당한 위로가 됩니다. 인류가 다만 '부정적인 일만 한(?) 존재'는 아니라는 생각이 드니 말입니다.

공자 시대 중원에도 위대한 인물들과 전적들이 대대로 전해지고 있었습니다. 다만 체계적으로 정리되지 않은 채 여기저기 산재해 있었는데, 그 전적들을 가장 적극적으로 수합하고 정리하고 편집하여 제자들을 가르치는 교재로 사용하고, 역사책으로도 정리한 사람이 바로 공자입니다. 당시 공자가 살았던 곳은 노(魯)나라입니다. 노나라는 공자가 사모했던 주공(周公)이 봉해받은 제후국입니다. 동이 쪽 문화 전통이 깔려있는 지역을 주나라 예법의 완

---

6) 『빈 서판』 535쪽에서 재인용.

성자가 다스렸다는 점이 흥미롭습니다. 즉, 바탕은 동이 문화요, 유입된 지배문화는 서하의 문화였던 것이지요.

당시 노나라는 문화 선진국이었고, 풍부한 사료나 문화 전적들이 보존되어 있던 곳이기도 합니다. 이러한 배경은 공자가 자료를 수합하고 정리하는 데 유리한 조건이 되었을 겁니다. 공자가 『시경』이나 『서경』, 『예기』, 『주역』 등등의 전적을 정리할 수 있었던 것은 그 때문이기도 합니다. 직접 저술한 것이 아니라 산정(删定)한 것입니다. 버릴 건 버리고, 챙길 건 챙기면서 자신의 관점에서 편집한 것이지요. 예를 들어, 앞서 『서경』에서 「요전」, 「순전」과 대비되는 「대우모」라는 편명이 있지 않습니까. 전(典)이 어떤 불변의 가르침의 의미가 강하다면 모(謨)는 '인간의 꾀'라는 의미가 강합니다. 요임금과 순임금에 관한 편명에는 '전'을 붙이고 우임금에 관한 편명에는 '모'를 붙인 것은 요순의 무위를 우임금의 유위보다 더 높이 평가하는 공자의 관점이 반영된 것이 아닌가 합니다. 그리고 공자가 직접 저작했다고 알려진 『춘추』는 이전부터 전해 내려오던 노나라 역사를 정리하고 편집한 것입니다.

그렇기에 공자를 이해하는 데서는 여러 경전보다 제자들이 직접 기록했다고 전해지는 『논어』가 매우 중요한 역할을 합니다. 여기 매우 맛 좋은 사과 하나가 있는데, 그 맛을 다른 이에게 알리려 한다고 합시다. 가장 좋은 방법은 무엇일까요? 아무리 그 맛의 오묘함과 시원함을 아무리 잘 설명한다 해도 직접 한 입 먹어보게 하는 것만은 못할 겁니다. 그러므로 이제부터 살펴볼 공자의 사유에서는 다른 장에 비해 '공자의 친설'이 많이 인용될 것이고, 그 출처는 대부분 『논어』입니다.

공자, 배움을 사랑한 자

공자의 사적 생애는 보통 사람의 기준에서 볼 때 매우 불우했다고 전해집니다. 그는 기원전 551년 60세가 넘은 부친 숙량흘(叔梁紇)과 16세의 어머니 안징재(顔徵在) 사이에서 출생했습니다. 이미 자식을 여럿 둔 늙은 아버지와 어린 어머니의 결합을 사마천이 야합(野合)이라 표현한 걸 보면, 그 결합이 사회적으로 그리 통상적이지는 않았던 것 같습니다.7) 게다가 3세 때 아버지를 여의고, 17세에 어머니마저 여읩니다. 생계를 위해 해보지 않은 일이 없을 정도로 고생하였다고 공자 스스로 술회하고 있습니다. 69세 때는 아들 리(鯉)가 먼저 죽고, 71세에 제자 안회가, 72세에는 자로가 먼저 세상을 떴습니다.

이렇게 어렵고 힘든 상황 속에서도 공자는 공부를 많이 한 사람이고, 공부를 유난히 좋아한 사람입니다. 어떤 사상가가 공부를 좋아하지 않았겠습니까마는 공자는 매우 공부를 강조했습니다. 자신을 소개할 때 늘 '호학자(好學者)'라 칭했고,8) 『주역』은 삼천독하여 죽간을 묶은 가죽끈이 세 번이나 끊어졌을 정도라고 합니다. 바로 위편삼절(韋編三絶)이지요.9) 공자가 배우기를 얼마나 좋아했는지, 제나라에 가서 순임금의 음악인 소(韶)를 배울 때는 석 달 동안 고기 맛을 모를 정도로 집중했다고 전합니다.10)

게다가 자신의 공부만을 중요시한 게 아니라, 제자들에게도 공부의 중요성을 누누이 강조합니다. 『논어』는 그 유명한 구절, '배우고 때로 익히면 또한 기쁘지 아니한가'11)로 시작되고, 공자가 가장 높이 평가했던 제자로 알려진 안회를 소개할 때도 '안회는 호학하는 자'라고 칭찬합니다.12) 그리고 힘깨나 쓰는 제자 자로에게 배움을 중요성을 강조하며 다음과 같이 말합니다. 중용을 이루는 데 배움이 얼마나 큰 역할을 하는지 보여주는 것이니 좀 자세히 보겠습니다.

---

7) 『사기』「공자세가(孔子世家)」제십칠(第十七). 紇與顏氏女野合而生孔子. '숙량흘과 안씨 여자가 야합하여 공자를 낳았다.'
8) 『논어』「공야장」. 공자가 말씀하시길, 십 실의 규모 마을에 반드시 나만큼 충성스럽고 신의 있는 자가 있지만, 나만큼 배우기 좋아하는 자는 없다. 子曰 十室之邑 必有忠信如丘者焉 不如丘之好學也.
9) 「공자세가」. 孔子晚而喜易讀易 …… 韋編三絶.
10) 『논어』「술이」. 子在齊聞韶 三月不知肉味.
11) 『논어』「학이」. 學而時習之 不亦說乎.
12) 『논어』「옹야」. 공자가 답하여 말했다. 안회라는 호학하는 자가 있었는데, 노함을 옮기지 않았고 같은 허물을 두 번 짓지 않았다. 불행이 단명하여 죽어 지금은 없으니, 그 사람 외에 호학하는 자에 대해 더 듣지 못했다. 孔子對曰有顏回者好學 不遷怒 不貳過 不幸短命死矣今也則亡 未聞好學者也.

착한 것(仁)만 좋아하고 배우기 좋아하지 않으면 그 폐단은 바보 같아지는 것
(愚)이요, 분별하기만 좋아하고 배우기 좋아하지 않으면 그 폐단은 멋대로 행
동하게 되는 것(蕩)이요, 믿기(信)만 좋아하고 배우기 좋아하지 않으면 그 폐
단은 남에게 해를 입히게 되는 것(賊)이요, 곧은 것(直)만 좋아하고 배우기 좋
아하지 않으면 그 폐단은 목을 조르게 되는 것(絞)이요, 용맹함(勇)만 좋아하
고 배우기 좋아하지 않으면 그 폐단은 어지러운 상황(亂)을 일으키는 것이요,
굳센 것(剛)을 좋아하면서 배우기 좋아하지 않으면 그 폐단은 광(狂)이 되는
것이다.13)

어짊, 분별, 신의, 곧음, 용맹, 굳셈 등은 미덕입니다. 이를 공자는 육언(六
言)이라고 합니다. 하지만 빛이 있으면 그늘이 있는 법. 무엇이든 한 가지 측
면만을 지닌 것은 없습니다. 반드시 그 극단에 이르면 폐단이 생기게 되죠.
바로 육폐(六弊)입니다. 음양론에 따르면 모든 것은 극에 이르면 다시 돌아
오게 되어 있습니다. 물극이반(物極而反)이죠. 착하기만 한 것의 폐단은 바보
같아지는 것이고, 분별이 지나치면 한도를 모르고 따지며 나아가게 되고, 믿
음만 중시하면 자신의 신념만 옳다고 믿고 나가 다른 이에게 해를 입히게 되
고, 곧은 것만 좋아하면 자신과 남의 목을 조르는 구속을 하게 되고, 용맹만
좋아하면 다툼을 만들어 늘 상황을 혼란하게 하고, 굳센 것만 좋아하면 타협
을 모르고 외곬에 빠져 미친 사람처럼 된다는 겁니다. 그래서 공자는 바로
극단에 이르는 폐단을 막고 균형을 이루는 길로 호학을 권합니다.

그런데 공자는 공부만, 즉 공부 자체에만 몰입한 것은 아닙니다. 공자의
그 공부에는 목적이 있었습니다. 어느 날 제자 자공이 공자에게 물었습니다.
공자가 훌륭한 실력으로도 벼슬하지 않는 것을 안타까이 여겨서, "궤 속에
아름다운 옥이 있는데, 이것을 궤에 넣어 감춰 두시겠습니까, 아니면 좋은
값에 파시겠습니까?"하고 묻자, 공자는 이렇게 답합니다.

---

13) 『논어』 「양화」. 子曰由也 女聞六言六蔽矣乎 對曰未也. 居吾語女. 好仁不好學 其蔽也愚 好知不好學
其蔽也蕩 好信不好學 其蔽也賊 好直不好學其蔽也絞 好勇不好學 其蔽也亂 好剛不好學 其蔽也狂.

팔아야지, 팔아야지. 나는 나를 살 사람을 기다리고 있다.[14)

자기 생각을 알아주는 사람을 만나서 그 뜻을 펴겠다는 겁니다.

여기서 공자의 말을 좀 정리해봅시다. 먼저 15세에 학문에 뜻을 둔(志學) 공자가 배워야 한다고 강조한 것은 무엇이었을까요? 그리고 팔아야 한다고 본 것은 무엇이었을까요? 그리고 살 사람이란 누구를 가리키는 것일까요? 나아가 살 사람을 만나 하고자 했던 일은 무엇이었을까요? 이제부터 하나씩 차근차근 이에 대해 살펴보겠습니다. 먼저 배우고자 한 것이 무엇이었는지 부터 봅시다.

붓다나 예수와 달리 공자에게는 신비로운 탄생설화가 없습니다. 또 인생 내내 어떤 깨달음을 얻었다거나, 절대자의 계시를 받았다거나 하는 사건도 없습니다. 게다가 새로운 학문의 창시자도 아니고, 새로운 세계관을 제시한 철학자도 아닙니다. 해탈이나 구원을 추구하지도 않았고, 인간세계를 뒤엎는 혁명에 관심을 두지도 않았습니다. 공자가 학자로서 배우고자 했고, 스승으로서 가르치고자 했던 것은 일상세계를 넘어서는 어떤 고원하고 심원한 진리가 아니라 일상적 삶에 필수불가결한 문화적 전통이었던 것 같습니다.

공자를 유학의 창시자라 하는 것은 엄밀히 말해 사실이 아닙니다. 공자는 자신을 '술이부작(述而不作)'한 사람이라고 대놓고 말했습니다. 말하자면 '옛 사람들의 사상을 정리하고 서술했을 뿐 지어낸 것이 아니다'라는 것이지요. 그럼 공자가 정리했다는 옛사람이 누구를 가리킬까요? 바로 요, 순, 우, 탕, 문, 무, 주공을 말하는 것입니다. 공자는 이 사람들을 성인의 반열에 올려놓고 본받아야 한다고 생각했습니다. 그리고 배워야 하는 것은 바로 이 옛 성인들이 이룩해 놓은 인간 문화의 업적을 가리킵니다.

이들의 업적이 기록된 전적들을 정리하고 검토하는 과정에서 공자는 혼란한 시대의 해법을 찾은 것도 같습니다. 즉, 요순 이후 역사를 해석하면서 공자는 두 갈래로 뚜렷이 나뉘는 사유의 흐름과 그 갈등과 대립을 본 것 같습

---

14) 『논어』 「자한」. 子貢曰有美玉於斯 韞匵而藏諸 求善賈而沽諸 子曰沽之哉 沽之哉 我待賈者也.

니다. 바로 지역적으로는 동서의 대립이요, 철학적으로 볼 때 무위적 요소와 유위적 요소의 대립, 달리 표현하면 종교적(이상적) 사유와 실제적(실용적) 사유, 자연 중심과 인간 중심이라는 큰 대립적 흐름을 말입니다.

그러니 자연스럽게 춘추시대의 혼란이 우연히 일어난 일시적인 것이라고 보지 않았겠지요. 어쩌면 터질 것이 터진 것뿐이라고 본 것 같습니다. 철기가 보급되면서 그 다툼이 본격화되었을 뿐 사실 다툼의 불씨는 이미 있었다는 것이죠. 그리하여 동서의 사유가 수천 년간 대립하다가 철기의 보급으로 그 대립이 격화되고 치열하게 전개되었다는 인식 위에서, 그 해법으로 공자는 그 양측의 균형을 이루는 중용을 주장한 것이라고 저는 봅니다. 중용이란 양쪽의 끝의 중간 지점을 택하는 종류의 것이 아니라, 마치 저울처럼 양쪽의 균형을 잡는 것입니다.

그러면 이제부터 『논어』의 내용을 중심으로 공자가 말하는 중용이라는 것의 양쪽 끝은 어디인지, 어떤 식의 중용을 주창한 것인지 살펴보기로 하겠습니다.

중용의 길

공자는 문화적 사유에만 무위적 요소와 유위적 요소가 있는 것이 아니라 인간 내면에도 역시 이 두 가지 요소가 있다고 보았습니다. 즉 사회적으로 드러난 사유의 갈래는 이미 인간 내면의 갈래에서 비롯된다고 본 것입니다.

무위적 사유가 '이어짐'을 유위적 사유가 '분별'을 중시한다고 보면, 인간의 무위적 측면은 자연의 실상에서 모든 인간이 보이지 않게 하나로 '이어져 있음'을 가리킬 것입니다. 공자는 이를 인(仁)으로 표현합니다. 이 인의 본성은 인간이라면 누구에게나 있는 것이기 때문에 대동사회의 이상을 실현할 수 있다고 본 것이죠. 그러나 다른 한편 인간은 실제적 삶에서 육체적 구속을 받아 분별심을 내는 차별적 개체로 존재합니다. 바로 유위적 측면인데, 공자는 이를 지(知)로 표현합니다. 말하자면 인간에게는 인(仁, 무위적 요소)

과 지(知, 유위적 요소)의 두 요소가 모두 있다는 겁니다. 그래서 이 두 요소의 중용이 필요하다고 본 것이지요. 지의 분별이 사회적으로 표현된 것이 예(禮)입니다. 그러므로 개인의 측면에서 인과 지의 요소로, 사회적인 측면에서는 인과 예의 요소로 구분되는 것입니다.

그러나 인간에 따라 이 두 요소의 치우침의 정도는 다르다고 봅니다. 유난히 인간의 자연성, 즉 인이 강한 사람이 있고 또 반대로 실제적 지향이 강한 사람이 있다는 것이지요. 그래서인지 공자는 인자(仁者)와 지자(知者)를 구분하여 이렇게 말합니다.

> 지자(知者)는 물을 좋아하고 인자(仁者)는 산을 좋아한다. 지자는 활동적이고 인자는 고요하다. 지자는 즐겁고 인자는 타고난 수명을 누린다.15)

실제로 인자가 산을 좋아하고 지자가 물을 좋아하는지는 잘 모르겠습니다. 아마도 메타포인 것 같습니다. 산은 언제나 고요히 제자리에 있으면서 물과 나무와 바위를 품고 있습니다. 반면 물은 어떻습니까. 거침없이 언제나 아래를 향해 나아가지요. 방향을 가집니다.

인자는 본성의 자연성에 충실하여 자연의 이치대로 사는 것을 편안히 여기고, 쉽게 그 마음을 바꾸지 않으면서 인간의 근본적 동일성을 받아들이므로 산에 비유한 것이 아닌가 합니다. 이에 반해 지자는 육체의 생존과 편의에 주된 관심을 두고 도움이 되는 것을 향해 가기 때문에 '아래'라는 방향을 갖는 물에 비유된 것 같습니다. 주희는 '지자는 사리에 통달하여 널리 막힘이 없기에 물에 비유된 것'이라고 주를 달아 놓았습니다. 그래서 막힘이 없고 매임도 없어서 즐겁고 활동적이라고 합니다. 그리고 인자는 고요하게 자기 본성을 지키고 있기에 수명을 다한다고 덧붙입니다.

그러나 어찌 100퍼센트 인(仁)하기만 하고, 지(知)하기만 한 사람이 있겠습니까. 인의 요소와 지의 요소는 우리 마음속에서 언제나 충돌하기도 하고

---

15) 『논어』 「옹야」. 子曰 知者樂水 仁者樂山 知者動 仁者靜 知者樂 仁者壽.

협력하기도 합니다. 그러니 자기 마음의 이 두 요소를 잘 관(觀)하여 균형을
잡아 군자(君子)가 되라는 말인 듯합니다. 그런데 공자에게는 이 두 요소가
같은 무게를 지니지 않습니다. 지보다는 인을 더 중시합니다. 공자는 이런
말을 합니다.

> 사람으로서 인하지 못하면 예(禮)는 무엇에 쓰겠으며, 사람으로서 인하지 못하
> 면 악(樂)은 무엇에 쓰겠는가.16)

예악은 인간사회의 질서를 유지하는 데 필수적인 요소입니다. 그런데 인
을 바탕으로 하지 않는 예악은 도무지 의미가 없다는 것이지요. 유위의 실제
성을 인정하고 중시하되 무위의 이상을 추구하는 것입니다. 말하자면 현실
적 실현의 여부를 떠나 공자의 예는 인을 이루기 위한 것이고, 유위적 행동
은 무위의 대동사회를 이루기 위한 것입니다.

사실 공자는 제자백가 중 가장 품이 넓은 사상가가 아닌가 합니다. 무위쪽
으로 논할 때는 거의 노자와 비슷한 수준의 자연주의로 나아가고 유위쪽으
로 논할 때는 거의 법가에 가까워지는 모습을 보입니다. 그래서 『논어』에 나
타난 공자의 말이 그다지도 일관성이 없어 보이는 건지도 모릅니다.

공자의 인간관, 현실과 이상을 아우르다

인간을 바라보는 공자의 관점은 날카롭습니다. 그리고 현실적이고 사실적
입니다.

> 중인(中人) 이상은 가히 형이상(形而上)의 것을 논의를 할 수 있지만, 중인 이
> 하는 형이상의 것을 논할 수 없다.17)

---

16) 『논어』 「팔일」 子曰 人而不仁 如禮何 人而不仁 如樂何.
17) 『논어』 「옹야」 中人以上 可以語上也 中人以下不可以語上也.

가운데(中)라는 선을 하나 그어놓고, 그 이상의 인간과 그 이하의 인간을 나누고 있습니다. '형이상'이라는 말은 주역에 나오는 말입니다.[18] 주역에서는 '형이상의 것을 도(道)라 하고 형이하의 것을 기(器)'라고 했습니다. 형이상자(形而上者)란 눈으로 보기 어렵고 손으로 잡기 어려운 것, 그러나 존재하는 것인데, 그렇게 눈에 보이지 않는 것에 대해 논할 수 있는 사람과 논할 수 없는 사람이 있다고 떡하니 구분하고 있습니다. 말하자면 눈에 보이고 손에 잡히는 것만을 세상 전부라고 보는 사람과 그 너머에 무언가 있음을 볼 줄 아는 사람을 구분한 것 같습니다. 어쨌든 사람의 차이를 구별한 것입니다. 또 공자는 이렇게 말합니다.

> 삼 년 동안 공부하고서 그 뜻이 녹을 얻는 데 이르지 않는 자는 쉽게 볼 수 없었다.[19]

당시 공자 학당에서 배운 제자들의 수가 삼천 명이라 하니, 공자가 쉽게 볼 수 없었다면 실제로 매우 드물었다는 것이겠죠. 제자 대부분이 공부하고 나면 어디에 어떻게 취직해서 돈을 벌까를 우선 생각하더라는 겁니다. 말하자면 눈에 보이는 편의와 이익을 얻는 데에 대부분 매달려 있더라는 것인데, 그게 바로 인간의 현실인 것이지요. 또한 배움에 있어 타고난 자질도 개인마다 차이가 있습니다.

> 태어나면서부터 아는 자가 최고요, 배워서 아는 자가 그다음이요, 고생을 겪고 나서 배우는 자가 그다음이요, 고생해보고도 배우지 못하는 자가 백성 중 가장 아래이다.[20]

무엇을 아는지는 명시하지 않았지만, 그 무언가를 배우지 않아도 아는 자

---

18) 『주역』 「계사전」 形而上者謂之道, 形而下者爲之器.
19) 『논어』 「태백」 子曰 三年學 不至於穀 不易得也.
20) 『논어』 「계씨」. 生而知之者 上也 學而知之者 次也 困而學之 又其次也 困而不學 民斯爲下矣.

가 있고, 배워서 아는 자가 있고, 고생하고 겪어봐야 아는 자가 있더라는 것입니다. 그리고 최악의 경우, 고생해보고도 배우지 못하는 자가 있다고 합니다. 이런 걸 보면 공자는 알아야 할 그 '무엇'이 실제로 있다고 생각한 것 같습니다. 그리고 더 나아가 이렇게 심한 말도 합니다.

지극히 지혜로운 자(上知)와 지극히 어리석은 자(下愚)는 바꿀 수 없다.[21]

정리해보면 일차적으로 공자는 인간에 대해 다음과 같이 생각한 것 같습니다. 인간들은 개개인이 모두 차이가 나는 존재이다. 그런데 그 차이는 수평적이고 평등하기보다는 수준이나 능력에서 나는 차이이며 배움으로 변화시키는 데는 한계를 지닌다. 게다가 사람들 대부분은 눈에 보이는 현실에서의 편의와 이익에 관심이 집중되어 있다는 것이 그것입니다.

하지만 이렇게 현실에서의 차이를 보는 데서 공자의 생각이 끝나는 것은 아닙니다. 이러한 차이와 한계가 사회적으로 '예'를 필요로 하는 이유가 되지만, 공자의 '예'는 '예' 자체를 목적으로 하지 않습니다. 그는 인간에게는 공통적인 어떤 점이 있다고 보았습니다. 하지만 형이상적인 것을 함께 논할 사람이 드물어서인지 눈에 보이는 차이는 많이 논했지만 눈에 보이지 않는 뿌리에 대해서는 별로 말하지 않습니다. 제자 자공(子貢)은 이런 말을 했습니다.

스승님의 문장은 얻어들을 수 있었지만, 스승님께서 성(性)과 천도(天道)에 대해 말씀하시는 것은 얻어들을 수가 없었다.[22]

아마 거의 들을 수 없었다는 것이겠죠. 공자는 『논어』에서 성(性)에 대해 딱 한 번 언급합니다.

---

21) 『논어』 「양화」. 子曰 唯上知與下愚 不移.
22) 『논어』 「공야장」. 子貢曰夫子之文章 可得而聞也夫子之言性與天道 不可得而聞也.

본성은 서로 비슷한데, 습관이 서로 차이 나게 한다.23)

철학사에서 본성 논쟁은 맹자에게서 본격화합니다. 실상 공자는 본성이라는 말 자체도 별로 사용하지 않았습니다. 다만 여러 가지 사실로 미루어볼 때 공자가 동이 쪽 계열의 사유 속에서 인간의 자연적 본성을 인(仁)으로 본 것이 아닐까 하는 것이지, 공자가 대놓고 본성이 '어떠하다'라고 논한 적은 없습니다. 또 인에 대해서 인이 '무엇'이라고 정의해서 논한 적도 없습니다. 다만 누군가 '인'에 관해 물으면 그에 응하여 '인자(仁者)는 어떠하다', 혹은 어떠어떠한 행위는 '불인(不仁)'하다고 답한 것이 전할 뿐입니다.

어짊(仁)과 분별(知), 뿌리와 줄기

그러면 공자가 인간의 자연적 성질이라고 본 '어질다(仁)'는 것은 무슨 의미일까요? 일단 공자의 말을 들어봅시다.

어진 자는 자기가 서고자 하면 남을 세워주고 자기가 도달하고자 하면 남을 도달하게 한다.24)

경쟁과 다툼을 인간의 본성으로 보는 관점에서는 이해하기가 쉽지 않은 말입니다. 자신의 욕망과 타인의 욕망을, 자신의 성취와 타인의 성취를 평등하게 보는 마음이라야 나올 수 있는 행위입니다. 이 마음은 '나'와 '타인'을 구별하지만 차별하지 않는 그런 것입니다. 이 말의 맥락에 대한 이해를 돕는 단서가 있습니다. 바로 대나무 숲의 생태입니다.

대체로 모든 나무는 자기 키만큼의 긴 뿌리를 땅에 묻어 두고 있다고 합니다. 하지만 우리 눈에 보이는 것은 땅 위로 드러난 부분입니다. 대나무는

---

23) 『논어』 「양화」. 性相近也習相遠也.
24) 『논어』 「옹야」. 夫仁者 己欲立而立人 己欲達而達人.

홀로 있기보다는 대체로 숲을 이루고 있는데, 대숲은 그 숲의 모든 대나무의 키를 합친 것만큼이나 광범위한 뿌리를 땅속에 간직하고 있다고 합니다. 여기서 주목해야 할 것은 대나무가 그 뿌리를 공유하고 있다는 사실입니다. 대나무가 반드시 숲을 이루고야 마는 비결이 바로 이 뿌리의 공유에 있다는 것이죠.[25]

그러면 이 두 가지가 어떻게 연관되는가? 대나무라는 존재의 실상은 땅 위의 나무와 땅 밑의 뿌리로 이루어져 있습니다. 나무는 눈에 보이지만 뿌리는 보이지 않습니다. 눈에 보이지 않지만 눈에 보이는 것의 바탕이 됩니다. 땅 위의 나무는 개별적이고 서로 다른 몸을 가진 것처럼 보이지만, 실상 그 뿌리에서는 하나로 연결되어 있습니다. 대나무가 숲을 이루고 살기 위해서는 뿌리를 잘 보존해야 합니다. 옆의 대나무가 밉다고 싸워 죽이면 옆 대나무의 뿌리가 죽게 되고, 결국 그것은 전체 대나무의 뿌리가 죽게 되는 결과를 초래합니다. 뿌리는 하나로 이어져 있고, 모든 대나무를 살게 하는 근거입니다. 이 '하나로 이어져 있음'을 상징하는 것이 바로 뿌리입니다. 뿌리는 곧 근본이고, 근본이 되는 성격이 본성이죠.

제가 보기에 공자는 이 '하나로 이어져 있음'의 실상을 '인'이라 표현하고, 그러한 유대를 자연성으로 보고 그것을 실천하는 자를 인자라고 한 것 같습니다. 공자는 이런 말을 합니다.

오직 어진 자라야 능히 사람을 좋아할 수 있고, 능히 사람을 미워할 수도 있다.[26]

어진 자란 '나'의 뿌리와 '타인'의 뿌리가 결국 하나임을 아는 자입니다. 그렇기에 타인을 경쟁이나 다툼의 상대로 보지 않습니다. 경쟁이나 다툼의 상대로 보지 않기 때문에 '있는 그대로의 모습'을 볼 수 있습니다. 그러니

---

25) 신영복, 「죽순의 시작」, 한겨레신문 칼럼(1990년 4월 6일) 부분 인용 및 참조.
26) 『논어』 「이인」. 惟仁者 能好人 能惡人.

'사심(私心)'에 치우치지 않고 공정하게 타인의 행위에 관해 판단할 수 있다는 것입니다.

하지만 나무는 뿌리로만 이루어져 있지는 않습니다. 우리의 눈에 보이는 세상은 서로가 다른 몸을 가진 대나무들의 세상입니다. 뿌리의 연대를 알고 나무들 각각의 개별성도 알아야 합니다. 여기에 바로 분별의 지(知)가 필요합니다. 하나로 이어져 있음이 '인'이라면 개별로 나뉘어 있음을 아는 것이 바로 '지'인 것이지요. 공자는 지자(知者)의 덕을 이렇게 말합니다.

> 가히 더불어 말할 수 있는데 하지 않는다면 사람을 잃게 되고, 가히 더불어 말할 만하지 않은데 함께 말한다면 말을 잃게 된다. 지자는 사람을 잃지 않으며, 또한 말을 잃지도 않는다.27)

아무하고 아무 말을 할 수는 없습니다. '말'이란 각 개별자를 이어주는 소통의 매개입니다. 하이데거는 자연도 하나의 존재이고 인간도 하나의 존재라고 하면서, 존재에 대한 존재의 관심이 언어를 낳고, 이 언어가 사유를 낳았다고 말합니다. 또 라캉은 인간에게 욕망이 없었다면 언어는 생겨나지 않았을 것이라고 말합니다. 말하자면 '말'은 존재에 관한 관심과 욕망에서 비롯된다는 뜻인 것 같습니다. 그 관심과 욕망이 '하나 됨을 위한 것'이든 '이익을 가르기 위한 분별'을 위한 것이든 말을 통해 소통합니다. 대상에 따라 할 수 있는 말과 없는 말, 해야 할 말과 하지 말아야 할 말이 있습니다. 이것을 잘 분별해서 '사람'도 잃지 않고 '말의 목적'도 잃지 않는 것이 바로 지자의 덕인 것이지요.

그럼 인자와 지자는 어떻게 다른 모습을 보일까요. 공자는 말합니다.

> 인자는 인을 편안하게 여기고 지자는 인을 이롭게 여긴다.28)

---

27) 『논어』「위령공」. 子曰 可與言而不與之言 失人 不可與言而與之言 失言 知者 不失人 亦不失言.
28) 『논어』「이인」. 仁者 安仁 知者 利仁.

'하나로 이어져 있음'을 아는 인자가 '하나 됨'의 인을 편안하게 여긴다는 것은 매우 자연스럽습니다. 그렇다면 개별자에 대한 분별을 우선시하는 지자는 어떠한가. 공자는 말합니다. 이롭게 여긴다고. 이런 것이 아마 배워서 안다는 '학이지지(學而知之)'가 아닐까 합니다. 눈에 보이고 손에 잡히지는 않지만, 잘 배워서 곰곰이 생각해보면 하나의 뿌리에서 비롯되었음을 알게 되고, 그리하여 나의 뿌리와 타인의 뿌리가 하나로 연결되어 있으므로 '하나 됨'의 상태가 '나'와 '타인', 그리고 전체를 위해 이롭다는 것을 깨닫게 되는 것이지요.

바로 이 '이어져 있음'의 인을 바탕으로 '분별의 지'를 갖추는 것, 이것이 바로 공자가 지향하는 '중용의 군자'입니다.

하지만 인과 지의 균형을 잡기란 결코 쉬운 것이 아닙니다. 『대학』에 이런 말이 있습니다.

> 좋아하면서도 그의 악함을 알고 미워하면서도 그의 아름다움을 아는 사람은 천하에 드물다.[29]

누군가를 좋아하고 사랑하게 되면 대체로 그 사람에게 관대해집니다. 나아가 상대의 단점이 보이지 않을뿐더러 심지어 좋게 보이기도 합니다. 반대로 미워하는 사람에 대해선 장점조차도 흠으로 보입니다. 어느 쪽이든 마음이 치우치면 있는 그대로 보지 못하는 것이죠. 『대학』의 이 말은 치우침 없는 마음의 균형이 얼마나 어려운지 말해주는 것입니다.

어짊과 분별의 중용

이와 관련하여 제자들의 질문에 대한 공자의 답변은 흥미롭습니다. 정도의 차이는 있지만 누구나 조금씩은 치우쳐 있고, 나아가 상황에 따라 그 치

---

29) 『대학』 好而知其惡 惡而知其美者 天下鮮矣.

우침이 더할 수도 있습니다. 그래서인지 공자는 여러 제자가 같은 내용의 질문을 해도 상대에 따라 그 답을 다르게 내놓습니다. 아마 공자는 중용의 입장에서 답을 한 듯합니다. 인에 치우친 제자에게는 지를 강화하는 답을 하고, 지에 치우친 제자에게는 인을 강조하는 답을 하는 것 같습니다. 예를 들어보겠습니다.

공자의 제자 가운데 어질다는 평을 받은 자가 많지 않습니다. 한번은 맹무백(孟武伯)이라는 노나라 대신이 공자에게 '자로는 어집니까' 하고 묻자 '잘 모르겠다'라고 답합니다. 다시 묻자 공자는 "자로는 천승(千乘)의 나라에서 군사 일을 다스리게 할 수는 있지만, 그가 '인'한지는 모르겠다"라고 답합니다. 그러자 다른 제자 염유(冉有)는 어떠냐고 묻자, "염유는 천실(千室)의 큰 읍과 백승(百乘)의 가(家)에서 재상이 될 만하지만, 그가 인한지는 알지 못하겠다'라고 하고, 다시 공서화(公西華)는 어떠냐고 물으니, "그는 띠를 두르고 조정에 서서 빈객을 맞아 말하게 할 수는 있겠지만, 그가 인한지는 알지 못하겠다"30)라고 답합니다. 군사 일을 다스리거나, 재상의 일을 보거나, 조정에서 빈객을 접대하는 정도의 일을 하려면 상당한 재능과 실력이 필요합니다. 그런데도 공자는 그들 각각의 능력은 인정하면서 '어진 지'에 대해서는 잘 모르겠다고 합니다. 불인하다고 하지는 않았지만, 어질다고 인정하진 않습니다.

그런데 이런 공자의 문하에서 한결같이 호학하고 어질다는 평을 들은 제자가 있습니다. 바로 안회(안연)입니다. 안회에 대한 공자의 평은 공자답지 않을 정도로 후합니다. 그중 몇 가지만 보면 이렇습니다.

안회는 그 마음이 3개월 동안이나 인을 떠나지 않았다. 다른 사람들은 하루나 한 달에 한 번 이를 뿐인데.31)

---

30) 『논어』 「공야장」. 孟武伯問 子路仁乎 子曰不知也 又問子曰 由也 千乘之國 可使治其賦也 不知其仁也 求也何如 子曰 求也千室之邑 百乘之家 可使爲之宰也 不知其仁也 赤也何如 子曰 赤也 束帶立於朝 可使與賓客言也 不知其仁也.
31) 『논어』 「옹야」. 子曰 回也 其心 三月不違仁其餘則日月至焉而已矣.

어질구나, 안회여! 대그릇 밥과 표주박 물을 마시며 누추한 동네에 살면서도, 다른 사람 같으면 그 근심스러움을 감당하지 못했을 터인데, 안회는 그 (공부하는) 즐거움을 바꾸지 않으니, 어질구나, 안회여![32]

그리고 자공에게는, 공자 자신이나 자공이나 안회만 못하다고 말합니다.[33] 그야말로 안회에 대한 평가는 공자 자신의 이상적 기준에 비추어볼 때 최상의 것이 아닌가 합니다. 바로 그런 안회가 30대 초반에 요절하자, 공자는 '하늘이 날 버리시는구나, 하늘이 날 버리시는구나'라고 하며 통곡했습니다.[34] 공자의 이런 평가 덕분에 안회는 후대에 성인에 버금가는 위인이라 하여 아성(亞聖)으로 추앙되었습니다.

그런데 인용문을 보면 안회의 특징은 거의 '인'에 맞춰져 있습니다. 봉록에 마음을 두기는커녕 가난에도 아랑곳하지 않고 공부를 열심히 하였고, 배운 바를 삶 속에서 실천했습니다. 그런 그가 어느 날 공자에게 와서 '인'에 관해 묻자 공자는 이렇게 답합니다.

극기복례하는 것이 인을 이룬다. …… 예가 아닌 것은 보지 말고, 예가 아닌 것은 듣지 말며, 예가 아닌 것은 말하지 말고, 예가 아닌 것은 행동하지 말라.[35]

인에 관해 물었는데, 예를 회복하라고 합니다. 물론 예의 정신이 인에 있으니, 예를 배워야겠지요. 하지만 이다지도 높은 평가를 받았던 안회가 예의 기본을 몰라서 이런 답을 한 것 같지는 않습니다. 아마도 안회가 '인'에 치우쳐 있으니 그 균형을 잡기 위해 '예'를 강조한 것이 아닌가 싶습니다. 이런 생각은 같은 질문을 한 다른 제자에게 공자가 내놓은 답을 보면 좀 더 선명히 드러납니다.

---

32) 『논어』「옹야」. 子曰 賢哉 回也 一簞食 一瓢飮 在陋巷 人不堪其憂 回也 不改其樂 賢哉回也.
33) 『논어』「공야장」. 子 謂子貢 曰 女與回也 孰愈 對曰 賜也 何敢望回 …… 子曰 弗如也 吾與女 弗如也.
34) 『논어』「선진」. 顔淵死 子曰 噫 天喪予 天喪予.
35) 『논어』「안연」. 顔淵問仁子曰 克己復禮爲仁 …… 子曰 非禮勿視 非禮勿聽 非禮勿言 非禮勿動.

말이 많고 성격이 급한 사마우(司馬牛)라는 제자가 있었습니다. 어느 날 그가 인에 관해 물었더니, 공자는 이렇게 말합니다.

인이란 말을 할 때 (어려운 듯) 참아서 하는 것이다.

그러자 사마우는 곧바로 말을 참아서 하는 것, (겨우 그걸로) 인이 되느냐고 묻습니다. 그러자 "그것이 어려운 일이다. (너는 벌써) 참지 못하고 말하지 않느냐?"라고 답합니다.36)
또 중궁(仲弓)이란 제자가 인에 관해 묻자,

문을 나서면 큰 손님을 보는 듯하고, 백성을 부릴 때는 큰 제사를 받드는 듯하고, 자신이 하고자 하지 않는 것을 남에게 시키지 말라.37)

고 하고, 번지(樊遲)가 인에 관해 묻자,

애인(愛人)하라.38)

고 합니다. 인에 관해 묻는 동일한 질문에 대해 안회에게는 뿌리에 치우치지 말고 대나무 줄기를 생각하라고 말하고, 안회 이외의 제자들에게는 구체적으로 뿌리를 생각하는 실천을 하라고 공자는 답하는 듯합니다. 참 흥미로운 문답입니다.
이제 정리해봅시다. 공자는 춘추시대의 혼란이 동서의 문화적 사유의 차이에서 비롯된다고 보고, 그 해법으로 중용을 제창하였습니다. 그리고 이런 차이는 인간 내면의 두 갈래 흐름을 반영하고 있으며 그것이 인과 지로 나뉜

---

36) 『논어』 「안연」. 司馬牛問仁 子曰 仁者는 其言也訒 曰 其言也訒 斯謂之仁矣乎 子曰 爲之難言之得無訒乎.
37) 『논어』 「안연」. 仲弓問仁 子曰 出門如見大賓使民如承大祭 己所不欲 勿施於人.
38) 『논어』 「안연」. 樊遲問仁子曰 愛人.

다고 보아, 인간 개별자들 역시 인과 지의 중용을 이룰 것을 강조하고, 그 궁극적 목적은 개인적으로는 인의 실현이며, 사회적으로는 대동사회의 실현임을 논했습니다.

그렇기에 인의 실현이라는 개인적 목적은 수기(修己)라는 개인적 수양으로 향하게 되고, 사회적 노력은 사회 공리적 측면이 강하게 나타나는 치인(治人)으로 향하게 됩니다. 그래서 공자의 학문을 수기치인의 학이라고 하지요. 그리고 이 수기와 치인 역시 중용이 필요합니다. 수기에만 치우쳐도, 치인에만 치우쳐도 중용은 깨어집니다.

어느 날 제자 자로가 '군자'에 관해 묻습니다. 그러자 공자는 '경(敬)으로 자신을 닦는 것'이라고 합니다. 말하자면 인격적으로 하늘을 향하여 경건한 경배의 마음으로 자신의 인격을 조율한다는 수신을 가리키는 것이겠죠. 하지만 자로는 이 답이 좀 미흡했던지, '그것뿐이냐'라고 묻습니다. 그러자 다시 공자는 '자신을 닦아 사람을 편안히 하는 것(修己以安人)'이라고 합니다. 또 다시 자로가 '그것뿐이냐'라고 하자, 공자는 말합니다.

자신을 닦아 백성을 편안히 하는 것은 요임금과 순임금도 이루지 못할까 걱정했던 바이다.[39]

요컨대, 중용의 요체는 수기안인(修己安人)입니다. 그리고 이 수기안인의 중용을 위해 노력하는 자를 공자는 바로 군자라고 했습니다.

공자의 이야기가 좀 길어졌습니다. 워낙에 인간적 품이 넓고 사상적으로 폭이 넓은 스승이라 쉽게 논의를 끝내기가 어렵습니다. 다음 강에서는 공자가 지향하는 인격인 군자에 대해 좀 더 살펴본 후 공자 편을 마무리해보도록 하겠습니다.

---

[39] 『논어』 「헌문」. 子路 問君子 子曰 修己以敬曰 如斯而已乎 曰修己以安人 曰 如斯而已乎 曰 修己以安百姓修己以安百姓 堯舜其猶病諸.

제5강

공자(2)

——

군자의 길

예나 지금이나 우리 문화에서 '군자답다'는 평은 극찬에 속합니다. 인격적인 면은 물론이고 학식도 훌륭하다는 평가입니다. 그래서 성인이라는 말과 합쳐져 '성인군자'라고 칭해지기도 하죠. 성인까지는 아니어도 '군자'는 조선시대 유학자들 사이에서도 매우 보편적인 지향이었습니다. 진정한 선비들은 매일같이 도학을 연마하며 '군자'가 되고자 했습니다. 그런 군자에 대해 공자는 이런 말을 했습니다.

군자는 (용도나 용량이 제한된) 그릇이 아니다(君子不器).[1]

그런데 이 구절과 관련된 막스 베버(Max Weber, 1864~1920)의 말은 매우 흥미롭습니다. 요약하자면 이런 식의 생각은 자본주의 발전에 필요한 전문가적인 직업정신을 기르는 데 장애가 된다는 것입니다. '군자불기'를 말하는 공자의 유교가 지배하는 사회에서 각 분야의 전문가가 나오긴 어렵다는 것이고, 나아가 프로테스탄티즘의 직업개념과도 대립관계에 있다고 본 것이죠.[2] 베버는 한문을 몰랐기 때문에 당시 『논어』의 번역본을 보았다고 하는데, 그 번역본에는 이렇게 되어 있습니다.

The Master said, 'The accomplished scholar is not a utensil'.[3]

다시 번역하면 이렇습니다. 선생님께서 말씀하시길, "완성된 학자는 도구

---

1) 『논어』「위정」. 君子不器.
2) 막스 베버, 이상률 역, 『유교와 도교』(문예출판사, 1990), 234-235쪽.
3) 제임스 레게, 『논어』 영역본,「위정편」.

가 아니다." 도구란 생산의 효율과 관계됩니다. 말하자면 효율을 추구하지 않는다는 것이죠. 막스 베버는 자본주의 발전이라는 맥락 속에서 이 구절을 부정적으로 보았을 법합니다. 하지만 어떤 한 측면은 정확히 보고 있습니다. '효율이나 이윤을 본격적으로 추구하지 않는다'라는 것, 바로 그것입니다.

주희는 이 구절에 대한 주에서, "그릇이란 각기 그 용도에만 적합하여 서로 통용될 수 없다. 덕을 이룬 선비는…… 그 용도가 두루하지 않음이 없으니, 다만 한 가지 재주나 기예에 국한되지 않는다"고 해석했습니다.[4] 베버의 평도 일리가 있고, 주희의 주도 일리가 있습니다. 주희의 해석이 가장 일반적으로 통용되고 있지요.

이 두 가지 해석을 좀 확대하면, 군자는 응당 그 지식이나 사고가 한 분야에 제한되지 않고, 메타적으로 사고할 줄 아는 지식인이어야 한다는 의미로 해석할 수 있습니다. 용도나 용량이 제한되지 않는다는 것은 어떤 부분에도 매몰되거나 구속되지 않는 사유와 지식을 추구한다는 뜻입니다.

그렇다면 이런 맥락에서 앞서 인용한『주역』의 "형이상자를 도(道)라 하고, 형이하자를 기(器)라 한다"라는 구절과 관련하여 이 구절을 해석하면 어떨까요. 이 구절의 '기(器)'의 의미로 '군자불기'를 해석하면 이렇게 됩니다.

군자는 형이하의 세계에만 국한되지 않는다.

어떻게 생각하십니까? 말하자면 군자는 눈에 보이는 세계에 매이지 않는다는 것입니다. 기(器)의 세계는 눈에 보이고 손에 잡히는 세계입니다. 그런데 공자는 그런 기의 세계가 전부가 아니기 때문에, 눈에 보이지 않게 존재하면서 대나무들을 존재케 하고 살아가게 하는 뿌리의 세계도 보아야 한다고 했습니다. 전자가 형이하의 기의 세계라면, 후자는 형이상의 도의 세계이겠죠. 기의 세계에만 국한되지 않는다는 것은 바로 형이상의 도의 세계도 함

---

4) 『논어』「위정」주희 주. 器者 各適其用 而不能相通成德之士 體無不具故 用無不周 非特爲一才一藝而已.

께 보아야 한다는 말입니다. 공자는 이렇게 말합니다.

아침에 도를 들으면 저녁에 죽어도 가하다.[5]

죽어도 좋을 정도라면 그것을 궁극적 지향점으로 볼 수 있을 것입니다. 요 컨대 군자는 눈에 보이는 세계, 이익과 편의를 추구하는 세계, 대립과 경쟁 의 세계에 매이지 않고 그 너머의 것을 볼 줄 알아야 한다는 것입니다. 말하 자면 중용입니다. 이 중용을 추구하는 군자는 어떤 길을 가야 하는가? 이제 부터 살펴볼 것은 바로 이 점입니다.

예를 배우다(學禮)

군자를 지향하는 선비라면 먼저 예를 배워야 한다고 공자는 말합니다. 아 름답고 필요한 유위는 곧 무위를 지향하는 유위입니다. 즉 본성으로서 인을 회복하기 위한 예이지요. 예는 구체적인 현실에서 출발하여 궁극적인 완성 에 이르게 하는 길을 보여줍니다. 인간으로서 가야 할 길과 가서는 안 될 길 을 제시해주는 나침반 같은 것입니다. 그리고 그 궁극적 지향점은 도덕적으 로 완성된 인간이지요. 바로 이 예를 배워야 사회적으로 독립적 인격으로 자 립할 수 있습니다. 그래서 공자는 '15세에 (예를) 배움에 뜻을 두었고, 30세 에 (예를 터득하여) 자립하였다'라고 하면서 이렇게 말합니다.

예를 통해서 설 수 있다.[6]
예를 배우지 않으면 설 수 있는 근거가 없다.[7]

사회적 존재로서, 개별자들 간의 차이에 근거한 질서의 원리를 배우지 않 으면 사회적으로 자립하기 어렵다는 것입니다. 즉, 인간사회를 유지하기 위

---

5) 『논어』 「이인」. 子曰 朝聞道 夕死可矣.
6) 『논어』 「태백」. 立方禮.
7) 『논어』 「계씨」. 不學禮 無以立.

한 도덕덕목과 관습, 법질서, 제도 등에 대해 이해하는 것이 필요하다는 것이지요. 이와 같은 예가 정치적 측면으로 발전한 것이 정명(正名) 사상입니다.

공자는 사회질서의 총체로서 예가 실현되지 않는 것은 각 구성원이 제 역할을 맡은 역할을 제대로 하지 못하기 때문이라 보았습니다. 그는 이렇게 말합니다.

군주는 군주답고, 신하는 신하답고, 아비는 아비답고 아들이 아들다워야 한다.8)

명(名)이 바르지 못하면 말이 순하지 않고 말이 순하지 않으면 일이 이루어지지 않는다. 일이 이루어지지 않으면 예악이 흥하지 않고 예악이 흥하지 않으면 형벌이 온당치 못하게 된다. 형벌이 온당치 못하면 백성이 어찌할 줄을 모르게 된다.9)

공자의 이 유명한 말에서 문제가 되는 건 바로 '답다'라는 것입니다. 군주가 군주다운 것이 무엇인지, 또 신하와 아비와 아들이 각기 신하답고, 아비답고, 아들다운 것이 어떤 것인지에 대해서는 논란의 여지가 많습니다만 어쨌든 그래야 한다고 합니다. 각각이 제자리에서 자기 일을 제대로 한다는 것은 구성원 간의 차별적 질서를 세우는 것입니다.

정치적 차원에서 정명은 예법을 세우고 나아가 법치를 강화하는 경향을 띱니다. 그런 의미에서 가장 '유위'적 사유가 두드러지게 드러나는 지점이기도 합니다. 그래서인지 공자는 법가의 아버지 격인 제(齊)나라 재상 관중(管仲)을 매우 높이 평가합니다. 관포지교로 유명한 관중은 보잘 것 없는 제후국이었던 제나라를 단기간에 춘추오패의 강국으로 만들어 놓은 인물입니다.

---

8) 『논어』 「안연」. 君君臣臣父父子子.
9) 『논어』 「자로」. 名不正則言不順 言不順則事不成 事不成則禮樂不興 禮樂不興則刑罰不中 刑罰不中則民無所措手足.

그런데 관중은 제나라의 권력 쟁탈 과정에서 불미한 행동을 하여 밀려날 형편에 있다가 포숙아의 도움으로 권력을 잡았습니다. 바로 그 일을 지적하며 제자들이 공자에게 관중이 불인(不仁)하지 않는가 하고 묻자 공자는 이렇게 답합니다.

> 환공이 제후들을 규합할 때 무력을 쓰지 않은 것은 관중의 힘이었으니, 누가 그의 인(仁)만 하겠는가.10)

> 관중이…… 천하를 바로 잡아 백성들이 지금까지 그 혜택을 받고 있으니, 관중이 없었더라면…… 우리는 오랑캐가 되었을 것이다.11)

그런데 또 반면에 이런 말도 합니다.

> 관중은 그릇이 작구나 …… 나라의 임금이어야 병풍으로 문을 가릴 수 있는데 관중도 병풍으로 문을 가렸으니 …… 관중이 예를 안다면 누가 예를 알지 못하겠는가.12)

관중에 대한 공자의 상반된 평가가 좀 혼란스럽게 보이긴 하지만, 잘 따져보면 공자의 정명이 얼마나 철저한지를 보여줍니다. 칭송의 측면은 그가 재상으로서 '재상답게' 잘한 것을 평가한 것이고, 비판 부분은 '신하답지 못하게' 한 것을 지적한 것입니다. 관중의 인격 자체를 주관적으로 논한 것이 아닙니다. 공자에게서 '정명'은 사회 공학적으로 무엇보다 중요한 의미를 갖습니다.

관중에 대한 이런 평가에서 유추해볼 때, 공자에게서 정명의 차별은 '인간'에 대한 인간의 차별이 아니라, 각 구성원에 대한 '역할의 차별'입니다.

---

10) 『논어』, 「헌문」. 子曰 桓公 九合諸侯 不以兵車 管仲之力也 如其仁如其仁
11) 『논어』, 「헌문」. 管仲 相桓公覇諸侯 一匡天下 民到于今 受其賜 微管仲 吾其被髮左衽矣.
12) 『논어』, 「팔일」. 子曰 管仲之器小哉 …… 邦君 樹塞門 管氏亦樹塞門 …… 管氏而知禮 孰不知禮

재상의 역할과 신하로서 해야 할 역할 부분에서 관중이 상반되는 평가를 받은 것처럼, 정명은 인간 그 자체를 구별하는 것이 아니라 역할을 구별하는 것입니다. 사실 서로 구별되는 개체로서의 차이에서 비롯되는 역할 차이는 불가피합니다. 하지만 공자는 저 보이지 않는 뿌리 부분에서의 인간 자체에 대한 차별은 반대하는 것 같습니다. 인류 역사에서 차이 중 차이는 무엇입니까. 바로 경제적 차이, 혹은 차별 아니겠습니까. 이 부분에서 공자는 차별성을 강조하는 가운데서도 '인간적 가치(仁)'가 매우 중요함을 잊지 않습니다.

> 국(國)과 가(家)를 다스리는 군주와 대부는 재물이 적은 것을 걱정할 것이 아니라 분배가 고르지 못한 것을 걱정해야 하며, 가난한 것을 걱정할 것이 아니라 편안하지 못한 것을 걱정해야 한다. 분배가 고르면 가난이 없고, 화합을 잘하면 모자라지 않으며, 편안하면 (나라가) 기울어지지 않는다.13)

이 구절에서 공자가 강조하는 것은 분배 문제입니다. 일단 분배가 고르면 가난이 없다고 말합니다. 가난 자체가 상대적 가난임을 간파한 것입니다. 그리고 화합을 잘하면 물질 자체는 모자라지 않다고 합니다. 게다가 물질적 풍족함보다 '편안함(安)'을 강조합니다. 공자는 군자가 힘써야 할 부분이 바로 이 점이라고 본 것 같습니다. 입신과 양명에 목숨을 거는 것이 아니라, 개인적으로 자기를 수양하여 인격적 완성을 꾀하는 동시에 사회적으로 백성이 편안하도록 힘써야 한다는 것입니다. 분배를 고르게 하고, 백성들이 경제적으로나 정신적으로나 편안해질 수 있도록 공동체의 질서를 구축하고, 스스로 그 모범을 보여야 한다는 것이지요. 결과적으로 그런 군자의 행위는 넓은 의미의 정치가 됩니다.

어느 날 제자 자공이 공자에게 정치에 관해 묻습니다. 그러자 공자는 '양식의 족함(足食)'과 '충분한 군사력(足兵)' 그리고 '백성의 신뢰(民信之)'라고 답합니다. 그러자 자공이 다시 부득이 이 세 가지 가운데 하나를 버려야 한

---

13) 『논어』「계씨」. 丘也 聞有國有家者 不患寡而患不均 不患貧而患不安 蓋均無貧 和無寡 安無傾.

다면 무엇이냐고 하자, 공자는 '군대(兵)'라고 합니다. 다시 또 하나를 버려야 한다면 무엇이냐 하자, '경제(食)'라고 답하며 이어서 이렇게 말합니다.

예부터 사람이라면 모두 죽음을 맞게 되어 있으나, 사람은 신의가 없으면 설 수가 없는 것이다.14)

눈에 보이는 현실의 요구로 인해, 경제와 군사가 중요하지만 결국 중요한 것은 사람의 믿음이라는 것입니다. 믿음이 무엇이겠습니까. 사람의 마음을 얻는 일이 아니겠습니까. 결국 예를 통한 정치는 인을 회복하기 위한 정치로 귀결됩니다. 그리고 그 당시 정치체제 하에서 정치의 중심점에는 군주가 있지요. 군주가 보여야 할 모범은 곧 군자로서의 군주의 모범입니다. 공자는 '정치'에 대해 이렇게 말합니다.

정치는 덕으로써 해야 하니, 비유컨대 북극성이 제자리에 머물러 있으면 뭇별들이 그에게로 향하는 것과 같다.15)

덕으로써 정치를 하는 것은 북극성과 같다고 합니다. 북극성은 움직이지 않습니다. 움직여 무언가 하지 않아도 뭇별들이 그를 향합니다. 이를 공자는 무위지치(無爲之治)라고 합니다. 앞에서 살펴본 것처럼, 공자는 무위지치가 실행되던 시기를 대동사회로 이름하고, 요순의 태평성대가 그 시대에 해당한다고 보았습니다. 그 요임금이 순임금에게 이런 말을 했다고 『논어』에 소개합니다.

아! 너 순(舜)이여, 하늘의 역수가 너의 몸에 있으니, 진실로 그 중(中)을 잡아라.16)

---

14) 『논어』「안연」. 子貢問政 子曰 足食足兵 民信之矣 子貢 曰必不得已而去於斯三者 何先 曰去兵 子貢曰 必不得已而去 於斯二者 何先 曰去食 自古皆有死 民無信不立.
15) 『논어』「위정」. 爲政以德 譬如北辰 居其所 而衆星共之.
16) 『논어』「요왈」. 堯曰 咨爾舜 天之曆數在爾躬 允執其中.

공자의 이상인 무위의 정치를 한 요임금이 순임금에게 당부하는 것이 바로 중(中)입니다. 중용이죠. 무위의 정치는 바로 중용을 지향합니다. 그리고 바로 이어지는 구절에서, 자장(子張)이라는 제자가 정치에 관해 묻자, 공자는 다섯 가지 미덕을 존중하라고 합니다. 그 다섯 가지가 무엇이냐고 묻자 이렇게 말합니다.

> 은혜롭게 하되 낭비하지 않고, 수고하되 원망하지 않으며, 욕망하되 탐욕을 부리지 않으며, 태연하되 교만하지 않고, 위엄이 있으나 사납지 않아야 한다.17)

공자의 말에서 늘 감탄하는 것은 가르침이 무척이나 자세하다는 점입니다. 결코 추상적으로 말하지 않습니다. 실제적인 측면에서 매우 도움이 되지요. 은혜를 베푸는 것이 지나치다 보면 낭비를 부르기 쉽고, 자기의 몸과 마음이 힘들면 누군가를 원망하기 일쑤입니다. 무언가에 대한 욕망이 지나치면 탐욕스러워지기 쉽고, 매사에 태연하면 구체적인 실정을 무시하는 오만함으로 귀결되기 쉽고, 또 권위를 세우다 보면 남에게 무정하고 사납게 대하기 쉽습니다. 그러니 항시 이 양자 사이의 균형을 잡는 것, 즉 중용의 덕이 중요하다는 겁니다.

결국 예의 사회적 실현인 정치 역시 공자의 궁극적 지향은 무위를 향하고, 현실 속에서는 중용의 건강을 추구합니다. 유위의 요체인 예와 정치가 무위를 향하고 있다는 것은 공자에게서 이 두 요소가 분리될 수 없음을 의미합니다. 유위는 언제나 무위를 향해 있고, 예는 언제나 인을 잊지 않습니다. 개인적 수양 역시 사회적 실천과 떨어져 있지 않습니다. 중용입니다.

수도(修道)

공자에게서 예의 근본이 인이고, 유위의 지향이 무위인 것처럼, 치인(治

---

17) 『논어』 「요왈」. 子張 問於孔子曰何如 斯可以從政矣 子曰尊五美 屛四惡 斯可以從政矣 子張曰何謂五美 子曰君子惠而不費 勞而不怨 欲而不貪 泰而不驕 威而不猛.

人)의 뿌리 역시 수기(修己)에 있습니다. 군자는 몸과 마음을 닦아 도달해야 할 지향을 가집니다. 예를 익혀 사회적으로 자립하게 되었으면 이제 본격적으로 도를 닦아야 합니다. 앞서 말한 대로 공자는 아침에 도를 들으면 저녁에 죽어도 좋다고 말했습니다.

도를 듣고 실천하는 것, 이것은 바로 군자의 길의 요체입니다. 하지만 공자는 도가 무엇인지, 도를 닦기 위해 무엇을 해야 하는가에 관해서 구체적으로 말하지 않습니다. 다만 군자의 덕목과 자신의 학문 성숙 과정에서 도달한 어떤 수준을 설명할 뿐입니다. 그러면 우리는 공자가 말한 군자의 덕목과 자신의 학문 과정을 살핌으로써 그가 말하는 도가 무엇인지 추론해 보아야 합니다. 공자는 학자들에 대해 이렇게 탄식한 적이 있습니다.

옛날의 배우는 자들은 자기수양(爲己)을 위해 공부했는데, 요즘 배우는 자들은 남의 인정(爲人)을 받기 위해 공부하는구나.[18]

옛사람이 누구겠습니까. 공자가 늘 그리워 마지않던 요, 순, 우, 탕, 문, 무, 주공의 성현들을 필두로 하는 이상적 인격들일 것입니다. 실제로 그랬는지 알 수 없으나, 공자는 그들이 사회적 출세를 위해서가 아니라 자신의 수양을 위해 공부했다고 생각합니다. 말하자면 어떤 보상을 얻기 위해서가 아니라 스스로 닦기 위한 공부를 했다는 것입니다. 그런데 이 도를 닦는 공부는 자기 바깥에서 아무리 찾으려 해도 찾아지지 않습니다. 자신의 마음속에서 찾아야 합니다. 공자는 이런 말을 했습니다.

군자는 자기 안에서 구하고, 소인은 다른 사람에게서 구한다.[19]

사람들이 알아주지 않아도 성내지 않는다면 또한 군자가 아니겠는가.[20]

---

18) 『논어』 「헌문」. 古之學者爲己 今之學者 爲人.
19) 『논어』 「위령공」. 君子 求諸己 小人 求諸人.
20) 『논어』 「학이」. 人不知而不慍 不亦君子乎.

남이 자신을 알아주지 않음을 걱정하지 말고, 내가 남을 알아보지 못할까를 걱정하라.[21]

우선 군자는 남들의 인정이나 시선에 좌우되지 않습니다. 남들이 자신을 알아주든 알아주지 않든 그것은 중요하지 않습니다. 오히려 중요한 것은 자신이 다른 사람의 식견이나 인품을 알아보는 것입니다. 아무리 훌륭한 스승이 자기 주변에 있어도 자신이 그를 알아보지 못한다면 스스로 배울 기회를 놓쳐버리는 것 아니겠습니까. 말하자면 좋은 보물을 옆에 두고도 그것이 보물인 줄 모른다면 아무 소용없는 것처럼 말입니다. 이런 태도로 공부하는 군자는 외적인 재물이나 지위에 마음을 두지도 않고, 남을 지배하기 위한 권력에도 마음을 두지 않습니다. 그가 '거친 밥을 먹고 물을 마시며 팔베개를 하고 누워도 즐거움이 그 안에 있다'라고 한 것이나, '의롭지 않은 부귀는 나에게 뜬구름 같은 것'[22]이라고 한 이유가 바로 거기에 있습니다. 늘 안으로 향하는 공부를 통해 얻고 향상된 정신은 자연스럽게 외부로 표출됩니다. 그래서 공자는 이렇게 말했습니다.

군자는 나날이 향상(上達)되고, 소인은 나날이 퇴보(下達)한다.[23]

그리하여 군자는 공부를 통해 어디엔가 도달합니다. 상달(上達)하는 것인데, 그 상달처(上達處)가 어디인가에 대해선 명료하게 논하지 않습니다. 하지만 짐작은 가능합니다. 공자는 자기 경험을 토대로 그 지점을 시사하는데, 바로 그 첫 지점은 모든 인간이 뿌리에서 하나로 연결되어 있다는 세계의 실상, 즉 유대(仁)를 마음속에서 깨치고, 유대의 능력, 즉 사회윤리적인 인의 덕을 얻는 것입니다. 그렇게 되면 자신의 바깥에서 무슨 말이 들리든 무슨 일이 벌어지든 상황의 요구에 중용으로 응할 뿐 자신의 마음을 빼앗기지 않습니다. 곧 외부적인 것에 마음이 휘둘리는 일이 없게 되겠지요. 공자는 이

---

21) 『논어』 「학이」. 不患人之不己知 患不知人也.
22) 『논어』 「술이」. 子曰 飯疏食飮水 曲肱而枕之樂亦在其中矣 不義而富且貴 於我如浮雲.
23) 『논어』 「헌문」. 君子上達小人下達.

런 경지를 바로 40세에 이루었다고 합니다. 불혹(不惑)입니다. 나아가 50세에는 천명을 알았다(知天命)고 하는데 이 부분은 뒤에서 자세히 보겠습니다. 그리고 60세에는 세상의 섭리를 깨달아 보는 대로 듣는 대로 사태를 수용하는 힘이 생겨 '귀가 순해진다'라는 이순(耳順)에 이릅니다. 그리고 70세에는 마음이 원하는 대로 하여도 법도에 어긋남이 없다는 '종심소욕불유구(從心所欲不踰矩)'의 지점에 이릅니다. 공자는 아래로부터 배워나가 높은 경지에 도달한다고 했는데(下學而上達),[24] 이 지점이 공자 생전에 경험했다고 하는 상달처가 아닌가 싶습니다.

이런 깨달음은 '모든 인간은 그 뿌리에서 하나로 연결되어 있다'라는 전제에서 출발합니다. 현실에서 다양하게 펼쳐지는 인간 군상들의 행위 속에서 흔들림 없이 '자신의 본성이 다른 사람들의 본성과 같다'라는 깨달음에 도달하는 것입니다. 『논어』에 이런 말이 있습니다.

> 공자께서는 네 가지가 없으셨으니, 사사로운 의도가 없었고(毋意), 기필하는 마음이 없었고(毋必), 집착하는 마음이 없었고(毋固), '나'라는 생각이 없었다(毋我).[25]

일에 대한 '의도(意)'와 '반드시 이루고야 말겠다는 마음(必)'과 '견고하게 밀어붙이는 마음(固)'과 '나(我)라는 주체성'은 사실상 사회적 성취를 위해 꼭 필요한 것인지도 모릅니다. 그러나 외부적 성취에 마음을 빼앗기지 않는 군자는 이미 모든 인간이 '하나'라는 깨달음을 얻었기 때문에 '나라고 할 만한 나'를 세우지 않습니다. '내 것', '내 주장', '내 소유' 등이 저 뿌리로 내려가면 그 자체로 해소되는 것임을 아는 까닭입니다. 그러므로 '의도'도 '기필하는 마음'도, '고집하는 마음'도 '나라는 생각'도 없어지는 것이겠지요.

---

24) 『논어』 「헌문」.
25) 『논어』 「자한」. 子絶四 毋意毋必毋固毋我.

공자, 철환(轍環) 유세에 나서다

그런데 공자는 지천명인 55세의 나이에 수레를 타고 춘추 각국을 돌며 제 뜻을 알아주는 군주를 찾기 위해 14년간 유세 길에 나섰습니다. '자신을 좋은 값에 사줄 상인을 기다린다'(我待賈者也)라고 한 것을 넘어 제 뜻과 기량을 사줄 제후를 찾아다닌 것이지요. 결국 그 뜻을 이루지 못했지만 이런 유세 길에 나섰다는 것은 '자신의 뜻'을 펴기 위한 것이라 볼 수 있습니다. 그런데 의도도 없고, 반드시 이루고자 하는 집념도 없었다면 왜 이런 시도를 한 것일까요?

바로 이 지점에 중용의 의미가 있는 것 같습니다. 일단 공자의 유세는 자신의 야심이나 욕망을 실현하기 위해서가 아니었던 것 같습니다. 그런 면에서 무위적 행위라고 할 수 있습니다. 하지만 춘추전국시대라는 시대적 상황의 요구에 무심할 수 없었을 것입니다. 공자는 상황의 요청에 의해 부득이한 실천으로서 유위적 실천을 도모한 것이 아닐까요. 이 면에서는 유위라 할 수 있죠. 즉, 무위의 바탕에서 유위적 실천을 도모하는 중용의 길을 간 것이 아닌가 하는 것입니다.

사마천의 『사기』 「공자세가」에 보면 이 점을 뒷받침하는 기록이 전해져 흥미를 더합니다. 공자가 어느 제후국에서도 받아들여지지 못하고 제자들과 함께 이 나라 저 나라 유랑하고 있을 때입니다. 공자는 제자들의 마음속에 불만이 가득한 것을 보고는 제자들을 향하여 이런 질문을 던집니다.

우리의 도(道)가 잘못된 것인가. 우리가 어째서 이렇게 되었는가?[26]

이 질문에 자로가 먼저 답합니다.

---

[26] 『사기』 「공자세가」. 吾道非邪 吾何爲於此.

생각해보건대, 우리의 인(仁)이 부족한 게 아닐까요. 사람들이 우리를 믿어주지 않으니까요. 또 우리의 지(知)가 부족한 게 아닐까요. 사람들이 우리를 따르지 않으니까요.[27)]

그러자 공자는 "그럴까, 자로야. 인자가 반드시 믿음을 얻는다면 어째서 백이와 숙제가 굶어 죽었겠으며, 지자가 따름을 받았다면 어째서 왕자 비간이 죽임을 당했겠느냐"[28)]고 말합니다.

다음으로 자공이 같은 질문에 대해 이렇게 답합니다.

선생님의 도가 너무 크기 때문입니다. 그래서 세상에서 선생님을 받아들이지 못하는 것입니다. 선생님께서 조금 도를 낮추시는 것이 어떻겠습니까.[29)]

그러자 또 공자는 "아무리 훌륭한 농부가 솜씨를 발휘해 농사를 지어도 그 수확을 보장할 수는 없는 법이고, 아무리 훌륭한 장인이 솜씨를 발휘해도 사람들 마음에 들게 할 수는 없는 법, 군자는 도를 닦아 통괄할 수는 있으나, 세상이 자신을 받아들이게 할 수는 없다"라고 말합니다.

이어서 마지막으로 안회는 자공과 마찬가지로 '선생님의 도가 너무 커서 세상에 받아들여지지 않는 것'이라고 한 후 이어서,

하지만 그렇다고 해도 선생님께서는 밀고 나가셔야 합니다. 받아들여지지 않는 것이 어찌 병통이겠습니까. 받아들여지지 않은 연후에 군자의 본모습이 나타나는 것입니다.[30)]

라고 답한 후, 도를 닦지 않는 것은 우리의 수치이겠지만, 도를 닦았는데

---

27) 『사기』 「공자세가」. 子路曰 意者吾未仁邪 人之不我信也. 意者吾未知邪 人之不我行也.
28) 『사기』 「공자세가」. 孔子曰 有是乎 由 譬使仁者而必信 安有伯夷·叔齊 使知者而必行 安有王子比干.
29) 『사기』 「공자세가」. 子貢曰 夫子之道至大也 故天下莫能容夫子 夫子蓋少貶焉.
30) 『사기』 「공자세가」. 顔回曰 夫子之道大 故天下莫能容 雖然 夫子推而行之 不容何病 不容然後見君子
夫道之不脩也 是吾醜也. 夫道旣已大脩而不用 是有國者之也.

도 받아들여지지 않는 것은 군주의 수치라고 외칩니다.

이 말은 들은 공자는 그제야 흔연히 웃으며 '옳은 말이구나, 안씨의 아들이여'[31]라고 말하며 수긍을 합니다. 공자의 생각도 안회의 생각과 같았다는 것이지요. 제자들의 성격에 따라 스승의 질문에 대한 답도 차이가 납니다. 의협심이 강한 자로, 이재(理財)에 밝고 생활력이 강한 자공, 학문을 좋아한 안회가 각기 다르게 대답합니다. 그래서인지 대답들 가운데 현실주의적 면모가 가장 강한 것은 자공이고, 다소 중도적 관점을 가진 자가 자로이며, 확연히 이상주의적 면모를 보이는 것이 안회입니다. 하지만 안회의 말을 들어 보면, 현실을 아주 모르는 것은 아닙니다. 그는 '공자의 도가 너무 이상적이어서 세상에 용납되지 않는다'라는 현실인식을 바탕을 깔고 있습니다. 하지만 다시 군자(君子)의 소임과 군주(君主)의 소임을 구분함으로써 군자로서의 소임을 다했다면 문제가 될 게 없다는 견해입니다. 왜냐하면 그 나머지의 부분, 즉 정치적으로 수용되느냐 아니냐 하는 것은 군자라도 어찌할 수 있는 일이 아니기 때문입니다. 개인의 힘으로는 어쩔 수 없는 복잡하고 구체적인 역학관계가 작용한다는 것입니다. 바로 진인사대천명(盡人事待天命)입니다. 다른 말로 수인사대천명(修人事待天命)이라고도 하죠.[32]

이런 의미에서 공자의 14년간의 유세와 그 후의 활동은 한편으로 중용에 입각한 것이긴 하지만, 다른 한편으로는 '지천명'과도 관계가 있는 것 같습니다.

---

31) 『사기』「공자세가」. 孔子欣然而笑曰 有是哉顔氏之子.
32) 이 말은 『삼국지』에서 유래하는데, 적벽대전에서 화용도에서 도망치는 조조를 살려준 관우를 군법에 따라 제갈량이 참수에 처하려 할 때, 유비가 살려달라고 간청하자 제갈량은 이 말을 하며 관우를 살려준다. 즉 '천문(天文)을 보니 아직 조조가 죽을 운명이 아니므로 예전에 조조에게 은혜를 입었던 관우에게 은혜를 갚게 하려고 보냈을 뿐, 사람으로서 할 수 있는 방법을 모두 쓴다 해도 사람의 명은 하늘의 뜻에 달려 있으니 하늘의 명을 기다려 따를 뿐이다'라는 말을 남긴다. 이를 통해 관우로 하여금 조조에게 진 빚을 갚게 하고, 또 그간 암암리에 서열다툼을 벌이고 있던 관우를 제압하려고 했다는 뒷이야기가 전해지지만, 이것이 사실인지 여부는 알 수 없다. 민간에서 전해진 말이 『삼국지연의』에 정리되어 있을 뿐이다. 이른바 정사로 일컬어지는 진수(陳壽)의 『삼국지』에는 이에 대해 한 줄도 나오지 않는다.

유위의 천(天), 무위의 천

명(命)이란 우리의 삶에서 어찌할 수 없는 것, 즉 인력이 개입할 수 없는 것을 일컬을 때 쓰는 말입니다. 이 어찌할 수 없는 실상의 대표적인 것이 태어남과 죽음, 즉 생사입니다. 어찌할 수 없음, 거역할 수 없음의 의미를 갖는 명은 거역할 수 없는 권위자의 명령이라는 의미로 확대되어 사용되기도 하고, 그 권위를 더욱더 높이기 위해 하늘과 결합하여 '천명'이라고 개념화되어 쓰이기도 합니다.

앞서 본 것처럼, 공자는 유위적 사유와 무위적 사유를 종합하는 중용을 제창하였습니다. 그러니 '하늘'에 대해서도 유위적 '천'과 무위적 '천'의 양면을 중용으로 종합하려 합니다. 유위적 사유에서 보면 '천(天)'이란 중립적인 자연 그 자체입니다. 그러나 무위적 사유에서 보면 '천'은 종교적 의미를 지니거나 도덕적 권위를 갖거나, 혹은 그 자체로 아름다움을 가진 자연으로서의 의미를 갖습니다. 그러므로 유위적 사유에서 천, 즉 그 자체가 중립적일 따름인 자연은 인간의 의지와 목적에 맞게 개조하고 통제해야 할 대상이지만, 무위적 사유에서 천은 따르고 받들어야 하는 어떤 섭리(攝理)가 됩니다. 그리고 전자에서 하늘은 '무심'한 것이지만, 후자에서 하늘은 '어떤 주재자'가 됩니다.

제자 자공의 말에 따르면 공자에게서 평소 성(性)과 천도(天道)에 관한 말은 듣기가 어려웠다고 합니다.[33] 그래서인지 『논어』에 천(天)에 대한 언급은 많지 않습니다. 공자는 이런 말을 합니다.

> 내가 만약 그른 점이 있다면, 하늘이 나를 버릴 것이다. 하늘이 나를 버릴 것이다.[34]

---

33) 『논어』「공야장」. 子貢曰 …… 夫子之言性與天道 不可得而聞也.
34) 『논어』「옹야」. 予所否者 天厭之天厭之.

하늘에 죄를 얻으면 어디 빌 데가 없다.35)

하늘을 원망하지 않고 남을 탓하지 않으며, 하학(下學)하여 상달(上達)하니, 나를 알아주는 것은 하늘이구나.36)

군자는 두려워할 것이 세 가지 있으니, 천명을 두려워하고, 대인(大人)을 두려워하며, 성인(聖人)의 말씀을 두려워한다.37)

이 말에서 보면, 하늘은 누군가에게 벌을 주어 '버리기'도 하고, 기도하면 그 '기도를 들어주기'도 하는 존재입니다. 주재자로서의 천은 종교적 색채가 강합니다. 나아가 공자의 뜻을 알아주고, 군자를 두렵게 하는 존재로 나타나는데, 여기엔 옳고 그름을 판단하는 도덕적 당위의 색채가 더해집니다. 천에 대한 이런 생각은 나아가 인간 세상에 깊이 내려앉아 인간과 역사를 관장하는 천으로 발전하는데, 이런 관점은 맹자에 이르러 한층 더 깊고 넓어집니다.
또 한편 공자는 이런 말을 합니다.

하늘이 무슨 말을 하던가. 사계절이 운행하고, 온갖 사물이 생육하니, 하늘이 무슨 말을 하던가.38)

공자가 강가에 서서 말했다. (흘러) 가는 것이 이와 같구나. 밤낮을 가리지 않는구나.39)

여기서 논하는 하늘은 중립적인 자연입니다. 무심하게 운행되는 사계절이

---

35) 『논어』「팔일」. 獲罪於天 無所禱也.
36) 『논어』「헌문」. 子曰 不怨天 不尤人 下學而上達 知我者 其天乎.
37) 『논어』「계씨」. 孔子曰 君子有三畏 畏天命 畏大人畏聖人之言 小人不知天命而不畏 狎大人 侮聖人之言.
38) 『논어』「양화」. 子曰 天何言哉 四時行焉 百物生焉 天何言哉.
39) 『논어』「자한」. 子在川上曰 逝者如斯夫 不舍晝夜.

고, 저절로 생육하는 만물의 생장이며, 밤낮을 가리지 않고 흐르는 물입니다. 이럴 때 천은 인간의 의도적 해석이 개입되지 않은 자연의 실상 그 자체를 가리킵니다. 인간의 역사 세계와는 무관한 자연현상이고 그 작용입니다.

이렇게 자연(天)을 '무심(無心)'으로 보고, 그 무심한 자연에 인간의 정신을 일치시키려는 방향으로 나아갈수록 노자의 사상에 가까워집니다. 반면에 자연의 '무심함'을 의도 없음의 무질서로 보고, 자연을 대상화하여 적극적인 개조를 통해 인간의 목적에 맞추려 하면 순자의 사상에 가까워집니다. 전자를 자연에 인간을 맞추려 한다는 의미에서 인간의 자연동형론이라 칭하고, 후자는 자연을 인간에 맞추려 한다는 의미에서 자연의 인간동형론이라 칭합니다.

공자는 관중을 높이 칭송할 정도로 적극적인 유위를 강조하기도 하지만, 자연에 대해서 매우 무위적인 관점을 보이기도 합니다. 어느 날 공자가 제자 몇을 둘러앉혀 놓고, '그대들이 평소에 자신을 알아주지 않는다고 하는데 만약 혹시 누군가 그대들을 알아주어 써준다면 무슨 일을 하겠느냐'고 묻습니다. 그러자 여러 제자가 각기 군사, 외교, 재무 등 분야에서 세상을 경륜하고자 하는 자기의 뜻을 밝힙니다. 그런데 마지막으로 증자의 아버지 증점(曾點)이 이런 말을 합니다.

> 늦봄에 봄옷이 만들어지면 관을 쓴 어른 오륙 명과 동자 육칠 명이 함께 기수(沂水)에서 목욕하고 무우(舞雩)에서 바람 쐬고 시를 읊조리며 돌아오겠습니다.[40]

그러자 공자는 감탄하면서 나는 '증점과 함께하겠다'라고 말합니다. 공자 자신도 그렇게 하겠다는 것입니다. 증점의 이 말은 그리 간단한 것이 아닙니다. 자신을 알아주는 상황, 이른바 하늘의 때를 얻어 이무기가 용이 되어 날

---

40) 『논어』 「선진」. 曰 莫春者 春服旣成 冠者五六人童子六七人 浴乎沂 風乎舞雩 詠而歸 夫子喟然歎曰 吾與點也.

아오를 수 있는 상황에서 그 모든 것을 버리고 자연과 함께 시를 읊조리며 살고 싶다는 것은 최우선적 것으로 무위적 삶을 선택한 것입니다. 이런 면에서 공자 생각의 한 부분은 노자의 자연주의에 가까워집니다.

천명을 안다는 것(知天命)

그러면 공자의 '지천명'의 천은 이 가운데 어떤 것을 가리키는 것일까요? 이것을 짐작하기란 매우 어렵습니다. 일단 '천'에 '명'이 결합해 있습니다. '천'은 다양한 의미가 있으므로 잠시 미뤄두고, 명의 의미부터 살펴보기로 하지요.

명(命)이 '인력이 개입할 수 없는 어떤 일'을 가리킨다고 보면, 일단 인간의 손을 떠난 어떤 것에 해당하겠지요. 그러면 인간 역사세계에서의 명은 어떠한가. 인간의 역사세계가 인간의 손에 의해 진행된다는 점에서 보면, 그것이 꼭 인간의 손을 떠나 있는 일은 아닙니다. 생사의 명이 완전히 인간의 손에서 벗어나 있는 것과는 달리, 인간 역사세계의 큰 흐름은 개별 인간의 힘으로는 어쩔 수 없는 면을 많이 지니고 있지만 동시에 많은 부분 인간의 손에 의해 진행되기 때문입니다.

수많은 인간이 수많은 관계 속에서 그물처럼 얽혀서 이런저런 행동을 하며 역사를 만들어갑니다. 그 역사가 어떻게 진행될지, 언제 어떻게 어떤 일이 일어날지 개별 인간의 힘으로는 알기 어렵고 주재하기 어려운 일입니다. 아마도 공자가 말한 천명이란 이런 것이 아닐까요? 수없이 많은 사람들이 수없이 많은 일을 하면서 수많은 관계 속에서 얽혀 돌아가는 인간사회라는 거대한 그물망 자체를 '천(天)'이라 보고, 그 그물망 자체를 좌지우지할 수는 없다는 것을 그는 명(命)으로 인식합니다. '안 되는 것은 안 된다'를 아는 것, 그것이 바로 명을 아는 것이지요.

이런 생각을 뒷받침해주는 이야기가 『논어』에 세 가지 실려 있습니다. 먼저 첫 번째 이야기입니다.

어느 날 공자 일행이 길을 가다가 장저(長沮)와 걸익(桀溺)이라는 은자 두 사람을 만납니다. 자로가 그들에게 나루터 가는 길을 물으니, 그들은 '그대가 노나라 공구의 무리인가' 하며 이런 말을 합니다.

흘러가 돌아오지 않는 것이 천하의 일인데, 누가 세상을 바꿀 수 있으리오. 그러니 그대는 사람을 피하는 선비(공자)를 따르는 것보다 세상을 피하는 선비(은자의 무리)를 따르는 것이 낫지 않겠는가.

하며 하던 일을 계속하였습니다. 자로가 돌아와 공자에게 이 일을 말하니, 공자는 한참 멍하니(憮然) 있다가 이런 말을 합니다.

새와 짐승과 더불어 무리 지어 살 수는 없으니, 내가 사람의 무리와 함께하지 않는다면 누구와 함께하겠는가. 천하에 도가 있으면 내가 변혁하려 하지 않을 것이다.[41]

다음 이야기입니다. 어느 날 자로가 일행을 잃고 뒤처져 있다가 장인(丈人)이라는 은자를 만납니다. 자로가 '우리 선생님(夫子)을 보셨는가?'하고 묻자, 그는 이렇게 말합니다.

사지를 부지런히 쓰지 않고 오곡을 분별하지 못하니, 누구를 선생님(夫子)이라 하는가.

그는 하던 일을 계속하다가, 자로를 데려가 하룻밤 먹이고 재워 보냅니다. 자로가 공자에게 이 일을 말하자 공자는 말합니다.

---

41) 『논어』 「미자」. 長沮桀溺 耦而耕 孔子過之 使子路 問津焉 長沮曰 夫執輿者爲誰 子路曰 爲孔丘 曰是
魯孔丘與 曰是也 曰是知津矣 問於桀溺 桀溺曰子爲誰 曰爲仲由 曰是魯孔丘之徒與 對曰然 曰滔滔者 天
下皆是也 而誰以易之 且而與其從辟人之士也 豈若從辟世之士哉 耰而不輟 子路行 以告 夫子憮然曰 鳥獸
不可與同群 吾非斯人之徒 與 而誰與 天下有道 丘不與易也.

은자로구나.42)

세 번째 이야기는 초나라 광접여(狂接輿) 이야기입니다. 그는 공자 일행을 지나치며 이런 노래를 부릅니다.

> 봉황이여, 봉황이여. 어찌 그 덕이 쇠하였는가. 지나간 일은 어찌할 수 없고, 앞으로 올 일은 따르는 것이 가한 것. 그만두어라, 그만두어라. 지금 정치를 좇는 일은 위태로울 뿐이다.43)

이 세 이야기에서 은자들의 입장을 종합해보면 이렇습니다. 세상일은 어찌할 수 없는 것인데 사지를 움직여 열심히 농사일도 하지 않고, 안 되는 일을 하러 다니는 공자는 오히려 덕이 쇠한 것으로 볼 수 있으니, 그만두는 게 좋겠다는 것입니다. 이런 입장에 대해 공자는 그들을 '은자'라고 칭해가며, 다소 인정하는 모습을 보입니다. 그리고 나서 자신이 인간사회 속에서 인간과 더불어 살아가야 하는 것은 피할 수 없는 일이라는 것과 지금 세상에 도가 없으니 그 도가 당장 실현되지 않더라도 옳다고 생각하는 것은 해봐야 하지 않겠느냐고 말한 겁니다.

은자들이 어찌할 수 없는 무도한 세상을 등지고 살아가는 인물들이라면, 공자는 그 결과에 구애되지 않고 무도한 세상에 필요한 것을 실천해야 한다고 생각한 인물입니다. 마치 일제 강점기 독립투사들이, 몇 번의 투쟁으로 당장 해방을 이룰 순 없겠지만, 그런 투쟁은 필요하며 스스로는 필요한 투쟁을 하면서 해방을 기다리겠다고 생각하는 것과 유사한 태도입니다. 현실을 모르는 것이 아니라, 현실을 알기 때문에 현실에 머물지 않고 그것을 넘어서려고 하는 것이죠.

---

42) 『논어』 「미자」. 子路從而後 遇丈人 以杖荷蓧 子路問曰 子見夫子乎 丈人曰 四體不勤 五穀不分 孰爲夫子 植其杖而芸 子路拱而立 止子路宿 殺鷄爲黍而食之 見其二子焉 明日 子路行 以告 子曰 隱者也.

43) 『논어』 「미자」. 楚狂接輿歌而過孔子 曰鳳兮鳳兮 何德之衰往者不可諫 來者 猶可追 已而已而 今之從政者殆而.

공자가 은자들과 다른 점은 그 어떤 '믿음'과 관계가 있어 보입니다. '하늘'이 어떤 종교적 의미를 포함하고 있다는 '믿음'과 인간의 본질이 '인(仁)'에 있다는 강한 '믿음'을 가진 공자였기에 인간 역사사회라는 거대한 그물망도 결국에는 자신이 생각하는 올바른 방향으로 갈 거라고 믿었던 것이 아닐까요. 그러므로 '현재'에는 정치적으로 인정받지 못하고 떠돌고 있으나, '그 언젠가'는 자기의 뜻을 실현할 수 있으리라 믿었던 것이 아닐까요.

실제로 동아시아 역사에서 당대에 큰 힘을 발휘했던 여느 사상가보다 공자는 시간이 흐를수록 더욱더 큰 무게의 힘을 발휘했습니다. 앞서 거론한 네 스승 모두 세상에서 인정받지 못했다는 점에서는 비슷한 길을 갔습니다. 붓다도 당대에는 매우 큰 어려움을 겪었고, 소크라테스는 독배(毒杯)를 받고 죽었으며, 예수는 십자가에 못 박혔습니다. 하지만 지금은 어떻습니까. 2천 년이 넘었음에도 이 스승들은 여전히 인류의 정신에 커다란 영향을 미치고 있습니다.

품이 넓은 공자의 천(天)

공자 이야기가 길어졌습니다. 이제 마지막으로 공자의 '천'에 대한 관점을 정리하면서 이야기를 마무리해야겠습니다.

공자는 동이적 사유와 서하적 사유를 종합하는 중용을 제창하였습니다. 공자의 이런 입장은 '하늘'에 대한 관점에도 반영되어, '하늘'을 종교적 혹은 도덕적 성격을 갖는 이상주의적 천으로 해석하기도 하고, 인간세계와는 무관한 중립적 자연으로 해석하기도 합니다. 하늘을 중립적으로 보는 자연관은 한편으로는 '자연주의'로 나아가고, 다른 한편으로는 적극적인 현실개조의 실용주의로 나아갑니다. 말하자면 공자의 천에는 맹자적 천, 노자적 천, 순자적 천이 모두 포괄되어 있습니다. 모두 포괄되어 있기에 어정쩡해지는 면도 있긴 하지만, 종합되어 있다는 점에서 그 넓어진 사상적 스펙트럼에서 좀처럼 벗어나기 힘든 점도 있습니다. 사마천이 『사기』를 집필한 한대에 이미 공자는 제후의 대접을 받아 「공자세가」에 기록되었고, 당(唐)에 이르러 소왕(素王)으로 추증된 이래 면면히 그 가르침이 이어진 것은 바로 이 중용의 위대함과 그 천(天)관의 폭넓음이 아닐까 생각합니다.

현실적으로 중용은 무위와 유위의 양쪽 사유가 일종의 저울추를 통해 균형을 이룬다는 의미가 강합니다. 한쪽으로 치우쳐 있으면 추를 반대편에 무겁게 놓아 다시 균형을 잡는 것이 중용이지요.

그렇게 공자의 중용을 저울추로 삼아 저울을 세우고 나서 볼 때, 무위 쪽으로 한발 더 나아간 자리에 맹자의 사상이 놓여 있고, 거기서 한발 더 나아간 자리에 노자의 철학이 있습니다. 무위로 향할수록 그 사유는 인간과 자연을 선(善)으로 보고 자연과 가까워지려 합니다. 맹자의 성선설에 기초한 왕도사상이나 노자의 자연주의가 그것입니다.

그리고 반대 방향 쪽에는, 유위 쪽으로 한발 더 나아간 자리에 순자의 사상이 있고, 거기서 한발 더 나아간 자리에 한비자가 있습니다. 유위로 향할수록 인간과 자연을 악(惡)으로 보고 개조하거나 통제하려고 합니다. 순자의 성악설에 기초한 예치사상과 한비자의 법가가 그것입니다.

그리고 마침내는 메타적 차원에서, 무위적 사유이든 유위적 사유이든 그것은 결국 '인간의 해석'이자 '인간의 주장'이라는 면에서 '유위'라는 것, 있는 그대로의 자연의 실상이 아니라는 것, 그러므로 '인간'의 눈에 의해 해석되고 개발된 여러 사상이 진정 옳은지, 각 사상가가 주장한 것만큼 진리에 가까운 것인지, 그 근본부터 타당성에 대한 검토가 필요하다며 장광설을 펼치는 장자(莊子)가 나타나게 됩니다.

다음 강에서는 한 발씩 더 나아간 사상가들이 어떤 사유의 지평을 열어 나갔는지를 차례차례 살펴볼 것입니다. 맹자, 순자, 노자, 한비자가 그들입니다.

맹자(1)

자연 도덕주의 혹은 도덕 이상주의

앞 강에서 우리는 인류가 어떤 계기로 집단적인 사유를 시작했는가, 그리고 중원에서는 어떤 사유가 발흥했고, 그것이 어떻게 대립하고 투쟁하며 전개되었는가를 살펴보았습니다. 즉 무위적 사유와 유위적 사유가 각기 동서의 지역적 기반을 가지고 발전하면서 교대로 중원에 대한 지배권을 행사하다가, 철기가 유입되고 발전되면서 동서의 세력이 본격적인 투쟁을 시작했고, 그리하여 춘추전국이라는 대혼란의 시대가 열리게 되자, 공자가 이 혼란에 대해서 자기 방식으로 처방을 했는데, 그가 제시한 해법은 동이의 무위적 사유와 서하의 유위적 사유를 종합한 '중용'이라는 것입니다.

이번 강에서 살펴볼 인물은 무위와 유위, 자연과 인간, 이상주의와 현실주의의 균형을 잡고자 한 공자의 중용을 저울추로 삼았을 때, 무위 쪽으로, 자연 쪽으로, 이상주의 쪽으로 한 걸음 나간 맹자입니다. 그가 전국시대 혼란 상황에 대하여 어떻게 진단하고, 해결의 처방을 제시했는가를 중심으로 살펴볼 것입니다. 맹자와 반대의 방향, 즉 유위와 인간, 현실 쪽으로 한 걸음 더 나간 사상가는 순자입니다. 앞으로 살펴보겠지만, 맹자와 순자는 마치 도시를 순환하는 열차의 궤도를 절반씩 나누어 달리는 두 열차처럼 만나지 않고 맞은편 궤도로만 달립니다.

맹자, 조선 선비들의 사랑을 받다

맹자가 우리에게 중요한 인물로 다가오는 까닭은 그가 우리 조상들, 즉 조선 선비들의 사랑을 유난히 많이 받았기 때문이고, 우리 선비들이 그토록 그를 사랑한 까닭을 아는 것이 현대의 한국 문화를 이해하는 데 적지 않게 도움이 되기 때문입니다. 조선과 중국과 일본 가운데 맹자가 사랑받고 대접받은 곳은 오직 조선뿐입니다.

중국의 경우 황제의 전제적 통치 앞에서 신하가 맹자처럼 군주에게 직설하는 것이 거의 불가능했기 때문인지, 중국의 지식인들에게는 맹자적인 기풍을 거의 발견할 수 없습니다. 조금만 황제의 눈에 거슬렸다가는 문자옥(文字獄)에 걸려버릴 위험이 컸으니까요. 게다가 명(明)을 건국한 주원장(朱元璋, 1328~1398)은 맹자에 쐐기를 박아버립니다. 그는 어느 날 『맹자』를 읽다가 맹자가 군주에게 거침없이 발언하는 내용을 읽으며 분노합니다. 그리고 맹자의 버릇을 고쳐줘야 한다며, 공자의 사당에 배향된 맹자의 위패를 제거하도록 명령하고, 『맹자』에 수록된 내용 중에서 '말투와 억양이 너무 심한 내용'과 '신하가 마땅히 해서는 안 될 말' 등 거의 3분의 1을 삭제하여 『맹자절문(孟子節文)』을 만듭니다. 그리고 그것을 공식 과거시험 교재로 반포하고, 삭제된 부분에서는 과거시험 문제를 내지 못하도록 했다고 합니다.1)

일본에서도 『맹자』는 거의 금서 취급을 받았다고 합니다. 명나라 사조제(謝肇淛)가 쓴 수필집 『오잡조(五雜组)』에 이런 말이 나옵니다. '왜인들은 『맹자』를 사지 않는다. 풍설에 의하면 그 책을 싣고 일본으로 돌아가는 배는 모조리 전복되어 침몰한다고 한다.'2) 참 흥미롭지 않습니까. 결국 침몰하지 않고 일본으로 돌아간 배에는 『맹자』가 실려 있지 않았다는 결론인데, 실제로 일본에 『맹자』라는 책이 없지는 않았습니다. 그만큼 꺼린 책이라는 뜻이겠지요. 한 번도 백성들이 주도하는 혁명이나 개혁을 경험해보지 못한 일본에서는 막부(幕府) 시절, 전설처럼 '견당선(遣唐船)이 일본으로 오는 도중 난파하지 않도록 『맹자』는 바다에 던져 넣고 돌아왔다'라는 이야기가 흔하게 전해집니다. 철저한 사무라이식 상명하복의 수직적 질서를 갖고 있던 일본 사회에서 얼마나 『맹자』가 먹히지 않는 사상이었는지, 그리고 그 사회가 얼

---

1) 이상수, 『아큐를 위한 변명』(웅진지식하우스, 2009), 245쪽 참조.
2) 남도일보 2016년 1월 14일자. 「김세곤 원장의 남도 칼럼」에서 재인용. 『오잡조』는 전체 16권으로 이루어져 있는데, 천(天)·지(地)·인(人)·물(物)·사(事)의 5부로 나누어 자연현상과 인간세태 등에 대한 저자의 견문과 의견을 정리한 것이다.

마나 아래로부터의 혁명을 금기시했는지 보여주는 것이기도 합니다.

그런 역사적 영향 때문인지 중국이나 일본에서는 학자나 지식인의 지위가 한국 사회처럼 높지도 않고, 지식인들이 개별로 혹은 집단으로 자신들의 정치적 사회적 의견을 피력하거나 행동으로 표출하는 사례는 거의 발견되지 않습니다. 말하자면 지식인들의 목소리가 그다지 높지 않다는 거지요.

하지만 역성혁명에 의해 집권한 조선왕조의 상황은 달랐던 것 같습니다. 조선에서 맹자가 얼마나 선비들의 사랑을 받았는가를 보여주는 흥미로운 일화가 있습니다. 병자호란 직후 조선 당대의 거유이자 세도(世道)3)이자 산림이었으며, 후대에 '자(子)'라는 호칭이 붙어 '송자(宋子)'로 칭해진 송시열(宋時烈, 1607~1689)이란 학자는『맹자』를 천 번 이상 읽은 것으로 유명했습니다. 그래서 한 제자가 송시열에게 "선생님이 맹자를 천 번이나 읽으셨다고 하는데 정말입니까?" 하고 묻자, 그는 태연히 이렇게 대답했다고 합니다. "내가 맹자는 천 번 읽었지만, 앞의 두서너 편은 일생 외었으니 몇천 번 읽었는지 알 수 없네."4) 하여간 맹자에 대한 조선 선비들의 추앙과 흠모는 매우 큰 것이었고, 조선시대 선비정신은 어찌 보면 맹자정신이라고 할 만큼 맹자적인 것입니다. 심지어 '겨울은 강철로 된 무지갠가 보다'고 외친 일제 강점기 투사 시인 이육사의 목소리에서도 맹자가 느껴집니다. 그래서 궁금합니다. 어째서 유독 조선에서만 지식인들이 그다지도 맹자를 좋아한 것일까. 그리고 나아가 조선의 선비들은 맹자식으로 말하고 행동한 것일까. 심지어 어머니들조차 맹자 어머니처럼 자식을 키우는 것일까. 이번 강에서는 이 부분에 대해서도 논해보고자 합니다만, 결론부터 말하자면 동이의 문화적 바탕이 있던 우리에게 그것은 필연적인 일이었을지도 모르겠습니다. 뒷부분에서 차차 살펴보기로 하겠습니다.

---

3) 세도란 세상에 도를 실현한다는 뜻으로, 조선조 천리를 밝히고, 인심을 바르게 하며, 이단을 배척하고, 정학(正學)을 세우는 일을 가리키는데, 대체로 이런 통치를 위해 권력을 행사하거나 행사하는 자를 가리킨다. '세도'라 칭해지는 인물은 당대 선비들의 여론을 결정하고 지배하는 역할을 했다.
4) 이덕일,『송시열과 그들의 나라』(김영사, 2000), 29-30쪽 참조.

전란의 시대가 길러낸 계급, 사(士)

앞 강에서 본 것처럼, 공자가 살았던 노나라는 동이 지역에 위치하면서 서하의 문화를 대표하는 주공이 봉함을 받은 제후국이었습니다. 그러니 동이와 서하의 중용이 공자에 의해 제창된 것은 우연이 아닐지도 모르겠습니다. 사마천의 『사기』「맹자순경열전(孟子荀卿列傳)」에 의하면 맹자는 공자가 죽은 지 100여 년 정도 뒤 노나라 인근의 추(鄒)에서 태어나 공자의 손자인 자사(子思)의 제자에게 학문을 배웠다고 합니다. 맹자가 태어난 추라는 곳은 산둥지역에 위치하는데, 노나라에 속해 있었다는 설도 있고 독립적인 제후국이었다는 설도 있습니다. 하여간 노나라와 매우 가까웠고, 또 공자의 손자의 문인에게 배웠다 하니, 지리적으로나 사상적으로나 공자와 아주 가까웠습니다.5) 바로 이 점은 이후 맹자가 유가의 도통을 이어받았다는 중요한 근거가 되기도 했습니다. 불교가 융성했던 당(唐)대에 유학부흥 운동을 벌인 한유(韓愈)는 유가의 도가 요-순-우-탕-문(文)-무(武)-주공-공자-맹자로 이어진다고 주장하는 유가 도통설(道統說)을 세웁니다. 그는 이런 말로 그 근거를 제시합니다.

> 공자의 도는 크고 넓어서, 문하의 제자들이 두루 보고 다 알 수가 없었다. 그러므로 공자에게 배웠어도 자기의 소질이나 성향에 가까운 바를 터득하였다. …… 오직 맹자만이 자사에게 배웠는데 …… 공자 사후 오직 맹자가 전한 것만이 그 종지를 얻었다. 그러므로 성인의 도를 구하여 보려는 자는 반드시 맹자로부터 시작해야 한다.6)

---

5) 우리나라 민간에서는 맹자보다 오히려 맹자의 어머니가 더 유명한 경향이 있다. 자식의 교육을 위해 세 번이나 이사를 했다거나(孟母三遷之敎), 공부 도중에 돌아온 아들을 훈계하기 위해 짜고 있던 베를 잘라버렸다(斷機之戒)는 고사가 그것인데, 이런 이야기들은 한(漢)대 유향(劉向)이라는 학자가 여러 전적에 나오는 '다양한 여성들의 이야기'를 수록해 놓은 『열녀전(列女傳)』 중 「어머니의 모범편(母儀篇)」에 나오는 것들인데, 다른 경전이나 사서의 기록에서는 찾아볼 수 없다.

6) 『맹자』 서문. 孔子之道 大而能博 門弟子不能偏觀而盡識也 故學焉而皆得其性之所近 …… 惟孟軻師子思 …… 自孔子沒 獨孟軻氏之傳 得其宗 故求觀聖人之道者 必自孟子始.

그런데 여기서 흥미로운 것은, 당대 영향력을 행사한 사상가 중 다수가 대체로 동이 지역 출신이거나 이 지역을 배경으로 활동했다는 것입니다. 맹자보다 조금 늦게 등장하여 음양가(陰陽家)를 제창한 추연(鄒衍)이라는 인물은 산둥의 제나라 출신이고, 장자도 동이족 후예의 나라인 송(宋) 출신이며, 묵자 역시 송에서 대부로 활동했다고 전해지고, 순자도 동이 북부 지역인 조나라 출신입니다. 그리고 병법의 대가 손자는 제나라입니다. 이런 사실은 당시 이 지역의 나라들이 문화적 선진국들이었으며, 이에 따라 지식인들이 마치 '물을 만난 고기처럼' 모여들어 활발하게 활동하기 좋은 곳이었음을 보여줍니다.

당시에 새로이 출현한 이런 지식인들을 '사(士)'라고 불렀습니다. 『설문해자(說文解字)』에 보면 '사(士)'란 '사(事)'라고 합니다. 말하자면 사(士)란 어떤 특정 분야의 일(事)에 대해 전문성을 가진 사람을 가리킵니다. 그렇기에 전국시대의 '사', 즉 선비란 단지 서사(書士)만을 가리키는 말은 아니었습니다. 이를 단적으로 보여주는 것이 맹상군(孟嘗君)에 얽힌 이야기입니다. 당시 각국의 제후들은 부국강병을 위해 경쟁적으로 양사(養士)정책을 펼쳤는데, 그 대표적인 인물들이 바로 그 유명한 전국사군(戰國四君), 즉 전국시대 4명의 군(君)입니다. 제(齊)의 맹상군, 위(魏)의 신릉군, 조(趙)의 평원군, 초(楚)의 춘신군 등이 바로 그들인데, 이 중 맹상군은 천 명이 넘는 식객을 거느렸다 전합니다. 어느 날 식객 후보에 도둑질의 명수와 닭울음소리 모사의 달인이 올랐는데, 몇 차례 논란을 거쳐 그들을 식객으로 받아들였고, 후일 맹상군이 위기에 처해있을 때 결정적으로 이 두 사람의 재주 덕분에 목숨을 구했다는 것, 즉 계명구도(鷄鳴狗盜) 이야기가 바로 그것입니다. 말하자면 별별 분야의 재주를 지닌 사람들이 '사(士)'라는 이름으로 모여든 것이지요.

이런 지식인 집단 중 가장 두드러진 활약을 보인 것은 제나라 왕실의 주도하에 수도 임치(臨淄)에 설치된 직하(稷下)입니다. 『염철론(鹽鐵論)』 「논유(論儒)편」에 따르면, '제선왕(齊宣王)은 유학을 높이고 존중하여, 맹가, 순우곤(淳于髡)의 무리는 상대부(上大夫)의 녹봉을 받았는데 이들은 관직을 맡지 않으면서도 국사를 의논했으며, 대체로 제나라 직하의 선생들은 천 명이 넘었다'라고 합니다.7) 말하자면 직하는 일종의 왕립아카데미 같은 것인데, 제왕실에서는 직하를 찾아온 선비들에게 대부나 경(卿)등의 벼슬을 주고 녹봉을 지급했지만 공무수행을 요구하지는 않았다는 것입니다. 그리고 『사기』에 따르면 '추연, 순우곤 등 76명이 직접 공무를 수행하진 않았지만, 상대부의 벼슬을 받아 정치를 논의할 수 있었다'8)고 하니, 당시 주장깨나 펼친 학자들은 모두 한 번쯤 거쳐 간 것 같습니다. 그리하여 직하의 지식인들은 정치사상적으로 제약 없이 유례없는 자유를 누리며 학문에 정진할 수 있었던 것 같습니다. 바로 이 직하의 학장에 해당하는 좨주(祭酒)를 세 번이나 역임한 사람이 바로 순자입니다. 맹자도 역시 직하에서 7년 정도 머물면서 제선왕에게 유세(遊說)했지만 자기의 뜻이 받아들여지지 않자 떠났다고 하는데, 그를 떠난 맹자가 그다음으로 향해 간 곳이 양(梁)의 혜왕(惠王)입니다.

왜 싸우는가: 혼란의 원인

맹자에 대한 사마천의 『사기』의 기록은 매우 간단합니다. 제목은 「맹자순경열전」이라고 했지만 사실 그 내용은 잡가제학(雜家諸學)에 관한 것입니다. 그런데 이 열전의 첫머리에서 사마천은 매우 의미심장한 말을 하고 있습니다.

나는 일찍이 『맹자』라는 책을 읽다가 양혜왕이 '어떻게 하면 우리나라를 이롭게 하겠는가'라고 묻는 구절에 이르러 책 읽기를 멈추고 '아, 이익이란 진실로 혼란의 시작이구나!' 하고 탄식하지 않은 적이 없었다. …… 천자로부터 일반 백성에 이르기까지 이익을 좋아하는 데서 생긴 폐해가 어찌 다르겠는가.9)

---

7) 『염철론』,「논유편」. 齊宣王襃儒尊學 孟軻·淳于髡之徒 受上大夫之祿 不任職而論國事 蓋齊稷下先生千有餘人.
8) 『사기』「전경중완세가(田敬仲完世家)」. 宣王喜文學游說之士 自如騶衍·淳于髡·田騈·接予·愼到·環淵之徒 七十六人 皆賜列第 爲上大夫 不治而議論.
9) 『사기』「맹자순경열전」. 余讀孟子書 至梁惠王問 何以利吾國 未嘗不廢書而歎也. 曰 嗟乎利誠亂之始也

사마천은 전란의 시대가 끝난 한(漢)대에 살았지만, 그 역시 인간 역사세계의 혼란의 원인이 무엇인가에 주된 관심이 있었던 모양입니다. '이익을 추구하는 마음이 혼란의 원인이로구나' 하며 무릎을 치며 공감을 한 것을 보면 말입니다. 사실 이 이야기는 『맹자』라는 책을 펼치자마자 첫 장에 나오는 이야기인데, 맹자 사상의 핵심을 잘 보여주는, 유명한 '하필왈리(何必曰利)'의 대목입니다.

제(齊)나라를 떠나 양(梁)나라에 이른 맹자가 어느 날 양혜왕을 알현했는데, 왕이 맹자에게 묻습니다. '선생께서 불원천리 오셨으니, 장차 무엇으로 내 나라를 이롭게 해주려는가.' 그러자 맹자는 '왕께서는 하필 이익을 말하는가, 오직 인(仁)과 의(義)만이 있을 뿐'이라고 답한 뒤, 왜 그러한지에 대해 이렇게 말합니다.

> 왕께서 무엇으로 내 나라를 이롭게 할까 하시면, 대부는 무엇으로 나의 가(家)를 이롭게 할까 하고, 사(士)와 서인(庶人)은 무엇으로 내 몸을 이롭게 할까 하여, 상하가 서로 이익을 다투어 나라가 위태롭게 됩니다.[10]

위에서 이익을 추구하면 아래에서도 차례차례 이익만을 추구해 위아래가 모두 이익을 다투는 상황이 벌어지고, 그 결과 사회 전체가 위태한 상황에 놓인다는 겁니다. 맹자의 이런 견해는 루소(J.-J. Roussaeu, 1712~1778)의 말을 연상시킵니다. 루소 역시 인간 악의 근원이 소유욕과 이기심에 있다고 보았습니다. 그리고 인간의 역사현실이 악으로 흐르게 되는 것은 인간이 지닌 격정(la fermentation)과 모방(l'imitation)의 두 가지 때문이라고 보았는데, 격정은 이기적 욕망을 부글부글 끓이는 것이고, 모방은 말 그대로 남을 모방하는 것입니다. 위의 인용구에 나타난 맹자의 견해와 유사한 것은 바로 모방인데, 루소가 말한 모방은 남들과 같이 행동하지 않으면 손해를 보거나 고립

…… 自天子至於庶人 好利之弊何以異哉.
10) 『맹자』 「양혜왕상」. 孟子見梁惠王 王曰叟不遠千里而來 亦將有以利吾國乎 孟子對曰 王何必曰利 亦有仁義而已矣 王曰何以利吾國 大夫曰何以利吾家 士庶人曰何以利吾身 上下交征利而國危矣.

된다는 공포 때문에 남들의 욕심을 따른다는 것입니다. 이렇게 남을 모방하려는 심리는 전염성을 지니기 때문에, 사회 전체적으로 무분별한 모방이 횡행하게 되고, 그 결과 인간들이 사회제도의 나쁜 관습에 종속되면서, 결국 타고난 자연의 선한 본성을 망각하게 된다는 것입니다.11) 말하자면 라캉이 말한 것처럼 '타자의 욕망을 욕망하게 된다'라는 것입니다.

마찬가지로 맹자가 양혜왕에게 '하필왈리'를 외친 이유 역시 이익을 앞세우는 논리가 사회를 지배하게 되면 온 사회의 구성원들이 이익을 앞세우게 되고, 마침내 그런 논리가 사회 전체를 지배하게 되어 사람들이 집단으로 그에 종속될 것을 경계한 것입니다.

그렇게 말한 후 맹자는 서로 이익을 다투다 위태로워진 사례를 다소 추상적으로 이렇게 말합니다.

> 만승(萬乘)의 나라에서 그 군주를 죽이는 자는 반드시 천승(千乘)의 가(家)에서 나오고, 천승의 가에서 그 군주를 시해하는 자는 반드시 백승(百乘)의 가에서 나오니, 만에 천을 취하고, 천에 백을 취하는 것이 많지 않은 것은 아니지만, 만일 의를 뒤로 하고 이익을 앞세우면 빼앗지 않으면 만족하지 못합니다.12)

만승, 천승, 백승은 통치영역의 규모를 나타내는 말입니다. 승(乘)이란 전차를 가리키는데, 승 한 대에 배속된 군사가 대략 100여 명 정도라고 합니다. 그러니 만승이라 하면 100만 명의 군사를 동원할 수 있는 규모의 나라를 말하고, 천승은 10만 명, 백승은 만 명 정도라고 대략 어림합니다. 따라서 만승이라 하면 천자, 천승은 제후, 백승은 대부를 가리키는데, 천자의 통치영역을 천하라 하고, 제후는 국(國), 대부는 가(家)라고 합니다. 바로 여기에서 국가(國家)라는 말이 나왔습니다. 조선시대 선비들의 글을 보면 조선은 대체로 천승지국으로, 즉 10만 명 정도의 군사를 지닐 수 있는 규모의 나라

---

11) 김형효, 『물학 심학 실학』(청계출판사, 2003), 40-41쪽 참조.
12) 『맹자』 「양혜왕상」. 萬乘之國殺其君者 必千乘之家 千乘之國殺其君者 必百乘之家 萬取千焉 千取百焉 不爲不多矣 苟爲後義而先利 不奪不饜.

로 분류됩니다. 율곡의 '십만양병설'도 이와 무관한 것 같지는 않습니다.

하여간 맹자의 말에 따르면, 천자를 죽이는 것은 대체로 제후들이고, 제후를 죽이는 것은 대부들이라고 합니다. 대부가 제후를 죽이고, 제후가 천자를 죽이는 것이 무엇 때문이겠습니까. 더 많은 이익, 더 큰 권력과 부를 차지하기 위해서이지요. 그런데 여기서 문제가 되는 것은 이익을 취하고자 하는 욕망에는 끝이 없다는 것입니다. 이 끝없는 욕망과 이기심이 역사세계의 혼란과 투쟁을 불러왔다는 것입니다. 그렇다면 이기적 욕망 때문에 비롯된 이 혼란을 끝낼 방법은 없는 것일까요. 맹자는 이렇게 말합니다.

> 인(仁)하면서 어버이를 버리는 자는 있지 않으며, 의로우면서 군주를 뒤로 하는 자는 있지 않습니다. 왕 또한 인의만을 말씀하셔야 하는데, 하필 이(利)를 말씀하십니까.13)

맹자가 살았던 세상은 공자의 시대보다 더 어지럽고 병든 시대였습니다. 춘추시대와 전국시대, 합쳐서 500년 이상 전쟁과 기근의 고통에 시달렸습니다. 이 사악하고 절망적인 긴 시대의 후반부를 살았던 맹자가 보고 들은 것은 무엇이었겠습니까. 바로 위에서 말한 대로 대부가 제후를 시해하고, 제후가 천자를 시해하는 것, 상하가 서로 뺏고 빼앗기는 투쟁을 벌이고 있는 것, 바로 악입니다. 악이 세상 전부인 것 같은 혼란의 시대를 그는 살았습니다.

그런데 흥미로운 것은 그럼에도 불구하고 맹자는 인간 역사의 악의 근원, 즉 이기적 욕망을 정복할 수 있다는 낙관적 신념을 가지고 있었던 듯합니다. 인간의 이기적 욕망에 브레이크를 걸고, 나아가 마음의 전회(轉回)를 통해 그 욕망의 방향을 전환할 수 있다고 보았습니다. 그 전회의 방향으로 맹자가 내놓은 것이 바로 인(仁)과 의(義)입니다. 한 단어로 하면 인(仁)이고 그것은 바로 맹자가 그토록 주장해 마지않은 인간의 선한 본성입니다.

---

13) 『맹자』, 「양혜왕상」. 未有仁而遺其親者也 未有義而後其君者也 王亦曰仁義而已矣 何必曰利.

어떻게 해야 하는가: 처방

여기서 잠깐 복습이 필요합니다. 우리는 앞에서 공자가 말한 '본성은 서로 비슷한데, 습성이 서로 멀어지게 한다(性相近 習相遠)'라는 구절을 본 바 있습니다. 이 구절을 중심으로 살펴보면, 맹자는 선천적 본성(성상근)에, 순자는 후천적 습성(습상원)에 더 비중을 둡니다. '본성이 서로 비슷하다는 것'을 이해하기 위해 앞서 비유로 들었던 대숲의 광경을 떠올릴 필요가 있습니다. 보이는 부분에 대나무 개체들이 있고, 보이지 않는 부분에 하나로 공유되어 있는 뿌리가 있습니다. 그 뿌리는 대숲 전체를 합친 것만큼의 깊이와 넓이를 가지고 있습니다. 대나무 개체들은 서로 다르고, 각자의 욕망이 있지만, 그것은 하나의 뿌리라는 공통된 기반 위에 서 있습니다. 맹자는 대나무보다는 대나무 뿌리를 더 중시하는 경향을 보이는데, 그 뿌리가 바로 모든 인간은 하나로 이어져 있다는 자연성이며, 그러한 하나의 유대를 갖는 보편적 자연성을 개념화한 것이 바로 천(天)입니다. 천은 자연계에서 발견되는 대표적인 일자(一者)를 상징합니다.

그런데 맹자의 천은 의지(天命)를 가지고 있습니다. 이 천은 하늘의 의지, 즉 천명을 인간의 역사현실에서 실현하기 위해 인간에게 덕성을 부여합니다. 바로 성(性)입니다. 성은 그 자체로는 중립적인 자연적 본성입니다. 그런데 맹자는 이 자연성을 도덕적인 것으로 봅니다. 바로 성선설(性善說)의 핵심인 착한 본성으로서의 '인(仁)'입니다.

도덕성을 자연으로 보는 것, 즉 자연성을 도덕적으로 해석하는 자연관은 중립적이거나 기계적인 자연관이 아닙니다. 이런 관점은 이상주의적이고 목적론적인 자연관에 기초합니다. 그리하여 인간사회만이 아니라 우주자연, 즉 천까지도 도덕적으로 해석합니다. 이런 식의 자연관, 즉 천관은 맹자가 동이적 천관을 그대로 계승하고 있다는 것을 보여줍니다. 천(하늘)에 종교적 의미를 부여하고, 더 나아가 인간세계를 주재하는 상제(上帝) 천으로까지 격상시켜버리는 바로 그 천관 말입니다.

그런데 여기서 두 가지 의문점이 듭니다. 하나는, 맹자의 주장대로 자연 상태가 선이고 도덕적이라면, 악이 지배하는 세상과 개별자들의 이기적 욕망이 격투를 벌이는 현실은 어디에서 유래한 것인가 하는 것이고, 다른 하나는 악으로 도배된 세상을 살면서 어떻게 맹자는 악을 극복할 수 있다는 낙관적인 신념을 가질 수 있었을까 하는 점입니다.

첫 번째 문제에 대해 맹자의 생각을 읽을 수 있는 실마리를 제공하는 것이 우산(牛山)의 나무 이야기입니다. 맹자는 이렇게 말합니다.

우산의 나무는 본래 아름다웠는데, 대국의 교외에 있었기 때문에 사람들이 도끼로 나무들을 베어대니 아름다울 수 있겠는가…… 이것이 어찌 산의 본성이겠는가.14)

우산은 제나라 동남쪽에 있는 산입니다. 이 산에 아름다운 나무들이 있었는데, 하필이면 대국의 교외에 있었답니다. 그래서 사람들이 도끼를 들고 와 매일같이 그 나무들을 베어내니, 숲이 훼손됐고, 그 결과 산이 지녔던 본래의 그 아름다움을 도무지 알아보지 못할 지경이 되었습니다. 하지만 베어지고 훼손된 모습은 본래 모습이 아닙니다. 본성은 아름다움인데, 후천적으로 도끼로 찍어대는 바람에 민둥산이 되어버린 것입니다. 환경 탓이지, 본성 탓이 아니라는 겁니다. 그리고 이어서 맹자는 이렇게 말합니다.

사람에게 보존된 것에 어찌 인의의 마음이 없겠는가. 그 어진 마음을 잃어버린 까닭이 바로 날마다 도끼를 들고 와 나무를 베어가는 것과 같으니, 어찌 이렇게 하고도 아름다울 수 있겠는가…… 이것이 어찌 사람의 실정이겠는가.15)

---

14) 『맹자』, 「고자상」. 孟子曰 牛山之木 嘗美矣 以其郊於大國也 斧斤 伐之 可以爲美乎…… 此豈山之性也哉
15) 『맹자』, 「고자상」. 雖存乎人者 豈無仁義之心哉 其所以放其良心者 亦猶斧斤之於木也 旦旦而伐之 可以爲美乎…… 是豈人之情也哉

비유가 매우 흥미롭지 않습니까. 우산의 나무 비유를 들어 인간들이 이기적 욕망으로 다투고 악을 행하는 것이 결코 본래 인의의 마음이 없어서가 아니라 그 마음이 도끼질을 당했기 때문이라는 것입니다. 즉 후천적인 것이지 자연적 본성이 아니라는 것입니다. 그렇기에 맹자에게 있어 인간의 최우선 과제는 이 자연적 본성을 회복하는 것이 됩니다.

인의, 선택과 결단

하지만 맹자는 본성의 선한 마음(仁義)이 자연성이라고 주장하지만 엄밀한 의미에서 그것은 맹자의 도덕적 선택, 즉 어떤 신념에 기초한 선택인 것 같습니다. 맹자는 선택의 문제에 대해 이렇게 말합니다.

> 생선 요리도 내가 원하는 바이고 곰 발바닥 요리도 내가 원하는 것이지만, 이 두 가지를 아울러 얻을 수 없다면 생선 요리를 버리고 곰 발바닥 요리를 취하겠다.[16]

누구나 식성과 취향에 따라 원하는 것이 다릅니다. 어떤 이에게는 별미인 것이 다른 사람에게는 그다지 끌리지 않는 것일 수도 있습니다. 하여간 맹자의 입맛에는 생선 요리도 곰 발바닥 요리도 모두 좋지만, 둘 다 먹을 수 없는 양자택일의 상황이라면 좀 더 좋아하는 후자를 택하겠다는 것입니다. 그러고 나서 맹자는 이런 선택을 생사의 문제와 연관 짓습니다.

> 생(生)도 내가 원하는 바이고, 의(義) 또한 내가 원하는 바이지만 이 두 가지를 겸하여 얻을 수 없다면, 삶을 버리고 의(義)를 취하겠다.[17]

맹자에게서 가장 이상적인 것은 의(義)와 생(生)을 모두 지키는 것, 즉 의

---

16) 『맹자』 「고자상」. 孟子曰 魚我所欲也 熊掌亦我所欲也 二者 不可得兼 舍魚而取熊掌者也.
17) 『맹자』 「고자상」. 生亦我所欲也 義亦我所欲也 二者 不可得兼 舍生而取義者也.

로운 삶을 사는 것입니다. 하지만 의를 버리고 생명을 구해야 하는 상황이라면, 차라리 삶을 버리겠다는 것입니다. 그 이유에 대해 맹자는 바로 이어지는 말에서 '사는 것도 원하는 바이지만 사는 것보다 더 중요한 것이 있어서 삶을 구차히 얻으려 하지 않으며, 죽음은 싫어하는 바이지만 그 싫어하는 것이 죽음보다 더 큰 것이 있기에 환난을 피하지 않는다'[18]고 합니다. 그에게 육체적인 생사 문제보다 더 큰 무언가가 있는데 그것이 바로 의라는 것이지요. 육체적 삶보다 중요한 것이 의로움이고, 육체적 죽음보다 더 싫은 것이 의롭지 못함이라는 것입니다.

맹자의 이런 생각을 실천에 옮긴 사람들이 바로 조선의 선비들입니다. 자신이 옳다고 믿는 의리를 위해 온갖 회유와 협박에 굴하지 않고 목숨을 버린 사육신의 전통은 조선시대 내내 선비들의 마음속에 계승되었습니다. 그리고 또 선비들은 도끼를 메고 대궐 앞에서 상소를 올리는 '지부복궐소(持斧伏闕疏)'의 전통을 만들었는데, 만일 자신의 상소가 받아들여지지 않으면 그 도끼로 죽겠다는 결의를 나타낸 것입니다. 수도 없이 많은 선비가 이런 식으로 소를 올렸는데, 그중 유명한 인물이 구한말의 의병장 면암(勉庵) 최익현 선생입니다. 그는 1876년 도끼를 짊어지고 강화도조약에 반대하는 소를 올렸다가 유배되었는데, 그의 상소문은 "바라건대 이 도끼로 신에게 죽음을 내려주시면 조정의 큰 은혜일 것이며, 지극히 애통하고 절박해 삼가 죽음을 무릅쓰고 아룁니다"라는 문장으로 끝납니다. 그리고 다시 을사늑약이 체결되자,

백발로 밭이랑에서 분발하는 것은(皓首奮畎畝)
초야의 충심을 바랐음이라(草野願忠心).
난적은 누구나 쳐야 하니(亂賊人皆討)
고금을 물어서 무엇하리(何須問古今).

---

18) 『맹자』「고자상」. 生亦我所欲 所欲 有甚於生者 故不爲苟得也 死亦我所惡 所惡 有甚於死者 故患有所不辟也.

라는 창의시(倡義詩)를 짓고 의병을 일으킵니다. 그때 선생의 나이가 무려 74세였습니다. 선생뿐 아니라 당시 많은 유생이 의병에 투신하는 바람에 후학을 가르칠 스승을 찾기 어려울 정도였다고 합니다. 물론 의병투쟁 과정에서 이들은 많은 문제점과 허점을 노출하긴 했지만, 누가 시킨 것도 아니고, 그렇게 하지 않는다고 해서 자신에게 물질적인 불이익이 있는 것도 아닌데도, 마치 약속이나 한 듯이 울분에 차서 자리를 박차고 일어나 하나의 큰 줄기를 만들어낸 것이지요.

『토지』의 작가 박경리는 『일본산고』라는 유고집에서 일본인들에 대해 '물질과 계산에 편중된 일본인'이라고 비판하며 이런 말을 합니다.

> 자로는 잴 수 없고 저울로도 달 수 없는 가치도 있다. 그 가치로 인하여 우리는 인간인 것이다. 아무리 즉물적(卽物的) 세태라 해도 우리는 그 이상의 가치를 꿈꾸며 산다. 물질도 있어야 하고 계산도 해야 하지만 삶의 존귀함도 있어야 한다. 인간의 존엄, 문화의 본질, 인간다운 연유도 거기 있으니 말이다.19)

이런 태도가 바로 맹자적인 것입니다. 인간은 마음을 가진 존재이고, 그 마음은 물질이 아닌 정신 속에서 실현된다고 보는 이런 견해는 인간의 기본 존재 조건을 육체로 보는 관점에서는 나올 수 없는 것입니다. 이런 관점은 실용주의나 실제적 사유와는 거리가 먼 이상주의적 관념적 도덕주의적 가치를 지향합니다. 이것이 바로 선비문화의 일면입니다. 육체적 삶보다 의리를 중시했던 사람들, 진정한 맹자의 후예들이 바로 조선 선비들이었습니다.

'하지 못하는 것'과 '하지 않는 것'

하여간 위 인용문은 맹자가 선택의 문제에서 무엇에 비중을 두고 있는가를 선명히 보여주는 것입니다. 육체의 생물학적 가치보다는 마음의 도덕적

---

19) 박경리, 『일본산고』(마로니에 북스, 2003), 18쪽.

가치를 선택하겠다는 것이지요. 그리고 그 신념의 근거를 맹자는 자연, 즉 인간의 본성에서 찾습니다. 크게 보면 천명이지요. 그렇다면 그렇게 자연성을 강조하는 맹자에게 육체적 존재로서 갖는 자연성, 즉 자연적 욕구의 경향성은 어떤 의미를 지닐까요? 그는 이런 말을 합니다.

입이 맛을 향하고, 눈이 색을 향하고, 귀가 소리를 향하고, 코가 냄새를 향하고, 사지가 편안함을 향하는 것은 자연성이고 자연의 명(命)이지만, 군자는 이를 본성이라 하지 않는다.[20]

여기서 명(命)이라고 한 것은 '인력으로 어쩔 수 없는 것'을 의미합니다. 말하자면 인간이라면 누구나 '어쩔 수 없이' 맛과 색과 소리와 향기와 편안함을 본능적으로 추구하지만, 군자는 그것을 본성으로 보지 않는다는 것입니다.

사람은 육체, 즉 생물학적 자연성을 지닌 개별적 존재이지만 동시에 마음의 덕을 지닌 보편적 존재이기도 합니다. 그래서 공자는 전자의 특성을 지(知)의 분별로 후자를 인(仁)의 유대로 보고, 이 두 측면의 중용을 주창했지요. 그런데 이 두 측면을 분리하여 어느 것을 인간의 본질로 보느냐 하는 데서 맹자와 순자는 반대의 길을 갑니다. 위의 인용문에서 본 것처럼 맹자는 인간의 생물학적 특성은 본질로 보지 않습니다. 오직 하늘의 명이 보편적인 인간의 본성으로 내려앉아 하나로 연결되어 있다는 인(仁)만을 본질로 봅니다. 그에게는 인의 도덕성이야말로 인간을 인간답게 만드는 덕입니다. 그런 면에서 맹자는 눈에 보이는 현상에 대한 자연성을 인정하지 않고, 보이지 않는 뿌리 세계의 가치와 의미를 추구합니다. 매우 당위적이고 이상주의적이지요.

이러한 맹자의 신념은 단지 종교적, 개인적 차원의 신념을 넘어서는 듯합

---

20) 『맹자』, 「진심하」. 口之於味也 目之於色也 耳之於聲也 鼻之於臭也 四肢於安佚也 性也 有命焉 君子不謂性也.

니다. 스스로 정치 사상가를 자처하며 제후들에게 적극적으로 유세한 것을 보면 사회 정치적으로도 그것이 가능하다고 믿었던 것 같습니다. 이런 생각을 뒷받침하는 문답이 있습니다. 어느 날 양혜왕이 맹자에게 '천하가 어떻게 정해질 것 같은가'를 묻자 맹자는 '하나로 통일될 것'이라고 답합니다. 다시 왕이 '누가 능히 하나로 통일할 수 있느냐'고 묻자 그는 이렇게 답합니다.

사람 죽이기를 좋아하지 않는 자가 능히 하나로 통일할 것입니다.[21]

맹자의 말대로 약 100여 년 후 통일이 이루어지긴 하지만, 사람 죽이기를 좋아하지 않는 자가 통일을 이루진 못했습니다. 완전히 반대로 적중했지요. 실제로 이런 예측은 힘의 논리가 지배하는 혼란의 시기에 전혀 현실화 가능성이 없는 것으로 보입니다. 그런데도 맹자는 거의 종교적인 수준에서 가능하다고 믿었던 것 같습니다. 어떻게 이런 신념이 가능했을까요? 분열과 탐욕과 폭력이 지배하던 시대에 말입니다.

그리하여 두 번째 의문으로 넘어갑니다. 맹자는 어째서 그렇게도 험악한 현실에 대해 낙관적인 태도를 견지할 수 있었을까 하는 것입니다. 그 이해의 단서를 제공하는 것이 바로 맹자가 입만 열면 칭송했다는 '요순'의 존재입니다. 요순이 누구입니까. 온 사회가 하나의 가족공동체를 이루고 살았다는 대동사회를 이끌었던 군주들 아닙니까. 맹자에게 요순의 시대는 인간의 본성이 실현되었던 사회, 선이 승리했던 사회, 그렇기에 이상적인 사회로 자리합니다. 맹자는 요순의 시대가 실재했다고 믿습니다. 이런 믿음은 맹자로 하여금 현실정치에 대한 강한 낙관과 신념을 심어준 듯합니다. 그런데 맹자는 요순이 무언가 계산하고 계획해서 대동사회를 이룬 것이 아니라고 합니다. 자연의 본성에 따랐다는 겁니다. 그는 말합니다.

---

21) 『맹자』 「양혜왕상」. 天下惡乎定 吾對曰 定于一 孰能一之 對曰 不嗜殺人者能一之.

요임금과 순임금은 본성대로 한 자이고, 탕임금과 무왕은 본성을 회복한 자이다.[22]

요와 순은 본성, 즉 성선이 그대로 실현된 존재이고, 탕무는 선의지를 통해 당위적으로 노력하여 실천한 자라는 것입니다. 그 결과 전자는 대동사회를, 후자는 소강사회를 이루었다는 것이지요. 그래서 맹자는 성선을 말할 때는 언제나 요순을 칭합니다(道性善 言必稱堯舜). 그러면 이 성선의 화신인 요순과 '나'는 어떤 관계인가? 맹자는 이렇게 말합니다. 동류라고.

'사람들이 모두 요순처럼 될 수 있는가' 하고 묻자 맹자가 답했다. 그렇다.[23]

성선이 선천적이라는 것은 그것이 자연적으로 갖춰진 성이기 때문에, 인간 모두에게 보편적 본성으로 존재하므로, 누구나 다 요순처럼 본성대로 할 수 있거나, 탕무처럼 노력을 통해 본성을 회복할 수 있다는 것입니다. 맹자의 신념은 바로 여기서 비롯된 것 같습니다. 요순처럼 성선을 실현한 자가 실제로 존재했고, 그 보편적인 마음의 덕은 모든 인간에게 본성으로 내재해 있다는 것, 이것이 바로 그의 사상에 확신을 주는 근거가 된 것 같습니다. 그렇다면 성선의 본질이 실현되지 않는 까닭은 무엇인가. 맹자는 말합니다. 그것은 '못하는 것이 아니라 안 하는 것'이라고. 이어서 그 차이를 이렇게 말합니다.

태산을 옆구리에 끼고 북해를 건너는 것을 사람들이 할 수 없는 것이라고 한다면 이것은 진실로 할 수 없는 일이다. 하지만 어른을 위해 지팡이용 나뭇가지를 꺾어주는 것을 할 수 없다고 말한다면 이는 하지 않는 것이지 할 수 없는 것이 아니다.[24]

22) 『맹자』 「진심하」. 堯舜性者也 湯武反之也.
23) 『맹자』 「고자하」. 曹交問曰 人皆可以爲堯舜 有諸 孟子曰然.
24) 『맹자』 「양혜왕상」. 曰挾太山以超北海 語人曰 我不能 是誠不能也 爲長者折枝 語人曰 我不能 是不爲

'못하는 것'은 능력부정입니다. 하지만 '안 한다는 것'은 의지부정이지요. 전자는 불능(不能)이고 후자는 불위(不爲)입니다. 문제는 사람들이 노력하지 않는 데 있습니다. 그러면 무엇이 필요한가? 맹자는 말합니다. 이 '불위(不爲)'를 극복하기 위해 길러야 하는 것이 바로 호연지기(浩然之氣)라고.

다음 강에서는 이 호연지기에서 시작하여, 본성대로 살고 본성대로 사회를 꾸려나가기 위해서 우리는 어떤 노력을 기울여야 하는가에 대한 맹자의 주장을 자세히 살펴보겠습니다.

也 非不能也.

맹자(2)

도덕 왕국을 꿈꾸다

맹자 사상의 특징에 대해 여러 사람이 여러 가지로 말하지만, 한마디로 그의 사상을 압축하는 말은 아무래도 '하필왈리(何必曰利)'인 것 같습니다. '어째서 이익에 대해 말하느냐'는 것인데, 이 말 안에는 맹자를 이해하기 위한 핵심적 단서가 담겨 있기 때문입니다.

이익을 추구하는 마음은 인간이라면 누구나 가지고 있습니다. 자기에게 이익이 되는 것이 무엇인가를 고민하는 것은 사실 인지상정이지요. 리처드 도킨스의 『이기적 유전자』를 비롯하여, 최근 주목받고 있는 사회생물학이나 진화심리학의 글들을 보면 인간이 '생존투쟁' 과정에서 이익을 추구하는 것은 그야말로 '자연'으로 보입니다. 그런 의미에서 맹자보다 순자가 '인간 본성'에 관한 한, 진화론을 필두로 하는 근대 과학의 입장에 근접해 있습니다. 인간이 매 끼니 음식을 얻기 위해 무기를 들고 싸우는 것을 막기 위해 합리적인 사회시스템과 사회안전망을 만들고, 그 시스템의 필요성을 학습시키는 과정에서, 인류는 문화와 문명을 일으키고 발전을 이룬 것인지도 모릅니다.

그런데 맹자는 '이익'을 말하는 것 자체에 문제를 제기합니다. 이익에 대해선 입에 담지도 말라는 것인데, 이런 입장은 유전자가 지시하는 자연성과는 반대의 방향을 취하고 있는 것입니다. 이에 관련하여 경청할 만한 말을 하는 학자가 있습니다. 도정일은 이런 말을 합니다.

생물학이 생명의 기원, 인간의 기원을 밝혀냈다고 해서, 인간을 충분히 알게 되는 건 결코 아니다. …… 생물학이 들려주는 설명은 물론 인간에 대한 지식을 확장하는 중요한 과학적 업적이다. 그러나 인간 진화의 과정을 안다고 해서 그 지식이 곧바로 '그렇다면 인간은 어떻게 살아야 하는가'라는 질문에도 대답하

는 건 아니다. 그건 생물학이 대답할 질문이 아니다.[1]

또 다윈주의를 대중화시키는 데 큰 역할을 한 리처드 도킨스는 "과학적으로 나는 다윈주의자이지만, 정치적으로 난 반(反)다윈주의자"라고 말했으며, 또 이기적 유전자의 횡포에 맞설 수 있는 것이 바로 인간이라고도 말했다 합니다.[2]

이 말은 좀 새겨들어야 할 것 같습니다. 왜냐하면 인간세계가 생물학만으로는 설명되지 않는 다른 차원을 가지고 있음을 인정한 것이며, 또 생물학적 한계를 제어할 수 있는 것이 '인간이 인간인 이유'라고 보고 있기 때문입니다.

소인기(少忍飢)하라

여기서 맹자의 생각을 현대의 진화생물학과 연결 지어 논하는 이유는 다른 것이 아니라 맹자를 이해하는 데 도움이 되기 때문입니다. 생물학만으로 인간을 설명할 수 없다는 첫 번째 사안에서 보면, 앞서 본 것처럼 맹자는 유전자가 결정하는 인간의 생물학적 경향성, 즉 이기성을 본성으로 보지 않습니다. 이기심의 존재를 인정하긴 하지만 인간의 존재조건은 생물학적 속성에 있는 것이 아니라 '마음의 본성'에 있다고 보기 때문입니다.

그리고 '인간이 인간인 이유'가 생물학적 한계를 제어할 수 있다는 것에 있다는 두 번째 사안에 대해 맹자의 견해는 전적으로 일치합니다. 도킨스가 말한 것처럼, 즉 생물학적 경향성을 극복할 수 있는 것으로, 인간은 '마음의 힘' 즉 의지(志)가 있다고 보기 때문입니다. 맹자의 견해로 보면 이익에 대해 말하는 것은 바로 본성이 아닌 생물학적 경향성에 추종해버리는 결과를 가져오고, 마침내는 인간이 인간인 이유인 마음의 본성을 상실하게 만드는 원

---

1) 도정일·최재천. 『대담』(휴머니스트, 2005), 118쪽.
2) 같은 책, 131쪽 참조.

인이 됩니다.

　이렇게 개인적 이익을 추구하는 마음을 문제 삼고, 극도로 경계하는 견해를 가진 사람들이 있습니다. 바로 조선의 선비들입니다. 아홉 번이나 시험에서 장원을 하여 구도장원공(九度壯元公)이라 불리며 그 어머니 신사임당의 이름을 빛나게 했던 율곡 이이(李珥, 1536~1584)는 『동호문답(東湖問答)』에서 선비에 대해 이렇게 말합니다.

　　올바른 도로 천하를 다스려 요순의 길을 구현하는 선비는 대신(大臣)이고, 올바른 도의 구현에는 힘이 부족하지만 재화(災禍)를 두려워하지 않고 자신이 믿는 바를 임금에게 직언하는 선비는 충신(忠臣)이라 하며, 일정한 능력을 갖추고 자신의 직분에 충실한 선비를 간신(幹臣)이라 부른다. …… 그리고 고매한 인격을 갖고 있으면서도 세상에 관심이 없어 산중에 묻혀 사는 선비를 은자라고 부른다.[3]

　또 앞서 등장했던 송시열과 실학자 이익(李瀷, 1681~1763)은 차례로 이렇게 말합니다.

　　선비가 이 세상에 태어나서 나아가면 임금을 잘 만나 도를 실행하는 것 외에 다른 무슨 일이 있겠는가?
　　선비는 덕이 닦아지지 않음을 걱정하고 이름이 세상에 알려지지 않음을 걱정하지 않는다. 학업이 넓어지지 않음을 걱정하고 맡은 일이 없음을 걱정하지 않는다.[4]

　잘 살펴보면 이들이 생각하는 선비들은 '학문'에 힘쓰는 지식인이며, '올바른 도의 실현'을 위해 힘쓰는 고매한 인품의 소유자들입니다. 비리와 타협하지 않고 자신에게 떨어질 재앙을 두려워하지 않으며 자신이 믿는 바를 실

---

3) 호사카 유지, 『조선 선비와 일본 사무라이』(김영사, 2007), 20-21쪽에서 재인용.
4) 같은 책, 21쪽에서 재인용.

천하는 자들입니다. 세상에서 명성을 추구하거나, 관직을 탐하는 것은 진정한 선비의 마음이 아닙니다. 그들의 주요 관심사에는 이익 추구는커녕 최소한의 '먹고사는 문제'조차도 들어 있지 않았습니다. 선비들의 자격에 이 문제는 포함되어 있지 않습니다. 관직을 탐하거나 이익을 추구하는 사람은 진짜 선비, 즉 진유(眞儒)가 아닙니다. 선비처럼 보여도 선비가 아니기 때문에 그들을 속유(俗儒)라고 했습니다. 이런 전통은 일제 강점기 자기의 몸과 집안의 살림을 뒤로 하고 나섰던 독립투사들에서도 발견됩니다.

이 시대 마지막 선비로 일컬어지는 시인 조지훈(趙芝薰. 1920~1968)은 「지조론」이라는 글에서 이렇게 말합니다.

'소인기(少忍飢)하라.' 이 말에는 뼈아픈 고사(故事)가 있다. 광해군의 난정(亂政) 때 깨끗한 선비들은 나가서 벼슬하지 않았다. 어떤 선비들이 모여 바둑과 청담(淸談)으로 소일하는데, 그 집 주인은 적빈(赤貧)이 여세(如洗)라, 그 부인이 남편의 친구를 위하여 점심에는 수제비라도 끓여 드리려 하니 땔나무가 없었다. 궤짝을 뜯어 도마 위에 놓고 식칼로 쪼개다가 잘못되어 젖을 찢고 말았다. 바둑 두던 선비들은 갑자기 안에서 나는 비명을 들었다. 주인이 들어갔다가 나와서 사실 애기를 하고 초연히 하는 말이 가난이 죄라고 탄식하였다. 그 탄식을 듣고 선비 하나가 일어서며, 가난이 원순 줄 이제 처음 알았느냐고 야유하고 간 뒤로 그 선비는 다시 그 집에 오지 않았다. 몇 해 뒤 그 주인은 첫 뜻을 바꾸어 나아가 벼슬하다가 반정(反正) 때 몰리어 죽게 되었다. 수레에 실려서 형장(刑場)으로 가는데, 길가 숲에서 어떤 사람이 나와 수레를 잠시 멈추게 한 다음 가지고 온 닭 한 마리와 술 한 병을 내놓고 같이 나누며 영결(永訣)하였다. 그때 그 친구의 말이, 자네가 새삼스레 가난을 탄식할 때 나는 자네가 마음이 변한 줄 이미 알고 발을 끊었다고 했다. 고기 밥맛에 끌리어 절개를 팔고 이 꼴이 되었으니 죽으면 고기 맛을 못 잊어서 어쩌겠느냐는 야유가 숨었는지도 모른다. 그러나 이렇게 찾은 것은 우정이었다.
죄인은 수레에 다시 타고 형장으로 끌려가면서 탄식하였다. '소인기, 소인기, 소인기(少忍飢少忍飢少忍飢)하라'고.

가난이 원수라는 것을, 그것이 얼마나 불편한 것인지를 선비들이 몰랐을리 없습니다. 하지만 맹자가 말한 것처럼 생(生)과 의(義)를 선택해야 하는 문제에서 의(義)를 선택한 그들이었습니다. 생계문제 같은 것에 매여서는 의로운 선비가 될 수 없습니다. 깨끗한 선비가 되는 것, 즉 고결한 인품과 높은 학식, 도를 실행코자 하는 순결한 의지를 갖는 것, 이것이 조선의 선비들이 받들어 모신 가치였습니다. 정치에 참여하더라도 탈속한 마음으로 하는 것, 이것이 대동사회를 꿈꾸고 왕도를 실현하고자 했던 선비들의 마음이었습니다. 가난과 배고픔은 중요한 문제가 아닙니다. 참아야 하는 문제(忍飢)에 속했던 것입니다. 돈으로도 권력으로도 살 수 없는 사람들, 그들이 조선의 선비들이었습니다. 그들은 맹자가 말한 대장부를 닮았습니다. 맹자는 이런 말을 합니다.

천하의 넓은 곳(廣居)에 거하고, 천하의 바른 자리(正位)에 서며, 천하의 큰 도(大道)를 행한다. …… 부귀도 그를 음(淫)하게 하지 못하고, 빈천도 그의 뜻을 바꾸지 못하며 권력도 그를 굴복시킬 수 없다. 이런 이를 일러 대장부라 한다.5)

맹자의 위의 말은 한 일본인 학자가 자신이 이해한 선비에 대해 말한 것과 매우 흡사합니다. 그는 이렇게 말합니다.

선비는 출세와 재물에 눈이 멀어 부패해서는 안 되고 뇌물에 손을 내미는 순간 그 사람은 선비 대열에서 탈락한다. …… 속유는 자신의 출세와 재산에만 관심을 가지는 가짜 유자이고 진유가 바로 선비이다. 한국사를 관통하는 원동력 중 하나가 바로 속유와 진유의 싸움인 것이다.6)

---

5) 『맹자』, 「등문공하」. 居天下之廣居 立天下之正位 行天下之大道 …… 富貴不能淫 貧賤不能移 威武不能屈 此之謂大丈夫.
6) 『조선 선비와 일본 사무라이』 25쪽.

맹자의 사상은 조선의 선비들에 의해 꽃피운 것 같습니다. 개인적 차원에서가 아니라 한 나라의 지식인 집단이 그토록 몸과 마음을 다하여 그것을 실천한 것을 보면 말입니다. 어째서 그러한가에 대해선 뒤에서 좀 더 살펴보겠습니다.

호연지기

사람의 이기적 욕망이 극대화되면 세상이 이익의 투기장으로 화(化)하는 것은 불가피한 일입니다. 이를 극복하기 위해선 성선(性善)의 마음을 회복해야만 합니다. 맹자에 따르면 마음의 선한 본성을 실현하지 못하는 것은 '하지 못하는 것(不能)'이 아니라 '안 하는 것(不爲)'입니다. 그러므로 이 불위를 극복해야 하는데, 이 불위를 극복하려는 의지(志), 즉 마음의 힘이 바로 호연지기입니다. 호연지기 이야기는 이렇게 시작합니다.

어느 날 제자 공손추(公孫丑)가 맹자에게 '선생께서 제나라 재상에 올라 도를 행한다면 패도와 왕도를 이루더라도 이상할 게 없겠는데, 그렇게 된다면 마음이 동하시겠습니까' 하고 묻자 맹자는 이렇게 답합니다.

나는 사십이라. 부동심(不動心)이라.[7]

부동심이란 동요하지 않는 마음입니다. 공자가 나이 마흔에 들어섰다는 불혹(不惑)의 상태와 유사합니다. 그리고 선가(禪家)에서 말하는 평상심과도 닮았습니다. 그런데 자기의 뜻을 펴기 위해 정치적으로 유세하는 선비라면 재상의 지위에 올라 왕도이든 패도이든 실현할 수 있다면 목적한 바의 성취를 이루는 것이요, 제자의 눈에는 그렇게 된다면 마음이 크게 흡족할 것으로 보였던 모양입니다. 그러나 뜻밖에 '부동심'이라는 대답이 돌아온 것입니다.

---

7) 『맹자』 「공손추상」. 公孫丑問曰 夫子加齊之卿相 得行道焉 雖由此覇王 不異矣 如此則動心否乎 孟子曰 否 我四十不動心.

맹자는 자신의 부동심은 옛날 증자(曾子)가 공자에게 들었다는 용기와 비슷하다고 말합니다. 즉 '자신을 돌이켜보아 옳지 않다면 누더기를 걸친 비천한 사람에 대해서도 두려움을 느끼게 되고 스스로 돌이켜 옳다면 천군만마가 쳐들어와도 나아가 용감하게 대적할 수 있는'8) 그런 종류의 것입니다. 그것은 마음의 떳떳함에서 오는 강함입니다. 맹자의 부동심은 육체적 강함에서 오는 것이 아니라 부끄러움이 없는 마음에서 오는 것입니다. 맹자가 군자의 세 가지 즐거움(君子三樂) 중 '하늘을 우러러 부끄러움이 없고, 사람을 향해 부끄러움이 없는 것'9)을 두 번째로 든 것도 이런 맥락인 것 같습니다. 시인 윤동주는 바로 이 구절에 감흥해, '하늘을 우러러 한 점 부끄럼 없기를'로 시작되는 「서시」를 지은 바 있습니다. 시인의 사랑을 받아 거듭 살아나는 맹자, 그는 이런 말을 합니다.

지(志)는 기(氣)의 장수이고, 기(氣)는 몸에 꽉 차 있는 것이다. 뜻이 제일 중요하고 그 다음이 기이다.10)

맹자가 보기엔 마음의 뜻이 주(主)이고 기(氣)는 그것에 종속된 것입니다. 마음이 단단하면 기는 그 뒤에 따라옵니다. 맹자의 마음은 가치의 근원이고 동시에 판단의 준거이며 또한 용기의 원천이기도 합니다. 이어서 공손추가 다시 맹자에게 '(다른 사람들에 비해) 선생님은 어디에 장점이 있느냐'고 묻자 이렇게 답합니다.

나는…… 호연지기를 잘 기른다.11)

---

8) 『맹자』 「공손추상」. 昔者 曾子謂子襄曰 子好勇乎 吾嘗聞大勇於夫子矣 自反而不縮 雖褐寬博 吾不惴焉 自反而縮 雖千萬人 吾往矣. 해석은 이렇다. 옛날에 증자가 자양에게 일러 말하길, 그대는 용맹을 좋아하는가. 내가 일찍이 부자(공자)께 큰 용기에 대해 들은 바가 있는데, 스스로 돌이켜 곧지 못하다면 비록 갈관박이라도 내가 두려워하지 않을 수 있겠는가. 스스로 돌이켜 곧다면 비록 천만 인이 온다 해도 내가 가서 대적할 수 있다고 하였다.
9) 『맹자』 「진심상」. 仰不愧於天 俯不作於人 二樂也.
10) 『맹자』 「공손추상」. 夫志 氣之帥也 氣體之充也 夫志至焉 氣次焉 故曰 持其志 無暴其氣.
11) 『맹자』 「공손추상」. 敢問夫子 惡乎長 曰我知言 我善養吾浩然之氣.

'호연'이란 '넓고 큰 모습'을 형용하는 의태어입니다. 그러니 호연지기는 넓고 크게 왕성하게 뻗친 기운이라는 뜻인데, 이 기는 자연의 기이긴 하지만 맹자에게는 본성이 그런 것처럼 방향성을 가집니다. 의(義)와 도(道)라는 방향입니다.

> 그 기의 됨됨이는 의와 도와 짝하니 이것이 없으면 굶주리게 된다.12)

이것, 즉 호연지기가 없으면 굶주린 상태(餒)에 빠지게 된다고 맹자는 말합니다. 그런데 흥미로운 것은 이때의 굶주림은 육체적 허기가 아니라 '정신적 허기' 혹은 '정신적 공허'라는 것입니다. 이것은 맹자의 진리관의 일면을 보여줍니다. 즉, 맹자가 추구하는 진리는 논리적인 타당성이나 실제적인 유용성을 기준으로 하는 것이 아니라, 정신세계에 풍요로운 충만을 주는가, 공허를 주는가의 기준에 의해 분별하는 것 같습니다. 그렇기에 호연지기는 집의(集義)에서 생긴다고 말한 것이겠지요. 의가 마음속에 쌓이면서 정신적인 충족감이 일기 때문입니다.

> 이것(호연지기)은 의가 쌓이면서 생기는 것이다. 의란 갑자기 얻어지는 것이 아니다.13)

호연지기는 자신이 옳다고 생각하는 것, 의미 있다고 보는 일을 거듭거듭 실천하면서 생겨난 확신이 몸과 마음에 가득할 때 생겨나는 당당함이요, 여유이자 관대함입니다. 그렇기에 맹자는 의가 외적인 것이 아니라 내면에서 생겨나는 것이라고 했습니다.14) 그에게 의는 세상에 대한 올바른 이해이자

---

12) 『맹자』 「공손추상」. 其爲氣也 配義與道 無是 餒也.
13) 『맹자』 「공손추상」. 是集義所生者 非義襲而取之也 行有不慊於心則餒矣 我故 曰告子未嘗知義 以其外之也.
14) 『맹자』 「고자상」. 의는 외적인 것이지 내적인 것이 아니라는(義外也 非內也)고자의 주장에 대해 맹자가 논박한 내용이다.

해석이며, 그 믿음에서 나오는 당당한 실천인 것입니다.

그렇지만 호연지기를 기르는 데는 인내가 필요합니다. 억지로 조장하지 말아야 합니다. 이를 설명하기 위해 맹자는 비유를 하나 듭니다. 어떤 송나라 사람(宋人)이 있었는데, 씨를 심어놓고 싹이 빨리 자라지 않는 것을 안타까이 여겨 빨리 자라도록 뽑아주고는 집에 돌아와 싹이 자라도록 도와주었다고 말합니다. 그 말을 듣고 아들이 달려가서 보니 이미 싹이 말라죽어 있었다는 이야기입니다. 조장하여 결국 죽인 것입니다. 맹자는 말합니다.

바로잡으려 하지도 말고, 마음에서 잊지도 말고, 조장하지도 말아야 한다.[15]

맹자의 '물정(勿正)', '물망(勿忘)', '물조장(勿助長)'은 이렇게 등장합니다. 호연지기를 기르는 일은 옳다고 생각하는 일을 하되 그 결과에 집착해서도 안 되고, 되는대로 맡기고 잊어버려서도 안 되며, 조장해서는 안 된다는 것입니다. 때에 맞지 않는 조급한 김매기도, 김매기를 잊어버린 냉담한 방관도 아닌 '능동적 인내'가 필요합니다. 그리고 그 인내는 자신이 하는 일에 대한 확신과 연결됩니다. 단지 참는 것이 아니라 '자라서 열매 맺을 것'이라는 믿음을 가지고 기다리는 것입니다. 그렇다면 이런 능동적 인내를 가능하게 하는 확신은 어디에서 오는 걸까요?

인간다움의 길, 성선의 마음을 회복하라

맹자는 자연의 도와 인간의 도가 연결되어 있다고 봅니다. '아버지의 뜻이 하늘에서와 같이 땅에서도 이루어지게 하소서'라는 기독교의 주기도문의 구절처럼 맹자는 하늘의 뜻에 따라 인간 세상을 만들고 싶어 한 것 같습니다. 그는 자연, 즉 천(天)에는 의지가 있다(天命)고 봅니다. 바로 이 세상을 하늘의 의지대로 만들고자 하늘은 인간에게 힘을 부여합니다. 지성과 덕성, 즉

---

15) 『맹자』, 「공손추상」. 勿正心勿忘, 勿助長也.

양지(良知)와 양능(良能)입니다.

맹자에게서 이 자연지도(自然之道)와 인류지도(人倫之道)를 연결해주는 가교가 되는 것이 바로 이 양지와 양능이고, 다른 표현으로 하면 인의예지의 네 가지 단서가 되는 마음입니다. 그는 이렇게 말합니다.

사람에게는 배우지 않고도 능한 것이 있으니 양능이요, 헤아리지 않고도 아는 것이 있으니 양지이다.16)

배우지 않고도 능하고, 생각하지 않고도 아는 것이란 바로 후천적인 경험과는 무관하게 '타고난 자연성'이라는 뜻이지요. 그럼 무엇을 알고 무엇을 할 수 있다는 것일까요? 바로 천명을 알고 실천하며, 천명이 인간에게 부여한 본성을 알고 실현할 수 있다는 것이 아닐까요. 이 양지와 양능이 있기에 호연지기도 기를 수 있습니다. 그렇게 양지와 양능을 지니고 호연지기를 길렀다면, 일단 필요한 능력과 의지를 갖춘 것입니다. 그러면 이 능력과 의지를 어디에 써야 하는 것일까요?

하늘의 뜻에 따라 인간 세상을 만들고자 한 맹자는, 도덕적으로 완벽한 절대성을 갖는 천이 인간에게 양지와 양능을 주어 세상을 이상적으로 완성해주기를 원한다고 보았습니다. 그리하여 인간은 인의예지를 내용으로 하는 성선한 존재론적 본질을 가지며, 그것의 발현인 측은(惻隱), 수오(羞惡), 사양(辭讓), 시비(是非)의 마음이 없다면 인간이 아닌 존재(非人)로 전락해버리고 마는 도덕적 존재라는 겁니다.

그런데 맹자의 이런 생각에 고자(告子)라는 사람이 이의를 제기합니다. 그는 이렇게 반격합니다.

본성은 여울물과 같은 것이다. 물길을 동쪽으로 트면 동쪽으로 흐르고 서쪽으로 트면 서쪽으로 흐른다. 인간 본성에 선(善)과 불선(不善)의 나뉨이 없는 것

---

16) 『맹자』「진심상」. 孟子曰人之所不學而能者其良能也 所不慮而知者其良知也.

은 물에 동서의 나뉨이 없는 것과 같다.17)

선이나 불선이 인간의 정해진 본성에 있는 것이 아니라 후천적인 경험과 노력에 따라 다르게 결정될 수 있다는 것입니다. 이것은 영국의 경험주의 사상가 로크(John Locke, 1632~1704)의 백지설(tabula rasa)을 연상시키는 말입니다. 그는 인간은 아무것도 그려져 있지 않은 백지와 같은 상태로 태어나는데, 이후 주변 환경과의 상호작용과 교육이 백지 위에 기록되면서 인간의 몸과 마음이 형성된다고 주장합니다. 어떤 면에서 보면 인류의 생각에는 일정한 유형이 있는지도 모르겠습니다. 엄청난 시대적, 지역적 차이에도 불구하고 발견되는 사유의 유사성을 보면 그렇습니다.

고자의 이런 반격에 신념의 화신 맹자는 즉각 이렇게 응수합니다.

흐르는 물에 동서가 없다는 것은 맞는 말이다. 그런데 물의 흐름에 상하도 없는가.18)

참으로 놀라운 순발력입니다. 바로 이 점이 흥미롭습니다. 마치 준비하고 있었던 것처럼 이런 명쾌한 답을 할 수 있다는 것은, 그가 인간의 본성에 대한 고민과 연구를 얼마나 단단하게 이루어냈는가를 보여주는 것이기에 그렇습니다. 이 말을 한 후, 그는 물이 언제나 아래로 흐르는 것처럼 인간 본성은 언제나 선하며, 선하지 않은 인간이 없는 것은 마치 아래로 흐르지 않는 물이 없는 것과 같다고 말합니다. 그리고 일시적으로 물을 위로 튕겨 올릴 수는 있으나 그것은 일시적인 형세일 뿐 물의 본성이 아닌 것처럼, 인간의 불선 역시 그렇다고 덧붙입니다.19) 한국 사회에서 성장한 사람이라면 익숙하

---

17) 『맹자』, 「고자상」. 性猶湍水也 決諸東方則東流 決諸西方則西流 人性之無分於善不善也 猶水之無分於東西也.
18) 『맹자』, 「고자상」. 孟子曰水信無分於東西 無分於上下乎.
19) 『맹자』, 「고자상」. 人性之善也 猶水之就下也 人無有不善 水無有不下 今夫水 搏而躍之 可使過顙 激而行之可使在山 是豈水之性哉 其勢則然也 人之可 使爲不善 其性 亦猶是也.

게 들어온 말이 있을 겁니다. '사람은 알고 보면 다 착하다'라는 것인데, 아무래도 우리 문화는 성선설을 더 믿는 것 같습니다.

맹자의 이상사회에 대한 모든 구상은 바로 '어진 본성'에 대한 신뢰에서 시작합니다. 그리고 그 어진 본성이 특별한 사람에게만 있는 것이 아니라 모든 사람에게 있다는 신뢰가 이상사회의 실현을 꿈꾸게 합니다. 맹자는 '인 (仁)이란 하늘이 준 높은 벼슬(天爵)이며, 사람의 안택(安宅)'이라고 말합니다.[20] 하늘이 주었다는 것은 자연적 본성이라는 뜻이요, 안택이란 편안한 집이라는 뜻입니다. '나'가 '나의 집'에서 가장 편안함을 느끼듯, 사람은 '인 (仁)'의 상태에 있을 때 편안함을 느낀다는 것이지요.

앞서 본 것처럼 '인'이란 뿌리에서부터 하나로 이어진 존재의 본질, 즉 사람들 간의 존재론적 유대를 의미합니다. 그 유대는 사랑으로 표현되기도 하고 어진 행동으로 표현되기도 하지요. 그 하나로 이어진 '어진 마음'은 '차마 남을 해하지 못하는 마음(不忍人之心)'으로 표현됩니다. 맹자는 모든 사람에게 '불인인지심'이 있음을 말하기 위해 '우물가 어린아이'의 비유를 듭니다.

> 사람들이 모두 차마 해하지 못하는 마음을 가지고 있는 근원을 보자. 지금 어떤 이가 갑자기 어린아이가 우물로 기어가는 것을 본다면, 모두 깜짝 놀라 측은해하는 마음을 가지게 될 것이다.[21]

만일 여러분이 어린아이가 엉금엉금 우물로 기어들어 가는 것을 본다면 어떻게 하시겠습니까? 누구나 깜짝 놀라며 앞뒤 가리지 않고 총알처럼 튀어나가 아이를 구해낼 것입니다. 왜 그렇게 할까요? 그 아이의 부모와 사귀고 싶어서일까요, 동네 사람들과 벗들에게 칭찬받으려는 것일까요, 아니면 몰인정하다는 비난을 받지 않기 위해서일까요?

---

20) 『맹자』, 「공손추상」. 夫仁天之尊爵 人之安宅也.
21) 『맹자』, 「공손추상」. 所以謂人皆有不忍人之心者 今人乍見孺子將入於井 皆有怵惕惻隱之心.

이것은 안으로 그 어린애의 부모와 교제하고자 하는 까닭이 아니요, 향당붕우(鄕黨朋友)에게 칭찬을 받고자 하는 까닭도 아니요, 인정머리 없다는 소리를 듣기 싫어서 그런 까닭도 아니다.[22]

맹자는 이 모두가 아니라고 합니다. 어리고 불쌍한 것을 가엾게 여기는 마음인 측은지심에서 비롯됐다는 것이고, 이 측은지심은 헤아리고 따져서 먹은 마음이 아니라 양지와 양능의 자연스러운 발로이며, 불인인지심의 표현이자, 타고난 본성의 발현이라는 것이라는 겁니다. 그리고 사람에게 이 측은지심이 있다는 것은 역으로 본성이 인(仁)하다는 것을 입증하는 단서가 된다는 것입니다. 즉, 인지단(仁之端)이죠.

공자의 인(仁)을 맹자는 인의(仁義)로, 나아가 인의예지(仁義禮智)로 구체화합니다. 그리고 그 본성의 단서가 되는 마음을 각각 측은(惻隱), 수오(羞惡), 사양(辭讓), 시비(是非)의 마음으로 표현하는데, 맹자는 이런 말을 합니다.

측은지심이 없으면 사람이 아니요, 수오지심이 없으면 사람이 아니요, 사양지심이 없으면 사람이 아니요, 시비지심이 없으면 사람이 아니다.[23]

도대체 사람이 사람인 이유가 무엇일까요? 무엇을 인간다움의 기준으로 삼는 것일까요? 종교에 따라 철학에 따라 사람마다 그 기준이 다를 수 있습니다만, 맹자는 그 기준을 '도덕성'으로 봅니다. 공자도 앞서 '군주가 군주답고 신하가 신하답고 아비가 아비답고 아들이 아들다워야 한다'라고 했습니다만, 공자의 경우 '~답다'는 것은 오로지 도덕적 측면만을 말한 것이 아니라 '일'과 '역할'까지 포함한 포괄적인 것이었습니다. 그런데 맹자에 이르러 오직 '도덕성'만을 인간다움의 기준으로 삼습니다. 인간을 고귀한 존재로 보

---

22) 『맹자』 「공손추상」. 非所以內交於孺子之父母也 非所以要譽於鄕黨朋友也 非惡其聲而然也.
23) 『맹자』 「공손추상」. 由是觀之 無惻隱之心 非人也 無羞惡之心 非人也 無辭讓之心 非人也 無是非之心 非人也.

는 이런 견해에 반대할 생각은 없습니다만, 이런 생각이 극단으로 치우치면 도덕 과잉으로 나아가, 극단적인 도덕 중심주의의 성향을 보일 수 있습니다. 맹자를 사랑했던 조선 선비들 역시 이 점에서 예외가 아니었습니다.

병자호란 직후, 조선 사회는 온 나라가 쑥대밭이 되어 새로이 나라를 재건해야 하는 상황에 부딪혔습니다. 이를 국가재조기(國家再造期)라고 하는데, 여기에 생각해 볼 문제가 있습니다. 여러분의 경우, 도적의 침략을 받아 인명이 손상되고 집안이 파괴되고 재산을 약탈당한 상황에 봉착했다면, 가장 먼저 해야 할 일이 무엇이라고 생각하십니까? 일반적으로는 '안보(security)' 문제를 먼저 해결하고자 하지 않을까요? 그런데 당시 조선의 선비들은 국시(國是)를 북벌(北伐)로 정하고 '땅에 떨어진 도덕을 회복하는 일의 급선무'를 주장합니다. 게다가 북벌을 추진하려면 군비확충이 우선적일 것 같은데, 북벌론의 선두에 섰던 세도(世道) 송시열은 이미 망해버린 '명(明)'에 대한 의리를 내세우며, 북벌의 근거를 도덕적 차원에서 제기합니다. 송시열은 임금에게 올리는 글과 친구에게 보내는 서한에서 이렇게 말합니다.

삼강오륜은 천리 인륜의 대체(大體)입니다. 여기에 결함이 생기면 나라가 나라 구실을 못 하고 사람이 사람 노릇을 못 하게 됩니다.24)

국가를 경영하는 근본은 삼강오륜에 지나지 않는다. 요순의 치세에는 더할 나위도 없고 쇠퇴한 말세라도 먼저 이것을 밝히지 않는 나라가 없다. 이는 실로 상하와 대소가 서로를 유지하는 근본이다.25)

도무지 어떤 구절에서도 군비의 확충이나 부국강병의 방도에 대한 논의가 보이지 않습니다. 지나치게 비현실적인 도덕 중심주의가 어떤 면에서는 답답하기 짝이 없습니다. 그래서 박지원(朴趾源, 1737~1805) 같은 학자는 『허

---

24) 『송자대전』 5권 「정유봉사(丁酉封事)」. 김준석, 「조선후기 국가재조론의 대두와 그 전개」(연세대학교 박사학위논문, 1990), 229쪽에서 재인용.
25) 『송자대전』 73권 「답김영숙(答金永叔)」. 앞의 논문 230쪽에서 재인용.

생전』말미에 효종 때의 무장(武將) 이완을 등장시켜 북벌론의 허구성을 통렬히 비판했는지도 모릅니다. 도덕과잉은 이미 균형을 상실한 관념입니다. 균형감을 잃은 당위적 관념은 어떤 면에서 위험성을 안고 있습니다.

스티븐 핀커는『빈 서판』에서 '호모사피엔스의 문제는 도덕관념이 너무 적다는 것이 아니라, 너무 많은 도덕관념을 갖고 있다는 것'이라고 하고, 버트런드 러셀은 '훌륭한 양심을 가지고 잔인한 고통을 가하는 것은 도덕가들의 기쁨'이며, '그들은 그렇게 지옥을 만들었다'라고 말합니다.26) 물론 이 말은 20세기를 휩쓸었던 극단적인 이데올로기 전쟁의 비극을 겪으면서 나온 것이긴 하지만, 세상을 옳음과 그름, 도덕과 비도덕으로 나누어 지배하려는 관념의 위험성을 경고하기도 합니다. 맹자적 경향이 강한 선비문화의 일면에 대해 우리가 숙고해볼 문제라고 저는 생각합니다.

인(仁)의 사회적 실현, 효제공동체

사람의 본질을 '인(仁)'으로 본다는 것은, 맹자에게 인간은 '하나의 뿌리를 공유하는' 공동체적 존재임을 의미하는 것입니다. 각양각색의 서로 다른 인간들이지만, 보이지 않는 하나의 끈으로 이어진 존재라는 것이지요. 맹자는 이런 말을 합니다.

천하의 근본은 나라에 있고, 나라의 근본은 집에 있으며, 집의 근본은 몸(身)에 있다.27)

관계성, 공동체성을 중시하는 인간관을 보여줍니다. 몸에서 시작해서 가족을 이루고, 나라를 이루고 천하를 이루는 순서가 아니라 천하에서부터 시작하는 것은, '몸' 자체를 독립적, 개체적으로 보는 것이 아니라 상관적으로 보는 것입니다. 사람을 이렇게 공동체적 존재로 보는 견해는 맹자가 위대한

---

26)『빈 서판』, 472쪽.
27)『맹자』「이루상」. 天下國家 天下之本在國 國之本在家 家之本在身.

순임금(大舜)이라고 칭송하는 순임금에게서 그대로 발견됩니다. 맹자는 순임금에 대해 이렇게 말합니다.

> 대순은 진실로 위대했다. 선(善)을 남과 함께 했고, 자신을 버리고 남을 따랐으며, 남에게서 취하여 선을 행함을 좋아했다. 밭 갈고, 곡식 심고, 질그릇 굽고, 고기 잡을 때부터 황제가 되어 직무를 맡음에 이르기까지 남에게서 취한 것이 아님이 없었다.[28]

순임금의 미덕의 핵심은 '함께 했다'라는 것입니다. 어떤 경우에 자신을 버리고 남을 따랐는지는 분명치 않지만, '자아'를 내세우기보다는 '함께 하는 공동체'의 원리를 준수했다는 뜻인 것 같습니다. 심지어 황제의 자리에 올라서도 다른 사람의 견해와 능력을 취했다고 합니다. 그러면 맹자에게 '함께 한다'는 것은 어떤 의미일까요.

> 남에게서 취하여 선을 행하는 것은 남이 선을 행하도록 도와주는 것이다. 그러므로 군자는 남이 선을 하도록 도와주는 것보다 더 중대한 것은 없다.[29]

맹자에게는, 본성이나 기(氣)만이 아니라 '함께 한다'는 것도 방향성을 갖습니다. 바로 선(善)을 향하는 것입니다. 자신만이 선을 행하는 것이 아니라 남도 선을 행하도록 도와주는 것이 바로 군자의 임무라는 것입니다. 공자 역시 '자신이 서고자 하면 남을 서도록 해주고, 자신이 도달하고자 하면 남도 도달하게 해준다'라고 한 바 있습니다. 따라서 군자는 공동체 안에서 '도덕적 모범'을 보여야 하는 사명을 갖게 됩니다.

이런 생각은 '내가 존재한다'가 아니라 '우리가 존재한다'라는 이념의 기초가 되고, 이렇게 형성된 '우리' 공동체는 소유의 경쟁적인 지평을 갖는 이

---

28) 『맹자』, 「공손추상」. 大舜有大焉 善與人同 舍己從人 樂取於人 以爲善 自耕稼陶漁 以至爲帝 無非取於人者.
29) 『맹자』, 「공손추상」. 取諸人以爲善 是與人爲善者也 故君子莫大乎與人爲善.

익공동체가 아니라 존재의 공동체, 효제의 공동체를 지향하게 됩니다. 맹자는 한마디로 이렇게 말합니다. '요순의 도는 효제일 뿐(堯舜之道 孝弟而已矣)'30)이라고.

이런 공동체적 지향이 강한 사회가 바로 한국 사회입니다. '내 나라', '내 엄마', '내 집'이 아니라 '우리나라', '우리 엄마', '우리 집'이라는 단어를 사용합니다. 심지어 배우자를 일컬을 때도 '내 마누라' '내 남편'이 아니라 '우리 마누라' '우리 남편'이라고 칭합니다. 이런 점은 서양 문화권에서는 참 이해하기 힘든 점일 겁니다.

또 한국 문화만큼 '효'를 강조하고 묵시적으로 '강요'하는 문화는 드뭅니다. 『삼국유사』를 필두로 하여 대대로 칭송하며 전해지는 설화에는 '효'를 비롯해 도덕적인 교훈이 담겨 있는 이야기가 가장 많습니다. 효를 아름다운 미덕으로 본 것이죠. 심지어 '효성'을 인격의 척도로 보기도 하고, 선비들 사이에서는 부모의 묘소에 초막을 짓고 '삼년상'을 치르는 것을 무척 중요한 과제로 삼았습니다. 이것은 우리 문화가 얼마나 도덕적인가와 무관하게 '도덕관념' 자체는 매우 높다는 것을 보여주는 사례입니다.

한국의 민간문화를 잘 보여주는 '판소리'는 애초에 12마당으로 펼쳐졌다고 합니다. 그런데 신재효 선생이 「심청가」, 「흥부가」, 「춘향가」, 「수궁가」, 「적벽가」, 「변강쇠가」만을 골라서 여섯 마당으로 정리했는데, 그마저도 현재 전해지는 것은 오직 다섯 마당뿐입니다. 「변강쇠가」는 도덕적 교훈이 없어서인지 아예 가사만 전할 뿐 창(唱)은 전해지지도 않습니다. 어쩌면 야유와 날아오는 돌 때문에 공연 자체가 불가능했는지도 모릅니다. 민간의 문화에서 오직 살아남은 것은 효제충신(孝悌忠信)의 '도덕적 교훈'이 담긴 것들뿐입니다. 흥미롭지 않습니까? 선비문화나 민간문화나 모두 '도덕 중심'적 경향을 보이는 것이 말입니다.

'도덕 중심'의 경향을 보인다는 것은 '내면적 지향'이 강함을 드러내는데, 이런 특성은 일찍이 「단군신화」에서부터 나타납니다. 인간이 되고자 한 곰

---

30) 『맹자』 「고자하」.

과 호랑이에게 던져진 과제는 무엇이었습니까? 동굴 속에서 햇빛도 보지 않고 쑥과 마늘만 먹으며 수행하는 것이었습니다. 결국 승리한 것은 호랑이가 아니라 곰이었습니다. 호랑이의 육체적 용맹함보다는 곰의 정신적 인내가 더 귀한 것으로 대접받은 것입니다. 만일 서양의 영웅 이야기였다면 계곡의 용을 잡아온다든가, 어디에 가서 황금양털을 구해오라는 과제를 받았을 것입니다. 말하자면 얻고자 하고 추구하고자 하는 것이 내면에 있고, 정신적 충족감을 더 중시하는 문화라는 것이지요.

이런 우리 문화의 성격은 맹자의 사유가 선비사회에 영향을 주기 전부터 바탕에 깔려 있었던 것 같습니다. 말하자면 중원대륙에서는 동이족의 대표인 송인(宋人)이 바보의 대명사로 사용된 것에서 볼 수 있듯이, '바보 같은 비현실성'으로 낙인찍혀 축출된 동이적 마인드가 한반도에는 여전히 남아 있어 외래문화를 수용하고 발전시키는 바탕이 된 것이 아닌가 합니다. 동이적 바탕을 가진 문화가 동이적 사상을 펼치는 맹자를 만났으니 얼마나 잘 이해되고 반가웠을지 상상이 되지 않습니까?

대효(大孝), 순임금

그러면 어째서 '요순의 도는 오직 효제'일 뿐이라고 외칠 정도로 맹자에게 효가 중요한 것일까요? 앞서 순임금을 맹자가 대순이라고 칭한 이유는 그가 효자였기 때문입니다. 그것도 평범한 효가 아니라 대효(大孝)입니다. 맹자는 자식의 처지에서 부모와의 관계 및 부모에 대한 효가 얼마나 중요한지에 대해 이렇게 말합니다.

아름다운 여색은 사람들이 원하는 바인데, (순임금은) 요임금의 두 딸을 아내로 삼았으나 족히 근심을 풀지 못했다. 부(富)는 사람들이 원하는 바인데 그의 부가 천하를 소유했어도 족히 근심을 풀지 못했고, 귀(貴)는 사람들이 원하는 바인데 그의 귀함이 천자가 되었어도 족히 근심을 풀지 못했다. …… 오직 부모에게 순(順)하여서만이 근심을 풀 수 있었다. …… 대효(大孝)는 종신토록 부

모를 사모하니, 50세까지 부모를 사모한 자를 나는 대순(大舜)에게서 보았
다.31)

　사람이라면 누구나 욕망하는 부귀영화를 아무리 완벽하게 갖추었어도 순
임금은 부모와의 관계가 원만(順)하지 않아 '실존적 고뇌'를 해소할 수 없다
고 맹자는 말합니다. 실제로 순임금이 그랬는지는 확인할 길이 없습니다만,
맹자가 순임금의 속내를 그렇게 읽었습니다. 그래서 군자의 세 가지 즐거움
가운데서 맹자는 '부모구존(父母俱存)과 형제무고(兄弟無故)'를 첫 번째로 꼽
은 것인지도 모릅니다.32) 아마도 맹자는 '부모로 인한 근심'은 존재론적이
며, '부모와 관계가 원만한 것'은 존재론적 욕망에 속하는 것으로 보는 것 같
습니다. 말하자면 외적 대상을 소유하려는 욕망이 아니라, 존재의 본성 자체
에서 연유하는 욕망으로 본다는 것입니다.33) 어째서 그렇게 보았을까요?
　앞서 살펴본 것처럼, 맹자에게 인간은 성선한 본성을 부여받아 하늘의 의
지(天命)를 대행하여 실천하는 것을 사명으로 하는 존재입니다. 이것은 인간
에게 사명감을 투사하는 동시에 인간을 존재론적으로 긍정하는 견해입니다.
그렇기에 '세상'과 '세상에 대한 인간의 사명'에 긍정적인 맹자의 사유에서
효에 대한 강조는 필연적입니다. 하늘의 의지를 대행할 수 있는 존귀한 존재
로 세상에 나올 수 있게 해준 부모는 그 어느 존재보다도 중요한 역할을 한
존재이기 때문입니다.
　맹자는 이렇게 효를 중심으로 하는 효제의 공동체를 꿈꿨습니다. 인간 존
재의 본성을 공동체적으로 본다는 것은 공동체 안에 있을 때 인간의 본성이

---

31) 『맹자』, 「만장상」. 好色人之所欲 妻帝之二女 而不足而解憂 富人之所欲 富有天下 而不足而解憂 貴人之
　　所欲 貴爲天子 而不足而解憂 …… 惟順於父母 可以解憂 …… 大孝 終身慕父母 五十而慕者 予於大舜見
　　之矣.
32) 『맹자』, 「진심상」. 父母俱存 兄弟無故 一樂也.
33) 존재론적 욕망이란 가브리엘 마르셀이라는 철학자가 사용한 용어인데, 소유론적 욕망과 대비되는 존
　　재 그 자체의 욕망을 지시하는 개념으로 그 의미는 삶에서 인간 영혼의 고결함과 우아함, 그리고 만
　　인을 감동시킬 수 있는 아름다운 깊이에 대한 인간 존재의 열망을 뜻한다. 『물학 심학 실학』, 593쪽
　　참조.

제대로 실현된다고 보는 것입니다. 공자 역시 비슷한 말을 했습니다. '이인 (里仁)'이 아름답고, '덕불고 필유린(德不孤必有隣)'이라고 말입니다. '어진 마을' 공동체가 아름답고, '덕은 외롭지 않으니 반드시 이웃이 있다'라는 뜻으로, 역시 공동체를 지향하는 것입니다.

인의 정치적 실현, 왕도의 길

맹자가 추구하는 공동체는 효도와 우애라는 혈육 간의 정을 공동체 전체로 확대합니다. 그렇기에 공동체의 수장인 군주, 즉 왕은 가족공동체의 아버지와 같은 존재로 자리합니다. 프랑스 역사학자 폴 벤느(Paul Veyne, 1930~)는 『역사를 어떻게 기술해야 하는가』에서 로마의 군주를 두 가지 유형으로 분류합니다.[34] 하나는 아버지로서의 군주이고, 다른 하나는 목동으로서의 군주입니다. 전자의 군주는 민(民)을 아이같이 생각하여 도덕적으로 건전하게 자라기를 바라는 마음으로 통치하고, 후자의 군주는 양떼를 살찌우고 늑대로부터 보살피는 것처럼 통치합니다. 폴 벤느가 말한 전자의 군주는 맹자의 군주와 상통하는 면이 있습니다. 아버지로서의 군주는 자식을 다스리기보다는 가르치며 보살피려 합니다. 그래서인지 맹자는 '잘 다스리기(善政)'보다는 '잘 가르치기(善敎)'를 더 중시합니다. 그는 이렇게 말합니다.

> 좋은 정치는 좋은 가르침으로 백성을 얻는 것만 못하다. 선정은 백성들이 두려워하고, 선교는 백성들이 사랑하니, 선정은 백성의 재물을 얻고 선교는 백성의 마음을 얻는다.[35]

정치보다 중요한 것이 곧 교육이라는 것입니다. 맹자는 군자의 세 가지 즐거움 가운데 세 번째의 것으로 '천하의 영재를 얻어 교육하는 것'[36]을 들고

---

34) 같은 책, 553쪽에서 재인용.
35) 『맹자』 「진심상」. 善政不如善敎之得民也 善政民畏之 善敎民愛之 善政得民財 善敎得民心.
36) 『맹자』 「진심상」. 得天下英才 而敎育之 三樂也.

있는데, 교육이 그에게 얼마나 중요한 위치를 차지하는지를 잘 보여줍니다. 선정은 법률과 제도로 백성들의 생활을 외적으로 규제하는 것인데 반해, 선교는 도덕과 예의로 백성의 마음을 설득하는 것입니다. 즉, 선정은 경제적 풍요를 통해, 선교는 내면적 마음의 감화를 통해 이웃공동체를 수립하는 것이지요. 조선시대 선비들이 벼슬을 버리고 낙향하여 향리의 도덕적 모범이 되고자 한 것이나, 향약에 적극적이었던 것은 이런 생각을 반영하는 것 같습니다. 군주를 아버지와 같이 본 스님이 신라시대에도 있었습니다. 「찬기파랑가」라는 향가를 쓴 충담사(忠談師)가 지은 「안민가(安民歌)」에 이런 구절이 있습니다.

군은 아비요
신은 사랑하시는 어미요
백성은 어린아이라 한다면
백성이 사랑을 알리라.

매우 흥미롭습니다. 정치가도 아닌 불교 승려가 국태민안(國泰民安)을 기원하며 지은 시의 내용에 군주를 아버지로, 신하를 어머니로, 백성은 보살핌을 받는 아이로 묘사한 것이 말입니다. 조선 선비들이 국사를 맡기 이전에도 이미 우리 사회에는 이런 생각이 자리 잡고 있었던 것이 아닌가 생각됩니다.

아버지로서의 군주는 사회적 약자를 각별히 보살펴야 한다고 맹자는 말합니다. 혈육 간의 정을 공동체로 확대하고자 한 맹자에게 이것은 자연스러운 일입니다. 맹자는 제선왕에게 왕도를 강조하며 이런 말을 합니다.

늙어서 아내가 없는 자를 일러 환(鰥)이라 하고, 늙어서 남편이 없는 자를 일러 과(寡)라 하며, 늙어서 자식 없는 이를 일러 독(獨)이라 하고, 어려서 아비가 없는 이를 일러 고(孤)라 합니다. 이 네 사람은 천하의 곤궁한 백성이니 어디 하소연할 데가 없습니다. 문왕은 정사를 펴 인을 행할 때 반드시 이 네 부류의 사람을 우선시하였습니다.37)

환과고독(鰥寡孤獨)은 의지할 데가 없는 사람들을 대표합니다. 한 집안에서도 아프거나 문제가 있는 자식에게 부모의 관심이 집중되는 것처럼, 공동체의 수장인 군주는 이러한 처지인 사람들에게 더 많은 관심을 기울여야 한다는 것입니다.

맹자가 생각하는 군주의 위민정치, 민본정치는 어버이 같은 마음으로 백성을 보살피는 그런 정치입니다. 그렇기에 힘에 의지하여 영토를 확장해가는 대국의 패도정치보다 이웃공동체 정신을 지닌 왕도정치를 이상으로 삼았습니다. 그런데 의아한 것이 있습니다. 맹자의 관점에서 보면, 도덕적 성인이 군왕이 되어 왕도정치를 하는 것이 이상일 터인데 어째서 그의 '군자삼락'에는 왕 노릇 하는 것이 빠져있는가 하는 것입니다. 게다가 왕 노릇 하는 것은 그가 중시한 것 중에서도 가장 나중에 자리하고 있습니다. 그는 이렇게 말합니다.

군자에게는 세 가지 즐거움이 있는데 천하에 왕 노릇 하는 것은 거기에 들어 있지 않다.[38]

백성이 가장 귀하고, 사직이 그다음이며, 군주는 가장 가볍다.[39]

이 말은 두 가지로 해석 가능합니다. 하나는 왕을 권력의 수장으로 본다면 군자는 권력을 갖는 것 자체를 즐거움으로 삼지 않음을 말하는 것일 수도 있고, 다른 하나는 왕 노릇 한다는 것을 왕도의 실현으로 본다면 전란의 시대에 '도덕의 왕국'을 만드는 것이 현실적으로 매우 어려움을 인정한 것으로 볼 수도 있습니다.

그래서인지 맹자는 힘에 의지하여 영토를 확장해가는 패도의 대국주의보

---

37) 『맹자』 「양혜왕하」. 老而無妻曰鰥 老而無夫曰寡 老而無子曰獨 幼而無父曰孤 此四者天下之窮民而無告者 文王發政施仁 必先斯四者.
38) 『맹자』 「진심상」. 孟子曰君子有三樂而王天下不與存焉.
39) 『맹자』 「진심하」. 孟子曰民爲貴 社稷次之 君爲輕.

다 이웃공동체 정신을 지닌 소국주의를 왕도정치의 이상으로 삼았습니다. 이 점 역시 루소의 '소농 공동체'의 이상사회와 좀 닮았습니다. 그는 양혜왕에게 이런 말을 합니다.

사방 백 리만 있어도 왕도(정치)를 할 수 있습니다. 왕이 인정(仁政)을 베풀어 형벌을 줄이고 세금을 적게 한다면 밭 갈고 김매어 장자(壯者)는 여가에 효제 충신의 덕을 닦아 집에 들어와서는 도덕으로 부형을 섬기고 나가서 어른을 섬 기게 하면, 가히 진초(秦楚)와 같은 대국의 침략도 막아낼 수 있습니다.[40]

그리고 여러 차례 맹자는 '탕임금은 70리로, 문왕은 100리의 영토로 왕도 정치를 했다'[41]라고 강조했습니다. 왕도정치는 국력의 물리적 크기와는 상관없는 개념입니다. 비록 그 영토가 작아도 도덕적 감화로 사해를 감동하게 해 백성의 마음을 모으는 것이 왕도의 본질입니다. 그렇기에 맹자는 패도의 상징인 관중에게 매우 비판적입니다. 이 점이 공자와는 다른 맹자의 매우 특수한 점입니다. 앞서 본 것처럼, 공자는 관중을 매우 높이 평가했습니다. 이상주의와 현실주의의 종합을 추구한 공자에게는 자연스러운 것입니다. 그러나 맹자는 공자의 현실주의는 옆으로 두고 이상주의만을 계승한 것 같습니다. 맹자의 눈에 관중은 인의(仁義)의 도를 무시한 패권주의자로 비칩니다. 그는 어느 날 제자 공손추가 '관중처럼 할 수 있겠느냐'고 묻자 '그대는 나에게서 그와 같을 것을 원한단 말인가'[42]라며 관중과 자신을 비교하는 것 자

---

40) 『맹자』, 「양혜왕상」, 孟子對曰 地方百里而可以王 王如施仁政於民 省刑罰 薄稅斂 深耕易耨 壯者以暇日 修其孝悌忠信 入以事其父兄 出以事其長上 可使制梃 以撻秦楚之堅甲利兵矣.

41) 『맹자』, 「공손추상」, 湯以七十里 文王以百里.

42) 『맹자』, 「공손추상」, 或問乎曾西曰 …… 然則吾子與管仲孰賢 曾西艴然不悅曰 爾何曾比予於管仲 管仲 得君 如彼其專也 行乎國政 如彼其久也功烈 如彼其卑也 爾何曾比予於是 曰管仲 曾西之所不爲也 而子爲 我願之乎. 어떤 이가 증서에게 '그대는 관중과 더불어 누가 더 어진가' 하고 물은 적이 있다. 그러자 증서는 안색을 바꾸며 '그대는 어찌 나를 관중에 비하는가. 관중은 군주의 신임을 얻어 저와 같이 전 횡을 하였고 국정을 행함이 저와 같이 오래 하였지만 그 공은 저렇게 낮았는데, 그대는 어찌 나를 이 사람에게 비하는가' 라고 하였다. 관중은 증서도 인정하지 않았는데, 그대는 나에게서 그와 같을 것을 원한단 말인가.

체를 언짢아합니다. 패도의 상징인 관중과 왕도의 상징인 자신을 비교하는 것이 매우 불쾌했던 모양입니다. 하여간 맹자에게 백성은 귀한 존재입니다. 백성의 귀한 본성은 하늘이 내려준 것입니다. 그는 『시경』「대아편」과 『서경』「태서편」의 구절을 인용하며 이런 말을 합니다.

> 하늘이 뭇 백성을 낳으시니, 사물마다 각기 법칙이 있도다. 잡고 있는(타고난) 밝은 본성, 그 아름다운 덕을 좋아하노라.[43]

> 태서에 이르길, 하늘은 내 백성이 보는 것으로부터 보고, 하늘은 내 백성이 듣는 것으로부터 듣는다고 했으니 이를 말하는 것이다.[44]

맹자에게 백성은 이렇듯 귀한 존재입니다. 백성의 본질은 하늘이고, 하늘조차도 이 백성을 통해 자기의 뜻을 실현합니다. 하늘이 이 백성을 세상에 낸 다음 자연계와 이법세계가 도래하였고, 그 가운데 백성들이 잡고 있는 떳떳한 것은 아름다운 덕이고, 백성은 그 아름다운 덕을 좋아한다는 것입니다. 그러므로 임금이 백성을 보호하는 왕도를 하지 못할 때 그는 가족공동체를 이끌어나가는 수장인 군주가 아니라 일개 필부(匹夫)로 전락하게 됩니다. 정치권력의 존재이유가 백성을 보살피는 것인데, 일개 필부가 백성을 고통으로 몰아넣고 있다면 이미 그 정치권력은 존재이유를 상실한 것입니다. 제대로 정치하지 못하는 군주는 백성을 죽이는 것과 같습니다.

양혜왕이 어느 날 '바라건대 과인이 편안히 가르침을 받고자 한다'라고 하자, 맹자는 이렇게 답합니다.

> 몽둥이로 사람을 죽이는 것과 칼로 죽이는 것에 차이가 있습니까? 없습니다. 이에 맹자가 다시 묻기를 칼로 사람을 죽이는 것과 정치로 사람을 죽이는 것에 차이가 있습니까? 없습니다.[45]

---

43) 『맹자』「고자상」. 詩曰天生蒸民 有物有則 民之秉夷 好是懿德.
44) 『맹자』「만장상」. 太誓曰天視自我民視 天聽 自我民聽 此之謂也.

군주의 책임은 백성을 잘 먹고 잘 살게 한 후, 도덕으로 그들을 이끄는 것입니다. 백성들은 하늘이 내려준 존귀한 존재이지만 이것은 본질적인 면에서 볼 때 그런 것이고, 경험적 현실에서 보이는 백성은 '무항산이면 무항심(無恒産 無恒心)'인 나약한 사람들입니다. '일정한 재산이 없으면 한결같은 마음을 유지할 수 없는' 존재라는 것입니다. 그렇기에 일정한 생업을 보장해주는 것은 군주의 선결과제 중 하나입니다. 그런 의미에서 정치를 잘못해서 백성을 죽이는 것이나, 칼로 찔러 죽이는 것이나 다름이 없다는 것입니다.

또 맹자는 제선왕에게 이런 말을 합니다.

> 왕의 신하 중에 그 처자를 친구에게 맡기고 초나라에 가서 놀던 자가 있었는데, 돌아와서 보니, 그가 처자가 얼고 굶주리게 하였다면 (그 친구를) 어떻게 하시겠습니까. 왕이 말하길, 버리겠습니다. 사사(士師)가 사(士)를 다스리지 못한다면 어떻게 하시겠습니까. 왕이 말하길, 그만두게 하겠습니다. 나라 안이 다스려지지 않는다면 어떻게 하시겠습니까. 왕이 좌우를 돌아보며 다른 말을 하였다.[46]

직무를 다하지 못한 친구를 버리고, 소임을 다하지 못한 율사를 해고하는 것이 당연하다고 말한 제선왕이 정치를 못한 군주는 어찌해야 하는가라는 물음에 말을 피하고 있습니다. 상대를 꼼짝하지 못하게 만드는 맹자의 이런 화법은 대체로 대화체로 진행되는데, 대화의 방식은 논증이나 논리의 선명함보다는 상대의 자연스러운 동의를 얻어냄으로써 도덕적 진실, 형이상학적 진리, 마음의 진실을 드러내는 데 효과적입니다.

---

45) 『맹자』 「양혜왕상」. 梁惠王曰 寡人願安承敎 孟子對曰 殺人以梃刃 有以異乎曰無以異也 以刃與政有以異乎 曰無以異也.
46) 『맹자』 「양혜왕상」. 孟子謂齊宣王曰 王之臣 有託其妻子於其友而之楚遊者 比其反也 則凍餒其妻子 則如之何 王曰 棄之 曰士師不能治士 則如之何 王曰已之 曰四境之內不治 則如之何 王顧左右而言他.

맹자, 역성혁명을 외치다

군주의 도리에 대해 이렇게 말한 맹자는 어느 날 제선왕이 '탕(湯)이 걸(桀)을 내쫓고 무왕(武王)이 주(紂)를 쳤다고 하는데 사실인가'라고 물으니 '그렇게 전해진다'라고 맹자가 답하자 제선왕이 다소 흥분하여 '신하가 군주를 시해해도 되는가?' 하고 따져 묻습니다. 그러자 맹자는 이렇게 답합니다.

인(仁)을 해치는 자를 적(賊)이라 하고, 의(義)를 해친 자를 잔(殘)이라 합니다. (이렇게) 잔적한 사람을 일러 일부(一夫)라고 합니다. 듣건대, 일부(一夫)인 주를 죽였다는 말은 들었지만 군주를 시해했다는 말은 듣지 못했습니다.[47]

군주가 자기 도리를 하지 못한다면 군주가 아니라는 겁니다. 앞서 측은·수오·사양·시비의 마음이 없으면 사람이 아닌 것과 같은 맥락입니다. '도덕성'으로 인간이 인간임을 삼습니다. 도리를 다할 때 비로소 인간이고, 군주입니다. 군주가 군주답지 못하면 '혁명'이 가능하다고 말하는 것입니다. 역성혁명이지요. 은나라를 세운 탕은 하의 마지막 왕 걸을 내쫓았고, 주나라를 세운 무왕은 은의 마지막 왕인 주를 정벌했습니다. 기존 왕조를 엎고 새로운 왕조를 세운 것입니다. 이때 '천명'을 내세운 것은 물론입니다. 엽기적일 정도로 사치방벽(奢侈放辟)했다고 전해지는 걸(桀)과 주(紂)가 실제로 그랬는지는 확인할 길이 없습니다. 어느 시대건 마지막 왕은 사치와 향락에 빠져 백성을 도탄에 빠뜨린 주범으로 사서(史書)에는 기록되어 있습니다. 이긴 자의 편에서 새로운 왕조의 정당성을 확보하기 위해선 불가피한 일이었는지도 모릅니다. 역성혁명을 통해 건국된 조선 역시 「용비어천가」를 지어 창업의 정당성을 높이려 했습니다. 어쨌든 요순의 이상사회를 실제로 믿었던 맹자는 걸주의 역사적 이야기 역시 사실로 믿었던 것 같습니다.

맹자의 이런 생각은 당시 시대 상황에 비추어 볼 때, 그 정치적 혁명성이

---

47) 『맹자』, 「양혜왕하」, 齊宣王問曰 湯放桀 武王伐紂 有諸 孟子對曰 於傳有之 曰臣弒其君可乎 曰賊仁者謂之賊 賊義者謂之殘 殘賊之人謂之一夫 聞誅一夫紂矣未聞弒君也.

크게 와닿습니다. 노예제 사회를 살던 아리스토텔레스나 플라톤이 노예제 사회를 당연하게 생각하면서 자신들의 이상사회를 구상한 것과 비교해보면, 맹자의 이런 발상은 왕권 사회 내에서 유례가 없는 것입니다. 이런 면에서 맹자를 보수주의자로 보는 견해는 그다지 온당한 것 같지 않습니다. 이상사회의 근거와 비전을 옛것에서 찾고자 하는 상고주의(尙古主義)를 엿볼 수는 있지만 현재 상태를 유지하고자 하는 보수주의와는 반대의 길을 가고 있으니 말입니다.

군주에게 거침없이 직설을 쏘아대고, 마침내 역성혁명까지 주장한 맹자의 생각이 당시 제후들에게 환영받았을 리 만무합니다. 사마천은 「맹자순경열전」에서 '맹자는 요순과 하은주 3대의 성왕들의 덕치만을 부르짖었으므로 가는 곳마다 받아들여지지 않았다'[48]고 쓰고 있고, 후대 『자치통감(資治通鑑)』을 쓴 송대(宋代) 사마광(司馬光, 1019~1086)은 「의맹(疑孟)」에서 '맹자는 군신의 예를 모른다'라고 신랄하게 비판하며, 그의 성선설과 역성혁명론은 잘못되었다고 말합니다.[49]

맹자적 사유의 빛과 그림자

사실 맹자의 사상은 후대에 정치이념의 목표로 등장하긴 했지만 구체적인 현실역사에서 성공한 적은 없습니다. 그는 '사람 죽이기를 좋아하지 않는 자가 천하를 통일할 것'이라고 말했지만 현실은 그 반대였습니다. 그리고 그가 강조한 효제의 이상 역시 공동체 정신으로 승화하기보다는 가문의 권력의지

---

48) 『사기』 「맹자순경열전」. 孟軻乃述唐虞三代之德 是以所如者不合.
49) 夏長樸, 「司馬光疑孟及其相關問題」(臺大中文學報 第九期, 1997年 6月, 臺灣大學中國文學系), 19쪽 참조. 사마광은 이렇게 말한다. '맹자는 사람에게 불선이 없다고 하는데 이는 맹자의 가장 큰 실수이다. 단주와 상균은 어릴 때부터 다 자랄 때까지 날마다 요와 순을 보고 자랐지만, 그 악을 고치지 못했으니, 어찌 사람의 본성에 불선이 없다고 할 수 있는가.'(孟子云 人無有不善 此孟子之首失也. 丹朱商均自幼及長 日所見者堯舜也 不能移其惡 豈人之性無不善乎.)「疑孟」 性猶湍水條. 역성혁명에 관해서, 그는 신하가 군주에게 간하여 듣지 않으면 떠나가면 그뿐, 역성혁명을 주장한 것은 군신의 예를 모르는 것이다, 라고 말한다.

를 폐쇄적으로 강화한 문벌주의나 학벌주의, 지역주의의 부작용을 낳기도 했습니다.

특히 조선에서 맹자를 사랑한 조선의 선비들은 군주에게 이상적인 군주가 될 것을 요구하고, 그 기준에 따라 군주의 언행을 비판했으며, 그 비판이 받아들여지지 않을 때는 군주를 버리고 자연으로 은퇴하는 것을 미덕으로 여겼습니다. 선비들의 간섭과 비판 앞에 자주 노출되면 군주의 권력은 약화되기 마련입니다. 지나친 논쟁과 약화된 왕권은 조선시대 조정의 특징 중 하나가 되었습니다. 이 점을 잘 보여주는 이야기가 전합니다.

하루는 선조가 황납 500근을 바치라 명했는데, 이를 불사(佛事)에 쓸 것이라는 소문이 돌았습니다. 율곡은 동료들을 거느리고 선조에게 가서 그 용도를 묻습니다. 대화가 흥미로우니 다소 길더라도 요약 발췌하여 인용하겠습니다.

선조: 궐내에서 쓰는 물품은 신하로서 물어볼 바가 아니다.
율곡: 사마광의 말에 '나는 평생에 한 일은 남에게 이야기하지 못할 것이 없다'고 했습니다.
선조: 옛날 양무제(梁武帝)가 입맛이 써서 꿀을 구하다가 얻지 못했다더니, 뜻밖에 오늘날 내가 다시 이런 경우를 당하는구나.
율곡: 전하께서 정당하게 쓰지 않으신다면…… 언관으로서 어찌 입을 다물고 있겠습니까. 세간의 말에 따르면 장차 불상을 만들려 한다는 것입니다. 그러므로 감히 물어서 전하께 아무 의혹이 없음을 밝히려 하는 것입니다.
선조: 이 말을 누구에게 들었는가? 내가 당장 그를 잡아다 국문하여 분변해야겠다.
율곡: 이 말은 한 사람의 입에서 나온 것이 아닙니다. 만약 하나하나 잡아들여 국문한다면 옛날에 위무(衛巫)를 시켜 비방하는 자를 살피게 한 것과 무엇이 다르겠습니까.
선조: 간원(諫院)에 들은 사람이 있을 것이니 바른 대로 아뢰어라.
율곡: 명철한 임금치고 사실 없는 비방을 했다고 하여 문득 그를 잡아들여

국문했다는 말은 듣지 못했습니다. 전하께서는 신 등의 망언에 대한 죄만 다스려도 족할 것인데, 왜 위엄을 세워 사람들의 입에 재갈을 물리려 하십니까.

선조: 감히 들은 사람을 숨기고, 많은 말로 막으려고만 하는구나…… 빨리 바른 대로 아뢰어라.

율곡: 신 등은 사직해야겠습니다. 들은 말이 있으면 반드시 아뢰는 것이 숨김없이 하는 도리인데, 반드시 그 근거를 지적한다면 이는 곧 겁을 먹게 하여 무엇이든 그냥 따르게 하는 것이지 숨김없이 하는 도리가 아닙니다.

선조: 확실치 않은 일을 경솔하게 아뢰고, 물으면 감히 숨기니 이것이 과연 충직한 도리인가. …… 지금은 짐짓 용서하겠으니 사직하지 말라.[50]

군신 간에 주고받는 말이 좀 친근하기도 하고, 보기에 재미있기도 하지만 거침없이 임금에게 따지며 사직하겠다고 말하는 것이나, 용서하겠으니 사직하지 말라고 꼬리를 내리는 왕의 태도를 보면 군주의 권력이 그리 엄해 보이지 않습니다. 왕권 국가라면 왕권이 어느 한도에서는 보장되어야 그 사회시스템이 제대로 돌아갈 것입니다. 그런데 조선에서는 왕권이 약화되고 또 약화되어 태종과 세종, 정조를 비롯한 몇몇 군주를 제외하면 제대로 된 권력을 가졌다고 보기 어려울 정도입니다. 상대적으로 신하들의 권력이 비대해져 있었습니다. 이렇게 되면 내적으로 유학의 이념을 실현하고 외적으로 침략세력을 막을 수 있는 권력 자체가 굳건히 존립하기는 어렵게 됩니다.

또 자연의 본성이 그대로 실현된 시대라고 맹자가 믿었던 요순시대는 한 번도 입증되지 않은 상고(上古)시대의 일입니다. 그리고 인간의 역사세계의 전개과정을 보면 믿기 어려운 일이기도 합니다. 그런 점에서 맹자의 사상은 정치철학으로 수용되기 어려워 보이는데, 조선조 선비들은 이를 근거로 도학정치를 펼쳤습니다. 바로 이 점이 조선이 무력해지고 마침내 선비들이 그토록 염원하던 위민정치마저 이룰 수 없었던 이유가 아닐까요.

그렇다면 맹자의 주장은 무의미한가, 이 문제를 생각해보아야 합니다. 현

---

50) 한국정신문화연구원, 『국역 율곡전서』 제7권, 52-55쪽.

대 사회는 정치가든 경제인이든 일반 고용인이든 거의 모두가 더 많은 것을 차지하기 위해 광란의 질주를 벌이고 있습니다. 그런데 그 정도가 이미 생존을 위한 투쟁의 차원을 넘어선 것 같습니다. 루소가 말한 인간 불행의 근원인 '격정'과 '모방'이 극에 달한 느낌을 줍니다. 이런 상황에서 맹자의 선에 대한 의지는 매우 큰 의미를 갖습니다. 선에 대한 의지는 인간의 욕망이 세속적 욕심으로 흐르는 것을 막아주고 존재론적 요구가 갖는 의미를 일깨워 줍니다. 이런 일깨움이 우리에게 인간의 존엄성을 유지하게 합니다. 마치 생명의 부패와 타락을 방지하는 백신이나 항생제 같은 기능을 한다고나 할까요.

인류 역사 속에서 현실과 이상, 실제와 당위, 도덕과 정치의 행복한 결합이 이루어진 적은 거의 없었던 것 같습니다. 사마천도 「백이열전(伯夷列傳)」에서 '어진 자는 굶어 죽고 불선한 자들이 권세를 누리는 현실을 개탄하며 하늘이란 정녕 있는 것이냐'라고 절규했고, 당위의 도덕학을 제창한 칸트(Immauel Kant, 1724~1804)도 선인(善人)이 복을 받지 못하는 현실과, 도덕의 나라와 문명의 나라가 일치하지 않는 역사현실을 꿰뚫어 보았습니다. 이런 불일치를 마르셀(Gabriel Marcel, 1889~1973)은 '깨어진 세계(the broken world)'라고 표현합니다. 이 세상이 역사의 어떤 시점에서 깨어지기 시작한 것이 아니라 이미 깨어져 있기에 인간이 어떤 역사적 노력을 기울여 수리하더라도 고쳐지지 않는다는 것입니다.[51] 이 말에는 인간의 역사에서는 지고선(至高善)은 결코 실현될 수 없다는 생각이 담겨 있는 것 같습니다. 하긴 어떤 수준의 선이 실현된다 해도 인간은 그 수준에서 더 높은 이상을 추구하려 할 터이니, 완전한 선에 이르는 것은 영원히 불가능한 것인지 모릅니다. 그리고 어찌 보면 이 세상의 모든 일이 그 자체로는 그저 '일어날 뿐'인 중립적인 것인데, 인간이 선과 불선으로 나누어 보며 스스로 불행을 짓는 것인지도 모릅니다.

---

[51] 가브리엘 마르셀, 이문호·이명근역, 『존재의 신비 1』(누렌출판사, 2010), 2장 참조. 마르셀은 이 말을 기독교의 원죄론과 연관지어 설명한다. 여기서는 기독교와 무관하게 사용했다.

맹자도 세상의 부조리함과 덧없음을 모르지 않았습니다. 하지만 잘 알면서도 이상주의적 비전을 펼쳤습니다. 그는 이상사회에 대한 추구가 '헛된 정열'이 아님을 확신하기 위해 요순 공동체를 근거로 삼았습니다. 맹자는 이 부조리하고 깨어진 세상을 좀 더 의미 있고 이상적인 것으로 만들고자 노력한 '고결한 정신'을 보여줍니다. 일종의 종교적 성결주의라고 할까요. 하지만 약이 언제나 독을 수반하는 것처럼, 빛은 언제나 그림자를 동반합니다. 이상주의의 아름다움에 도취하는 것은 반대로 비현실적 독단을 가져올 수 있습니다. 인간 역사세계에는 100퍼센트 옳은 것도, 100퍼센트 그른 것도 없습니다. 진리와 미신이 따로 있는 것이 아니라 어떤 생각이 100퍼센트 옳다고 믿고 그것을 강요하는 것, 그것이 바로 미신이 아닐까요. 숭고한 이상주의와 열광적 광신은 사실 종이 한 장 차이입니다.

다음 강에서는 맹자와 반대편 궤도를 달려 나간 순자에 대해 살펴보겠습니다.

순자(1)

악한 본성을 교정하라: 예치의 실용주의

조선의 선비들은 순자(荀子)를 연구하지 않았습니다. 아예 멀리한 느낌을 줄 정도로 『순자』라는 책에 대한 주석서도 하나 남기지 않았습니다. 중국에서는 2백 년도 못간 주자학을 5백 년 넘게 받들어온 조선 선비들에게 이것은 당연한지도 모르겠습니다. 주자학은 성선설에 기초하여 우주론과 심성론 그리고 윤리학을 정립한 학문입니다. 그래서인지 성악설을 주장한 순자는 유가계열임에도 불구하고 사서오경에서 배제되었습니다. 아무리 그렇다고 해도 순자에 관한 연구서가 단 한 권도 없다는 것은 좀 심하다는 생각이 듭니다. 사서오경에 없는 『노자』나 『장자』에 대해서는 주석서가 그나마도 남아 있으니 말입니다. 조선 선비들이 맹자적 경향성을 지나치게 심화시킨 나머지 순자를 도외시한 것이 아닌가하는 생각도 듭니다. 그러나 순자는 그렇게 무시해도 좋을 만큼 '간단하거나 가벼운' 사상가가 결코 아닙니다.

여기 지저분하게 어질러진 방이 하나 있다고 생각해봅시다. 일단 그 방을 본 사람들의 견해는 다양할 수 있습니다. 별로 더럽다고 느끼지 않는 사람도 있을 것이고, 더럽다고 느끼지만 별문제가 되지 않는다고 생각한 사람도 있을 수 있습니다. 이와 달리 더러우니 뭔가 조처해야 한다는 문제의식을 품는 사람도 있겠죠. 그렇게 공통으로 문제의식을 느낀다 해도 더러움의 이유나 그 해법에서는 차이를 보일 수 있습니다. 맹자와 순자가 바로 그 경우입니다. 맹자는 그 방을 보고 이렇게 생각합니다. '흠, 본래는 깨끗한 방이었는데 더러워졌으니, 참으로 상황이 심각하군. 잘 치워서 깨끗한 본래 모습을 찾아야겠군!' 그런데 순자는 이와 반대로 생각합니다. '방이란 본래부터 더러운 것이긴 하지만, 더러우니 살기도 힘들고 위생에도 좋지 않으니 잘 치워서 깨끗하게 하고 살아야겠군.'

맹자가 인의의 도덕학으로 세상을 치유하고자 했다면, 순자는 예치의 사회학으로 세상의 질서를 바로잡고자 했습니다. 넓은 의미에서 두 사상가 모두 좋은 인간과 좋은 사회를 만들고자 했다는 점에서는 각기 정의를 추구한 것이지요. 하지만 무엇이 좋음이고, 무엇이 선(善)인가 하는 데에 미치면 두 사상가는 서로 상반된 견해를 보입니다.

풍토의 차이, 사유의 차이를 낳다

앞서 공자는 동이와 서하의 중용을 제창했으나, 전국시대에 이르러 공자의 적통임을 자부한 맹자는 동이 쪽 사유, 즉 무위 쪽으로, 자연 쪽으로, 이상주의 쪽으로 치우친 사상을 전개했음을 살펴보았습니다. 이에 반해 순자는 공자의 중용을 기준점으로 할 때, 동이와 반대편에 서 있는 서하적 사유, 즉 유위 쪽으로, 인간 쪽으로, 현실 쪽으로 한 걸음 더 나간 사상가입니다.

그런데도 순자가 맹자만큼이나 우리에게 중요한 인물로 다가오는 까닭 중 하나는, 맹자적 기풍에 치우쳐 있던 조선 선비문화에 빠진 사고의 한 축을 순자가 보충해주기 때문입니다. 순자를 잘 이해하는 것은 우리 문화의 치우친 점을 보완하여 중용을 회복하는 데 도움이 될 수 있습니다. 그리고 또 한 가지는, 순자를 내세우지 않으면서도 순자식의 사회시스템을 구축한 일본 사회가 어떻게 해서 아시아에서 유일하게 자본주의 근대화에 성공했는가를 살펴보는 데 도움이 되기 때문입니다.

흥미로운 것은, 조선의 선비들이 동이적 사유를 전개한 맹자를 사랑하며 도덕의 왕국을 만들고자 했던 반면에, 이웃 일본은 예치의 사회시스템을 구축했다는 것입니다. 그런데 조선의 경우 맹자사상이 본격적으로 유입되기 전부터 동이적 사유의 기풍이 깔려 있었던 것으로 보이지만, 일본의 경우에는 서하적 사유를 수용 계승했다기보다는 그 나라의 풍토적 특성에 큰 영향을 받은 듯합니다.

앞서 살펴본 것처럼 동이적 사유는 드넓은 토지에 기초한 농경문화에서 비롯되었습니다. 농경문화의 특성상 풍흉을 결정하는 적절한 비는 결정적으로 중요한 것이고 비와 바람을 관장하는 하늘을 바라보며 기도하는 것은 매우 자연스러운 일이었습니다. 그런데 하늘을 바라본다는 것은 인간이 할 수 있는 대부분의 노력을 땅의 현실에서 찾는 것이 아니라 하늘에 의존한다는 점을 뜻합니다. 이 점에서 유위보다는 무위가 더 중시되는 문화를 형성합니다. 이에 비해 서하적 사유는 척박한 고원지대에서 발흥했습니다. 하늘을 바라보기 보다는 땅의 현실을 개척해야 하는 지역에서 나온 사유입니다.

일본은 국토의 80퍼센트를 산악지대가 차지하고 있어 농경지가 적고 중앙집권적 통치가 불가능한 지역입니다. 중앙의 군주가 해결해줄 것만 믿고 기다릴 수가 없지요. 무엇이든 직접 부지런히 해야 합니다. 게다가 자연이 주는 재해가 지나치게 건수도 많습니다. 일 년에 20개 가까운 태풍이 지나가고, 빈번하게 지진이 일어나며, 거기에 쓰나미까지 몰려와 한시도 마음 놓을 틈 없는 상황에서 느긋하게 하늘이나 믿고 바라보는 동이적 사유는 발붙일 여지가 없었는지도 모릅니다.

동이적 사유에서 천(天)이 종교성과 이상주의 성격이 강하다면, 서하적 사유에서 천은 종교성이 탈각되고 현실적인 눈으로 관찰됩니다. 그래서 순자는 자연의 개념을 천이라는 말로 대신하는데, 그의 천은 기계적으로 운행되는 자연 그 자체, 무심한 자연입니다. 그에 따르면 인간 역사의 치란(治亂)은 맹자처럼 하늘의 의지에 달린 것이 아니라 인간의 의지에 달린 것입니다. 하늘은 인간의 마음과 아무런 관련이 없습니다. 그래서 현실의 유위(有爲)가 중요합니다. 그는 이렇게 말합니다.

> 하늘의 운행에 일정함이 있어서 요임금을 존재하게 한 것도 아니고 걸을 망하게 한 것도 아니다. 치(治)로 응하면 길하고, 란(亂)으로 응하면 흉하게 되는 것이다.[1]

---

[1] 『순자』「천론편」. 天行有常 不爲堯存 不爲桀亡. 應之以治則吉 應之以亂則凶.

이런 순자에게 형이상학적이거나 종교적인 추구를 발견하기는 어렵습니다. 눈에 보이지 않는 무궁(無窮)이나 무극(無極)의 세계에 대한 추구도 부정됩니다. 그런 추구는 평생 도달할 수 없기에 심신만 지치게 할 뿐이라고 주장합니다. 그는 이렇게 말합니다.

기(驥)라는 말은 하루에 천 리를 달린다고 하지만, 느린 말이라도 열흘 동안 쉬지 않고 가면 능히 천 리를 갈 수 있다. 만일 무궁(無窮)한 길을 치달리고 무극(無極)을 좇는다면 어찌 되겠는가. 뼈가 부러지고 힘줄이 끊어져 죽을 때까지 달려도 목적지에 이를 수 없을 것이다.[2]

이런 순자에게 선(善)이란 현실적인 가치, 실제적인 가치, 유용한 가치를 의미합니다. 이렇게 실제적이고 유용한 가치를 추구하는 경향을 우리는 일본 문화에서 발견할 수 있습니다. 숭고한 이상주의의 이면에 늘 종교성이 잠복되어 있는 것처럼, 현실적인 가치를 추구하는 사상의 이면에는 종교적 가치의 추구가 배제되는 경향이 있습니다. 일본은 에도(江戶) 막부 시절에 서구와 통상교역의 물꼬를 트고, 메이지(明治) 시대에 서양 사상을 맹렬히 받아들였습니다. 수많은 유학생을 서양에 보내고 번역의 시대라 할 만큼 많은 서양 서적을 번역했습니다. 그리고 소리 높여 아시아적 사고에서 벗어나 유럽으로 향하자는 탈아입구(脫亞入歐)를 외쳤습니다. 하지만 서구 교역국들에게 통상을 허가하는 조건으로 '무역은 하되, 선교는 하지 않는다'를 내걸었을 정도로, 서양의 종교, 즉 기독교는 받아들이지 않았습니다. 한 일본인 학자는 『번역과 일본의 근대』라는 책에서 이런 말을 합니다.

중국의 전통에는 천(天)이라고 하는, 역사를 초월한 어떤 궁극적 존재가 있다는 생각이 있습니다. 인도도 그렇습니다. 훨씬 초역사적이기 때문에 형이상학이 되는 것이지요. 그것이 일본의 경우에는 역사 중심이 됩니다. 그렇기에 실증

---

[2] 『순자』 「수신편」. 夫驥一日而千里 駑馬十駕則亦及之矣. 將以窮無窮 逐無極與其折骨絶筋 終身不可以相及也.

주의는 아주 발달하지만 형이상학적이랄까, 곧 근본적이랄까, 역사를 초월해서 진정한 것이랄까 그런 데 대한 관심은 거의 없다고 생각됩니다.[3]

형이상학적 추구는 근본적인 것에 관한 관심, 초월적이고 종교적이며, 이상주의적인 것에 관한 관심으로 이어집니다. 실증주의는 매우 발달했지만 초월적인 것이나 형이상학적인 것에 관한 관심이 거의 없다는 것은 눈에 보이는 현실에 관심을 집중하고, 보이지 않는 것에 대해서는 그다지 관심을 갖지 않는다는 말입니다. 위의 인용문은 왜 일본의 문화나 사상에 종교성이 약한지를 이해할 수 있는 단서를 제공합니다. 또 다른 일본인 학자는 『일본인은 왜 종교가 없다고 말하는가』라는 책에서 이런 말을 합니다.

> 태어날 때는 '오미야마이리(お宮参り)'라고 해서 신사에 가서 참배하고, 결혼할 때는 졸속 신자가 되어 기독교 교회에서 화려한 기독교 결혼식을 올리고, 죽고 나서는 불교 사원에서 이른바 장의(葬儀) 불교의 장례식을 올린다. 이러한 삶의 방식 속에 살고 있는 인간에게 '당신의 종교는 무엇인가'라고 아무리 물어봐야 뾰족한 답이 나올 리 없고, 결국 '무종교'라고 답하게 되는 것이다.[4]

동이적인 한국 문화와는 매우 대비되는 모습입니다. 우리 문화는 예부터 불교나 유교를 국교로 정할 만큼 종교를 중시했고, 신라나 고려 왕실에서는 왕자들을 많이 출가시켰으며, 중국으로, 인도로 유학하여 이름을 떨친 구법승(求法僧)이 그 수를 헤아릴 수 없을 정도로 많았습니다. 그만큼 종교적 지향이 강했다는 것이죠. 현대에도 기독교 신자가 인구의 1퍼센트 정도인 일본과 달리, 기독교, 천주교, 불교 등 여러 종교의 신도 수는 인구 절반을 차지하고, 종교의 차별성을 예리하게 내세우며 자기 종교를 강조합니다. 설사 종교를 내세우지 않더라도 종교적인 구원의식이 매우 높은 문화적 특징을 보입니다. 불교가 들어와 그 종교성이 더 심화하고, 주자학조차 종교적으로

---

3) 마루야마 마사오·가토 슈이치, 임성모 역, 『번역과 일본의 근대』(이산출판사, 2000), 72쪽.
4) 야마 도시마로, 정형 역, 『일본인은 왜 종교가 없다고 말하는가』(예문서원, 2000), 6쪽.

발전하는 한국 사회와 달리 일본에서는 외래사상이 일본식으로 바뀌어버린 다고, 『토지』의 작가 박경리 선생은 말합니다.

> 일본에는 불교가 들어가도 빈 상자가 되어버리고 유교가 들어가도 빈 상자가 되어버린다. …… 그들이 추구하는 것은 종교나 도덕의 본질이 아니기 때문이 다.5)

이어서 '다만 그런 것들은 적시적소(適時適所)에 써먹은 도구에 불과하다 .'6)라고 덧붙입니다. 정신적 구원의 영역인 종교사상마저도 실용적으로 수 용한다는 것입니다. 사회적으로 '필요한 만큼' 받아들여서 '필요에 맞게' 사 용한다는 것이지요. 비슷한 한자 문화권, 유교 문화권, 동아시아 문화권에 속해 있는 일본이 어떻게 이처럼 한국 문화와 정반대의 길을 갔는지 참으로 흥미로울 따름입니다.

어찌 보면 중요한 문제는 당시 지배계층이 맹자를 사랑했는가 순자를 사 랑했는가가 아닐지도 모릅니다. 맹자적 이상성이나 순자적 실제성의 요소가 각 문화의 바탕에 이미 깔려 있었기 때문에 각기 받아들이기 수월한 쪽으로 흘렀는지도 모릅니다. 리처드 도킨스는 이렇게 전승되어 내려오는 문화 유 전자를 밈(meme)이라고 칭했고7) 칼 융은 '원형'이라고 했는데, 한국 사회 나 일본 사회에는 상반되는 고유의 '밈' 혹은 '문화적 원형'이 있는 것이 아 닐까 하는 생각이 듭니다. 앞으로 그 내용은 차차 살펴보기로 하겠습니다.

---

5) 『일본산고』, 43-44쪽.
6) 같은 책, 44쪽.
7) 밈(meme)이란 리처드 도킨스가 『이기적 유전자』에서 만들어낸 용어다. 그에 따르면, 문화의 전달 은 유전자의 전달처럼 진화의 형태를 취하지만 언어나 관습, 의식, 건축 등과 같은 문화요소의 진화 는 유전자의 진화방식과는 다르게 전달된다. 문화가 전달되기 위해서는 유전자가 복제되는 것과 같은 복제기능이 있어야 하는데, 문화의 전달에서 복제 역할을 하는 정보의 단위, 양식, 유형, 요소 등을 밈이라고 한다.

혼란의 원인, 인간 본성의 악

일단 사마천의 『사기』의 기록을 보면 순자에 대한 기록은 맹자와 마찬가지로 소략하기 그지없습니다. 사마천은 이렇게 말합니다.

순경은 조나라 사람인데 쉰 살이 되어서야 제나라에 건너와 학문을 닦았다. …… 순경은 세 차례나 좨주(祭酒)가 되었다. …… 제나라 사람 중 어떤 이가 순경을 참소하자 초나라로 떠났다. …… 초나라의 춘신군이 그를 난릉(蘭陵)의 현령으로 임명했다. …… 대대로 난릉에서 살았다. …… 이사는 순경의 제자였는데 훗날 진나라 재상이 되었다.8)

순자의 이름은 황(況)이고 자(字)를 경(卿)이라 하여, 순경으로 기록되어 전합니다. 당시 전국칠웅의 가운데 하나인 조(趙)나라 출신으로 늦은 나이에 제(齊)에서 공부했다고 합니다.

조나라는 제나라 서쪽으로 인접해 있는 나라로, 수도 한단(邯鄲)은 거의 제나라 국경 쪽에 붙어 있습니다(96쪽 지도 참조). 조나라는 어린 시절의 진시황을 볼모로 잡아놓을 만큼 강국이었습니다. 지도상으로 보면 조나라는 동서의 가운데쯤 위치하는데, 순자가 대국인 진이나 초가 아니라 제나라로 공부하러 간 것은 아마도 문화적 선진국들이 산둥지역에 모여 있었기 때문일 겁니다. 순자가 직하(稷下)의 좨주를 세 번이나 맡았다는 것은 그만큼 인정받았다는 의미입니다.9) 좨주(祭酒)는 제사의례의 책임자일 뿐 아니라 학문에서의 최고 권위로 인정되고, 존경받는 지위인 '학장(學長)'에 해당합니다.

그런데 순자에 관해서는 맹자처럼 어머니의 아기자기한 이야기가 전해지

---

8) 『사기』 「맹자순경열전」. 荀卿 趙人 年五十始來游學於齊 …… 荀卿三爲祭酒焉. 齊人或讒荀卿 荀卿乃適楚 而春申君以爲蘭陵令 …… 因家蘭陵 李斯嘗爲弟子已而相秦.
9) 제나라의 수도 임치(臨淄)에는 13개의 성문이 있었는데, 그중 서쪽의 직문(稷門) 아래에 왕립아카데미를 세워 양사(養士)를 했다. 그래서 이름을 직하(稷下)라고 한다.

지도 않고, 공자처럼 그 제자들의 이야기가 풍성하게 펼쳐지지도 않습니다. 후대 사람들이 순자를 즐겨 입에 올리지 않은 것을 보면, 그의 삶의 역정이 후대인들에게 그리 큰 관심을 받지는 못했던 모양입니다.

순자는 당대의 사상가들 가운데 오직 공자만이 '어느 한쪽에도 치우치지 않은 원만한 도'를 얻었을 뿐, 그 외의 사상가들은 모두 '치우쳐 가려진바'가 있다고 하면서 당대의 사상 지형도를 자기 관점에서 그려냅니다.

> 묵자는 용(用)에 가려 문(文)을 몰랐고 …… 신도(愼到)는 법에 가려 현(賢)을
> 알지 못했고, 신불해(申不害)는 세(勢)에 가려 지(知)를 몰랐고, 혜시는 말(辭)
> 에 가려 실(實)을 몰랐고 장자는 하늘(天)에 가려 인간(人)을 알지 못했다.10)

각기 한편으로 치우쳐 다른 편을 놓치고 있다는 것인데, 달리 말하면 순자 자신은 각 사상가가 놓친 바의 것들, 즉 문화적인 것(文)과 현명함(賢), 지능(知)과 실제성(實), 그리고 인간현실(人)을 모두 알고 있다는 말인 것 같습니다. 실제로 이 점은 순자 사상의 특징에 잘 나타납니다. 그의 사상은 실제적(實)이고, 인간의 유위적 지능(知)을 강조하며, 자연에 순응하기보다는 인간의 의지와 노력(人)을 중시하고, 날 것의 원시적 상태보다는 문화적 수식(文)을 지향합니다. 흥미롭지 않습니까? 그런데 이런 순자가 오직 본받아 배울 만한 인물로 공자를 거론합니다.

> 공자는 인(仁)과 지(知)를 갖추고 아무것에도 가려진 바가 없었다. 그러므로
> 여러 학술을 공부하여 족히 선왕의 도를 이룰 수 있었다. 이에 (유가라는) 일가
> 를 이루어 원만한 도(周道)를 얻었다.11)

순자는 공자를 매우 높이 평가했고 자신을 유학자로 여겼습니다. 그의 저

---

10) 『순자』 「해폐편」. 墨子蔽於用而不知文 …… 愼子蔽於法而不知賢 申子蔽於執而不知知 惠子蔽於辭而不知實 莊子蔽於天而不知人.
11) 『순자』 「해폐편」. 孔子仁知且不蔽 故學亂術足以爲先王者也. 一家得周道.

서인 『순자』에는 『논어』에 나오지 않는 공자의 말이 많이 수록되어 있습니다. 순자는 자신이 공자의 적통이라고 여겼는지도 모릅니다.

순자는 맹자와 같은 전국시대를 살았는데, 맹자가 순자보다 훨씬 앞서 태어난 것으로 어림하니, 순자가 맹자보다 후대에 활동합니다. 그래서인지 『맹자』에는 순자에 대한 것이 전혀 나오지 않지만, 『순자』에는 맹자의 이야기, 곧 맹자에 대한 비판이 나옵니다. 순자는 맹자를 이렇게 비판합니다.

> 맹자는 말하길, 사람이 배우는 것은 그 본성이 선하기 때문이라고 하는데, 그렇지 않다. (맹자는) 사람의 본성을 알지 못하고, 사람의 성(性)과 위(僞)를 구분하지 못한 것이다.[12]

> 맹자가 말하길, 지금 사람의 본성은 선이지만 악한 이유는 모두 그 본성을 잃은 까닭이라고 했는데 이는 잘못된 생각이다. 사람의 본성은 태어날 때부터 박(朴)을 떠나고 바탕(資)을 떠나니, 잃어버리는 것은 필연적인 일이다.[13]

일단 순자는 인간이 '선한 본성'을 가졌다는 것에 동의하지 않습니다. 동의만 하지 않는 것이 아니라 틀렸다고 부정합니다. 소박(朴)하고 착한 자질(資)은 이미 태어날 때부터 없었던 것이니, '상실되어 존재하지 않는 것'은 당연하며, 맹자가 '선'하다고 한 것은 본래 악했던 본성을 위(僞)를 통해 선하게 한 것을 착각했다는 것입니다. 그러면 순자가 생각하는 본성은 어떤 것일까요? 그는 '생명의 근거가 되는 것을 성(性)'[14]이라고 정의한 후, 이렇게 말합니다.

> 사람의 본성은 배고프면 먹고 싶고, 추우면 따뜻하게 하고 싶고, 힘들면 쉬고 싶고, 이익을 좋아하고 손해를 싫어하니, 이것은 사람이 나면서부터 지닌 것이니 그렇게 되고자 해서가 아니다.[15]

---

12) 『순자』, 「성악편」. 孟子曰人之學者 其性善 曰是不然 是不及知人之性 而不察乎人之性僞之分者也.
13) 『순자』, 「성악편」. 孟子曰 今人之性善 將皆失喪其性 故惡也 曰若是則過矣今人之性 生而離其朴 離其資 必失而喪之.
14) 『순자』, 「정명편」. 生之所以然者謂之性.

태어날 때부터 이목의 욕구가 있어 성색(聲色)을 좋아한다.16)

맹자가 '군자는 이런 것을 본성이라 하지 않는다'라고 했던 바로 그 생물학적 경향성을 순자는 본성으로 봅니다. 말하자면 인간의 존재조건을 마음의 본성에서 찾는 것이 아니라 생물학적 조건에서 찾는 것입니다. 마음보다는 육체에 그 본질이 있습니다. 생물학적 조건을 충족시키려는 욕구가 바로 인간의 본성인데, 그것은 타고나는 것이지, 환경이나 후천적 결과에 의한 것이 아니라는 겁니다. 맹자가 보이지 않는 대숲의 뿌리 부분에 그토록 집착했다면, 순자는 눈에 보이는 대나무들에만 주목합니다. 더 많은 햇빛을 받기 위해 나무가 다투는 것은 자연스러운 일입니다. 순자의 눈에 뿌리는 보이지 않습니다. 보인다 해도 중요하지 않습니다. 그의 눈에는 오직 대나무들의 치열한 생존경쟁만이 들어옵니다. 그리고 순자는 이 자연적 경향성을 악으로 해석합니다.

인간의 본성은 본래 악한 것이다. 선이란 위(僞)를 한 것이다.17)

순자에게 위(僞)는 미덕 중 최고의 미덕입니다. 통상 부정적으로 사용되는 위선(僞善)과 다른 개념입니다. 노력하고 또 노력해서 악한 본성을 교정(僞)하는 것을 의미합니다. 그런데 왜 순자는 인간의 본능적 욕구를 자연성으로 보면서 그것을 악으로 해석하는 것일까요? 사실 본능적 욕구는 그 자체로 자연이기 때문에 선악이 있을 수 없습니다. 다만 선악으로 해석하는 관점이 있을 뿐이지요. 그는 말합니다.

사람의 본성은 태어날 때부터 이익을 추구하게 마련이어서, 그대로 내버려 두면 서로 싸우고 빼앗고 하여 양보란 있을 수 없다. 또 태어날 때부터 남을 미워

---

15) 『순자』 「비상편」. 飢而欲食 寒而欲煖 勞而欲息 好利而惡害 是人之所生而有也 是無待而然者也是.
16) 『순자』 「성악편」. 生而有耳目之欲 有好聲色焉.
17) 『순자』 「성악편」. 人之性惡 其善者僞也.

하고 시기하게 마련이므로, 내버려 두면 남을 해치고 상하게 할 뿐 충성스러운 마음이나 신의는 없어진다.18)

순자에게 이기성이 문제가 되는 이유는 인간사회에 쟁탈과 질투와 음모를 발생시켜 혼란을 낳기 때문입니다. 홉스가 인간의 자연 상태를 약육강식의 투쟁 상태, 즉 '만인에 대한 만인의 투쟁'이라고 묘사한 것과 대단히 닮은 생각입니다.

그런 의미에서 순자가 인간의 자연성이 악이 된다고 본 것은 철저히 '사회적인 것'입니다. 사회적으로 문제가 되기 때문에 '악'인 것이지, 존재론적으로 어떤 내면의 도덕적 흠결이나 불완전성 때문에 악이 있는 것이 아닙니다. 그가 선(善)을 위(僞)로 본 까닭도 여기에 있습니다. 도덕의 근거를 양심의 발로가 아니라 사회적 승인에서 찾습니다.

처방: 악한 본성을 순치하라, 그리고 이용하라

그러면 내버려둘 수 없는 인간의 악한 본성을 어찌해야 하는가? 순자가 보기에 '이기심' 자체는 생명의 근원인 본성이기 때문에 없앨 수 없습니다. 없앨 수 없을 뿐 아니라 그 욕망은 사람 사이의 경쟁을 일으키고, 그 경쟁은 사회를 발전시키는 동력이 됩니다. 곧 경제적 재화의 생산과 직결됩니다. 그러므로 잘 이용해야 합니다.

이런 면에서 순자는 참으로 현실적이고 합리적입니다. '이기심'을 악으로 규정하면서도 그것을 다시 이용할 방법을 찾아냅니다. 도덕주의 철학자 칸트는 이렇게 사회악인 인간의 이기심이 역으로 개인의 자기계발과 사회발전의 원동력으로 작용하는 것을 보고, '빛나는 비참'이라고 역설적으로 명명한 바 있습니다.19) 이 이기심이 인류의 역사에서 인간의 교지(狡智)를 낳고 문

---

18) 『순자』 「성악편」. 今人之性 生而有好利焉 順是 故爭奪生而辭讓亡焉 生而有疾惡焉 順是 故殘賊生而忠信亡焉.
19) 『물학 심학 실학』, 574쪽에서 재인용.

명의 이기(利器)를 만들고 과학과 기술의 진보를 잉태했다는 것입니다. 성악의 현실주의적 입장에서 보면 세상은 극복되어야 할 무의미하고 부조리한 세상이 아니라, 그저 중립적인 욕망들의 그물망인 것입니다.

그렇기 때문인지, 순자는 '치국(治國)을 말하면서 (백성들의) 욕망을 없애길 원하는 사람은 욕망을 지도할 줄을 모르면서 욕망 때문이라고만 하는 자'[20]라고 말하며, '인간의 욕망을 잘 길들여 사람들이 구하는 바를 충족시키면서 욕망 때문에 물질이 부족해지지 않도록 절제시키는 것'[21]이 필요하다고 합니다. 이것이 '순치(馴致)'입니다. 순치란 '길들인다'라는 뜻입니다. 즉, 욕망이 반사회적으로 가지 않도록 잘 길들여 '절제'시키고, 다른 한편으로는 욕망을 합리적으로 관리하여 사회에 유리하게 쓰이도록 해야 합니다. 그래서 그는 이렇게 말합니다.

이익을 욕망하되 그릇되게 하지 말아야 한다.[22]

그러나 이렇게 본성인 욕망을 순치시키기 위해서는 '본성을 거스르는' 어떤 유위가 필요합니다.

구부러진 나무는 반드시 도지개에 대고 불에 쬐어 바로 잡아야 곧게 되고, 무딘 칼은 반드시 숫돌에 갈아야 날카로워지는 것처럼, 사람의 본성은 악인지라 반드시 스승이 있어야 바로잡히고 예의를 얻어야 다스려질 것이다.[23]

순자는 인간을 조형(造型)이 가능한 존재라고 본 듯합니다. 그는 본질적인 뿌리가 어떻게 이어졌는지, 얼마나 깊은지에 관심을 두지 않습니다. 경험적 사실의 세계에서 드러나는 부분을 교정하여 사회적 질서를 유지하는 데에

---

20) 『순자』 「정명편」. 凡語治而待去欲者 無以道欲而困於有欲者也.
21) 『순자』 「예론」. 以養人之欲 給人之求 使欲必不窮乎物 物必不屈於欲 兩者相持而長.
22) 『순자』 「불구편」. 欲利而不爲所非.
23) 『순자』 「성악편」. 故枸木必將待檃栝烝矯然後直 鈍金必將待礱厲然後利. 今人之性惡 必將待師法然後正 得禮義然後治.

관심이 집중되어 있습니다. 구부러진 나무를 펴고, 무딘 칼을 날카롭게 하듯, 인간의 악한 본성은 손봐야 하는 것인데, 이것은 '사회적 악'을 '사회적 선'으로 전환하는 것입니다. 순자는 그 방편으로 스승(聖人)과 예법을 듭니다. 하늘을 바라볼 것이 아니라 훌륭한 스승이 만든 예법을 배워야 한다는 것입니다.

천도와 인도를 구분하라

그러면 순자에게 하늘은 어떤 의미가 있을까요? 맹자는 도덕적 이상주의의 근거 대부분을 하늘(天)과 연관 지어 세워나갑니다. 그런데 맹자와 달리 순자의 본성은 하늘과 아무런 관련이 없습니다. '하늘이 인간 내면에 깃들어 있는' 본성을 수양으로 실현하는 그런 구조가 아닙니다. 어떤 행위가 악으로 판단된다면, 그것은 내적 도덕성에 어긋나서가 아니라 사회적 결과가 악으로 판단되기 때문입니다. 사회적 유용성을 최대화하여 쾌락과 행복을 증진해야 한다고 주장한 벤담(Jeremy Bentham, 1748~1832)의 공리주의(功利主義)와 많이 닮은 사유입니다.

그러므로 지각 있는 자라면 하늘에 기대지 말고 현실을 직시해야 합니다. 그는 '하늘과 인간의 구분을 분명히 하는 자를 지인(至人)'이라고 일컬었습니다.[24] 종교적 태도로 하늘에 의지하는 것은 인간을 나약하게 할 따름입니다. 중요한 것은 현실의 문제를 해결할 수 있는 실용적 태도입니다. 그는 이렇게 말합니다.

> 하늘을 위대하다고 생각하는 것과 물건을 비축하고 제작하는 것 중 어느 것이 더 나은가. 하늘을 따르고 찬송하는 것과 하늘을 제어하여 사용하는 것 중 어느 것이 더 나은가.[25]

---

24) 『순자』 「천론편」. 明於天人之分 則可謂至人矣.
25) 『순자』 「천론편」. 大天而思之 孰與物畜而制之. 從天而頌之 孰與制天命而用之.

자연이 재앙을 내리는 것과 세상을 다스리는 것은 서로 다른 영역이다. 하늘을 원망할 일이 아니라 사람이 행한 것이 그런 것이다.26)

자연에는 법칙(天行有常)이 있습니다. 이 자연법칙은 인간세계의 선악이나 당위와는 아무런 관련도 없습니다. 앞서 인용한 순자의 말처럼 '하늘이 요(堯)를 있게 한 것도 아니고 걸(桀)을 망하게 한 것도 아닌' 것입니다. '자연법칙을 파악하여 잘 대응하여 다스리면 길한 것이고, 대응을 잘못하여 혼란해지면 흉한 것일 뿐'입니다. 치란은 인간의 지적 능력과 노력에 달려 있기에 이상적인 것이든 아니든 현실에서 결론을 봐야 합니다. 중요한 것은 현재이고 현실입니다. 자연법칙을 잘 알아 제어하고 이용하며, 더 나아가 개조하는 것, 이것이 인간이 해야 하는 일입니다. 하늘의 도와 인간의 도를 섞는 것, 이것은 순자에게 매우 어리석은 일입니다. 그는 이렇게 말합니다.

도라는 것은 하늘의 도가 아니다. 땅의 도도 아니다. 인간의 도이다. 그것이 군자가 가야 할 길(道)이다.27)

도는 오직 인도(人道)만 있을 뿐입니다. 형이상학적이고 종교적인 도는 순자에게는 도가 아닙니다. 인간이 만든 인도만이 도이고, 인도는 인간이 가야 할 길입니다. 그리고 이 인도의 극치는 바로 예법입니다. 그는 말합니다.

먹줄이 바르다면 곡직(曲直)을 가지고 속일 수 없고, 저울이 바르다면 경중으로 속일 수 없으며, 규구(직각자와 컴퍼스)가 바르다면 방원(方圓)으로 속일 수 없다. 군자가 예에 밝으면 거짓으로 속일 수 없다. 그러므로 먹줄은 직선의 극치요, 저울은 수평의 극치요, 규구는 방원의 극치요, 예는 인도의 극치이다.28)

---

26) 『순자』 「천론편」, 殃禍與治世異 不可以怨天 其道然也.
27) 『순자』 「유효편」, 道者 非天之道 非地之道 人之所以道也 君子之所道也.
28) 『순자』 「예론편」, 故繩墨誠陳矣 則不可欺以曲直 衡誠縣矣. 則不可欺以輕重 規矩誠設矣 則不可欺以方

순자에게 있어 인도의 요체는 바로 성인의 예법이고, 이 예법으로 사회를 관리하는 것, 이것이 예치의 사회를 이루는 군자의 길입니다. '만일 스승이 없고 예법이 없다면, 나면서부터 소인(小人)인 인간은 오직 사사로운 이익밖에 보지 못할 것이며'29) '요(堯)도 우(禹)도 나면서부터 성인이 아니라, 본성을 변화시켜 수양을 이룬 자'들이니, 개인이든 사회든 오직 예를 통해서만 변화되고 관리될 수 있습니다.

인간의 길, 성인(聖人)의 예법으로 악한 본성을 교정하라

그러면 순자가 이렇게 노력을 통해 인간의 악한 본성을 교정(僞)할 수 있다고 확신하는 근거는 어디에 있을까요? 그는 말합니다.

마음에는 징지(徵知)의 작용이 있다.30)

인간에게는 자연계의 다른 존재들에게는 없는 다른 힘이 있습니다. 바로 지능을 사용하여 자신과 세계를 성찰하고 개조할 수 있는 능력입니다. 이 지능의 힘을 빌려 도구적 지성을 개발하여 소유적 욕망을 충족합니다. 이것을 순자는 징지(徵知)라고 하는데, 징험(경험)해 보고 안다는 뜻입니다. 그런데 인간에게는 그런 지능만 있는 게 아니라 또 하나의 능력이 있습니다. 바로 분별하여 판단하는 능력, 즉 려(慮)입니다. 순자는 이렇게 말합니다.

정(情)은 (본성대로) 그렇게 (희노애락) 하지만, 마음은 (옳고 그름을) 선택할 수 있으니 그것을 려(慮)라 하고, 마음이 려하여 능동적으로 움직이는 것을 위(僞)라 한다. 려를 반복하고 능히 익히면 위를 이룰 수 있다.31)

圓 君子審於禮 則不可欺以詐僞. 故繩者 直之至 衡者 平之至 規矩者 方圓之至 禮者 人道之極也.

29) 『순자』, 「영욕편」. 人之生固人小人 無師無法則唯利之見耳.

30) 『순자』, 「정명편」. 心有徵知.

31) 『순자』, 「정명편」. 性之好·惡·喜·怒·哀·樂謂之情. 情然而心爲之擇謂之慮. 心慮而能爲之動謂之僞. 慮積焉 能習焉而後成謂之僞.

말하자면 마음의 판단능력인 '려'가 있기에 악한 본성을 교정할 수 있다는 것입니다. 그런데 순자의 '려(慮)'는 맹자의 '사(思)'와 달리 정신성의 요구가 아니라 오직 지능의 인식과 판단을 의미합니다. 이 능력을 사용하여 무엇이 현실적으로 옳고 필요한지를 생각하고 또 생각하고, 분별하고 선택함으로써 자신을 교정해나갈 수 있다는 것입니다.

어떤 측면에서, 순자의 '성악설'은 인간의 뿌리나 바탕에는 선한 것을 좋아하는 경향, 즉 선의 지향성이 있음을 보이지 않게 전제하고 있다는 느낌을 줍니다. 마치 훗날 조선의 선비 정약용(丁若鏞, 1762~1836)이 본성을 '기호(嗜好, 좋아하는 경향성)'로 보면서도, 다행스럽게도 하늘이 인간에게 선을 좋아하고 악을 미워하는 영지(靈知)의 기호를 주었다고 보는 것과 유사합니다. 그는 이 영지의 기호를 가지고 '형구(形軀)의 기호'를 통제해나갈 수 있다고 했는데, 정약용이 말하는 본성도 '생물학적 경향성'입니다. 다만 그의 경향성은 방향, 즉 선을 좋아하는 방향을 가진 경향성이라는 점에서 차이가 날 뿐입니다. 정약용의 견해에서는 바로 이 점이 인간이 선을 지향하는 윤리적 존재가 될 수 있는 근거가 됩니다. 선악은 태어나면서 미리 정해진 것이 아니라 노력과 의지에 따라 달라지므로, 선해질 수도 있고 악해질 수도 있는 것은 인간의 '자주지권(自主之權)'에 달려 있다고 그는 주장했습니다. 후천적인 주체적 노력을 강조한 것입니다. 마찬가지로 인의예지도 인간 본성에 내재하고 있는 것이 아니라 노력으로 이룰 수도 있고 이루지 못할 수도 있는 것입니다. 맹자의 인의예지와 사뭇 다릅니다. 그런 면에서 정약용은 유학자이긴 하지만 성리학자는 아닙니다. 오히려 조선 유학자들 가운데 유일하게 '개별자의 주체성'을 거론한, 진정한 의미의 실학을 전개한, 즉 '근대적 마인드'를 가진 인물입니다.

사실 선의지가 없다면 악한 본성을 '교정할 수 있다'라는 발상 자체가 불가능하지 않을까요? 순자는 인간이 위선을 할 수 있다는 근거로 '징지'와 '사려'를 들고 있지만, 사려할 수 있고 징지를 쓸 수 있는 근거에 대해서는 제대로 된 설명을 하지 않습니다. 이것은 순자가 뿌리 부분, 즉 존재론적 근거의 해명을 위한 형이상학적 탐구에 관심이 없다는 것을 보여줍니다. 그의 관심사는 오직 선한 바탕이 있으나 욕망을 가진 존재가 일으키는 사회적 문제를 극복하기 위한 해법, 즉 '욕망이 일으킬 수 있는 문제'에 대한 보다 철저한 대비책을 세우는 것이었던 것 같습니다.

성인(聖人), 완벽한 위(僞)의 화신

어쨌든 우리 문화에서 '거짓'으로 통하는 위선(僞善)이 순자에 이르면 이렇게 미덕이 됩니다. 본성을 날 것으로 드러내는 것은 어리석을 뿐 아니라, 사회적으로 상대에 대해 배려할 줄 모르는 무례한 행동이 됩니다. 중용을 주장한 공자는 '바탕(본성)을 날 것으로 드러내는 것'과 '문화적으로 치레하는 것'의 중용을 말한 바 있습니다.

> 바탕이 치레보다 과하면 야(野)하고, 치레가 바탕보다 과하면 인위적(史)이다. 바탕과 치레가 잘 어우러져 조화를 이룬 뒤에야 군자라고 할 수 있다.[32]

이른바 문질빈빈(文質彬彬)입니다. 야(野)란 문화적 수식이 가해지지 않은 원시, 야생의 상태를 가리키고, 사(史)란 사회문화적 수식이 가해진 상태를 말합니다. 전자는 자연성을 후자는 인위성을 가리키는데 공자는 과연 이 두 가지의 중용을 말합니다.

이에 비해 맹자는 '흉중(胸中)'의 진심을 중요시하고, 그것은 '숨길 수 없는 것'이라고 합니다. 그는 이렇게 말합니다.

> 사람에게 보존된 것으로 눈동자보다 좋은 것이 없다. 눈동자는 그 악을 가리지 못한다. 흉중이 바르면 눈동자가 밝고, 흉중이 바르지 못하면 눈동자가 흐리다. 그 말을 들어보고 그 눈동자를 관찰한다면 사람들이 어떻게 숨기겠는가.[33]

---

32) 『논어』「옹야」. 子曰 質勝文則野 文勝質則史 文質彬彬 然後君子.
33) 『맹자』「이루상」. 孟子曰存乎人者 莫良於眸子 眸子不能掩其惡 胸中正則眸子瞭焉 胸中不正則眸子眊焉

맹자는 '눈동자'를 통해 사람의 흉중을 볼 수 있으며, 눈동자는 선악을 가릴 수 없는 마음의 거울 같은 것이라 합니다. 바른 마음은 눈동자를 맑게 하고, 바르지 못한 마음은 눈동자를 흐리게 한다는 것입니다. 결국 '숨겨봤자 소용없는 것'이라는 의미가 함축되어 있습니다.

그런데 순자는 공자와도 다르고 맹자와도 다릅니다. 공자의 문질빈빈을 기준으로 볼 때 인위성이 훨씬 더 강조된 위(僞)를 말합니다. 이 위(僞)는 바탕 위에 인위적 수식을 가하는 문질빈빈과 달리 '이기적' 바탕을 숨기기 위해 '사회문화적 수식', 즉 위(僞)를 가하는 것입니다.

이 부분은 일본 문화의 한 면인 '혼네(本音, ほんね)'와 '다테마에(建前, たてまえ)'를 떠올리게 합니다. 이것은 각각 '속마음'과 '겉으로 나타내는 행동'으로 번역할 수 있는데, '혼네'가 개인의 본심을 가리킨다면, '다테마에'는 사회적 규범에 의한 의견을 나타냅니다. 혼네는 개인의 영역에 속하지만 다테마에는 사회적인 영역에 속합니다. 순자의 사상에서 개인의 영역과 사회적 영역이 충돌할 때 언제나 사회적인 것이 더 우선시됩니다. 일본에서 오래 생활한 한 학자는 이렇게 말합니다.

> 일본인과 교류하는 사람들은 이 두 가지의 구별에 익숙하지 못해 낭패당하는 경우가 많으며 일본인과의 교류가 피곤하며 도대체 속뜻이 무엇인지 알기 어렵고 그래서 애매하다고 주장하는 사람들이 속출한다. …… 예컨대, 〈다음에 놀러 오세요/今度ぜひ遊びに来てください〉라는 말은 놀러 오라는 말이 아니다. 〈근처에 오실 때는 들러 주세요/お近くにおいでの節はどうぞお立ちよりください〉라는 말도 그냥 의례상 하는 말이다. 그 말에 〈그럼 언제 가면 될까요/じゃ, いつ行きましょうか〉라고 질문한다면 상대방을 매우 당혹스럽게 할 염려가 있다.[34]

우리 문화에서도 인사치레로 하는 말이 있긴 합니다만, 이것과는 비교하기 어려울 만큼 체계화된 규범인 것 같습니다. 사회 자체가 그렇게 하지 않

聽其言也 觀其眸子 人焉廋哉.
34) 김용안, 『키워드로 여는 일본의 향』(제이앤씨, 2004), part 23.

으면 안 되게끔 형성되어 있는 것 같기도 하고요.

그러면 다시 돌아와서, 인간은 이 지능과 사려의 두 가지 능력으로 위(僞)를 하기 위해 무엇을 배우고 생각해야 할까요? 바로 선왕이 제정한 예입니다. 그러면 선왕(先王), 즉 성인들은 어떻게 예법을 만들 수 있었을까요? 순자에 따르면 모든 인간의 본성은 예외 없이 악한데 말입니다. 그는 이렇게 말합니다.

> 사람의 본성은 요순 (같은 성인)이나 걸이나 도척 (같은 악인)이나 모두 같다.35)

요순 같은 성인이라고 해서 '착한 본성'을 별도로 가지고 있는 것이 아니고, 걸왕이나 도척 같은 악인이라 해서 '더 악한 본성'을 따로 지닌 것이 아닙니다. 그러면 왜 누구는 악인이 되고, 누구는 성인이 되고 하는 것일까요? 범인과 성인은 어디에서 차이가 나는 것일까요? 모두 다 악하다면 '위선'을 가능하게 해주는 예법은 누가 어떻게 만들 수 있었던 것일까요? 어떤 이가 순자에게 이런 질문을 합니다.

> 인간의 본성이 악하다면 예의는 어디에서 나온 것인가. 답하길, 예의는 성인의 위(僞)에서 나온 것이지 사람의 본성에서 나온 것이 아니다. 도공이 진흙으로 도기를 빚어내는 것은 도공의 작위에서 나온 것이지 사람의 본성에서 나온 것이 아니다. …… 성인이 사려를 쌓고 인위적 노력을 거듭하여 예의와 법도를 만든 것이다.36)

아마도 질문한 자는 악한 본성을 가진 인간이, 성인이든 범인(凡人)이든 어떻게 예의를 제정할 생각을 낼 수 있느냐고 물은 것 같은데 순자는 다른 소리만 합니다. 선천적 래원(來源)을 물었는데, 후천적 노력을 통해 만들었

---

35)『순자』,「성악편」. 凡人之性者 堯·舜之與桀跖 其性一也.
36)『순자』,「성악편」. 問者曰 人之性惡 則禮義惡生. 應之曰 凡禮義者 是生於聖人之僞 非故生於人之性也. 故陶人埏埴而爲器 然則器生於工人之僞 非故生於人之性也 …… 聖人積思慮 習僞故 以生禮義而起法度.

다고 답합니다. 사실 래원을 물은 것은 '그런 목적과 방향을 가진 노력을 기울일 수 있는 근거'가 어디에서 왔느냐는 것인데, 순자는 여전히 그 부분에 대해서는 문제의식이 없습니다. 오직 성인과 범인의 차이는 '지(知)'에 있다고만 합니다. 어느 날 요임금이 순에게 인간의 정(情)에 관해 묻습니다.

> 요가 순에게 물었다. '인간의 성정은 어떠한가?' 순이 답하길, 인간의 정은 심히 불미(不美)하니 다시 물어 무엇 하겠습니까. 처자가 생기면 부모에 대한 효가 박해지고, 욕망이 커지면 친구에 대한 신의가 쇠해지며, 벼슬이 높아지면 군주에 대한 충성이 시들어버립니다. …… 오직 현자만이 그렇지 않습니다. 성인의 지(知)가 있고, 사군자(士君子)의 지(知)가 있고 소인의 지(知)가 있고 비천한 자의 지(知)가 있습니다.[37]

'인간의 성정이 심히 불미하다'라고 본 순임금의 의견은 순자의 입장에 부합합니다. 불미한 이유는 곧 '이기적 욕망' 때문입니다. 그런데 오직 현자만이 그 이기적 욕망에 매이지 않는다고 합니다. 그 이유는 바로 '지(知)'의 차이라는 것입니다.

공자는 인간이 뿌리 부분에서는 같고(仁), 개체 부분에서 다르다(知)고 보았습니다. 이른바 성상근 습상원(性相近 習相遠)입니다. 그런데 맹자는 성상근(仁)에 중점을 두고 오직 '하늘이 부여한 본성은 같을 뿐(仁)'이라고 한 데 비해, 순자는 습상원(知)에 중점을 두어 개체마다 모두 다른 지(知)를 가지고 있다고 말합니다.

순자의 성인은 최고의 지(知)를 가지고 '사려를 쌓고(積思慮)' '위를 익혀(習僞)' 완벽하게 악한 본성을 가리고 '위선(僞善)'을 이룬 자입니다. 그러므로 범인들은 성인들이 만든 예의와 법도를 익혀 자기의 악한 본성을 교정하기 위한 노력을 기울여야 합니다. 예를 따른다는 것은 개인적 욕망을 사회적

---

37) 『순자』 「성악편」. 堯問於舜曰 人情何如. 舜對曰 人情甚不美 又何問焉 妻子具而孝衰於親 嗜欲得而信衰於友 爵祿盈而忠衰於君 …… 唯賢者爲不然. 有聖人之知者 有士君子之知者 有小人之知者 有役夫之知者.

으로 조정해 가는 것이며, 사회체제에 순응하고 복종하는 것을 의미합니다. 위(僞)는 '욕망의 인위적인 사회화'입니다.

그러면 스승(성인)이 만든 예법을 따르는 사회란 어떤 모습인지, 순자는 어떤 사회를 이루고자 했는지 다음 강에서 살펴보기로 하겠습니다.

제9강

순자(2)

지평(至平)의 사회를 추구하다

앞 강에서 우리는 순자가 인간 본성과 하늘(자연)을 어떻게 보는가에 대해 살펴보았습니다. 순자에게 자연은 어떤 정신성을 지닌 자연이 아니라 생존 투쟁이 벌어지는 생존의 무대라는 것, 그 무대에는 어떤 낭만성이나 고결한 지향성은 찾아볼 수 없다는 것, 그렇기에 인간이 지닌 자연성 역시 생물학적 생존의 본능을 의미할 뿐이어서 언제나 그 본능은 이기적인 소유의 욕망으로 향한다는 것, 이런 이유로 순자는 인간의 본성을 '악'으로 규정한다는 것이 그것입니다.

따라서 순자의 견해에서 보면, 인간의 자연성(이기심)을 그대로 두면 사회적 혼란은 피할 수 없습니다. 그런 의미에서 그가 살았던 전국시대의 혼란은 필연적입니다. 이기심을 막기 위한 적극적 조치 없이, 사회를 인간의 자연적 욕망에 맡겨두었기 때문에 생긴 불가피한 결과입니다. 그러나 이렇게 혼란 상태만 지속된다면 인간의 생물학적 욕망도 실현될 수가 없습니다. 무언가 사회적인 조치와 통제가 필요합니다.

어떤 면에서 보면, 인간의 본성이 선한가, 악한가, 아니면 백지처럼 중립적인가 등의 논의는 실상 부질없는 것인지도 모릅니다. 논의가 어떤 방향으로 진행되든, 관련 내용들이 과학적으로 입증되든 아니든 사람들은 모두 인간 본성에 관한 한 자기 나름의 이론을 갖고 살아갑니다. 러셀은 이런 말을 합니다. "사람은 누구나 자신을 편안하게 해주는 확신의 구름에 둘러싸인 채 살아간다."[1] 아무리 과학이 발전하고 사회생물학이 설득력 있는 주장을 펼쳐도 사람들은 자신들이 믿고 싶은 것을 믿으며 삽니다.

한 여론조사에 의하면, 미국인의 76퍼센트가 성서의 창조이야기를 믿고,

---

1) 『빈 서판』, 27쪽에서 재인용.

79퍼센트가 성서에 기록된 기적들이 실제로 일어났다고 믿으며, 76퍼센트가 천사와 악마를 비롯한 영적 존재들을 믿고, 67퍼센트가 어떤 형태로든 사후세계가 존재할 것이라고 믿는 반면, 단 15퍼센트만이 다윈의 진화론이 지구상에 출현한 인간의 기원을 가장 적절히 설명하는 이론이라고 믿는다고 합니다.2)

사실 인간에게 어떤 고유의 보편적 본질이 있기나 한 것인지도 의문입니다. 생각해보면, 우리는 특정한 시간과 공간 속에서, 사회적 역사적 그물망에 얽힌 채로 각자가 원하는 방식으로 자신이 원하는 것을 추구하며 살아갑니다. 결국 중요한 것은 각자가 지닌 '관점'이 됩니다.

하지만 개인적 차원을 떠나, 사회적 입장에 서면 그런 논의가 영 부질없지는 않습니다. 왜냐하면 사회질서를 유지하기 위해서는 다른 사람들의 행동을 예측할 필요가 있고, 이를 위해서는 사람들을 움직이게 하는 것이 무엇인가에 대한 이론이 필요하기 때문입니다. 개인적으로 어떤 생각을 하고 사느냐와 별개로 '사회적 필요'라는 것이 중요한 문제로 부각되는 것이지요.

어떤 관점을 지니는가에 따라 세상은 다르게 보이고 다르게 해석됩니다. 토머스 소웰(Thomas Sowell. 1930~)은 『두 관점의 충돌』(A Conflict of Visions, 1987)이라는 책에서 인간 존재의 본질에 관한 두 개의 관점을 '비극적 관점'과 '유토피아적 관점'으로 칭하고 각각을 설명합니다. 여기서 주목되는 것은 비극적 관점입니다. 그에 따르면 '비극적 관점에서 보면 인간의 도덕적 감정들이 아무리 유익하다 해도 그 밑바닥에는 이기심이라는 기초가 깔려 있고, 인간의 본성은 변하지 않으며, 종교, 가족, 관습, 정치제도 같은 장치들은 이런 인간 본성의 단점들을 보완하기 위해 만들어진 것이고, 사회질서를 유지하는 데 잊어서는 안 되는 것은 과거에 실재했던 잔인성과 빈곤이며, 인간 본성은 언제든 인간을 야만인으로 만들 수 있음을 유념해야 하고, 그렇기에 인간이 기울여야 하는 최우선적 과제는 사회를 망가뜨리지 않는 것'이라고 강조합니다.3)

---

2) 같은 책, 27쪽 참조.

군거화일(群居和一)의 도(道)

바로 순자는 이 점에 주목한 것 같습니다. 개인적 차원에서 개인들이 갖는 욕망이나 기호를 한편으로 인정하면서도 반면에 그것이 야기할 수 있는 사회적 문제에 대해 적극적인 통제를 해야 한다고 주장하는 것을 보면 그렇습니다. 순자가 이렇게 '사회적인 것'을 '중심 문제'로 보고, '사회적 문제'에 예민한 이유는 그가 인간의 본질을 '사회적'인 것으로 보고, 무리를 지어 살 수밖에 없는 운명을 지닌 존재로 보았기 때문입니다. 순자사상의 이런 경향을 '사회논리주의'라고 칭하기도 하는데,4) 이 관점에서는 사회가 개인보다 모든 점에서 우선합니다. 말 그대로 멸사봉공(滅私奉公)입니다. 어떤 대의(大義)를 위해 개인의 몸을 초개(草芥)같이 버린다는 의미가 아니라, 그 자체로 사회가 개인보다 우위를 가지기 때문에 사회조직을 위해 개인을 버려야 하는 것입니다. 그렇기에 도덕 역시 내면의 양심 문제가 아니라 사회적 유효성, 즉 사회공학으로서의 의미를 갖습니다. 순자는 이렇게 말합니다.

사(士)가 홀로 수신하는 것은 사회 사람들로부터 죄를 얻지 않으려 하기 때문이다.5)

천하에 술(術)을 행함에 …… 공경으로 선도하고, 충신으로 통솔하고, 신중하고 삼가는 태도로 행한다.6)

---

3) 같은 책, 503-505쪽 참조. 소웰 자신은 이 두 관점을 각각 '강제적 관점'과 '비강제적 관점'이라고 불렀는데, 핀커가 '비극적 관점'과 '유토피아적 관점'으로 바꾸어 부른 것이다. 그는 전자의 관점을 대표하는 이로 홉스와 애덤 스미스, 하이에크 등을 들고, 후자의 사람들로 루소, 토머스 페인, 갤브레이스 등을 든다.

4) 『물학 심학 실학』 201쪽. '사회논리주의'라고 칭한 학자는 김형효이다. 그는 이렇게 말한다. "이런 순자적 경향을 무엇이라 불러야 할까. 우리는 그것을 순자의 사회논리주의라고 부른다. 사회논리주의란 무엇인가…… 이 학설은 진면목은 사회학을 학설적 이념으로 제시하는 주장이라기보다는 오히려 사회가 개인보다 우선하면서 모든 사회가 이미 논리적 형성의 틀을 구조적으로 지니고 있음을 밝힌 것이다."

5) 『순자』 「수신편」. 然夫士欲獨修其身 不以得罪於比俗之人也.

6) 『순자』 「중니편」. 天下之行術 …… 後恭敬以先之 忠信以統之 愼謹以行之.

수신의 목적만 사회적 유용성에 있는 것이 아니라, 공경(恭敬), 충신(忠信), 신근(愼謹)과 같은 유가의 가치 덕목 역시 행술(行術)의 방편이 됩니다. 즉, 사회적 효용과 유익을 갖기 때문에 권장되는 것입니다. 순자에게 있어서 선(善)은 사회를 이롭게 하는 기능적 선이며, 사회생활을 가능하게 해주는 덕목으로서의 선입니다. 결국 순자에게 인간에 대해 가질 수 있는 희망(아름다움)은 내적 도덕성에 있지 않습니다. 바로 이 '사회성(能群)'에 있습니다. 그는 이렇게 말합니다.

> 힘은 소만 못하고, 달리는 것은 말만 못해도 인간은 소와 말을 부린다. 왜 그런가. 답하길, 사회생활(群)을 할 수 있기 때문이다.[7]

인간은 자연계의 다른 동물들보다 자연에 적응하는 본능의 힘이 약합니다. 강력한 발톱도 날카로운 이빨도 없습니다. 소처럼 힘이 세지도 않고 말처럼 빨리 달리지도 못합니다. 그런데도 다른 동물을 부리며 살 수 있다는 것인데, 순자는 그 이유를 '사회생활을 할 수 있는 능력', 바로 능군(能群)이 인간에게 있기 때문이라고 봅니다.

순자는 사회생활을 해나가는 자연물들, 즉 개미나 벌들이 여왕개미나 여왕벌을 받들고 일사불란하게 마찰 없이 군집 생활을 해내는 그 능력을 지향했던 것 같습니다. 그러나 개미나 벌은 그런 능력, 즉 무리 지어 사는 능력을 '본능적 기제'로 가지고 태어났지만 인간은 그렇지 못한 것이 문제입니다. 그 모자란 기제를 배우는 것, 이것이 필요합니다. 그것이 무엇인가? 순자는 말합니다.

> 소나 말은 사회생활을 못하는데, 인간은 어떻게 사회생활을 하게 되었는가. 답하길, 분(分)이 있기 때문이다.[8]

---

7) 『순자』 「왕제편」. 力不若牛 走不若馬 而牛馬爲用何也. 曰 人能群.
8) 『순자』 「왕제편」. 彼不能羣也. 人何以能羣 曰分.

인간은 사는 데 무리 짓지 않을 수 없다. 무리 지어 살면서 분(分)이 없으면 다툼이 생기고, 다투면 혼란이 오고, 혼란하면 궁핍해진다.9)

인간이 무리 지어 사는 것은 선천적인 자연의 명(命)에 속하지만, 불행히도 동물들처럼 자생적으로 군집생활을 유지해가는 본능적 기제를 얻지 못했기 때문에 자연 상태에서는 다툼과 혼란을 일으킵니다. 이렇게 불완전한 자연적 본능을 대신하여 자연은 인간에게 지능과 사려(분별)를 주었다고 순자는 봅니다. 그러므로 부단히 학습하고 사려해서 위(僞)를 이루어야 하는데, 순자는 '위(僞)는 문리(文理)가 높아지고 번성한 것(隆盛)'10)이라고 합니다. 이렇게 문화적으로 높고 인식론적으로 번성한 위(僞)가 사회적으로 전환된 것이 바로 '분(分)'입니다. '분'은 자연적인 것이 아니라, 사려하고 학습한 결과입니다.

'분(分)'은 사회성을 강조하는 순자에게 결정적으로 중요한 개념인데, 자연발생적인 것이 아니라 작위적이고 인위적인 기능의 분담이자 역할이고, 나아가 기능의 전문화로 이어지는 그런 것입니다. 그리고 또 '분'은 인간이 인간답게 되는 이유이기도 합니다. 그는 '사람이 사람다운 것은 분별이 있기 때문'11)이라고 말합니다. 성인이 예를 제정한 목적도 '분'을 위한 것입니다.

선왕이 이를 위해 안으로 예의를 제정하고 상하를 분별하였다. 사람에게는 귀천의 등급이 있고 장유의 차이가 있게 하였으며, 지우(智愚)와 능불능(能不能)을 분별하여 사람마다 각기 그 일을 맡기고 각기 마땅한 자리를 얻게 한 연후에 녹(祿)의 다소와 후박을 정하였다. 이것이 군거화일지도(羣居和一之道)이다.12)

---

9) 『순자』「부국편」. 人之生不能無羣 羣而無分則爭 爭則亂 亂則窮矣.
10) 『순자』「예론편」. 僞者 文理隆盛也.
11) 『순자』「비상편」. 人之所以爲人者 何已也 曰 以其有辨也.
12) 『순자』「영욕편」. 故先王案爲之制禮義以分之 使有貴賤之等 長幼之差 知愚能不能之分 皆使人載其事而各得其宜 然後使慤祿多少厚薄之稱 是夫羣居和一之道也.

말하자면 순자에게서 가장 중요한 것, 즉 인도(人道)의 요체는 사회성을 가진 인간을 관리하고 경영하는 것이고, 그 관리와 경영의 방법은 철저한 구분이고, 그 구분을 잘하기 위해 예와 법이 필요하다는 것입니다. 상하를 구분하고, 귀천의 등급을 나누고, 장유의 차서를 구분하고, 우둔한 자와 영리한 자를 나누고, 능력자와 무능력자를 분별하여 각자에게 마땅한 일을 맡게 하면(各得其宜), '무리 지어 살면서 하나로 조화를 이루는, 군거화일(羣居和一)'의 사회를 건설할 수 있다는 주장입니다.

따라서 '군거화일'의 사회를 이루기 위해서 우선으로 필요한 것은 '분'을 잘 나누어 각득기의(各得其宜)를 이루는 것입니다. '각득기의'란 '각기 각자에게 마땅한 바를 얻는다'라는 것인데, 이것은 각자의 고유한 본성이나 존재론적 욕구에 따른다는 장자의 각득기의와 달리, 자기 능력이나 처지에 따라 사회적으로 어떤 지위에서 어떤 일을 해야 하는지를 정하는 실무적 성격을 갖는 것으로, 순자에게서 정치의 핵심이 됩니다. 그는 말합니다.

다스린다는 것(治國)은 분(分)을 정하는 것이다.13)

군주는 군주답고 신하는 신하답고 아비는 아비답고 아들은 아들다우며, 형은 형답고 아우는 아우다워야 하니, 모두 한 가지이다. 농민은 농민답고 선비는 선비답고, 기술자는 기술자답고 상인은 상인다워야 하니, 모두 한 가지이다.14)

공자 역시 정명론을 세워 '군군신신부부자자(君君臣臣父父子子)'를 주장한 바가 있습니다. 그런데 공자의 정명이 주로 인륜, 즉 관계의 윤리에 대한 것이었다면, 순자의 '분(分)'은 사회적 직업으로 연결됩니다. 앞의 '군군신신부부자자'는 사회적 지위에 맞는 사회적 역할을 강조하고, '농농사사공공상상(農農士士工工商商)'은 사회적 직업에 맞는 직업적 역할을 수행하는 것을 말

---

13) 『순자』, 「왕패편」, 治國者分已定.
14) 『순자』, 「왕제편」, 君君臣臣 父父子子 兄兄弟弟一也 農農士士工工商商一也.

합니다. 그리하여 앞서 공자의 '군자불기(君子不器)'가 자본주의 발전에 장애가 되었다고 평했던 막스 베버의 직업정신, 전문가정신에 부합되는 자본주의 정신의 기초가 바로 여기 순자에게서 발견됩니다.

'분(分)'의 정신이 지배하는 사회

그런데 여기 흥미로운 것이 하나 더 있습니다. 자본주의 정신의 기초가 된다고 베버가 말한 '분(分)'의 직업정신이 중국도 조선도 아닌 일본 문화에서 발견된다는 것입니다. 일본 문화에는 사무라이정신도 있고 장인정신도 있고 상인정신도 있습니다. 오직 선비정신만 없습니다. 이에 반해 조선 문화에는 사무라이정신도, 장인정신도, 상인정신도 없습니다. 오직 선비정신만 있지요.

일본 문화에서 가업을 잇는 전통은 그 직업의 전문성을 강화합니다. 자신의 상호(商號)가 그려진 발(노렌, 暖簾)을 소중히 여기고, 몇 대에 걸친 가업에 긍지를 지닌 뒷골목의 소바집들도 수두룩합니다. 도검(刀劍) 장인, 총포(銃砲) 장인, 폭죽(爆竹) 장인, 인형 장인, 우키요에(浮世繪) 장인, 가구 장인 등등 헤아릴 수 없이 많은 장인가문이 있습니다. 일본 사정을 잘 아는 한 학자는 이런 말을 합니다.

일본은 분업의 나라이다. 일본에는 800만의 신이 있는데, 이 신들은 각자의 분야에서 능력을 발휘하지만 다른 영역에서는 무능하다. 무(武) 사회 역시 분업제도로 지탱되는데, 100년 이상 계속된 전국시대, 장군 오다 노부나가의 천하제일제도, 도요토미의 병농(兵農)분리, 도쿠가와의 엄한 계층제도를 통해 각 분야의 전문성을 중시하는 직업관이 확립되었다.[15]

농가에서도 가업을 잇는 '분'의 정신 또한 예외가 아닙니다. 가업을 존속

---

15) 김용운, 『한일간의 얽힌 실타래』(문학사상사, 2007), 171쪽.

시키기 위해 땅을 나누지 않고 장남에게만 상속합니다. 농가의 '분'은 토지를 잘 지켜 꾸준히 생산하는 것이기 때문입니다. 그래서 가업의 '분'을 지키기 위해 자식들에게는 토지를 '분(分)'하지 않습니다. 그는 이런 말을 합니다.

일본어 다와케(田分け)는 여러 자식에게 논을 나누어주는 자는 바보라는 뜻이다. 농토는 일정한데 자식들에게 분배해나가면 결국 몇 대 후에는 아무것도 남는 것이 없고 그 가문 전체가 몰락한다는 의미이다. 즉 '농토의 분할상속'은 곧 바보짓으로 여겨지는 것이다. 일본에서는 농토는 장자가 물려받고 차남, 삼남은 남의집살이 하거나 도시에 나가 상점에서 일해야 했다.16)

'분'의 직업의식은 일본 사회에서 각 분야의 전문성을 강화하는 기제로 기능했습니다. 게다가 과거제도를 시행하지 않았던 일본 사회에서는 자기 신분을 바꿀 길이 애당초 막혀 있었습니다. 그 결과 어떤 분야의 직업이든 그 분야에서 최고의 '명인'이 되는 것에 대한 추구가 매우 일반화되었습니다. 그야말로 '전문가' 양성의 시스템을 갖춘 셈입니다. 임진왜란 당시 일본에 포로로 잡혀가 주자학을 전한 강항(姜沆)은 『간양록(看羊錄)』에서 이런 말을 합니다.

일본인의 풍습에는 어떤 기술이나 물건에 대해서 반드시 천하제일이 있다. 별로 쓸모없는 하찮은 것이라도 천하제일이라는 사람의 손을 거쳐 나온 것에는 천금을 아끼지 않는다. 정원수를 심고 벽을 바르고 팽이를 돌리고 도장을 만드는 것까지도 천하제일을 자랑으로 여기는 풍조가 있다.17)

---

16) 같은 책, 175쪽.
17) 강항, 이을호 역. 『간양록』(서해문집, 2005), 171쪽. '간양(看羊)'이란 '양을 돌본다'는 뜻인데, 중국 한나라 무제 때 소무(蘇武)가 흉노에 사신으로 갔다가 억류되었을 때, 흉노왕의 회유를 거부하고 양을 치는 노역을 하다가 19년 만에 돌아온 충절을 뜻하는 말이다. 강항이 붙인 본래 제목은 『건차록』(巾車錄)이었는데, '건차(巾車)'는 죄인을 태우는 수레이니 적군에 사로잡혀 끌려가 생명을 부지한 자신을 죄인으로 자처한 것이다. 그러나 강항 사후 그의 제자들이 제목을 『간양록』으로 바꿨다.

천하제일을 추구하는 것은 신분 상승의 길이 막혀 있는 현실에 비관하거나 좌절하는 것 대신 개인이 도모할 수 있는 최선의 길이었을 겁니다. 최고의 정원사가 되는 것, 최고의 팽이 돌리기 선수가 되는 것, 최고의 도장장이가 되는 것에 이르기 위해 노력한 것이지요. 이런 일본 사회의 기술존중의 전통은 서구의 기술문화를 재빠르게 수용하고, 나아가 일본의 과학기술과 산업을 발전시키는 데 기초가 되었을 것입니다. 일본 전국시대에 포르투갈에서 들여온 화승총 두 정을 구입 후 1년 만에 수십 정의 총포를 생산해낸 것이나,[18] 2008년도 노벨화학상 수상자 다나카 고이치(田中耕一)가 수상소감을 묻는 기자에게 '빨리 현장으로 돌아가고 싶다'라고 말했다는 일화는 이런 면에서 시사하는 바가 큽니다. 이에 비해 고려와 조선의 도공들은 세계적으로 빛나는 도자기를 만들었음에도 도공의 이름 하나 남아 있지 않습니다. 아무리 훌륭한 작품을 만들어도 도공은 기술자로도 예술가로도 좋은 대우를 받지 못했습니다. 아이러니하게도 우리 조선 도공들의 이름은 포로로 끌려가 도자기 가문을 일으킨 일본에서 지금까지 전해지고 있습니다.[19]

이런 '분'의 정신은 질서와 순서를 지키는 데서도 나타납니다. 통신사로 일본에 다녀온 조선의 선비 신유한(申維翰, 1681~1752)은 『해유록(海遊錄)』에서 감탄을 금치 못하며 이렇게 말합니다.

---

18) 티머시 브룩, 박인균 역, 『베르메르의 모자』(추수밭, 2008), 71쪽 참조. 일본인은 총기 제조법을 배우는 속도가 남달랐다고 한다. 일본에 화승총이 처음 전해진 것은 1543년으로 중국 배를 타고 일본 해역에 난파한 포르투갈 선원들이 가져온 화승총을 보고 큰 감명을 받은 지방 봉건 영주는 막대한 돈을 주고 총을 구입해 즉시 그 지방 도장(刀匠)에게 넘겼고, 도장은 1년 안에 제법 쓸 만한 모조품을 만들었다. 몇십 년 후, 일본은 총으로 완벽하게 무장, 1592년 일본이 조선을 침략했을 때 일본군은 수만 자루의 화승총을 들고 전투에 나섰다. 만약 1609년 네덜란드 사람들이 일본에 도착했을 때 일본 사람들이 그렇게 갖고 싶어 하는 우수한 화승총을 가지고 있지 않았더라면 일본에서 첫 교역소를 열지 못했을 것이다.
19) 대표적인 인물이 정유재란 때 포로로 끌려간 심당길. 심당길은 일본에 정착하여 사무라이 대접을 받으며 도자기를 구워, 일본 최고의 도자기 가문 심수관요(沈壽官窯)를 창업, 그 가업이 400년 넘게 지금까지도 이어지고 있다.

길가에서 통신사 행렬을 구경하는 사람들도 모두 길 밖에 앉았는데, 작은 사람이 앞에서 서고 조금 큰 사람이 두 번째 줄에 서며 더 큰 사람은 그 뒤에 서 있었다. 질서정연하게 모여서는 엄숙한 분위기라 떠드는 사람도 없었다. 이러한 인파가 수천 리 길에 이르렀는데 단 한 명도 제멋대로 행동하여 행렬을 방해한 사람이 없었다.[20]

이에 반해 해방 후 한국을 방문한 어느 저명한 일본 작가는 다음과 같이 적고 있습니다.

장터의 좁은 길을 오고는 사람들은 서로 부딪치며 소란스럽다. 작은 수레가 지나가면 물처럼 갈라졌다가 다시 자연스럽게 모여 걸어간다.[21]

또 '분'의 직업정신은 일본의 계급서열에서도 그 특징이 그대로 나타납니다. 조선에서 가장 높은 대우를 받았던 유학자가 일본 사회에서는 사농공상의 4대 계급에도 들지 못하는 신세였습니다. '분'의 서열 역시 사회적 유용성을 따랐기 때문입니다. 신유한의 말을 더 들어봅시다.

일본에는 네 종류의 백성이 있으니, 무사, 농민, 공인, 상인이 그것이고 선비는 거기에 속하지 않는다. 이 중에서 무사가 가장 편하다. …… 이들 네 가지 부류의 백성 이외에 따로 유학자, 승려, 의사가 있다. 의사는 사람을 살리는 공로가 있기에 가장 높고 승려가 그다음이고 유학자가 가장 낮다. 이른바 유학자는 시문 짓는 것을 배우지만 과거 시험을 쳐서 관직에 나아갈 수 있는 길이 없다.[22]

빛이 있으면 언제나 그늘이 따르게 마련입니다. '분'의 직업정신은 프로정신을 가진 전문가를 양성했지만, 다른 한편 자신의 '분'에만 몰두한 나머지 그 외의 것에 대해선 무관심해지고 무능해지는 경향을 보입니다. 앞서 인용문에서 본 것처럼 '각자의 분야에서 능력을 발휘하지만 다른 영역에서는 무

---

20) 신유한, 이효원 역, 『해유록』(돌베개, 2011), 155쪽.
21) 『한일간의 얽힌 실타래』, 173쪽.
22) 『해유록』, 153-154쪽.

능하다'라고 말한 것처럼 말입니다. 그리고 나아가 전체적인 큰 그림 속에서 자신의 '분'을 읽어내는 안목을 잃게 될 우려도 있습니다. 다만 기능할 뿐 왜 기능해야 하는지를 생각하는 '대의'와 '명분'에 약해질 수 있는 것이지요. 강항은 이런 말도 합니다.

> 일본인의 풍속을 말하자면 작은 일에 총명하고 큰일에 둔하다. 대중들이 …… 명예롭게 여기는 일에는 내용을 잘 알아보지도 않고 오로지 따라간다. …… 이것이야말로 오랑캐(蠻夷)는 견문이 좁고 열등하다는 이야기가 된다.[23]

일본에 끌려간 강항은 수없이 많은 조선 백성들이 학살당하는 것을 목격했고 자신의 자식들도 바닷물 속에 내던져져 죽임을 당했습니다. 하지만 일본에 대한 증오심만 갖고 있었다면 후지와라 세이카(藤原惺窩, 1561~1619)나 아카마쓰 히로미치(赤松廣通, 1562~1600)를 가르쳐 일본에 주자학을 전하는 일은 하지 않았을 것입니다.[24] 그런 그의 눈에 비친 일본인의 모습이 흥미롭습니다. '작은 일에 총명하고, 큰일에 둔한 것'은 조선의 선비들이 대의에는 강한데 작은 실무에 약한 것이나, 목숨 걸고 논쟁한 것이 주로 '대의'와 '명분'에 관한 것이었다는 점 등과는 매우 뚜렷하게 대비되는 측면입니다.

강항이 일본인들에 대해 '대중들이 명예롭게 여기는 일은 내용을 잘 알아보지도 않고 따라간다'라고 지적한 '따라 하기 정신'은 '왜 따라 해야 하는지'에 대해 검토하고 생각하는 자주적 정신을 약화합니다. 일본 근대문학의

---

23) 『조선 선비와 일본 사무라이』, 145쪽에서 재인용.
24) 이 두 제자 덕분에 강항은 조선으로 돌아올 수 있었다. 후지와라는 강항에게 배우면서 은전을 주어 생활비와 돌아갈 비용을 마련할 수 있게 해주었고, 아카마쓰는 강항에게 증명서를 얻어주어 관문을 무사히 통과할 수 있게 해주었다. 1600년 5월 19일 식솔 10명과 다른 선비들, 뱃사공과 그 식솔 등 모두 38명과 함께 부산에 도착한 강항은 선조의 부름에 따라 한양으로 가서 편전 앞에서 술상을 받고, 임금이 내린 말을 타고 고향 영광으로 향했다. 선조는 강항에게 일본 현지 상황에 관해 물었고 강항은 자신이 파악한 것들을 정리하여 선조에게 올렸는데, 그 책이 『간양록』이다.

창시자로 나쓰메 소세키(夏目漱石, 1867~1916)와 더불어 양대 산맥으로 일컬어지는 모리 오가이(森鷗外, 1862~1922)는 열도(列島)를 감동시킨 베스트셀러 작가로 『아베일족(阿部一族)』이라는 작품으로 유명합니다. 그리고 또 다른 작품 『사카이 사건((堺事件)』으로 널리 알려졌습니다. 『아베일족』은 주군의 죽음을 앞둔 아베라는 사무라이가 '할복'을 허락받기 위해 주군을 찾아가는데, 어린 시절부터 아베와 친구였던 주군은 장난기가 발동해서 이리저리 말을 돌리며 피하다가 그만 죽어버리고 맙니다. 주군과 함께 옛 가신들이 모두 할복으로 죽어 물러나고, 새로운 주군이 새로운 가신들과 새로이 시작해야 하는 시점에서, 할복을 허락받지 못한 아베는 죽지도 못하고 놀림감이 되어 얼굴을 들고 다니지 못할 처지가 됩니다. 그리하여 허락받지 못한 '할복'을 스스로 함으로써 새로운 주군의 분노를 사게 되고, 아베 일족은 장렬하게 주군과 싸우다 일족 전체가 멸족되고 만다는 이야기입니다. 그의 또 다른 작품인 『사카이 사건』 역시 비슷한 구조입니다. 일본 개국 시기 개항장으로 외국인들이 많이 드나들던 사카이에서 사건이 하나 발생합니다. 서양인 선원이 사카이에 상륙하여 시민들을 폭행하는 일이 벌어지자 순찰대의 사무라이가 그를 제지하다가 그 서양인을 죽음에 이르게 한 것입니다. 사건 발생 후 서구 여러 나라들이 항의하면서 일본 당국에 책임을 추궁합니다. 그러자 상부의 명령에 따라 공무를 집행했을 뿐인 순찰대원들은 당국의 체면을 위해 외국 공사들이 보는 앞에서 한 명씩 모두 할복하기로 합니다. 그 참혹한 상황에 외국 공사관들이 중지를 호소했으나 당사자들은 오히려 할복을 원하며 시행합니다.

사무라이들의 할복 이야기를 장황하게 펼치는 것은 이것이 '분'의 직업의식과 무관해 보이지 않기 때문입니다. '분'의 직업정신에서 보면, 사무라이의 '분'은 '주군에 대한 충성'입니다. 그런데 그 주군은 덴노(天皇)도 아니고, 막부의 쇼군(將軍)도 아니라고 합니다. 일본 무사도의 철학서인 『하가쿠레(葉隱)』를 쓴 야마모토 쓰네토모(山本常朝 1659~1719)는 이렇게 말합니다.

사무라이의 충(忠)의 대상은 천황도 막부의 쇼군도 아닌, 직접 녹을 주는 주군(영주)이며 무사도의 본질은 '주군을 위해 죽을 자리를 찾는 일'이다.[25]

말하자면 사무라이의 '분'은 바로 '주군을 위해 죽는 것' 그 자체입니다. 어찌 보면 이런 사무라이라는 '분'의 직업의식이 극단으로 드러난 것이 바로 할복과 복수인지도 모르겠습니다. 이어령은 일본 근대문학의 아버지로 꼽히는 나쓰메 소세키가 '어째서 일본 문학에는 복수의 이야기가 그렇게 많은지 모르겠다'라고 한탄한 적이 있다고 하면서, 이렇게 말합니다.

사소한 시비, 원한 그리고 모욕을 갚기 위해 수십 년을 벼르다가 끝내는 복수하고 마는 그런 이야기들이 세계에서 가장 많은 나라가 일본이다. 그냥 많은 것이 아니라 일본에서 제일 인기 있는 문학이 주군의 원수를 갚는 마흔일곱 명의 사무라이 이야기 「주신구라(忠臣藏)」라는 것만 봐도 알 수 있다.[26]

복수하는 이유가 '주군을 위해 죽기 위한' '분'의 직업정신이라면 복수가 많은 이유도 조금은 이해될 법합니다. 일본의 역사소설가로서 국민작가로 존경받는 시바 료타로(司馬遼太郎 1923~1996)는 사무라이의 충성에 대해 이렇게 말했다 합니다.

일본인의 충은 개의 충이다. 주인보다는 밥 주는 하녀에게 꼬리를 흔든다.[27]

밥을 준 사람을 은인으로 알고 그 은혜를 갚는 것을 의리(義理)로 여기는 것입니다. '기리(義理)'라고 발음되는 일본의 '의리'는 대의명분에 대한 의리

---

25)
『한일간의 얽힌 실타래』 167쪽에서 재인용. 『하가쿠레』는 2차 대전 중 베스트셀러가 되었는데, 사무라이의 후예인 군인은 항상 죽음을 각오하고 이를 위해 몸 바쳐야 한다는 분위기를 형성하는 데 크게 기여했다고 한다.
26) 이어령, 『일본문화와 상인정신』(문학사상사, 2003), 30쪽.
27) 『한일간의 얽힌 실타래』, 168쪽에서 재인용.

가 아니라 '오야봉(親分)'에 대한 의리입니다. 사마천은 『사기』의 「자객열전(刺客列傳)」에서 '선비는 자신을 알아주는 자를 위해 목숨을 바친다(士爲知己者死)'라고 했는데, 사무라이들은 자신을 먹여주는 주인에게 목숨을 바치는 것입니다. 그렇기 때문인지 충성의 대상인 주인의 의불의(義不義)는 그다지 따지지 않습니다. 그런 면에서 조선사회에서 말하는 의리와는 사뭇 그 내용에서 차이를 보입니다. 우리 문화에서 안중근을 의사(義士)라고 부르는 이유에는 제 한 몸의 이로움을 넘어 '올바른 가치를 위해 몸을 바친 사람'이라는 뜻이 담겨 있습니다. '잇속'이 개재되지 않은 '대의'의 실현이 살신성인으로 나타나는 의리정신의 요체로 보는 조선 문화와는 크게 대비됩니다.

유제비제(維齊非齊)의 화(和)의 사회

어쨌든 순자에게서 능군(能羣), 즉 사회경영의 우선적 과제는 '분'을 잘 나누는 것인데, '나누는(分)' 이유는 역으로 '잘 합치기(一)' 위한 것입니다. 즉, 사회적 통합과 결속을 위한 것이지요. 그 '분'이 '통합'으로 이어지는 데 필요한 것이 '화(和)'입니다. 그는 말합니다.

올바르게 분을 세우면 화(和)를 이루고, 화를 이루면 통합을 이루고, 통합을 이루면 힘이 커지고, 힘이 커지면 강해진다.[28]

사회적으로 신분을 차등화하고, 경제적으로 업무를 분업화하면 전체 사회의 조화를 가져올 수 있다는 것이고, 나아가 그런 분업화와 전문화를 통해 유기체적인 사회의식이 형성되면, 그 연대의식이 사회와 국가를 강력하게 한다는 것입니다. 그런 의미에서 보면 화(和)의 기초가 되는 것은 '분'의 차등적인 질서입니다.

---

28) 『순자』, 「왕제편」. 故義以分則和 和則一 一則多力 多力則彊.

(귀천의) 구분이 균등하면 두루 만족할 수 없고, 세력이 한결같으면 통일되지 않으며, 대중이 한결같으면 부릴 수가 없다. 하늘이 있고 땅이 있는 것처럼 상하에는 차이가 있다.[29)]

이 말은 차등을 통해서만 사회적 평화가 보장되며, 균등이나 대등은 오히려 사회적 혼란의 원인을 제공할 가능성이 크다는 것입니다. 모두 다 똑같아서는 평등을 이룰 수 없습니다. 선왕의 예법을 높이 평가하는 순자는 『서경』에 나오는 '비동등의 평등(維齊非齊)'을 거론하며, 이렇게 말합니다.

선왕이 혼란을 싫어하여 예의를 제정하여 분별하고, 빈부귀천의 등급과 차이를 두어 서로 겸양으로 임하게 하였으니, 이것이 천하를 다스리는 근본이다. 『서경』에 말하는 유제비제는 이것을 가리킨 것이다.[30)]

유제비제란 '고루 한결같은 것은 가지런한 것이 아니다'라는 뜻입니다. 동등하기만 해서는 평등해질 수 없다는 것이지요. 즉 계급이나 직분이 다르기에 대등하다는 의식 없이 잘 협동할 수 있다는 것입니다. '다름'은 곧 거래를 가져오고 기능적인 협동을 가능하게 하는 교환체계를 갖추게 합니다. 그러므로 군주는 이러한 차등의 질서를 잘 관리하고 화(和)를 이루어 사회적 통합을 이루어야 합니다. 요즘 말로 하면 사회 관리와 경영을 책임져야 한다는 것입니다. 앞서 보았지만 순자의 도(道)는 형이상학적 도도 아니고, 자연의 도도 아닙니다. 인도(人道)입니다. 그리고 인도의 요체는 군도(君道)에 있습니다. 그는 말합니다.

도는 무엇인가. 군도(君道)이다. 군도란 무엇인가. 사회 관리 능력(能羣)이다.[31)]

---

29) 『순자』「왕제편」. 分均則不偏 勢齊則不壹 衆齊則不使. 有天有地而上下有差.
30) 『순자』「왕제편」. 先王惡其亂也 故制禮義以分之 使有貧富貴賤之等足以相兼臨者 是養天下之本也. 書曰 維齊非齊 此之謂也.
31) 『순자』「군도편」. 道者何也 曰君道也. 君者何也 曰能羣也.

사회 관리란 사회를 경제적, 문화적, 사회적으로 잘 경영하여 안정을 이루는 것입니다. 따라서 순자의 엘리트는 도덕적 덕성의 화신(仁者)이 아니라 사회경영의 재능을 가진 인물(知者)입니다. 즉, 인간이 가진 욕망을 합리적인 방식으로 충족하게 하려는 사회적, 경제적 민본주의를 실현하는 인물입니다.

순자 역시 맹자 못지않게 위민(爲民) 사상을 역설한 인물입니다. 그는 '하늘이 백성을 낳은 것은 군주를 위해서가 아니며, 하늘이 군주를 세운 것은 백성을 위해서'[32]라고 강조합니다. 그리고 이어서 '군주가 배라면 백성은 물이며, 물은 배를 띄울 수도 있지만 배를 전복시킬 수도 있다. 그러므로 군주가 편안하기를 바란다면 공평한 정치로 백성을 사랑해야 하고, 영화롭기를 원한다면 예를 숭상하고 사(士)를 공경해야 하며, 공명을 세우고자 한다면 현자와 능자를 숭상하고 부려야 한다'[33]라고 주장합니다.

그러나 순자의 위민은 맹자의 민본주의와는 그 방향이 다릅니다. 순자는 맹자처럼 백성의 존재를 형이상학적으로 부각하지 않고 경험세계에서 설명합니다. 두 사상가 모두 엘리트주의를 내세우지만, 맹자는 도덕적 엘리트를, 순자는 기능적 엘리트를 중시합니다. 맹자가 도덕적 민본주의를 주장했다면, 순자는 사회경제적 민본주의를 내세웁니다. 그렇기에 순자에게 군자는 사회 경영능력을 가진 자입니다.

군자(君子), 지평의 사회를 경영하는 관료

여기서 흥미로운 점은 '화(和)'와 '관료'를 유난히 높이는 문화가 있다는 것인데, 바로 일본문화입니다. 일본은 자신을 일컬어 '와(わ·和)의 나라'라고 합니다. 쇼토쿠(聖德) 태자 이래 덴노(天皇)를 중심으로 '화'를 최고의 가치로 받들며 '화'를 해치는 것을 최대의 죄악으로 보았다고 합니다.[34] 일본어

---

32) 『순자』 「대략편」. 天之生民 非爲君也 天之立君 以爲民也.
33) 『순자』 「왕제편」. 君者舟也 庶人者水也. 水則載舟水則覆舟. 此之謂也. 故君人者 欲安 則莫若平政愛民矣 欲榮 則莫若隆禮敬士矣 欲立功名 則莫若尙賢使能矣.

를 와고(和語), 일본식 음식을 와쇼쿠(和食), 일본 전통 종이를 와시(和紙), 일본풍을 와후우(和風), 일본 의상을 와후쿠(和服), 일본식 노래를 와카(和歌)라고 합니다. 심지어 국호도 야마토국(大和國)이라 할 정도로 '화'는 일본인에게 중요한 말입니다. 이원복은 섬나라 일본의 가장 큰 특징으로 '와사상'을 들면서, '와'를 중시하는 이유가 '섬나라 사람들은 사방이 바다로 막혀 무슨 일이 생겨도 도망갈 데가 없고, 도망갈 데 없는 사람들이 사이좋지 않게 지낸다면 끊임없이 싸움이 벌어질 것이고, 결국은 모두 망해버리는 결과를 가져오기 때문'35)이라고 설명하면서 '화'를 일본문화의 대표적인 사상으로 꼽습니다.

또 학자보다 관료의 지위가 높은 나라가 바로 일본입니다. 우리 문화는 예전보다는 덜하지만 학자의 지위가 여전히 높고, 학자들의 입김이 크게 작용하는 문화입니다. 오히려 조선의 문화에선 '벼슬' 자리를 가벼이 보고 자신의 소신을 다하는 학자를 고매한 인격자로 높이기도 했습니다. 하지만 일본은 다른 것 같습니다. 한 일본인 학자는 이런 말을 합니다.

조선의 임금 선조는 16세기 후반 일본을 통일한 도요토미 히데요시가 시문은 커녕 한문조차 제대로 읽지 못한다는 보고를 받고 '그는 정말로 사람인가'라고 물었다고 한다. 조선의 엘리트는 모두 지식인이었다. 그러나 일본에서는 과거 제도 같은 인재를 고르는 장치가 없었기 때문에 힘만 있으면 도요토미 히데요시처럼 천하를 통일하겠다고 나설 수 있었다.36)

한국은 학문을 사랑하고 공부하겠다는 사람을 돕는 나라이다. …… 한국에서는 배움이 짧은 사람을 말할 때 '무식한 사람'이라고 하는데 …… 일본에서는 못 배운 사람이라 해도 전문기술 하나만 있으면 무시당하지 않을뿐더러 '무식한 사람'이라는 욕 자체가 존재하지 않는다. 한국 속담에 '낫 놓고 기역 자도 모른

---

34) 김태창 편저, 『상생과 화해의 공공철학』(동방의 빛, 2010), 365쪽.
35) 이원복, 『먼나라 이웃나라 7권 일본편』(김영사, 2000), 33-34쪽.
36) 『조선 선비와 일본 사무라이』 12쪽.

다'라는 말이 있는데 일본 속담에는 이에 해당하는 말이 없다.[37]
일본에서는 (재야 학자로 있는 것보다) 각료가 되어 나라를 위해 더 큰 업적을
남기면 오히려 훌륭한 인물이라는 말을 듣는다.[38]

일본에서 오랫동안 활동한 한 한국인 학자는 이렇게 말합니다.

일본은 관치국가의 제도설계와 운용체계로서의 법률체계는 훌륭하게 정비되어
있지만 민주, 민활, 민권의 역동이 교묘하게 억압되어 있다. 관존민비(官尊民
卑), 관도민종(官導民從), 관선민악(官善民惡)이라는 사회풍토가 그것이다.[39]

또 한 중국인 학자는 이런 말을 합니다.

한국에서는…… 지성인이 '양심과 책임과 헌신이 명확한 인간'으로 높은 사회
적 존경을 받는다고 하고…… 일본에서는 지식인이나 학자가 부정적인 의미를
지닌다고 한다. 지식인이나 학자는 어떤 의미에서 행동하지 않는 인간이고, 현
실적인 문제에 관심이 희박한 인간이다.[40]

정리해보면, 학문과 인격이 높은 지식인보다 현실적으로 행동하고 구체적
인 문제를 처리하는 사람, 즉 관료가 되어 일하는 것이 일본 문화에서는 순
자식 '군자'가 되는 길인 듯 보입니다. 그런데 순자의 군자가 경영해야 하는
사회는 맹자의 사회와 다릅니다. 맹자가 효제공동체와 그 공동체의 확장판
인 왕도의 소국공동체를 지향했다면, 순자는 국가와 사회의 이익을 우선시
하는 이익공동체를 상정합니다. 그렇기에 효제충신의 유교덕목 가운데, 맹자
가 효제의 도덕을 강조했다면 순자는 충신(忠信)의 사회적 윤리를 강조합니
다. 즉, 효제의 덕을 내면화하는 당위의 길을 가지 않고 사회도덕으로서의

---

37) 같은 책, 12–13쪽.
38) 같은 책, 17쪽.
39) 『상생과 화해의 공공철학』, 438쪽.
40) 장옌리(張彦麗), 「화해와 공복의 철학으로 – 공공철학과 중국」, 같은 책, 457쪽.

인륜을 강조합니다. 순자에게서 '효제'는 '작은 도덕(小行)'에 속하기 때문입니다. 그는 말합니다.

들어와 효도하고 나가서 공경스러운 것은 사람의 소행(小行)이다. …… 도를 따르되 군주를 따르지 않고, 의를 좇되 아비를 좇지 않은 것은 사람의 대행(大行)이다.41)

공자에게 '들어와 효도하고 나가서 공경스러운 것(入則孝出則弟)'은 '인'의 근본(仁之本)이었습니다. 그러나 순자의 도는 사회적 실리를 보장해주는 실용의 예법이기 때문에 '효제'란 좋은 도덕이긴 하지만 도와 의를 좇아 예치를 이루는 것에 비해 작은 도덕일 뿐입니다. 순자에게서 그 무엇보다 중요한 것은 '사회적 분'을 지키고, '욕망을 잘 조절(僞)'하도록 사회를 관리하는 것입니다. 그렇게 하여 순자는 '지평(至平)'의 사회를 추구합니다.

농부는 힘을 다해 밭을 갈고, 상인은 재화의 조달과 유통에 힘쓰며, 공인은 공교하게 도구의 제작에 힘을 다하고, 사대부 이상 공후작에 이르기까지는 인후와 지능으로 관직을 성실히 수행하는 것, 이렇게 하면 지평(至平)을 이룰 수 있다.42)

말하자면 차등적인 '분'에 충실하고 그에 기초하여 신분질서를 유지하고, 경제적인 교환거래를 원활히 하는 것, 이것이 바로 지평입니다. 지평의 사상 어디에도 백성들의 내면적, 정신적 삶에 대한 고려는 없습니다. 순자에게 무엇보다 중요한 것은 '능군(能羣), 즉 사람들을 잘 살게 하고(生養), 잘 구분하여 다스리고(班治), 사회시설을 잘 만들고(顯設), 문화적으로 번영하게 하는 것(藩飾)'입니다.43) 이렇게 사회경영을 잘하기 위해서 군주에게 최우선으로

---

41) 『순자』「자도편」. 入孝出弟 人之小行也 …… 從道不從君 從義不從父 人之大行也.
42) 『순자』「영욕편」. 農以力盡田 賈以察盡財 百工以巧盡械器. 士大夫以上至於公侯 莫不以仁厚知能盡官職 夫是之爲至平.

중요한 것은 '관료를 잘 쓰는 것'입니다.

군자, 도덕성보다 사회적 공리(功利)를 중시하라

전란의 시대를 살았던 만큼, 순자에게도 혼란이라는 시대적 '악'을 극복하는 것이 가장 긴급한 현안이었을 것입니다. 그런데 순자는 맹자만큼 악의 근원 문제를 심각하게 파고들지 않았습니다. 성인(聖人)을 모범 삼아 노력함으로써 악을 극복할 수 있다는 낙관적 신념을 갖고 있었던 것 같습니다. 다만 맹자가 입만 열면 요순을 칭송했지만, 순자는 우왕(禹王)과 탕무(湯武)를 모범으로 꼽습니다. 요순이 동이 계통의 군주라면 우왕은 서하 계통의 지도자입니다. 그리고 탕무는 맹자 말에 따르면 '본성대로 한 자(性之)'가 아니라 '노력하여 회복한 자(反之)'입니다. 각기 방향과 방법은 달라도 모두 성인을 본받아 현재 더러워져 있는 방을 깨끗이 할 수 있다고 생각한 낙관적인 신념의 소유자들입니다. 하지만 그 길은 매우 달랐습니다. 맹자가 '하필왈리'를 외치며 도덕의 중요성을 부각했지만, 순자에게 중요한 것은 도덕이 아닙니다. 그는 훨씬 더 실용적인 지혜를 추구합니다. 설사 도덕적으로 흠결이 있다 해도 사회적으로 공이 있다면 그 역시 높이 평가받을 일이 됩니다.

순자는 앞서 맹자가 비교당하는 것조차 꺼렸던 패도의 상징 관중을 '공신(功臣)'이라 추켜세우며,[44] 관중의 보좌를 받아 패자가 된 제환공에 대해 이런 말을 합니다.

> 공자의 문하에서는…… 오패(五霸)를 일컫는 것을 부끄러워하는데 이것은 어째서인가……. 제나라 환공은 오패 가운데 가장 융성했던 자인데, 그는 패도를 이루기 위해 형을 죽이면서 패권을 다투었고…… 사치가 극에 달해 제나라 국고 수입의 절반을 써도 부족했다. …… 그 사행(事行)이 이렇게 음험하고 추잡했으니 어찌 대군자의 문하생들이 그런 인물을 입에 담을 수 있겠는가. 그런데

---

43) 『순자』, 「군도편」. 能羣也者 何也 曰善生養人者也善班治人者也 善顯設人者也 善藩飾人者也.
44) 『순자』, 「신도편」. 齊之管仲 晉之咎犯 楚之孫叔敖可謂功臣矣.

그가 망하지 않고 패자가 된 것은 무슨 까닭인가. …… 관중의 능력을 보고 아무 의심 없이 나랏일을 맡겼으니, 이것이 천하의 큰 지혜라는 것이다.[45)

순자에 따르면 제환공은 천하의 큰 지혜를 가진 자입니다. 그 행실은 음험하고 추잡하여 반도덕적이라 할 만한 인물이지만, 그것을 훌쩍 뛰어넘는 군주로서의 미덕이 있었으니, '관중의 능력을 알아보고 의심 없이 나랏일을 맡긴 것'이 바로 그것입니다. 그러면 순자가 최고로 꼽는 재상은 어떤 인물인가? 그는 말합니다.

지혜롭지만 어질지 않은 재상도 안 되고, 어질기는 하나 지혜 없는 재상도 안 된다. 지혜롭고 어진 재상은 임금의 보배이고 왕패의 보좌이다.[46)

지혜로우면서 동시에 어질어야 한다고 합니다. 공자식으로 말하면 인자(仁者)와 지자(知者)의 중용을 이룬 자입니다. 그럼 관중은 인자이면서 지자라고 볼 수 있는가?

관중은 소홀(召忽)과 함께 제나라 공자 규(糾)의 참모로 일했고, 포숙아는 동생인 공자 소백(小白)의 참모로 일했는데, 권력투쟁 과정에서 규가 소백에게 패합니다. 함께 일했던 소홀은 자신의 절개를 지키기 위해 자결하지만, 관중은 오히려 소백에게 기용되어 재상이 됩니다. 맹자식 가치관에서 보면 배신자인 셈입니다. 그는 재상이 되어 보잘것없는 소국 제나라를 단숨에 패자의 강국으로 변모시킵니다.

말하자면 관중에게는 절개를 지키는 문제는 작은 것이고, 제나라를 부강하게 하는 문제는 더 크고 중한 것입니다. 뚜렷한 목표와 그것을 달성하기 위한 전략, 그리고 책임의식을 중시한 것입니다. 확실히 지자(知者)라고 할

---

45) 『순자』, 「중니편」. 仲尼之門人 五尺之竪子 言羞稱乎五伯. 是何也 …… 齊桓 五伯之盛者也 前事則殺兄而爭國 …… 盤樂奢汰 以齊之分奉之而不足 其事行也若是其險汙淫汰也 彼固曷足稱乎大君子之門哉 若是而不亡 乃覇 何也. 俀然見管仲之能足以託國也 是天下之大知也.

46) 『순자』, 「왕패편」. 故知而不仁 不可 仁而不知 不可 旣知且仁 是人主之寶也 而王覇之佐也.

지언정 인자(仁者)라고 보기는 어려운 인물입니다. 관중을 이해하는 데 도움이 되는 일화가 있습니다.

어느 날 관중이 병으로 눕자, 환공이 찾아와 후계자를 천거해달라고 부탁합니다. 환공은 내심 관중을 추천했던 포숙아를 추천하리라 기대하고 물은 것입니다. 그러나 관중은 다른 답을 합니다.

> 환공이 말했다. 포숙아가 어떻습니까. 관중이 답하길, 포숙아는 군자입니다. 천승의 나라라도 올바른 도로 주지 않으면 절대 받지 않습니다. 그러니 그가 정치를 하는 것은 옳지 않습니다. 왜냐하면 포숙아의 사람됨은 선을 좋아하고 악을 미워함이 심하기 때문입니다. 하나의 악을 보면 평생 잊지 않습니다.[47]

그런데도 환공이 계속 주장하자, 관중은 이어 '포숙아는 강직한 것을 지나치게 좋아해서 나라를 위해 자신을 굽히지 못한다'라고 반대 견해를 마무리한 후, 습붕(隰朋)을 추천합니다. 그를 추천하면서 '선(善)으로 남을 이기려는 자는 능히 남을 복종시키지 못하고, 선으로 남을 기르려는 자는 남을 복종시키지 못한다'[48]고 말합니다. 말하자면 습붕의 미덕은 '선으로 남을 이기려 하지 않고 선으로 남을 키우려 하지 않았다'라는 것인데, 선이란 바로 도덕을 가리키겠죠. 나랏일을 하며 사람을 다스리는 데 도덕교육은 필요치 않다는 것입니다. 관중이 지적한 포숙아의 문제점은 조선의 선비들이라면 존숭해 마지않을 '대장부'의 미덕 그 자체입니다만 관중에게는 '정치가로서의 결격사유'에 해당하는 문제가 되어버립니다.

대신(大神)의 유통, 사회의 혈맥을 활성화하라

결국 순자는 정치권력 자체를 이익사회 발전을 위한 방편으로 간주한 것

---

47) 『관자』 「계(戒)」 제26편. 桓公曰 鮑叔之爲人何如 管子對曰 鮑叔君子也 千乘之國 不以其道 予之 不受也. 雖然 不可以爲政 其爲人也 好善而惡惡已甚 見一惡終身不忘.
48) 『관자』 같은 곳. 隰朋可 …… 以善勝人者 未有能服人者也. 以善養人者 未有不服人者也.

같습니다. 이익사회란 도덕공동체와 달리 시장이나 조직 속에서 각자가 자신의 이해관계를 추구하면서 사회전체의 이익증진에 이바지하는 인간관계의 그물망입니다. 이런 사회에서는 도덕적 가치보다 합리적인 이익추구가 더 중요합니다. 동기의 순수성에 집착하지 않고 좋은 결과를 얻기 위해 책임 있게 일을 추진하는 책임윤리가 곧 도덕이 됩니다.

이런 면에서 보면 순자의 사회는 맹자의 공동체와 많은 차이가 납니다. 맹자가 농본주의를 근거로 하고 있다면 순자는 상업적 사회관을 보여줍니다. 즉, 인간의 욕망을 잘 관리하여 서로의 욕망을 합리적으로 거래하는 것입니다. 순자는 이런 시장운용 방식을 '대신(大神)'이라고 표현합니다. 그는 이렇게 말합니다.

> 북해에는 잘 달리는 말과 잘 짖는 개가 있는데, 중국에서 이것을 구해 길러서 부린다. 남해에는 새깃과 상아, 가죽, 구리, 주사가 있는데 중국에서 이것을 얻어 물자로 사용한다. 동해에는 자줏빛 옷감과 고운 갈포, 물고기와 소금이 있는데 중국에서 이것을 얻어 입고 먹는다. 서해에는 피혁과 문모(文旄, 무늬가 있는 꼬리털, 주로 깃발장식에 이용)가 있어 중국에서 가져다 사용한다. 그러므로 바닷가에 살아도 목재가 넉넉하고 산에 살아도 생선이 넉넉하다. 농부는 스스로 도구를 만들지 않아도 기구를 넉넉히 사용하고 기술자나 상인은 농사짓지 않아도 곡식이 풍족하다. …… 하늘이 덮고 있고 땅이 싣고 있는 것은 모두 아름다움을 다하여 인간이 쓰지 않는 것이 없으니, 위로는 현량을 수식하고 아래로는 백성을 길러 이들을 안락하게 한다. 이를 일러 대신(大神)이라 한다.[49]

대신이란 '크게 신통하다'라는 뜻입니다. 손닿지 않는 먼 곳의 물자도 필요에 따라 유통될 수 있게 하면, 마치 몸에 피가 잘 돌도록 하는 것처럼, 사회를 잘 굴러가게 합니다. 이렇게 잘 유통될 때 각자 자기 '분'의 일에 충실

---

49) 『순자』 「왕제편」. 北海則有走馬大犬焉 然而中國得而畜使之. 南海則有羽翮齒革曾靑丹干焉 然而中國得而財之. 東海則有紫紶魚鹽焉然而中國得而衣食之. 西海則有皮革文旄焉 然而中國得而用之. 故澤人足乎木 山人足乎魚 農夫不斲削不陶冶而足械用 工賈不耕田而足菽粟. …… 故天之所覆地之所載 莫不盡其美致其用 上以飾賢良 下以養百姓而安樂之. 夫是之謂大神.

할 수 있습니다. 그런 면에서 '분'의 직업정신과 대신의 유통은 선순환관계에 있습니다. 이렇게 순자는 이익사회를 잘 경영하는 경제주의적 신념에 입각해 있습니다. 인간의 이기심과 인위적인 지능의 효용을 높이 평가하고 그것을 사회발전의 동력으로 사용하려는 것입니다. 단 그것이 사회질서를 파괴하는 것이 아니어야 합니다. 이런 생각은 자본주의 고전경제학의 아버지인 애덤 스미스(Adam Smith, 1723~1790)의 생각과 참 많이 닮아있습니다. 제자백가 중 유일하게 서구 근대의 자본주의사상을 수용할 수 있는 바탕을 지닌 것이 바로 순자의 사상이 아닌가 합니다.

조선 사회는 상인을 '장사치'로 격하하여 상업을 천시하였습니다. 아무런 부가가치도 만들어내지 않으면서 잇속을 노린다는 이유에서입니다. 심지어 매점매석을 통해 수십만 금을 벌어들인 박지원의 허생은 변부자가 이익금을 돌려주려 하자 이런 말을 합니다. '그대는 나를 장사치로 아는가!' 하지만 대신(大神)의 관점에서 본 유통으로서의 상업은 한 사회의 혈맥을 활성화하는 역동적인 것입니다. 이익을 입에 담기 싫어했던 조선과 달리 일본 사회에서는 상업이 매우 발달해 있습니다. 앞서 소개한 강항은 이런 말을 합니다.

> 인도 지방은 일본 땅에서는 거리가 상당히 먼 곳이지만 놈들의 왕래가 끊이지 않는다. 복건 상선과 남만, 유구, 여송 지방을 오가는 상선들은 의홍과 용장사가 관리한다. 나귀니 노새니 약대니 코끼리니 공작이니 앵무새 따위가 어느 해 치고 들어오지 않는 해가 없다. 그러면 가강(家康, 이에야스)은 제 나라 금과 은, 창이나 칼을 주고 바꾼다.50)

그리하여 과연 순자식 사회시스템을 갖춘 일본은 아시아에서 서구 자본주의를 수용하고 근대화에 성공한 유일한 나라가 되었습니다. 단지 '분'의 정신만이 아니라 기술적 토대와 상업주의 정신 등 전체적인 마인드에서, 서양에서 밀려온 근대의 물결은 일본 문화에 대단히 반갑고 익숙하고 적응하기

---

50) 『간양록』 181쪽.

유리한 면이 있었을 것입니다. 이에 비해 조선 문화에서 근대의 물결은 낯설고 이질적이고 부적응증을 유발하는 그런 것이었을 겁니다.

순자 사유의 빛과 그림자

순자는 현실을 있는 그대로 보고 개선하고자 한 사상가입니다. '뿌리'를 파고 들어가지도 않았고, 보이는 현실에 안주하지도 않았습니다. 그의 눈으로 보면 세상은 낙관적인 신념을 가지고 노력을 통해 충분히 합리적으로 개선하고 운영할 수 있는 곳입니다. 순자의 사상에서, 세상은 부조리와 무의미의 온상이 아닙니다. 다만 인간들의 욕망이 서로 거래하는 그물망입니다. 이기심을 지닌 인간이 모여 사는 세상은 그 자체로 '욕망의 소용돌이'가 아닐 수 없습니다. 이런 세상에서 순자는 이기심 자체를 없애는 것은 불가능하지만, 이기심을 충족하는 방식에서는 '이기심'을 최소화할 수 있다고 생각한 것 같습니다. 순자는 '올바른 군자는 이익을 욕망하되 그릇되게 하지 않고 인고의 대가를 기다리면서 검약하고 저축하는 자'라고 한 것을 보면 그렇습니다. 하지만 욕망을 실현하는 구조는 폭력적일 수밖에 없습니다. 인류의 역사를 보면 인간의 세상은 욕망실현을 위한 폭력적 구조에서 벗어날 수 없는지도 모르겠습니다.

하이에크(Friedrich Hayek, 1899~1992)에 따르면, 자본주의적 시장경제 제도가 사회주의나 파시즘보다 덜 폭력적인 까닭은 시장경제 제도가 인간의 자비심에 호소하는 측은지심에 기반하고 있기 때문이 아니라 덜 폭력적인 생활태도가 각자에게 더 이익이 된다는 확신을 구체적으로 심어주기 때문이라고 합니다.[51] 즉, 시장제도가 본질적으로 폭력적이긴 해도 결과적으로 공익과 조화형성에 기여하게 된다는 것이 그의 자유주의 경제철학의 원리입니다. 하이에크 같은 현실주의자들은 폭력적이고 부조리한 세상에서 '덜 부조리'하고 '덜 폭력적'이고 '덜 무의미한' 길을 찾으려 한 것 같습니다.

---

[51] 『물학 심학 실학』 575쪽에서 재인용.

이 세상을 진선진미한 세상으로 만들고자 한 숭고한 이상주의가 도덕과잉의 위험을 안고 있다면, 현실주의의 타협론은 속물적인 세속주의로 나아갈 위험이 있습니다. 무한소유, 무한팽창, 무한발전, 무한소비의 이념으로 무장한 세속주의는 이미 전 세계를 장악하고 있는 느낌을 줍니다. 요즘의 이런 세상에서 보면 순자의 생각은 차라리 매우 건전하게 보입니다. 어찌 보면 조선 사회에서는 유가적 이상주의에 눈이 가려 순자의 사상이 오해되고 배제된 것인지도 모릅니다.

하지만 다른 한편으로는 인간의 자연성을 오직 '이기심'으로만 본 나머지, 인간과 자연 그리고 인간이 만들어 가는 역사에 대한 이해의 폭을 협애화하여, 인간의 가능성과 정신적 활로를 제한해버린 면이 있습니다. 눈에 보이는 것 너머에 무언가 있을 수 있다는 가능성을 막아버림으로써, 인간정신을 보다 더 깊이 탐구하거나, 더 큰 세계로 인식의 지평을 넓히지 못하는 것이지요. 인간의 세계가 약육강식의 정글의 법칙이 지배하는 세계와 다름없다고 하지만 사실 동물의 세계는 인간들처럼 이기적이지 않습니다. 자기들끼리 헐뜯고 싸우지 않으며, 재미로 죽이거나 미워서 죽이지 않습니다. 오직 '먹이사슬'의 그물에서 각자의 생존을 도모할 뿐입니다.

다음 강에서는 무위 쪽으로, 자연 쪽으로 맹자보다 한 발짝 더 나간 노자에 대해 살펴보겠습니다.

노자(1)

무위의 집으로

춘추전국이라는 이름의 전란의 시대, 혼란의 시대, 부랑(浮浪)의 시대는 인류에게 엄청난 고통을 안겨주었지만, 다른 한편으로는 지식인들의 창조적 사유를 싹트게 하는 비옥한 토양이 되었습니다. 시련은 인간을 파괴하기도 하지만, 그것을 딛고 일어선 인간에게는 큰 힘을 부여합니다. 한 시대의 고통과 그 고통의 집단적 체험은, 어쩌면 인류사에서 다시 볼 수 없는 사유의 풍성한 수확을 남겨준 것도 같습니다.

무언가가 없을 때 우리는 그것을 꿈꿉니다. 없는 것을 누릴 수 있는 유일한 방법은 꿈을 꾸는 것입니다. 갇혀 있는 자는 새가 되는 꿈을 꾸고, 굶주린 자는 배불리 먹는 꿈을 꾸고, 달을 동경하는 이는 달나라에 가는 꿈을 꿀 수 있습니다. 우리는 꿈속에서 성취하고 꿈속에서 위로받습니다. 누구나 자신의 꿈이 현실이 되기를 원하지만 꿈 자체로만 남아 있어도 그것은 인류에게 많은 위로와 영감을 줍니다.

이상사회를 뜻하는 유토피아라는 말은 그리스어의 '없는(ou-)'과 '장소(toppos)'라는 두 말을 결합하여 토머스 모어(Thomas More, 1477~1535)가 만든 용어라고 합니다. 말하자면 '아무데도 없는 장소'라는 뜻인데, 역설적으로 '없는 곳'이기에 꿈꿀 수 있는 곳이기도 합니다. 낙원을 의미하는 '파라다이스' 역시 그 어원은 거대한 사막의 황무지 속에 만들어진 작은 정원을 가리키는 말이었다고 합니다.1) 그 정원이 모든 근심과 진부한 인간사에서 벗어날 수 있는 피난처로 기능하면서 낙원이라는 의미로 전화된 것 같습니

---

1) 파라다이스의 어원은 고대 페르시아어 'pairidaēza'이며, 원뜻은 '주위(pairi)'라는 말에 '둘러싸인(daēza)'이 결합된 것으로, 사막의 황무지 속에 만들어진 울타리를 둘러친 정원을 뜻한 것으로 보인다.

다. 황무지에서 만난 정원이니 안 그렇겠습니까.

꿈을 꾼다는 것은 '이상'을 추구한다는 것이고, 이상을 추구하는 이유는 자신이 딛고 서 있는 현실에서 심한 결핍을 느끼기 때문입니다. 그리고 '무엇'이 결핍되어 있는가에 대해서는 사상가마다 다른 견해를 피력합니다.

왠지 나이가 많이 들어 보이는 이름을 가진 노자(老子) 역시 꿈을 꾼 인물입니다. 그러니 그 역시 무언가 결핍되었거나 잃어버렸다고 느꼈겠지요. 그것이 '무엇'일까요. 결론부터 말하자면 노자는 우리가 본래 있던 자리, 즉 '(태어난) 집'을 잃어버렸다고 본 것 같습니다.

이런 생각을 한번 해봅시다. 우리가 어딘가를 향해 가다가 길을 잃었습니다. 어디로 가야 할지 도무지 알 수도 없고, 설사 안다 해도 그 길이 옳은 길인지 판단할 수 없을뿐더러 어쩌다 길을 잃었는지도 모르는 상태라고 해봅시다. 바로 이 경우 생각해낼 수 있는 방법의 하나가 오던 길을 되짚어 출발지점으로 돌아가는 것입니다. 말하자면 '집'으로 돌아가는 것입니다. 노자는 인류가 모조리 길을 잃었다고 보았습니다. 말하자면 '집'을 잃은 것이지요. 그래서 여태 걸어온 길을 되짚어 돌아가야 한다고 여긴 듯합니다. 그렇게 되짚어가다 보니 하나씩 깨닫게 됩니다. '어찌하다 길을 잃었는지.' '어디를 향해 가고자 했던 것인지.' 그리하여 마침내 집에 도착하자 어디에서도 느껴보지 못한 편안함과 안도를 느낍니다. 그러면서 생각합니다. '역시 집이 낙원이었구나!' 노자에게 '집'이란 자연, 자연성을 가리키는 말입니다.

요컨대 노자의 철학은 이 되짚어보는 과정을 통하여 '어찌하다 길을 잃었는가'의 문제, '집으로 돌아가는 방법'에 관한 문제, 그리고 '집은 어떤 모습이고 어떻게 꾸려가야 하는가'의 문제를 논한 것이 아닌가 싶습니다.

하지만 노자의 철학은 이해하기가 매우 어렵습니다. 그래서인지 노자 철학에 대해서는 연구자들의 수만큼이나 다양한 해석이 있습니다. 따라서 노자에 대한 이번 강(講) 역시 강의자의 관점과 지평에서 이해한 만큼이라는 점을 미리 전제해야겠습니다.

노자, 이 세상에 살았지만 이 세상에 속하지 않는 사상가

노자의 철학은 신비화된 부분이 대단히 많습니다. 게다가 노자라는 인물 역시 춘추시대 사상가 중 가장 신비화되어 전해집니다. 그렇게 신비화된 이유는 그가 후대에 도교의 교주로 추앙되고, 당(唐) 고조 이연(李淵)에 의해 자기 가문의 조상으로 숭배되면서 각양각색의 신화가 만들어졌기 때문이기도 하지만, 기본적으로는 그에 대한 인적 정보가 대단히 빈약하기 때문입니다. 노자가 훗날 도교 술사(術士)들에 의해 어느 정도로 신비화되었는지를 보여주는 흥미로운 자료가 있는데, 동진(東晉)시대 신선이 되는 방법을 논한 책 『포박자(抱朴子)』로 유명한 갈홍(葛洪, 284~363)이라는 술사가 전하는 이야기입니다. 그는 『신선전(神仙傳)』에서 노자에 대해 이렇게 말합니다.

> 노자는 이름이 중이이고, 자는 백양이며, 초나라 고현 곡인리 사람이다. 그의 어머니가 큰 유성의 기운에 감응하여 임신하였는데, 비록 하늘의 기운을 받아 수태했지만 이(李)씨 집안에서 태어났기 때문에 이씨 성을 따랐다. 혹자는 노자가 하늘과 땅보다 먼저 태어났다고도 하고, 또 혹자는 하늘의 정백(精魄)으로 신령(神靈)에 속하는 인물이라고도 한다. 또 혹자는 어머니가 임신한 지 72년 만에 출산했는데, 태어날 때 어머니의 왼쪽 겨드랑이를 가르고 나와, 태어날 때부터 머리가 희었기 때문에 노자라 부르게 되었다고 한다. 혹자는 그 어머니가 남편이 없어서 노자는 어머니 집안의 성을 따랐다고 한다. 또 혹자는 노자의 어머니가 오얏나무 아래를 지나가다 노자를 낳았다고 한다.[2]

대체로 뛰어난 사람은 평범하게 태어날 수 없는 모양입니다. 동정녀에게서 태어난 예수나, 보리수나무 아래서 어머니 옆구리에서 나와 태어나자마자 몇 걸음 걸어간 후 '천상천하 유아독존'이라고 외친 붓다나 모두 보통 인간들이 태어나는 방식과는 달랐습니다.

---

[2] 老子者 名重耳 字伯陽 楚國苦縣曲仁里人也. 其母感大流星而有娠 雖受氣天然見於李家 猶以李為姓 或云老子先天地生 或云天之精魄 蓋神靈之屬. 或云母懷之七十二年乃生 生時剖母左腋而出. 生而白首 故謂之老子 或云其母無夫 老子是母家之姓. 或云老子之母適至李樹下 而生老子.

노자의 이야기를 정리해보면 먼저 하늘에 떠 있는 별의 기운에 감응하여 수태되었고, 신령에 속하는 인물이라 하며, 수태된 지 72년 만에 태어났고, 붓다처럼 어머니 옆구리를 가르고 나왔으며, 태어날 때부터 늙어 있었고, 보리수나무 아래서 태어난 붓다와 비슷하게 오얏나무 아래서 태어났다고 합니다. 여러 가지 이야기가 혼합되어 있긴 하지만 대체로 여기서 도출할 수 있는 결론은 '노자는 이 세상을 살았지만 이 세상에 속하는 사람이 아니다'라는 점입니다. 이 이야기에서 전해지는 노자라면 이미 '떠받들어질' 준비가 된 채로 태어난 운명입니다. 그리고 이야기에 붓다의 출생신화와 유사한 구절들이 다소 발견되는데, 이는 아마도 위진시대 크게 유행하기 시작한 불교의 영향이 반영된 것으로 보입니다. 그리고 이렇게 신비화된 배경에는 아마 도교의 교주로 추앙된 종교적 동기가 크게 작용한 듯합니다.

그런데 상대적으로 그 사실(史實)적 권위를 인정받고 있는 사마천도 『사기』에서 여전히 신비스러운 면모를 보여주는 기록을 전하고 있습니다. 좀 자세히 살펴보기로 하겠습니다.

> 노자는 초나라 고현 여향 곡인리 사람으로 성은 이(李)씨, 이름은 이(耳), 자는 백양, 호는 담(聃)이다. 그는 주나라의 장서를 관리하는 사관(史官)이었다.[3]

일단 노자가 주나라 왕실 도서관을 관리하는 사관(史官)이었다고 합니다. 사관이란 역사를 기록하고 관장하는 직위인데, 당시에는 최고의 지식인 가운데 하나였습니다. 『사기』의 마지막 부분인 「태사공자서」에 따르면 『사기』의 저자인 사마천 역시 주나라 사관의 후예라고 합니다.[4] 그런데 당시에도 퍽이나 이름을 떨쳤던지 노나라의 공자가 노자를 찾아와서 예(禮)를 물었다고 하는데, 이에 대해 노자가 이렇게 답했습니다.

---

3) 『사기』 「노자한비열전」. 老子者 楚苦縣厲鄕曲仁里人也 姓李氏 名耳 字聃 周守藏室之史也.
4) 『사기』 「태사공자서(太史公自序)」. 司馬氏世典周史.

내가 듣건대, 훌륭한 장사꾼은 물건을 깊숙이 숨겨 아무것도 없는 것처럼 보이게 하고, 군자는 아름다운 덕을 지니고 있지만 그 모습은 어리석은 듯 보인다고 한다. (그러니) 그대의 교만과 욕망, 허세와 야망을 버리라. 그런 것들은 그대의 몸에 아무런 도움도 되지 못한다. 내가 그대에게 해줄 수 있는 말은 이것이 전부이다.5)

사마천이 직접 이렇게 기록했다는 것이 믿기지 않을 정도입니다. 공자가 누구입니까. 사마천 자신도 그를 「열전」이 아니라 「세가(世家)」에 기술할 정도로 높이 평가한 인물이 아닙니까. 개인에 대한 기록인 「열전」과 달리 「세가」는 제후나 왕에 대한 기록입니다. 제후나 왕의 수준으로 공자를 대접한 것입니다. 그런데 그런 인물에 대해 이토록 가혹한 평가의 말을 노자가 던졌다고 기술한 것부터 무언가 심상치 않습니다. 공자에 대한 노자의 평은, '덕을 숨길 줄 모르고 자신을 드러내는 공자 그대는 교만하고 욕망과 야심과 허세가 지나치니 진정한 군자라면 그것을 버리라'는 것이 요점입니다. 그런데 더 흥미로운 것은 이 말을 듣고 나가서 제자들에게 했다는 공자의 말입니다.

나는 새가 날고 물고기가 헤엄치고 짐승이 달린다는 것을 안다. 달리는 짐승은 그물로 잡고 물고기는 낚시로 낚고 새는 화살로 쏘아 잡을 수 있다. 하지만 용에 이르면 어떻게 바람과 구름을 타고 하늘로 날아오르는지 나는 알 수가 없다. 내가 오늘 노자를 만났는데 그는 용과 같았다.6)

이 대목은 후대 공자를 받드는 유학자들 사이에서 크게 논란이 된 부분이고, 온갖 근거가 동원돼가며 그 신빙성에 의문이 제기된 부분이기도 합니다. 그러나 어쨌든 사마천의 기록에 따르면 공자는 노자에 대해 '용'과 같은 존재라고 말한 것입니다. 자신이 들은 혹평에 대해서는 아랑곳하지 않고 오로

---

5) 『사기』 「노자한비열전」. 孔子適周 將問禮於老子. 老子曰 …… 吾聞之 良賈深藏若虛 君子盛德 容貌若愚. 去子之驕氣與多欲態色與淫志 是皆無益於子之身. 吾所以告子 若是而已.
6) 『사기』 「노자한비열전」. 孔子去 謂弟子曰 鳥吾知其能飛 魚吾知其能游 獸吾知其能走 走者可以爲罔 游者可以爲綸 飛者可以爲矰 至於龍吾不能知 其乘風雲而上天 吾今日見老子 其猶龍邪.

지 '신비한 용'과 같은 자였다고 말합니다. 한편으로는 공자의 겸손이겠지만 다른 한편으로는 사마천의 각색이 의심스럽습니다. 용은 상상의 동물이기 때문에 새나 물고기나 짐승처럼 눈으로 보고 손으로 잡을 수 있는 이 세상의 생명체가 아닙니다. 그 실체가 무엇인지 알 수 없는 존재이며, 이 세상에 속하는 존재가 아닙니다. 여기서 일단 노자에 대한 사마천의 기록 역시 신비적인 측면을 보입니다.

도덕경, 세상에 나오다

그리고 이어서 『도덕경』이라는 책이 어떻게 세상에 나오게 되었는가에 대해 이렇게 말합니다.

> 노자는 도와 덕을 닦았는데, 그의 학문은 스스로 물러나 이름을 남기지 않는 것(無名)에 힘쓰는 것이었다. 오랫동안 주(周)나라에 살다가 주가 쇠미해지는 것을 보고 떠났다. 국경의 관문에 이르자 관령(關令) 윤희(尹喜)가 '선생께서 장차 은둔하려 하시니, 저를 위해 내키지 않으시더라도 글을 써주십시오'라고 하자 상하 두 편을 써서, 도와 덕의 뜻을 5천여 자로 말하고는 떠났다. 그 후 그가 어떻게 되었는지 모른다.[7]

노자의 철학이 세상에 나타나게 된 배경도 흥미롭습니다. 일단 관문을 지키는 이가 노자를 알아봤다는 것, 그것도 그가 고명한 사상가임과 은거를 위해 떠나는 중임을 알아봤다는 점이 놀랍습니다. 그리고 무언가 억지로라도 자신을 위해 글을 써달라고 졸랐다는 것, 그러자 노자가 이에 응하여 5천여 자나 되는 책을 그 자리에서 써주었다는 것 등이 특이합니다. 말하자면 노자 스스로 세상을 향하여 무언가를 주장하기 위해 책을 쓴 것이 아니라 요청에 응하여 억지로(彊)로 한 말임을 강조하려는 의도가 역력합니다. 게다가 무슨

---

7) 『사기』 「노자한비열전」. 老子脩道德 其學以自隱無名爲務. 居周久之 見周之衰 迺遂去. 至關 關令尹喜曰 子將隱矣 彊爲我著書. 於是老子迺著書上下篇 言道德之意五千餘言而去 莫知其所終.

신선처럼 홀연히 사라져 이후 행적을 알 수 없다고 한 점도 그 신비감을 더해주며, 세상에 행적을 내보이지 않는 은자의 전통이 거론된 점 역시 주의를 끕니다. 마치 한 편의 만들어진 이야기를 읽는 느낌이 듭니다. 그래서 노자가 가공의 인물이 아닌가 하는 의문도 제기되고 있습니다. 말하자면 사마천의 이 기록 외에는 『도덕경』의 저자가 노자라는 결정적인 증거가 없는 셈입니다. 그런데 이어지는 말은 한발 더 나아갑니다.

> 노자는 대략 160세를 살았다고 하기도 하고, 혹 200여 세를 살았다고도 하니, 이는 그가 도를 닦아 양생(養生)했기 때문이다.[8]

바로 이 말에서 우리는 왜 불로장생(不老長生)을 추구하고 나아가 불사(不死)의 신선이 되길 소망하는 도교의 술사들이 그토록 노자를 떠받들고, 도교 이론화 작업에 노자의 『도덕경』을 기초로 삼았는지 이해할 단서를 찾을 수 있습니다. 사실 『도덕경』 안에 불로장생을 추구하는 말은 거의 찾아볼 수가 없습니다. 오히려 생사에 집착하는 마음을 버리고 생사를 나란히 볼 것을 권하는 구절이 많습니다. 그런데도 매우 아이러니하게 노자는 황로학(黃老學)으로 발전하여 든든한 도교의 이론적 기초가 되어버리고 맙니다.

어쨌든 권위 있는 사관인 사마천조차도 노자를 이렇게 신비적으로 묘사한 것을 보면, 무언가 새겨볼 부분이 있을 것입니다. 사마천은 38세에 태사령이 되어, 사관이었던 부친 사마담(司馬談)의 유지(遺旨)를 받들어 집필을 시작했다고 하는데, 궁형의 치욕을 무릅쓰면서까지 연명했던 것 역시 부친의 뜻을 받들어 집필하기 위해서였다고 합니다. 앞서 소개한 「태사공자서」에 따르면 스무 살 무렵부터 천하를 유람하고 답사하며 자료를 모았다고 하는데, 대체로 전승되어온 문서 자료와 구술로 정리한 자료에, 자신의 주관적 해석을 더하여 집필했을 가능성이 큽니다. 여기서 눈여겨볼 만한 부분은 전승된 것이든 구술된 것이든 사마천의 해석이 가필된 것이든, 이런 식으로 신비화된 노

---

8) 『사기』 「노자한비열전」. 蓋老子百有六十餘歲 或言二百餘歲 以其修道而養壽也.

자의 이야기가 세상에 널리 퍼져 있었고, 세인(世人)들에게 그렇게 인식되었다는 점입니다. '이 세상에 살았지만 이 세상에 속하지 않는 사상가'로 말입니다. 이런 인식에는 당시 사람들의 어떤 염원이 노자에게 투영된 것이 아닌가 생각됩니다. 손닿지 않는 먼 곳에 대한 동경, 꿈과 이상이 펼쳐지는 신비로운 어떤 곳에 대한 갈망이 말입니다.

이런 경향은 아마도 『도덕경』의 내용과 결부되어 더욱 진행되면서 굳어진 듯합니다. 『도덕경』의 내용도 앞부분의 경우에는 실로 '이 세상의 언어로 말하지만 이 세상에 속하지 않는 말'을 하는 것 같은 분위기를 내뿜고 있습니다. 그래서 더욱더 어렵습니다. 그 어려운 점에 대해 조선의 유학자 이율곡은 『순언(醇言)』이라는 노자 주석서에서 이렇게 말합니다.

> 대체로 이 책은 무위를 종지로 하면서 무불위의 작용을 말하는 것으로 결코 허무에 빠진 것이 아니다. 단지 가르침이 많고 성인을 자주 거론하여 상달처(上達處)를 논한 곳은 많으나 하학처(下學處)를 논한 것이 적으니, 상근지사(上根之士)라면 보기에 적합하겠으나, 중인(中人) 이하의 사람들은 손대기가 어렵다.[9]

앞서 우리는 공자가 공부의 방법으로 거론한 '하학이상달(下學而上達)'을 본 바 있었습니다. '아래로부터 차례차례 배워 높은 데로 올라가는' 공부방법입니다. 그런데 율곡의 눈에는 『도덕경』이 하학은 빼버리고 상달처만을 논하고 있는 것으로 보인 겁니다. 공부의 최고 목표지점만 다루었다는 뜻인데, 그렇기에 상근(上根)의 뛰어난 선비가 아니면 이해하기 어렵다고 판단합니다. 어려운 이유는 하학처, 즉 형이하의 현실적인 이야기를 거의 하지 않고, 형이상의 담론만을 주로 하고 있기 때문이라는 겁니다. 무위와 유위, 이상과 현실, 천(天)과 지(地)의 중용을 논한 공자를 기준으로 볼 때 무위

---

9) 大抵此書以無爲爲宗而其用無不爲則亦非溺於虛無也 只是言多招詣衝稱聖人論上達處多 論下學處少宜接上根之士 而中人以下 則難於下手矣.

와, 이상, 그리고 천(天)에 대해서만 논하고 있다는 것입니다. 율곡의 관점입니다.

노자의 『도덕경』은 전체 81편으로 구성된 철학시(哲學詩)입니다. 매우 함축적이고 상징적인 표현이 많습니다. 체계를 잡아서 쓴 논문도 아니고, 스승과 제자가 어떤 맥락을 가지고 나누는 대화도 아닙니다. 그렇기에 각 구절의 의미에 대해 매우 그 해석의 여지가 다양하고 풍부합니다. 그래서 더 어렵게 느껴지는지 모르겠습니다.

현재 전해지는 『도덕경』은 천재소년 왕필(王弼, 226~249)이 18세에 주석을 붙인 왕필본에 근거한 것입니다. 그런데 1973년 마왕퇴(馬王堆)라는 곳에서 2천 년 전의 무덤이 발굴되었는데, 거기서 비단에 쓰인 백서(帛書) 『도덕경』이 발견되었습니다. 흥미로운 것은 전체 내용이 몇 글자를 제외하곤 거의 비슷한데 그 순서가 반대라는 점입니다. 덕경이 앞에 있고 도경이 뒤에 있는 것입니다. 덕경 부분은 노자가 이상으로 삼은 통치원리가 주로 제시된 부분인데, 마왕퇴본에서 이 부분이 앞 쪽에 있다는 사실은 시사하는 바가 있습니다. 앞으로의 연구가 필요한 부분입니다.

어떤 텍스트라도 읽는 사람의 관점에 따라 의미가 달라질 수 있고, 어떤 사상이라도 그것을 실천하는 사람에 따라 서로 다른 색채의 꽃을 피우게 됩니다. 한(漢)의 하상공(河上公)은 노자를 양생술로 읽었고, 한비자는 통치술로, 왕필은 무(無)의 형이상학으로 이해했습니다. 현대의 김형효는 양가성(兩價性), 즉 이중적인 관계성의 세상원리로 읽고, 강신주는 국가의 논리, 즉 통치자와 피통치자 사이의 교환의 논리로 읽습니다.10) 어떤 이해가 옳은지 그른지, 어떤 해석이 노자가 말하고자 하는 바에 근접한 것인지는 알기도 어렵고 말하기도 어렵습니다. 다만 각각의 관점에서 읽은 결과입니다. 이런 다양한 이해와 해석이 그 정합성과 깊이를 가질 때 후학들에게 영감을 주는 것이겠지요. 그러면 우리는 어떻게 노자를 읽어나가야 할까요? 앞서 말한 대

---

10) 김형효, 『사유하는 도덕경』(소나무, 2004); 강신주, 『국가의 발견과 제국의 형이상학』(태학사, 2004).

로, 길을 잃은 자가 오던 길을 되짚어 '집'으로 돌아가는 과정으로 읽고자 합니다.

어쩌다 길을 잃었는가

주나라 국립도서관 사관(史官)을 지내다가 주나라가 쇠약해지는 것을 보고 떠났다는 노자가 본 당시의 세상은 어떠했을까요? 노자는 이렇게 말합니다.

> 대도는 매우 평탄한데 사람들은 지름길만 좋아한다. 조정은 화려하지만 밭에는 잡초가 무성하고 곳간은 비어 있다. 그런데도 비단옷을 걸쳐 입고 날카로운 칼을 차고 맛난 음식에 물리며 재화가 남아돌아간다. 이것을 도적(盜夸)이라 한다. 이것은 도가 아니다.11)

노자가 본 당시의 실정입니다. 평탄한 대도(무위의 자연성)를 두고 지름길(유위의 작위성)만 좋아하는 사람들이 넘쳐납니다. 그리고 그런 사람들이 만들어낸 세상은 한마디로 요약하면 도적들의 세상입니다. 도과(盜夸)란 도적질한 것을 자랑하며 사치하는 것입니다. 전답은 황폐하고 백성의 곳간은 비어 있는데 대궐의 처마는 높아가고 궁궐은 호사스럽게 꾸며집니다. 조정의 관리들은 화려한 옷을 입고 값비싼 장식을 달고, 싫증이 나도록 배불리 먹어도 재물이 넘쳐납니다. 백성이 있어야 나라가 있다는 것을 모르는 도적들이 정치를 하고 있습니다. 이런 세상은 도가 아닙니다. 정치 자체가 도적질이요, 정치가들은 모두 도둑일 수밖에 없다는 함의가 들어 있습니다. 또 노자는 이런 말을 합니다.

---

11) 『도덕경』 53장. 大道甚夷 而民好徑. 朝甚除 田甚蕪 倉甚虛. 服文綵 帶利劍 厭飮食 財貨有餘 是謂盜夸 非道也哉.

백성이 굶주리는 것은 세금을 많이 거두기 때문이다. 이로써 기아가 생긴다. …… 백성이 죽음을 가벼이 여기는 것은 지배자들이 삶에 대해 구함(욕심)이 두텁기 때문이다.[12]

인류의 역사에서, 어느 문화권에서든 정치는 매우 중요했지만, 중국 고대의 사상가들은 특히 정치를 중시한 듯합니다. 특히 지도자의 통치방식을 중요하게 여겼는데, 『대학』에 보면 이런 말이 있습니다.

요순이 인(仁)으로 천하를 다스리니 백성들이 어질어지고, 걸주가 포악하게 통치하니 백성들이 포악해졌다.[13]

말하자면 백성은 지도자가 어떻게 통솔하느냐에 따라 달라진다는 것인데, 한편으로는 백성들을 매우 수동적인 존재로 보는 경향을 드러내고, 다른 한편으로는 지도자의 덕과 역할을 중시함을 보입니다. 공자도 역시 '군자의 덕은 바람과 같고 백성의 덕은 풀과 같으니, 바람이 불면 풀은 바람에 따라 쏠린다'[14]고 하여 이런 관점을 보인 바 있습니다.

그런데 노자가 본 당시의 지배자들은 백성을 수탈하고 있습니다. 자신들만의 욕심을 위해 세금으로 곡식을 거두고 성과 왕궁을 짓기 위해 인력을 동원합니다. 그러니 백성들이 굶주린 상황에 놓인 나머지 죽음을 불사한 행동을 하는 것은 바로 위정자들의 수탈행위 때문이라는 것입니다. 그러면 노자가 생각하기에 위정자가 해야 할 일은 무엇일까요?

하늘의 도는 남는 것을 덜고 부족한 것을 보충한다. 그런데 사람의 도는 그렇지 못하다. 부족한 자의 것은 덜어내고, 남는 자를 위해 봉사한다.[15]

---

12) 『도덕경』 75장. 民之饑 以其上食稅之多 是以饑 …… 民之輕死 以其上求生之厚.
13) 『대학』 9장. 堯舜帥天下以仁 而民從之 桀紂帥天下以暴 而民從之.
14) 『논어』 「안연」 君子之德風 小人之德草 草上之風必偃.
15) 『도덕경』 77장. 天之道損有餘而補不足. 人之道則不然 損不足以奉有餘.

노자는 최고의 선은 물과 같고(上善若水), 그것이 바로 도에 가까운 것(幾於道)이라고 했습니다.16) 물은 많으면 넘쳐서 낮은 곳으로 흘러 들어와 균형을 맞춥니다. 이른바 수평(水平)입니다. 이것이 자연의 도입니다. 이것을 인간 세상에 적용하면, 넘치게 많은 재물을 가진 자의 것은 거두어 부족한 자에게 보충해주어야 하는 것입니다. 그런데 현실은 그 반대로 갑니다. 아흔 아홉 마리의 양을 가진 자가 한 마리를 빼앗아 백 마리를 채우려고 합니다. 욕망은 무한하고 자신의 욕망을 채우기 위해 체계적으로 백성의 것을 수탈합니다. 노자는 바로 이것을 현실의 문제로 보았습니다.

그런데 흥미로운 것은 노자가 당시 현실에서 문제라고 본 것이 경제적 분배 문제에 집중되어 있다는 점입니다. 마치 마르크스의 정치경제학처럼, 노자의 문제의식은 정치경제적 불평등의 문제에 초점이 맞춰져 있습니다.

그러면 어쩌다가 우리 인간이 이 지경에 이르게 되었는가. 어쩌다가 이렇게 길을 잃게 되었는가. 노자는 고민하면서 이렇게 말합니다.

백성을 다스리기 어려운 것은 위에서 유위(有爲)하기 때문이다. 이 때문에 다스리기 어려운 것이다.17)

이 문장에서 눈여겨 볼 것은 두 부분입니다. 하나는 노자가 '백성을 다스리는 것이 어려운 것'을 중심문제로 삼은 것이고, 다른 하나는 그 이유를 '위정자의 유위'라고 한 대목입니다. 길을 잃게 된 이유를 살핌에 있어 '백성 다스림'을 중심문제로 설정했습니다. 게다가 문제의 요체는 '위정자들의 유위'에 있다고 했으니, 노자가 '억지로(彊)' 썼다는 5천여 자의『도덕경』은 그 말문이 위정자들을 향하고 있음이 뚜렷하고, 글의 목적 역시 '백성들을 잘 다스리는 것'에 초점이 두어져 있습니다. '다스림'을 중심으로 이야기하고 있으니 노자의 사상이 통치술인 양 보이기도 합니다. 실제로 노자가 통치술만

---

16) 『도덕경』 8장 上善若水 …… 故幾於道.
17) 『도덕경』 75장. 民之難治 以其上之有爲 是以難治.

말한 것은 아니지만 통치술적인 측면이 없는 것은 아닙니다. 그러나 한비자처럼 현실의 정치권력을 공고히 하고 백성들을 체계적으로 지배하기 위해 '법(法)과 술(術)과 세(勢)'를 어떻게 쓸 것인가를 고민한 것은 아닙니다. 노자는 통치술에서도 이상과 꿈을 추구합니다. 말하자면 '무위의 집'을 여하히 꾸려갈 것인가에 그 중심을 두고 있습니다.

어쨌든 노자는 '유위'가 문제라고 합니다. 그러면 노자가 말하는 유위란 무엇일까요? 앞서 본 바의 내용에 따르면 유위는 '자연의 결'을 거슬러 인간의 의지와 목적에 맞게 자연을, 타인을 개조하고 지배하고 소유하려는 시도를 가리킵니다. 노자는 이런 말을 합니다.

> 백성을 다스리기 어려운 이유는 그 지(智)를 많이 쓰기 때문이다. 그러므로 지(智)로 나라를 다스리는 것은 나라를 해치는 것(賊)이다.[18]

새는 하늘을 날 줄 알고, 물고기는 헤엄칠 줄 알고, 초목은 때가 되면 꽃을 피울 줄 알고, 벌과 나비는 꽃을 찾아갈 줄 알고, 철새들은 지구를 반 바퀴나 도는 여행을 할 줄 압니다. 그러나 그 앎을 '지(智)'라고 하지는 않습니다. 굳이 이름을 붙이자면 '생존의 지혜'라고나 할까요. 자연의 앎이요, 본능의 앎입니다. 노자가 '나라를 해치는 주범'으로 보고 문제 삼은 인간의 지(智)는 자연의 지(智)와는 다른 것 같습니다. 노자는 이렇게 말합니다.

> 남을 아는 것은 지(智)이고, 자신을 아는 것은 명(明)이다.[19]

'남을 아는 것'을 지라고 한다고 하니, 노자가 말하는 지(智)는 상대를 인식하는 것과 관련된 듯합니다. 즉 대상적 인식입니다. 대상적 인식은 유위와 밀접하게 연결됩니다. 일단 '나'와 '남', '나'와 '사물', '나'와 '자연'을 구별

---

18) 『도덕경』 65장. 民之難治 以其智多. 故以智治國 國之賊.
19) 『도덕경』 33장. 知人者智 自知者明.

하는 이분법적 인식을 바탕으로 합니다. 그리하여 그 대상을 자기의 뜻에 맞게 만들고 가꾸고 변형하고 새로운 방법을 찾아 한없이 무언가를 조작해나가는 기능을 합니다. 말하자면 분별지(分別智)입니다. 분별지는 대상을 있는 그대로 받아들이려 하지 않습니다. 끊임없이 살피고 나누고 판단하고 변형하여 자신의 목적에 부합하도록 합니다. 그 목적은 정치경제적 이익 쪽으로 향하기도 하고, 도덕적 당위 쪽으로 향하기도 합니다. 어느 쪽이건 이런 분별지로 행하는 것을 노자는 '유위' 혹은 '인위'라고 하는데, '사람이 하는 일(人+爲)'이라 하여 위(僞)라고 칭합니다. 그러면 어째서 인간은 유위하지 않으면 안 되었는가? 노자는 이렇게 말합니다.

> 대도가 없어지면서 인의(仁義)가 있게 되었고, 지혜(智慧)가 나오면서 큰 거짓(大僞)이 있게 되었다. 육친이 불화하면서 효도와 자애가 있게 되었고, 국가가 혼란해지면서 충신이 있게 되었다.[20]

도덕과 법의 출현 배경에 대한 노자식의 설명입니다. 노자는 자연의 질서(大道)와 인간의 도덕(仁義)을 상관적으로 바라봅니다. 자연 질서가 인간세상에서 무너지면서 도덕질서가 생겼는데, 그것이 옳아서가 아니라 시대적인 필요에 의해 나왔다는 것이고, 필요했던 이유는 현실의 결여 때문이라는 겁니다. 철기시대 인류 고민의 출발지점을 노자가 한마디로 요약하고 있습니다. 앞의 내용(제2강)을 참고해보면, 대도가 행해지던 사회(大道之行也)는 대동사회이고, 대동사회는 사유재산이 정립되지 않은 무위의 공동체(天下爲公)였다고 공자는 말합니다. 대동사회는 '인(仁)'이라는 개념조차도 필요하지 않을 정도로 '인(仁)'했던 시대, 즉 공동체 구성원들 간의 유대가 원만하고 '나'와 '남'을 예리하게 구분하지 않았던 시대였습니다. 무위의 대동사회가 사라지면서 인류는 '돌아올 수 없는 강'을 건너게 됩니다. 대도는 숨어버리고(大道既隱) 세상은 몇 개 가문의 소유(天下爲家)가 되어버렸습니다. 공자가

---

[20] 『도덕경』 18장. 大道廢有仁義慧智出有大僞 六親不和有孝慈 國家昏亂有忠臣.

'대도는 숨어버렸다(隱)'라고 표현한데 비해, 노자는 '대도가 없어졌다(廢)'고 표현합니다. 좀 더 거센 표현입니다.

'내 것'과 '네 것'을 구별하지 않는 가족공동체 같은 대동사회, 즉 대도가 행해지는 세상이라면 '인의(仁義)'라는 개념도 규범도 그 필요가 제기되지 않았을 것이고, 부자(父子)와 형제(兄弟)와 부부(夫婦)가 화목하다면 효도니 자애니 하는 윤리 규범을 굳이 가르칠 일이 없으며, 나라가 평화롭게 잘 꾸려져 나간다면 충신이니 간신이니 구분할 필요도 없을 거라는 겁니다. 결국 인의가 없고, 효도와 자애가 없고 충신이 없는, 다시 말해 대도가 무너진 세상이 되었으니 애써 인의의 규범과 정치적 법제를 만드는 인위를 하게 되었다는 것이고, 그런 인위로 인하여 우리는 대도에서 더욱더 멀어지게 되었다는 것입니다.

어떤 길로 가야하는가

그러면 이 난국을 어떻게 해야 하는가? 인의의 규범을 세워 윤리적 기준을 확립하고, 생산력을 높여 백성을 풍족하게 하고, 정치적 질서를 바로잡아 사회를 안정시키는 것 등의 방안이 문득 떠오릅니다. 그런데 노자는 생각이 다른 것 같습니다. 그는 이렇게 말합니다.

> 성인(聖人)을 내세우지 않고 분별지(智)를 버리면 백성의 이익이 백배로 늘어날 것이요, 인(仁)을 끊고 의(義)를 버리면 백성은 자애와 효성을 회복할 것이다. 교묘한 기술(巧)을 끊고 이익(利)을 버리면 도적이 없어질 것이다.[21]

성인을 내세워 본받고자 하는 것도, 분별지를 사용하여 선악과 시비를 가르고 계층 간의 질서를 잡는 사회시스템을 세우는 것도, 인의의 윤리적 도덕을 수립하는 것도, 기술을 발전시키고 물산을 풍부하게 하여 이익을 도모하

---

21) 『도덕경』 19장. 絶聖棄智 民利百倍 絶仁棄義 民復孝慈 絶巧棄利 盜賊無有. 此三者以爲文不足 故令有所屬 見素抱樸 少私寡欲

는 것도 모두 방법이 아니라는 것입니다. 오히려 그것을 모두 끊어내고 버려야만 된다고 노자는 주장합니다. 노자는 왜 이런 말을 하는 것일까요?

본받아야 할 완벽한 인격으로 성인(聖人)을 내세우고, 이를 본받아 인간세계를 인의(仁義)의 도덕으로 이끌어나가고자 한 것은 공자와 맹자의 유학입니다. 하늘의 뜻에 따라 도덕을 세우고, 특정한 가치를 세계의 본질로 고정하여 '마땅히 어떠어떠해야 한다'라는 당위적 규범을 만들어냅니다. 그러나 노자의 시각에서 볼 때 이런 것은 근본적인 해결책이 되지 않습니다. 이미 대도가 사라지고 인간의 자연성이 가려진 상태에서 이런 식의 해법은 '일시적인 수습'에 불과하며 결과적으로 계속 생겨나는 부작용을 다시 수습해야 하는 악순환에 빠지게 될 것이라 보았습니다.

물론 노자가 인의예지의 가치 자체를 배격되어야 하는 악으로 본 것은 아닙니다. 그러나 이미 인의예지를 세워야 할 만큼 자연성이 상실된 상태에서 기존의 왜곡된 사회질서를 고수하기 위해 도구화된 타율적인 가치질서를 세우는 것 자체는 무용할 뿐 아니라 인간을 다시 옥죄는 결과를 가져올 뿐이라고 본 것 같습니다.

예를 들어 유학은 '하늘은 이러저러한 도덕성을 갖추었으므로 지도자는 이를 본받아 인간세계를 도덕적으로 이끌어나가야 한다'라고 말합니다. 이것은 도덕은 하늘의 뜻이기 때문에 거역할 수 없다는 생각으로 고정되는데, 이런 시도는 필연적으로 인간의 삶을 굴절시킵니다. 당위적 규범 이외의 것은 부정되거나 규제되고 나아가 죄악시됩니다. 이런 지배적인 가치관이나 이념에 적응하지 못하는 인간의 경우에 선택할 수 있는 길은 세 가지뿐입니다. 비정상적인 아웃사이더처럼 세상의 구경꾼으로 살거나, 패배자가 되어 낙오자로 살거나, 아니면 짧은 다리를 억지로 늘려 학의 흉내를 내는 오리가 되는 것입니다. 어떤 길이든 자연성을 더욱더 왜곡할 뿐이지요.

또 기술을 발전시키고 생산력을 늘려 물산을 풍부하게 하는 것 역시 근본해결책은 아닙니다. 물질적 생산력의 제고는 오히려 인간의 잠재적 욕망을 필요 이상으로 증폭시키는 역할을 합니다. 그리하여 더 많이 소유하기 위한 쟁탈이 벌어지고 힘과 지략에 의한 투쟁의 승부에서 빈익빈부익부는 더욱 심화합니다. '천하에 꺼리고 피해야 하는 것이 많을수록 백성은 더욱 가난해지고, 백성에게 이로운 기구가 많아질수록 백성은 더욱 혼란스러워지며, 법령이 세밀할수록 도적이 많아진다'[22]라고 본 노자의 견해는 바로 이런 생각을 보여줍니다.

대도(大道)로 회귀하라

그러면 어떻게 해야 하는가? 노자가 보기에 이런저런 해법들은 악순환의 소용돌이 속에서 벗어나지 못한 고민에 불과합니다. 이런 소용돌이에 갇혀 해법을 만들어봤자 결국 유위(有爲)를 늘려 대위(大僞)로 귀결될 뿐입니다. 소용돌이 밖으로 나와야 합니다. 노자는 이렇게 말합니다.

> 현능을 높이지 않아야 백성이 다투지 않게 되고, 얻기 어려운 재화를 귀하게 여기지 않아야 백성이 도둑질하지 않는다. 욕심나는 것이 보이지 않아야 백성의 마음을 혼란스럽게 하지 않을 수 있다.[23]

말하자면 잘나고 훌륭한 사람, 귀한 물건, 욕심나는 것 등을 높이면 모두 그것을 선망하고 그렇게 되기 위해, 차지하기 위해, 소유하기 위해 다투고, 훔치고, 마음을 어지럽히게 된다는 것입니다. 마치 루소의 '악의 기원설'을 보는 듯합니다. 루소는 사회악의 근원을 마을 축제에서 찾았습니다. 축제 때 잘나고 훌륭한 자가 인기를 누리고 관심을 받자 이를 본 사람들의 마음에 질투심이 끓게 되고, 그 질투심의 발효가 결국 모방심을 조장하여 인간 사이에 불평등을 낳는 데서 사회악이 성립했다는 것입니다.[24]

존숭하는 대상이나 가치의 존재가 사람들을 분발시키고 경쟁시키고 성취

---

22) 『도덕경』 57장. 天下多忌諱 而民彌貧 民多利器 國家滋昏 人多伎巧 奇物滋起 法令滋彰 盜賊多有.
23) 『도덕경』 3장. 不尙賢 使民不爭 不貴難得之貨 使民不爲盜 不見可欲 使民心不亂.
24) 『사유하는 도덕경』, 81쪽 참조.

하게 하는 것은 사실이지만, 그것이 인간사회에 드리운 어두운 그림자는 결과적으로 자연성을 파괴하고 인간을 불행하게 한다는 것입니다. 마치 도덕적(존재적)으로 타락하는 것보다 역사적 발전(문명)을 포기하는 것이 낫다고 본 루소처럼[25] 노자는 이런 악순환의 고리를 끊어낼 것을 권합니다. 과감하게 악순환의 고리 자체를 끊어내고 집으로 돌아가는 것, 즉 대도로 회귀하는 것이 가장 근본적인 해법이라고 노자는 본 듯합니다.

인간은 자연의 일부이면서 자연 속에서 적응해가며 살아가는 존재입니다. 그런데 생존을 위해 자연과 맞서는 과정에서, 그 인간 행위의 어디까지가 자연에 순응하는 자연적 행위이고 어디서부터가 자연에 어긋나는 조작적 행위인가의 문제에 부딪히면 우리는 다시 혼란을 경험하게 됩니다. 그런데 노자는 일단 자신을 따라와 보라고 합니다. 일단 집으로 돌아가 보자고 말합니다.

이제 우리는 길을 잃고 헤매던 상황을 끝내고 오던 길을 되짚어 집으로 돌아갈 차례입니다. 대도(大道)라는 집으로 우리는 어떻게 돌아갈 것인가? 다음 강에서 이 문제를 더 살펴보겠습니다.

---

25) 『물학 심학 실학』, 52쪽 참조

제11강

노자(2)

극단적 자연주의의 이상: 소국과민

인류의 역사는 어떤 면에서 참 아이러니합니다. 늘 악(惡)을 규탄하고 선(善)을 세운다는 사람들이 세상을 이끌지만 언제나 악이 넘치고 선은 위축되어 보입니다. 기록으로 전해지는 2천 년 인류 역사 내내 생각이 있다는 지사(志士)나 철인(哲人)들은 언제나 세상을 말세라고 한탄하며 술잔을 기울이거나, 불의에 저항하여 싸웠지만 악은 모양을 달리해가며 세상에 찬연히 모습을 드러내는 듯 보입니다.

어찌 보면 악도 선도 인간이 세운 가치에 의해 만들어진 관념일 뿐 실체가 없을지도 모릅니다. 누군가의 눈에는 선인 것이 다른 누군가의 눈에는 악으로 비칠 수도 있습니다. 불교에서는 인간세상을 진토(塵土)라 했고, 옛 선비들은 홍진(紅塵)이라고 했습니다. 어차피 세상에 먼지는 날리게 되어 있습니다. 먼지로 된 세상에서 먼지를 모두 없애겠다는 발상은 어리석고 헛된 열정일지도 모르겠습니다. 그러므로 '먼지인 것'과 '먼지 아닌 것'을 나누는 것, 예컨대 인(仁)과 불인(不仁)을 나누고 의(義)와 불의(不義)를 나누고, 이(利)와 불리(不利)를 나누어 그것에 가치서열을 매기는 것, 즉 어떤 사태나 실상에 대해 정의하고 개념화한 후 가치를 구분하고 차별하는 것은 가능하지 않은 일인지도 모릅니다.

어떻게 집으로 갈 것인가

노자는 세상을 선악의 대결장도 아니고, 손익(損益)의 대결장도 아니라고 보았습니다. 선악과 손익 모두 인간의 욕망으로 만들어진 가치이며 유위이기 때문입니다. 그러므로 우리 인간들에게는, 이 모든 유위(有爲)를 중지하고, 본래의 자연성인 무위(無爲)로 회귀하는 것, 이것이 최선이라고 노자는 생각했던 것 같습니다. 여타의 사상가들이 세상이라는 현장의 한복판에서 각자 자신의 진단과 처방의 '옳음'을 내세우며 자신의 '옳음'으로 다른 자의 '옳음'을 이겨야 한다고 주장할 때 노자는 세상이라는 현장에서 한발 물러나 '본래의 집', 우리가 태어난 집으로 돌아갈 것을 권하는 것입니다. 그러면 어떻게 돌아갈 것인가? 일단 자연의 도를 본받으라고 합니다.

> 사람은 땅을 본받고(人法地), 땅은 하늘을 본받고(地法天), 하늘은 도를 본받고(天法道), 도는 자연을 본받는다(道法自然).[1]

사람과 땅과 하늘과 도가 연쇄적으로 본받아야 하는데, 그 궁극에 자연이 있습니다. 노자는 인간이 생각할 수 있는 것 가운데 가장 이상적인 것이 자연의 질서, 곧 대도라고 보았습니다. 그렇기에 인간을 포함한 모든 존재는 '도'라고 표현된 자연 질서를 따르지 않을 수 없습니다. 이런 면에서, 노자는 춘추전국시대의 혼란은 인간의 자연성 상실로 인한 투쟁에서 비롯되었으며, 자연성의 상실은 위정자들의 유위와 욕망 과잉에서 비롯된 것으로 진단했습니다. 따라서 모든 인위적인 문명을 걷어내고 자연성으로 회귀할 때 비로소 인간도 본래의 자연성을 회복할 수 있다는 것입니다. 그래서 노자의 주요 관심사는 어떻게 하면 자연 질서 속에서 이상적 사회질서를 도출해낼 수 있는가에 있습니다. 그런데 그 과정에서 노자가 사용한 방법이 흥미롭습니다. 그는 이렇게 말합니다.

> 문밖을 나서지 않아도 천하를 알고, 창밖을 내다보지 않아도 천도를 본다. 멀리 나갈수록 알 수 있는 것이 적어진다. 그러므로 성인은 나가지 않고도 알고, 보지 않고도 이름을 알며, 유위하지 않고도 일을 이룬다.[2]

---

1) 『도덕경』 25장. 人法地 地法天 天法道 道法自然.
2) 『도덕경』 47장. 不出戶 知天下 不闚牖 見天道. 其出彌遠 其知彌少. 是以聖人不行而知 不見而名不爲而成.

264 장자, 제자백가를 소요하다

천하를 알고 천도를 보는 데 문을 열고 나갈 필요도 없고 창을 열고 밖을 내다볼 필요도 없다고 합니다. 무슨 말인지 언뜻 이해되지 않습니다. '우주가 곧 내 마음이요, 내 마음이 곧 우주(宇宙卽吾心 吾心卽宇宙)'라고 한 육상산(陸象山, 1139~1192)의 말처럼, 어찌 보면 도가 마음 바깥에 있는 것이 아니라 마음 안에 있으니 내면의 도와 덕을 찾으라는 뜻으로 보이기도 합니다. 그런데 노자가 이런 의미로 말했는지 좀 석연치 않습니다. 그렇게 보기에는 노자에게 정치적 담론이 지나치게 많기 때문입니다. 좀 다른 해석의 가능성을 찾아볼 필요가 있습니다.

노자는 주나라 왕실의 사관, 즉 문서관리 책임자였다고 사마천은 전합니다. 사관이란 지난 역사의 사건들을 정리하고, 그것으로부터 어떤 법칙이나 흐름을 도출하여 기록하는 사람들입니다. 그런데『한서』「예문지」에 흥미로운 기록이 있습니다. 이 기록에 따르면, 학파로서의 도가(道家)는 바로 이들 사관으로부터 비롯되었다고 합니다.

> 도가의 류(流)는 대체로 사관(史官)들에게서 나왔다. (그들은) (역사의) 흥성과 패망, 존속과 쇠망, 재앙과 복록 등 옛날부터 지금까지의 도(道)를 낱낱이 기록한 후에 그 요체와 근본이 청허(淸虛)로 자신을 지키고 비약(卑弱)으로 자신을 보존했음을 알게 되었다. 그리하여 이것이 군주가 남면하는 술(術)이자, 요임금이 선양할 수 있었던 도(道)와 합치된다고 여겼다.[3]

구체적인 역사적 사실에서 일정한 흐름을 끌어내고, 추상화의 방법을 통해 역사법칙을 도출해낸 결과 '자신을 지키는(自守)' 방법은 청허(淸虛)이고, '자신을 보존하는(自持)' 방법은 비약(卑弱)임을 알았으며, 그것이 곧 군주의 통치술이고, 요임금이 행했다는 이상적인 정치의 도(道)라고 보았다는 것입니다. 사실 노자가 사유하는 데 일차적 자료로 사용한 것은 바로 역사의 장

---

[3] 『한서』「예문지」 제3편 제자략(諸子略) 도가(道家). 道家者流 蓋出於史官 歷記成敗存亡禍福古今之道 然後知秉要執本淸虛以自守 卑弱以自持 此君人南面之術也 合於堯之克攘.

구한 흐름 속에서 벌어진 수많은 정치적 역사적 사건들에 관한 자료일 가능성이 가장 큽니다. 도가도비상도(道可道非常道)로 시작하는 도덕경 1장부터의 내용은 마치 순수한 사유를 통해 자명하게 그 도가 현시되는 듯, 도를 과장하고 신비화하고 있는 느낌을 줍니다. 그래서 더 접근하기가 어렵습니다. 하지만 위의 기록에 근거해보면 노자의 사유가 일정한 자료를 바탕으로 내성(內省)의 방법을 통해 그 속에서 합법칙적인 어떤 점을 이끌어냈을 가능성이 큽니다. 물론 「예문지」의 자료에만 절대적으로 의존할 수는 없지만 그 단초를 찾아볼 수는 있는 것이지요.

'문을 나서지 않아도 창밖을 내다보지 않아도 된다는 것'에는 감각적인 세계에 대한 감각적 경험을 통해서는 세상의 법칙을 알 수 없다는 함의가 담겨 있습니다. 노자는 이런 말을 합니다.

> 오색은 사람으로 하여금 눈멀게 하고 오음(五音)은 사람으로 하여금 귀 멀게 하며, 오미(五味)는 사람으로 하여금 입을 버리게 하고, 말을 몰고 다니면서 사냥하는 것은 사람의 마음을 미치게 한다. 이 때문에 성인은 배를 위하고 눈을 위하지 않는다. 그러므로 저것을 버리고 이것을 취한다.4)

눈으로 아름다운 것을, 귀로 아름다운 소리를, 입으로 아름다운 음식을 추구하는 것, 그리고 몸으로 신나는 사냥을 즐긴다는 것은 달리 말하면 외적 대상을 소유하고자 하는 욕망을 충족시키려는 것입니다. 그런데 그런 감각적 욕망을 채우려는 행위는 결국 눈멀고 귀 멀고 입을 버리고 마음을 미치게 하는 것으로 끝난다고 노자는 말합니다. 그러므로 성인은 '배를 위하고 눈을 위하지 않는다'라고 한마디로 압축해버리는데, 이는 외적 대상을 향한 욕망에 이끌리지 않고, 무위적 자연의 삶(배) 자체를 영위해야 한다는 것입니다. 그리고 이것은 '나'와 '대상'을 둘로 나누어 '나'가 '대상'을 장악하고자 하는

---

4) 『도덕경』 12장. 五色令人目盲 五音令人耳聾 五味令人口爽 馳騁田 獵令人心發狂 難得之貨令人行妨. 是以聖人爲腹不爲目 故去彼取此.

유위를 거부하는 데에서 출발합니다. 대상에 이끌릴수록, 나아가 그것을 장악하고자 유위하게 될수록 '무위'로부터 멀어지게 되기 때문입니다. 유위란 세계를 목적을 가지고 바라보는 관점이고, 그 목적에 따라 세상을 만들어 나가려는 시도입니다. 그러므로 '저것을 버리고 이것을 취해야 한다(去彼取此)'라고 노자는 말합니다. 『도덕경』에는 '거피취차'라는 말이 세 번에 걸쳐(12장, 38장, 72장) 구절 맨 마지막에 나오는데, 대체로 그 의미는 유위의 길을 버리고 무위의 도를 취한다는 것입니다.

요컨대, 노자는 면면히 이어진 역사의 사건들을 살피다가 어떤 일정한 흐름을 보았고, 그것을 통해 어떤 보편적 원인으로서의 법칙이라 할 만한 것을 발견하여 그것을 도라고 이름했고, 그 도의 내용이 '무위'였던 것이 아닌가 합니다. 그렇게 보면 『도덕경』 내용의 상당 부분에 정치적 색채가 드리워진 까닭도 이해가 됩니다. 노자는 『도경』의 마지막인 37장에서 이렇게 외칩니다.

> 도는 언제나 무위(無爲)하지만 무불위(無不爲)하다. 제후와 군주들이 이 도를 지키면 만물이 저절로 화(化)할 것이다.[5]

말하자면 노자는 군주들을 향하여 자기 말대로 '무위'의 통치를 해보라, 그러면 안 되는 일이 없을 것이고, 모든 일이 저절로 달라질 것이다, 라고 큰소리치는 것입니다. 문밖에 나가지 않고 내성(內省), 곧 순수한 사유의 방법을 통해 세상의 법칙, 자연의 법칙을 터득하면 그 법칙으로 이상적인 삶을 영위하고 이상적으로 세상을 통치할 수 있다고 노자는 생각한 것 같습니다. '도를 얻은 성인은 다니지 않아도 알고(不行而知), 보지 않고도 그 이름을 알며(不見而名), 하지 않아도 이룬다(不爲而成)'[6]라고 말한 까닭도 바로 여기에 있는 듯합니다. 그래서인지 노자는 장자와 달리 '어떤 목적지'를 향해 갑니

---

5) 『도덕경』 37장. 道常無爲而無不爲 侯王若能守之 萬物將自化.
6) 『도덕경』 47장. 是以聖人不行而知 不見而名 不爲而成.

다. 근원지, 즉 도를 향해 갑니다.

도(道)를 배우고 덕(德)을 기르라

이제 우리는 노자가 말하는 도를 배우고 덕을 기르는 길을 살필 차례가
되었습니다. 노자는 이렇게 말합니다.

> 도는 만물을 낳고 덕은 만물을 길러낸다. 그리하여 만물이 형체를 이루고 기운
> 이 성장한다. 그러므로 만물이 도를 높이고 덕을 귀하게 여기지 않을 수 없다.
> …… 도는 만물을 낳지만 소유하지 않고 작용하지만 기대려 하지 않고 기르지
> 만 지배하려 하지 않는다. 이를 일러 현덕(玄德)이라 한다.[7]

도는 만물을 낳고 기른 어머니입니다. 바로 근원입니다. 노자는 바로 이
어머니로서의 '도'를 회복하고자 합니다. 어머니로서의 도를 회복하면 만물
은 모두 한 어머니의 자식이 됩니다. 그러므로 '집으로 간다'라는 것은 곧 어
머니로서의 도를 회복하는 것입니다. 노자는 그 도를 본받아 얻어야 하는 능
력이 바로 현덕(玄德)이라고 말합니다.

노자는 자연의 도를 본받아 그것을 인간의 질서로 전환하고자 합니다. 그
렇기에 『도덕경』의 구절은 대체로 자연의 도와 덕이 '이러이러하니' 성인도
'이러이러하다'라고 되어 있습니다. 만물을 낳고 기른 어머니로서의 도는,
낳지만 소유하지 않고 작용하지만 기대려 하지 않으며, 기르지만 지배하려
고 하지 않습니다. '낳고 작용하고 기르는 것'은 무위의 자연입니다. 이에 반
해 '소유하고 기대고 지배하는 것'은 유위적 욕망입니다.

집으로 돌아가기 위해서 우리는 현덕을 길러야 하는데, 현덕의 요체는 유
위를 버리고 무위로 가는 것입니다. '현(玄)'이란 '가물가물한 것'입니다. 눈
에 잘 보이지도 손에 잘 잡히지도 않아서 있는 것 같기도 하고 없는 것 같기

---

7) 『도덕경』 51장. 道生之 德畜之 物形之 勢成之. 是以萬物莫不存道而貴德. 道之尊 德之貴 夫莫之命而常
   自然. 故道生之 德畜之長之 育之 亭之 毒之 養之 覆之. 生而不有 爲而不恃 長而不宰 是謂玄德.

도 한 그런 것입니다. 그러니 '현덕'은 튀는 능력, 내세우는 능력이 아니라 있는 듯 없는 듯 그렇게 갖춰진 '그윽한 덕'입니다. 노자는 『덕경』 첫머리인 38장에서 이런 말을 합니다.

> 상덕(上德)은 부덕(不德)하니, 이로써 덕이 있고, 하덕(下德)은 덕을 드러내려 하므로 이로써 덕이 없다. 상덕은 무위하니 작위함이 없고 하덕은 유위하니 작위함이 있다.[8]

자연은 자신의 덕을 드러내지 않습니다. 태양이 만물을 비추고 땅은 생명을 기르지만 그 덕을 내세우지 않는 것처럼, 우리 인간도 무위의 자연성에 따라 살되, 그 덕을 드러내지 않아야 한다는 것입니다. 그리고 이어서 이런 말을 합니다.

> 상인(上仁)은 유위하나 작위하지 않고, 상의(上義)는 유위하면서 작위함이 있다. 상례(上禮)는 유위하고 거기에 응하지 않으면 곧 팔을 내밀어 따라오게 한다. 그러므로 도를 잃은 후에 덕이 나타나고 덕을 잃은 후에 인이 나타나며 인을 잃은 이후에 예가 나타난다.[9]

어떤 면에서 노자는 덕에 서열을 매기는 듯 보이기도 합니다. 상덕은 무위의 덕이니, 도의 덕 즉 자연의 덕입니다. 이에 비해 작위하는 덕, 당위적 준칙을 갖는 덕은 하덕입니다. 노자는 유가를 비롯한 제자백가 일체를 이 하덕에 배치하고 있습니다. 하덕 가운데서도 그나마 가장 나은 것이 인(仁)이요, 그다음이 의(義)이며, 가장 낮은 덕이 예(禮)입니다. 인의예지의 덕이 아무리 높아도 결국 자연의 무위에서 한참 멀어진 유위의 덕이라는 것이지요. 그런 면에서 유위에서 멀어질수록 현덕에 가깝게 됩니다. 노자는 이런 말도

---

8) 『도덕경』 38장. 上德不德 是以有德 下德不失德 是以無德. 上德無爲而無以爲 下德爲之而有以爲.
9) 『도덕경』 38장. 上仁爲之而無以爲 上義爲之而有以爲上禮爲之而莫之應 則攘臂而扔之. 故失道而後德 失德而後仁 失仁而後義 失義而後禮. 夫禮者 忠信之薄而亂之首. 前識者 道之華 而愚之始.

합니다.

> 최상의 (통치는) 백성이 통치자가 있다는 것만 아는 것이고, 그다음은 통치자
> 를 가까이 여기고 칭찬하는 것이고, 그다음은 통치자를 두려워하는 것이고, 가
> 장 나쁜 것은 통치자를 모욕하는 것이다.10)

앞서 격양가를 부른 노인의 말에 등장한 요임금 시대는 통치자가 누구인
지 상관하지 않을 정도의 태평성대였습니다. 말하자면 최고의 통치는 통치
자가 있다는 것 정도만 아는 것이지요. 바로 무위지치입니다. 그다음의 통치
로 든 친애하고 기리는 다스림은 바로 유가의 덕치를 말하겠지요. 그리고 그
다음, 통치자를 두려워하는 다스림, 이것은 다름 아닌 법치입니다. 덕을 상
덕과 하덕으로 나누고, 통치의 수준에 상하를 나누는 노자의 기준에서 볼 때
유위 쪽으로 더 나아간 순자와 한비자의 사상이 가장 낮은 덕에 가장 낮은
통치에 속하게 됩니다.

그러면 노자가 말하는 '저것을 버리고 이것을 취한다(去彼取此)'에서 '차
(此)'에 해당하는 무위의 덕과 무위의 치(治)는 어떤 내용과 모양을 하고 있
는지 살펴볼 차례입니다.

무위의 집-유위 벗어버리기

『도덕경』 전체에서 노자의 어조를 보면, 그는 춘추전국시대의 혼란한 세
상을 과감히 뜯어고치겠다는 결의가 그다지 강하게 나타나지 않습니다. 오
히려 노자는 '무위의 집'을 떠나 혼란을 겪고 있는 인간들에게 세상을 보는
마음의 병을 고칠 것을 권하는 것 같기도 합니다. 사실 붓다도, 예수도, 소크
라테스도 현실정치에 참여하거나 개입한 적이 없습니다. 그런 면에서 보면,
이 스승들은 세상에 대한 구원은 현실의 구조를 혁파하거나 개조하려는 인

---

10) 『도덕경』 17장. 太上下知有之. 其次親而譽之. 其次畏之. 其次侮之.

간의 적극적인 작위나 의지로 이루어지는 것이 아니라고 여긴 듯하고, 노자는 더 나아가 그런 방향에서 행해지는 인간의 유위는 세상을 편하게 하기는 커녕 더 어렵게 만들어놓는다고 본 것 같습니다.

그러므로 모든 유위는 무위의 집으로 돌아가는 것만 못합니다. 그리고 무위의 집으로 돌아가기 위해서는 무위의 덕을 쌓고 기르고 행해야 합니다. 무위는 자연의 있는 그대로의 모습이자 운행원리입니다. 노자는 먼저 인간의 가치와 해석이 개입되기 이전의 세계, 즉 무위의 세계에 대해 이렇게 말합니다.

> 연관되어 얽혀 이루어진 세상이 있으니(有物混成), 하늘과 땅(天地)이 생기기 이전부터 있었다. 고요하고 형체도 없이 홀로 있으나 두루 미치지 않는 곳이 없으니 가히 천하의 어머니라고 할 수 있다. 그 이름을 알 수 없으니 도(道)라고 해본다. 억지로 크다(大)고 이름 붙여본다.[11]

자연은 만물이 서로 연관되어 운행되는 세상, 즉 '있는 그 자체'입니다. 자연은 누가 주관하는 것도 아닌데 저절로 그렇게 존재합니다. 태양과 달이 운행하고, 바람 불고 비 내리며, 땅에서 생명이 자랍니다. 나무는 광합성을 하여 산소를 내놓고 동물들은 그 산소로 호흡하며 이산화탄소를 내놓습니다. 아무 소리도 없이 이루어지는 자연의 운행은 이렇다 할 형체를 갖고 있지 않지만 세상에 존재하는 삼라만상이 이렇게 저렇게 얽혀 주고받으며 생명을 유지하고 존재합니다. 노자는 바로 이렇게 '혼성유물(混成有物)'의 자연을 '천하의 어머니'라고 보고 '도'라고 이름을 붙입니다.

그러면 하늘과 땅보다 먼저 있었다는 '도'는 무엇을 의미하는 것인가? 무언가 먼 시원을 의미하는 것처럼 신비한 느낌을 주는 이 말은 실상 그리 거창한 것이 아닙니다. '하늘'이니 '땅'이니 하는 것은 사람들이 붙인 이름입니다. '하늘'이라 이름하니 '하늘'이 되었고, '땅'이라 이름하니 '땅'이 된 것입

---

11) 『도덕경』 25장. 有物混成 先天地生.

니다. '천지보다 먼저 있었다'라는 것은 인간이 하늘이라 이름하고 땅이라 이름하기 이전부터 자연과 자연의 운행은 있어 왔다는 것, 즉 인간의 관념이 자연에 적용되기 이전부터 이 세계는 자기 실상을 드러내며 자연으로 존재해왔다는 것입니다.

이런 '있는 그 자체'의 자연에 인간은 '천지'라는 이름을 붙여 자신의 인식범주에 넣습니다. 말하자면 인간의 인식과 개념화가 진행되는 것입니다. 그리고 이러한 이름짓기는 나아가 의미 부여하기, 가치서열 매기기 등으로 향해 갑니다. 자연은 아무 말도 하지 않았고 아무런 주장도 하지 않지만 인간은 거기에 '가치'를 부여하고 그 가치에 스스로 묶입니다.

이어 노자는 이렇게 말합니다.

> 그러므로 도는 크고, 하늘도 크고, 땅도 크고, 사람도 크다. 세상에는 네 가지 큰 것이 있다. 그 가운데 하나가 사람이다. 사람은 땅을 본받고, 땅은 하늘을 본받고, 하늘은 도를 본받고, 도는 자연을 본받는다.[12]

'크다'는 것은 중요하다는 의미입니다. 스스로 그렇게 존재하는 것이 자연이고, 그 자연을 도라 이름한 것은 노자이고, 천지라 이름한 것은 인간입니다. 그러므로 이 네 가지 존재는 모두 자연입니다. 이 네 가지 중요한 존재들은 궁극적으로 자연을 본받아야 한다는 것입니다.

그런데 유독 인간만이 자연에 '천지'라고 이름 붙이는 식으로 연속적인 무위의 자연을 쪼개고 분절하여 인식합니다. 말하자면 개념화하고 가치를 매기려 듭니다. 노자는 이렇게 말합니다.

> 세상이 모두 아름답다고 하는 것을 아름답게 여기는 것은 아름답지 않은 것이고, 세상이 모두 선하다고 하는 것을 선하게 여기는 것은 선하지 않은 것이다. '있는 것'과 '없는 것'은 상대적으로 생기고, '어려운 것'과 '쉬운 것'은 상대

---

12) 『도덕경』 25장. 天大 地大 王亦大. 域中有四大 而王居其一焉. 人法地 地法天 天法道 道法自然.

적으로 이뤄지며, '긴 것'과 '짧은 것'은 상대적으로 성립하며, '높고 낮은 것'은 상대적으로 계량한 것이고, 음성(音聲)과 전후(前後)도 관계 속에서 상대하여 나온 것이다.13)

여기에 선이 하나 있다고 합시다. ① ─

이 ①번 선을 짧다고 할까요, 길다고 할까요? 길다고도 짧다고도 할 수가 없습니다.

하지만 ① ───────── ② ───

이렇게 ①번 선과 ②번 선을 비교하면 어떻습니까? ①번 선이 ②번 선보다 길다고 할 수 있습니다.

① ───────── ② ─── ③ ─────────────

여기에 ③번 선을 더하면 어떻습니까? ①번 선은 ②번 선보다 길고 ③번 선보다 짧다고 할 수 있습니다. 달리 말하면 ①번 선은 그 자체로는 짧음도 긺도 아니지만, 동시에 짧음과 긺을 동시에 포함하고 있습니다. 그 자체가 이중성을 안고 있으니, 무엇을 상대로 하여 규정하느냐에 따라 달라진다는 것입니다.

이렇게 절대적으로 길고 짧은 것이 있지 않은 것처럼 선도 악도, 미(美)도 추(醜)도 그 자체로 선악이나 미추가 있는 것이 아니라 서로 상대적으로 성립합니다. 관점에 따라 상황에 따라 필요에 따라 선이 악이 되기도 하고 악이 선이 되기도 하고, 미가 추가 되기도 하고 추가 미가 될 수도 있습니다. 선이 악을 품고 있고 악이 선을 안고 있다는 것입니다. 도덕주의를 내세운다고 해서 도덕적인 것이 아니듯, 아름다운 명분을 내세운다고 해서 아름다운 것이 아닙니다. 세상에 대한 인간의 상대적인 시선을 자각하는 것, 스스로 이분법적으로 세상을 보고 있음을 아는 것, 그리하여 그 이분법적 인식의 한계를 아는 것이 중요하다는 말입니다. 노자는 이어서 이렇게 말합니다.

---

13) 『도덕경』 2장. 天下皆知美之爲美 斯惡已 皆知善之爲善斯不善已. 故有無相生 難易相成 長短相較 高下相傾 音聲相和 前後相隨.

그러므로 성인은 무위의 일(無爲之事)에 처하고 불언의 가르침(不言之敎)을 행한다.14)

세상에 인간의 눈에 의해 인식되고 해석된 어떤 것도 유위를 벗어나지 못한다는 것입니다. 자연을 그대로 본받는 성인은 자연이 무위하듯 무위에 처하고, 자연이 아무 말도 하지 않으면서 삼라만상의 생명을 펼치듯 성인도 불언의 가르침을 행한다는 말입니다. 무위가 '아무것도 안 하고 엎드려 있는 것'이 아닌 것처럼, '불언(不言)' 역시 입 다물고 아무 말도 안 하는 것은 아닙니다. 일종의 수사(修辭)적 장치입니다. 말이라는 행위는 일종의 선택 행위입니다. 자연에 천지라는 이름을 붙인 것처럼, 자신의 가치에 부합하는 것을 선이나 미로, 그렇지 않은 것은 불선이나 추(醜)로 이름합니다. 즉, 말하기에는 이미 '이분법적인 택일'이 내장되어 있습니다. 대상을 향한 어떤 말 속에 시와 비, 장과 단, 선과 악, 미와 추를 동시에 표현할 수는 없습니다. 칭송의 말에 비난을 담기 어렵고 비난의 말에는 칭송을 담기 어렵습니다. 선과 악을 동시에 담을 수도 없습니다. 그러나 존재의 실상은 선도 악도 아닙니다. 선악은 인간의 상대적 가치와 판단에 기초한 말을 통해 일시적으로 드러나는 것일 뿐 실상이 아닙니다. 빛이 그림자 없이 자신의 존재를 드러낼 수 없는 것처럼, 말 역시 인간 택일적 표현에서 벗어나기 어렵다는 것을 노자는 '불언'이라는 말로써 강조하려 한 듯합니다.

그러면 어떻게 무위에 도달할까요? 무위에 이르는 방법은 무엇일까요? 무위는 따로 있는 것이 아닙니다. 유위를 덜어내고 또 덜어내고 하는 과정을 통해서 도달하는 것입니다. 그는 이렇게 말합니다.

배우는 것은 나날이 늘려가는 것이지만(爲學日益), 도를 행하는 것은 나날이 덜어내는 것이다(爲道日損). 덜고 또 덜어서 무위에 이른다. 무위하지만 하지 못 하는 것이 없다.15)

---

14) 『도덕경』 2장. 是以聖人處無爲之事 行不言之敎.

유위적 사유를 덜어내고 유위적 행위를 덜어내고 유위적인 말을 줄이라는 것, 이것이 노자가 권하는 공부의 방법입니다. '덜고 또 덜어내면서 무위에 이른다는 것'인데, 흥미로운 것은 '무위하면 하지 못하는 일이 없다'라고 하는 것입니다. 말하자면 노자가 보는 무위의 공능(功能)입니다. 이런 무위를 행하기 위해 우선으로 노력해야 하는 것은 '억지를 부리지 않는 것'입니다. 노자는 이런 말을 합니다.

> 발돋움하고는 (오래) 설 수 없고, 큰 걸음으로는 (멀리) 갈 수 없다. 드러내는 사람은 현명하지 못하고, 자기가 옳다는 사람은 돋보이지 않으며, 한 일을 자랑하는 사람은 공이 없고 스스로 뽐내는 사람은 훌륭해질 수 없다. 이런 것들은 도가 있는 사람에게는 먹다 남은 밥덩이요, 군더더기로 붙어 있는 혹덩이이다. …… 도 있는 사람은 그렇게 하지 않는다.16)

노자가 본 억지의 종류들입니다. 남보다 더 뛰어나려고 돋보이려고 앞서 오르려고 하는 것 등의 모든 행위가 억지입니다. 억지는 오래가지 못하고, 오히려 그것 때문에 힘들어집니다. 자기를 드러내 보이는 것이 억지요, 자기만 옳다고 주장하는 것이 억지요, 자기 공을 내세우는 것이 억지요, 능력이나 지식을 과시하는 것이 억지입니다. 말하자면 남을 의식하고 남을 지배하려는 모든 행위가 억지입니다. 그것은 '나'가 아닌 '남'을 향한 삶이고 그렇기에 '억지'의 삶입니다. 자연이 아닙니다. 재물이나 권력 명예 이런 것들은 자연에서 보면 밥찌꺼기요, 혹덩이라는 것입니다. 어리석은 것에 삶을 낭비하는 것입니다.

---

15) 『도덕경』 48장. 爲學日益 爲道日損. 損之又損 以至於無爲 無爲而無不爲.
16) 『도덕경』 24장. 企者不立 跨者不行 自見者不明 自是者不彰 自伐者無功 自矜者不長. 其在道也 曰餘食贅行 …… 故有道者不處.

상선약수(上善若水) 그리고 화광동진(和光同塵)

노자가 권하는, 유위를 걷어낸 무위의 덕에 가장 근접해 있는 것은 '물'입니다. 여기 그 유명한 구절이 나옵니다.

최고의 선은 물과 같다. 물은 만물을 이롭게 하면서도 다투지 않으며, 남들이 싫어하는 곳에 처한다. 그러므로 도에 가깝다.[17]

노자는 물에서 배우라고 합니다. 자연의 흐름을 가장 잘 보여주는 것이 물입니다. 물처럼 살라. 물 흐르듯 살라. 이것이 노자가 강력하게 권하는 무위의 삶입니다. 남을 이롭게 하고 다투지 말고 아래에 처하라는 것입니다. '마음의 자연화'입니다.

물은 낮은 곳을 향해 자연스럽게 흐르다가 구덩이를 만나면 잠시 그것이 찰 때까지 기다리다가 차고 나면 다시 흐릅니다. 먼저 흐르겠다고 앞서지 않고, 흐르지 않겠다고 버티지 않습니다. 깨끗한 곳에만 흐르겠다고 고집하지 않고 낮은 자리에 가지 않겠다고 멈추지 않습니다. 이렇게 할 수 있는 마음, 즉 다투지 않고 흐름에 따라 아래에 처할 수 있는 마음은 '나'를 내세우지 않는 마음입니다. '내가 옳다는 마음', '내 것이 중요하다는 마음', '내 것으로 하겠다는 마음' 등이 약화하고 점점 소멸해가는 마음입니다.

따라서 선을 지키고 악과 싸우겠다는 선의지는 노자의 견해로 보면 무위가 아닙니다. 그것 역시 인간의 관념이고 자기가 옳다는 주장에 지나지 않습니다. 물은 간택하지 않습니다. 다투지 않을 뿐 아니라 더러운 곳을 사양하지 않습니다. 어찌 보면 그 자체로 겸허한 것이 바로 물이요, 도입니다. 이렇게 물처럼 흐르기 위해서는 '나'와 '대상(타자)'을 구분하는 분별심과 대상을 소유하고 지배하려는 욕망을 버려야 한다고 노자는 말합니다.

---

17) 『도덕경』 8장. 上善若水. 水善利萬物而不爭 處衆人之所惡 故幾於道.

도는 비어 있으나 그 작용은 끝이 없다. 그것은 마치 연못과 같아 그 깊이를 알수 없으나 만물이 그 속에서 나온다. 날카로운 (분별을) 버리고 어지럽게 얽힌 욕망을 풀어, 빛과 화합하고 먼지와 같아진다.[18]

노자는 빛을 만나면 빛이 되고 먼지를 만나면 먼지가 되라고 권합니다. 빛에 대하여 밝고 좋다는 마음을 내지 말고, 먼지에 대하여 지저분하고 싫다는 마음을 내지 말라는 것입니다. 화광동진(和光同塵)입니다. 애증의 마음은 도와 합치되지 않습니다. 좋아하는 대상에 대한 사랑과 싫어하는 대상에 대한 미움은 집착을 낳고 독을 낳기 때문입니다. 집착은 마음에 여유와 여백이라는 빈공간을 허락하지 않습니다. 노자는 인간의 마음이 철저히 자연을 닮아야 한다고 본 것 같습니다. 도가 비어 있으면서 만물을 내는 것처럼, 연못이 흘러오는 모든 물을 수용하는 것처럼, 분별하지 않는 마음은 모든 것을 수용합니다. 그리고 더 나아가 간섭하지 않습니다.

무위의 마음, 천지불인(天地不仁) 곡신불사(谷神不死)

물이 만물을 이롭게 하는 방식은 생명의 사태에 일일이 간섭함으로써 이로움을 주는 것이 아닙니다. 물은 다만 아래를 향해 흐를 뿐입니다. 그 물이 생명의 뿌리를 적시고 이롭게 하지만 물은 그런 의도를 가지고 행하지 않습니다. 나아가 특별히 어떤 생명을 더 사랑하여 더 이롭게 해주지도 않습니다. 다만 스스로 흐를 뿐이고, 만물을 자기대로 살게 할 뿐입니다. 노자는 이렇게 말합니다.

천지는 간섭하지 않으며(天地不仁) 만물을 추구(芻狗)로 여긴다. 성인은 간섭하지 않으니(聖人不仁) 백성을 추구처럼 여긴다.[19]

---

18) 『도덕경』 4장. 道 沖而用之 或不盈 淵兮似萬物之宗 挫其銳 解其紛 和其光 同其塵.
19) 『도덕경』 5장. 天地不仁 以萬物爲芻狗 聖人不仁 以百姓爲芻狗.

'불인(不仁)'이라는 표현은 다분히 유가의 '인(仁)'을 의식한 개념으로 보입니다. 만물이 잘 성장하는 것도 내가 사랑해서가 아니고, 만물이 쇠하여 죽어가는 것도 내가 사랑해서가 아니라는 겁니다. 사랑하지 않는다는 것은 미워한다는 뜻이 아닙니다. 간섭하지 않는다는 뜻입니다. '사랑'이라는 뜻에 가까운 '인'의 마음 역시 노자는 유위의 '간섭'으로 보는 것 같습니다. 자식을 사랑하는 부모의 마음이 강하지 않다면 화가의 소질을 가진 사람이 법률공부 할 일이 줄어들 것이고, 백성에 대한 군주의 사랑이 강하지 않다면 백성들이 전쟁터에 끌려 나가는 일은 줄어들 것입니다. 노자에게 사랑은 '억지'와 '욕심'과 '간섭'으로 미끄러지기 쉬운 유위의 마음입니다. 불인의 마음, 즉 '간섭하지 않는 마음'은 무심으로 대상을 '있는 그대로의 존재'로 보고 수용하고 인정한다는 것입니다. 유위를 떠나 무위에 가까워진 마음입니다.

추구(芻狗)란 지푸라기로 만든 허수아비 인형입니다. 무당이 굿을 할 때 짚으로 초용(草俑)을 만들어 모시다가 끝나면 길에 버리고 거들떠보지도 않는 것입니다. '천지가 만물을 추구처럼 여긴다'는 것은 간섭하지 않고 자기대로 자라도록 둔다는 말입니다. 풀은 풀로 자라고 나무는 나무로 자랍니다. 참나무가 소나무가 되려 하지 않고 오랑캐꽃이 목련꽃이 되려 하지 않습니다. 저마다 자기 본성대로, 자기식으로 자랍니다. 만물이 자기의 존재방식에 따라 존재하도록 천지가 불인(不仁)하듯이 성인 역시 무위의 마음으로 백성을 다스려야 한다고 노자는 주장합니다.

이렇듯 인간의 마음이 자연을 닮아야 한다고 보는 노자는 그 마음을 무위의 마음으로, 비어 있는 마음으로 보고, 이 마음을 '곡신(谷神)'에 비유합니다. 무위에 가까워진 마음은 텅 빈 골짜기처럼 '비어 있는 마음'이라는 것입니다. 비어 있지만, 비어 있기에 지치지 않는 무한한 가능성을 지닌 마음입니다. 노자는 이렇게 말합니다.

곡신은 죽지 않으니(谷神不死), 이를 일러 현빈(玄牝)이라 한다. 현빈의 문을

일러 천지의 뿌리라 하니, 이 천지의 뿌리는 면면히 이어진 듯하고, 아무리 써도 지치는 일이 없다.[20]

골짜기는 비어 있기에 내려오는 모든 물을 수용할 수 있습니다. 그래서 '신(神)'이라고 노자는 이름 붙입니다. 곡신불사란 자연의 작용이 끝이 없음을 표현한 것입니다. 곡신을 인간의 마음에 비유하면 허공처럼 텅 빈 마음의 수용력이 지닌 공능을 암시합니다. 눈에 보이는 것에 매이지 않는 마음, 이 마음은 골짜기처럼 허공처럼 비어 있는 마음입니다.

현빈이란 검은 암소입니다. 새끼를 낳는 암소입니다. 생명을 품고 낳는 자연의 자궁이요, 낳고 또 낳는 생명의 신비, 자연의 신비를 노자는 현빈으로 표현했습니다. 이것이 천지의 뿌리가 된다는 것은 허공이 만물을 내고 품는 것을 가리킵니다. 이렇게 허공에 가까워진 인간의 마음은 만물을 수용하는 데 그치지 않습니다. 만물을 낳는 현빈처럼, 텅 빈 마음도 세상을 낳습니다. 능히 수용하지만 능히 만들어내기도 합니다. 바로 여기에 인간 마음의 힘과 능동성이 있습니다. 노자가 말하는 '지치지 않는 곡신'은 부단히 생기하는 자연의 생생지도(生生之道)이자 무한한 가능성을 지닌 인간의 마음을 가리킵니다.

노자의 마음의 정치학

노자의 정치학은 세상의 정치학일까요, 인간 마음의 정치학일까요. 노자의 『도덕경』은 세상에 대해 말하는 것 같지만 궁극적으로는 인간의 마음을 향해 있는 듯합니다. 하기는 세상을 만드는 것도, 세상을 운영하는 것도, 실제 개인의 삶을 영위하는 것도 실상 마음에 따라 이루어지는 것이기 때문에, 정치학의 핵심은 마음의 정치학일지도 모르겠습니다. 노자는 무위의 정치학의 단초를 이렇게 제시합니다.

---

20) 『도덕경』 6장. 谷神不死 是謂玄牝 玄牝之門 是謂天地根. 綿綿若存 用之不勤.

천하에 지극히 부드러운 것은 천하의 지극히 견고한 것을 부리고, '없음(無有)'
은 틈새 없는 곳에도 들어간다. 그러기에 나는 무위의 유익함을 안다. 불언의
가르침과 무위의 이익에 미칠 만한 것은 천하에 드물다.21)

부드러운 것은 곧 물입니다. 물은 무위의 상징입니다. 물은 파인 곳이 있
으면 들어가 채우고, 장애물을 만나면 멈추어 고입니다. 작은 그릇에 담으면
작아지고 끓이면 뜨거워지고 얼리면 얼음이 됩니다. 노자가 보기에는 물보
다 순하고 무른 것은 없습니다. 그러나 물은 세상에서 가장 견고한 돌을 뚫
고, 쇠붙이를 이깁니다. 억지를 쓰거나 폭력을 쓰지 않으면서도 돌을 깎고
부수며, 쇠를 녹이고 침투합니다. 간디(Mahatma Gandhi, 1869~1948)의 아
힘사(ahimsa), 불교의 불살생과 같은 비폭력 무저항이 결국은 세상에서 가
장 강한 폭력도 이길 수 있다는 믿음과 같습니다. 폭력이 지배하던 시대에
노자는 거꾸로 그 반대 방향에서, 물의 정치학, 무위의 정치학을 논하고 있
습니다.
    노자의 정치학에서 천하를 다스리는 유일무이한 방법은 무위입니다. 유위
로는 천하를 다스릴 수 없다고 노자는 말합니다.

장차 천하를 취하려는데 유위로 하는 자는 내 보건대 성공하지 못한다. 천하는
신기(神器)라 유위할 수 없다. 유위하면 그르치게 되고, 붙잡으려 하면 놓치게
된다.22)

세상은 현실주의자들의 이익을 위한 소유와 지배의 대상도 아니고 이상주
의자들의 혁명 대상도 아니라는 것입니다. 세상은 여여(如如)히 있을 뿐입니
다. 왕필은 이 문장에 대한 주에서 '신(神)은 무형무방(無形無方)한 것이고,
기(器)는 합하여 이루어지는 것이다. 무형으로 합해졌으니 신기라고 한

---

21) 『도덕경』 43장. 天下之至柔 馳騁天下之至堅 無有入無間吾是以知無爲之有益. 不言之敎 無爲之益 天
下希及之.
22) 『도덕경』 29장. 將欲取天下而爲之 吾見其不得已. 天下神器 不可爲也. 爲者敗之 執者失之.

다'[23]고 설명합니다. 여여히 있지만 형태도 없고 방소(方所)도 없는 것이 자연입니다. 형태도 방소도 없으니 잡을 수도 없고 저장해둘 수도 없습니다. 고정된 모습이 없으니 '이렇다 저렇다' 말할 수도 없습니다. 자신의 마음을 고치면 다르게 보이고 다르게 나타나는 것이 신기(神器)로서의 세상입니다. 세상을 자기 뜻대로 요리하고자 억지를 부리는 것은 오히려 역효과를 낸다는 것입니다. 자연은 자연일 뿐, 인간이 '이렇게 저렇게 할 수 있는 것'이 아니라는 말이지요.

그러면 노자가 말하는 무위지치는 구체적으로 어떤 것일까요? 무위지치를 했다고 칭송받는 요임금과 순임금의 경우를 보면 좀 의아한 대목이 있습니다. 요임금은 어째서 불초한 아들 단주(丹朱)를 교화하지 못했고, 순임금은 자기를 죽이려 한 아비 고수(瞽叟)와 이복동생을 교화하지도 못하고 사전에 막지도 못했을까요. 다른 성인도 그렇습니다. 붓다의 사촌 제바달다(提婆達多)는 왜 그토록 붓다를 죽이려 했으며 또 붓다는 어째서 그를 막거나 교화하지 못했을까요. 왜 예수는 유다가 자신을 배신할 것을 알면서도 사전에 막지도 피하지도 않았을까요. 대체 무위지치는 어떤 공효를 갖는 것인지 뚜렷하지 않습니다. 다만 분명한 것은 도덕적 당위나, 상벌의 법치, 이해의 시장원리로 다스리는 것은 아니라고 보입니다.

노자의 무위지치는 공자나 맹자가 말하는 무위지치와는 좀 다릅니다. 유학의 무위지치는 수신(修身)으로 마음을 다스리되 세상을 도덕적 이상으로 이끌고 가려는 목적의식을 강하게 품습니다. 이에 비해 노자는 마음을 도덕으로 다스리라 하지 않습니다. 마음에 본디 깃든 자연성대로 복귀할 것을 주장하고 이를 무위로 칭합니다. 욕망을 내려놓으면 분별이 쉬고, 분별이 쉬면 마음은 자연으로 돌아간다는 것이지요.

결국 노자의 무위지치는 세상을 대상화하여 바꾸거나 움직이는 길이 아니라 자연의 무위성에 마음을 맞춰나가는 수행의 길을 제시하는 것으로 보입니다. 즉 세상을 다스리는 정치가 아니라 마음을 다시 보게 하는 마음의 정

---

23) 『도덕경』 29장. 왕필 주. 神無形無方也. 器 合成也. 無形以合 故謂之神器也.

치학이라고나 할까요. 이것은 도덕적으로 무장하는 것과는 다릅니다. 오히려 마음이 허공처럼 되면 그 허공의 마음에서 세상이 절로 자연의 본래 모습을 회복하고 또 자연으로 흐르게 될 것임을 암시하는 쪽에 가깝습니다. 그런 마음이 되기 위한 것으로 노자는 지족(知足)과 지지(知止)를 권합니다.

> 이름과 몸 중 어느 것이 가깝고, 몸과 재화 중 어느 것이 중하며, 얻음과 잃음 중 어느 것이 더 걱정인가. 그러므로 애착은 반드시 큰 낭비를 가져오고 너무 많이 저장하면 반드시 크게 잃게 된다. 족함을 알면 욕되지 않고 멈출 줄 알면 위태롭지 않다.[24]

유명해지기 위해, 재물을 얻기 위해 우리는 인생을 얼마나 낭비하고 있습니까. 소유의 욕망은 끝이 없고 그 끝없음은 결국 인간의 마음을 망가뜨립니다. 인간이 무욕을 알지 못하면 자기 욕망의 노예가 되어버립니다. 물질을 소유하고 타인을 소유 지배하려는 욕망은 사람을 잃고 물질을 잃고 마음의 덕을 잃게 합니다. 노자는 이것을 큰 재앙이라고 봅니다.

> 천하에 도가 있으면 말을 농사에 사용하고, 천하에 도가 없으면 전투용 말을 교외에서 기른다. 재앙은 만족을 모르는 것보다 큰 것이 없고, 허물은 소유하려는 탐욕보다 큰 것이 없다. 그러므로 지족(知足)의 족(足)은 상족(常足)이다.[25]

말을 농사에 쓰지 않고 전쟁에 쓰는 이유는 더 많은 영토를 확보하기 위함이고, 이것은 만족을 모르는 인간의 이기심과 욕망에서 비롯합니다. 지족(知足)하지 못하는 것이 화근입니다. 노자는 이 지족하는 마음을 개인의 안녕과 국가 사회 공동체의 평화와 관련지어 바라봅니다. 그러면 만족은 어떻

---

24) 『도덕경』 44장. 名與身孰親. 身與貨孰多. 得與亡孰病. 是故甚愛必大費 多藏必厚亡. 知足不辱 知止不殆.
25) 『도덕경』 46장. 天下有道 走馬以糞 天下無道 戎馬生於郊 禍莫大於不知足 咎莫大於欲得 故知足之足 常足矣.

게 하면 가능할까요? 노자가 제시하는 것은 바로 도를 따르는 마음, 자기 본성의 자연성을 발휘하려는 마음, 욕망의 크기를 줄이는 마음, 육신의 삶이 영원하지 않음을 깨닫는 마음입니다.

이런 수식을 한번 상정해봅시다. '자신의 욕망'을 분모에 두고, '자신이 가진 것'을 분자에 두는 분수식을 말입니다. 그리고 그 분수식의 값이 만족도, 즉 행복 값이라고 가정해봅시다. 만일 분모, 즉 욕망의 크기가 무한대에 가까워지면 전체 분수식의 값은 어디로 향할까요? 바로 '0'에 가까워집니다. 욕망이 커질수록 행복은 줄어듭니다. 반대로 분모, 즉 욕망이 '0'에 가까워지면 전체 값은 어떻게 될까요? 바로 무한대에 가까워집니다. 노자는 바로 이 점에 주목한 것 같습니다. 욕망을 줄이지 않고서는 도저히 인간의 문제는 해결될 수 없으며 만족에 도달할 수는 없다는 점, 그리고 만족에 도달할 수 있는 길은 오직 분모의 욕망을 줄이는 길뿐이라는 점 말입니다.

마음의 세 가지 보배(德)

노자는 이 점에 근거해서 지족하는 사회공동체를 제시합니다. 그것이 소국과민입니다. 노자는 소국과민을 향해 가는 노정에서의 세 가지 보배를 말합니다.

나에게 세 가지 보배가 있으니 첫째는 자애요, 둘째는 검약이요, 셋째는 세상에 감히 앞서 나서려 하지 않는 것이다. 자애 때문에 용감해질 수 있고, 검약 때문에 널리 베풀 수 있으며, 세상에 감히 나서려 하지 않기 때문에 만물의 큰 어른이 될 수 있다. 자비 없이 용감하기만 하고, 검약 없이 베풀기만 하고, 뒤에 서는 태도 없이 앞서기만 한다면 이는 죽음을 부르는 일이다.[26]

노자가 말하는 삼보, 즉 세 가지 보배는 자비와 검약과 겸허입니다. 어머

---

26) 『도덕경』 67장. 我有三寶 持而保之. 一日慈 二日儉 三日不敢爲天下先. 慈故能勇 儉故能廣 不敢爲天下先 故能成器長. 今舍慈且勇 舍儉且廣 舍後且先 死矣.

니 같은 마음, 낳고 기르지만 대가를 요구하지 않고 공을 자랑하지 않으면서 주는 마음이 곧 자애입니다. 그리고 검약은 불필요한 욕망을 갖지 않는 마음입니다. 노자는 이렇게 말합니다.

> 인간을 다스리고 하늘을 섬김에 검약보다 좋은 것은 없다. 검약은 도(道)로 복귀하는 것이다.[27]

검약을 가리키는 색(嗇)은 '이삭을 주워 담는 모양', '곡식을 수확하는 것'을 가리킵니다. 농부가 한 톨의 곡식이라도 낭비하지 않으려고 알뜰히 모으는 것을 가리킵니다. 인력과 물자, 식량과 정력을 낭비하지 않는 것은 욕망을 줄이는 것과 관계가 있습니다. 욕망을 키우고 소비하면서 베풀기란 어려운 일입니다.

겸허는 물과 같이 아래로 흐르는 마음입니다. 물은 아래로 흐르고 또 흘러 강으로 가고 결국 바다로 갑니다. 아래로 흐르는 겸허의 마음은 점점 큰 힘을 갖게 됩니다. 노자는 이렇게 말합니다.

> 강과 바다가 모든 골짜기의 왕이 될 수 있는 까닭은 스스로 낮추기를 잘하기 때문이다. 그래서 모든 골짜기의 왕이 된다. 이런 까닭에 (성인은) 사람들 위에 서고 싶으면 스스로를 낮춘다. …… 다투지 않기 때문에 세상이 그와 더불어 다투지 않는다.[28]

계곡의 물이 강과 바다로 흘러드는 까닭은 강과 바다가 낮은 곳에 있기 때문입니다. 지도자 역시 스스로를 낮출 때 백성들이 그에게로 모여듭니다. 이것은 얕은 정치적 처세술이 아니라 존재의 덕입니다. 겸허의 덕이야말로 만물이 깃드는 곳임을 노자는 강조합니다. 단순한 윤리적 겸손이 아니라 존

---

27) 『도덕경』 59장. 治人事天莫若嗇. 夫唯嗇 是以早服.
28) 『도덕경』 66장. 江海所以能爲百谷王者 以其善下之 故能爲百谷王. 是以欲上民 必以言下之 …… 以其
不爭 故天下莫能與之爭.

재론적으로 마음을 비운 경지, 만물과 만인을 소유하거나 지배하려 하지 않고 그들에게 존재의 터전을 제공해주는 베풂의 의미를 지닙니다. 물과 같은 무위의 마음은 겸허의 덕을 갖습니다. 그리하여 백곡의 왕이 되는 마음입니다. 이 세 가지가 없는 용맹과 베풂과 앞섬은 죽음을 부른다고 노자는 경고합니다.

그런데 천지불인(天地不仁)과 성인불인(聖人不仁)을 말한 노자가 자애(慈)를 논하는 것을 보면 역시 불인은 '사랑하지 않는 것'이 아니라 '간섭하지 않는 것'에 가까워 보입니다. 그러면 이 자애는 어떤 것일까요. 노자는 이런 말을 합니다.

천도는 친한 것이 따로 없지만(天道無親) 항상 사람들과 더불어 잘 지낸다.[29]

자연의 도는 무친(無親)입니다. 마치 하늘의 태양처럼 특별히 아끼는 것도 사랑하는 것도 없이 똑같이 만물을 비춥니다. 이런 무친(無親)은 자아를 내세우지 않을 때 가능합니다. 자아의 등장은 호오에 따른 편파성을 일으킵니다. 자아는 분별심과 간택하는 마음을 지닙니다. 자연은 무아(無我)이고 자연을 닮고자 하는 마음은 자아를 최소화합니다. 그러므로 만물을 차별 없이 대할 수 있고, 그리하여 모든 것과 평등하게 좋은 관계를 맺을 수 있다는 것입니다.

소국과민: 자연성이 피어나는 무위지치

그러면 무위의 덕과 세 가지 보배로 만들어 나가는 소국과민은 어떤 모습일까요?

나라는 작고 백성은 적어야 한다. 여러 가지 도구가 있으나 쓸 일이 없다. 백성

---

29) 『도덕경』 79장. 天道無親 常與善人.

들은 죽음을 소중히 여겨 멀리 옮겨 다니는 일이 없다. 배와 수레가 있어도 탈 일이 없고, 갑옷과 무기가 있어도 쓸 일이 없으며 다시 노끈을 묶어서 문자(文字) 대신 사용한다. 먹는 그대로 맛있고, 입는 그대로 아름다우며, 거처는 편안하고 풍속은 즐겁다. 이웃 나라가 바라보이고 닭 우는 소리와 개 짖는 소리가 들려도 늙어 죽을 때까지 서로 왕래하지 않는다.[30]

글자 그대로 읽으면 아주 먼 옛날 씨족 단위의 어떤 부락생활이 연상됩니다. 나라가 작고 사람도 적으면 다스리는 사람이 없어도 평화로울 수 있고, 배불리 먹지는 못해도 욕심 없이 질박하게 나누며 살 수 있습니다. 더 가지려는 마음이 적으니 힘든 일을 억지로 할 필요도 없고, 사는 곳이 편안하니 달리 거처를 옮길 필요도 없습니다. 달리 구할 것이 없으니 배와 수레를 타고 멀리 갈 일도 없고, 문자(文字) 없이 결승(結繩)으로 생활해도 불편이 없습니다. 비교할 대상이 없으니 먹는 대로 달고, 입는 대로 아름답고, 거처는 편안하고 생활은 즐겁기만 합니다. 이웃나라가 바라다 보이고 닭과 개의 소리가 들려와도 궁금한 일이 없고 바라고 원하는 것이 없이 늙는지라 죽을 때까지 오고 갈 일이 없습니다. 액면 그대로 읽으면 이런 세상이 노자가 말하는 이상사회입니다.

그런데 시각을 달리해서 각 문장을 무위지치를 구체화하는 수사적 표현이라고 보면 어떨까요? 말하자면 정치의 각 부분에 대한 방향성을 잡은 것으로 해석한다면 말입니다. 정치란 통상 세상에 대한 지배의지와 권력의지의 산물로 이해됩니다. 그렇기에 자연스럽게 대국을 지향하고 많은 수의 백성을 추구하게 마련입니다. 노자는 바로 이런 경향의 극단적인 유위를 배제하기 위해 무위지치는 필연적으로 소국과민(小國寡民)일 수밖에 없다고 말한 것이 아닐까요? 기물을 사용하지 않고 배와 수레를 타지 않고 갑병을 쓰지 않고 문자를 사용하지 않는다는 것은, 현실에서의 실현의지를 드러냈다기보

---

30) 『도덕경』 80장. 小國寡民 使有什佰之器而不用 使民重死而不遠徙. 雖有舟輿 無所乘之 雖有甲兵 無所陳之. 使人復結繩而用之. 甘其食 美其服 安其居 樂其俗. 隣國相望 鷄犬之聲相聞 民至老死不相往來.

다는, 노자의 무위지치가 소유의지, 권력의지, 지략과 꾀의 수단(문자)에 의지한 유위(작위)에 반대한다는 것을 표명한 것이 아닐까요?

박지원의 『허생전』을 보면, 도적의 무리를 이끌고 무인도에 도착한 허생이 대략 생활기반이 마련되어 가자, '이제 나의 조그만 시험이 끝났구나'라며 사람들에게 이렇게 말하는 대목이 있습니다. '다만 아이를 낳거든 오른손에 숟가락을 쥐게 하고 하루라도 먼저 난 사람이 먼저 먹도록 양보하게 하라'고 말한 뒤, 글을 아는 자들을 모조리 배에 태우며 '이 섬에 화근을 없애야지!(爲絶禍於此島)'라고 말합니다. 글을 아는 것이 화근이 될 수 있다고 여긴 것입니다.

백성이 거처를 옮기는 까닭은 그 나라에서 만족을 느끼지 못하기 때문입니다. 죽음을 무릅쓰고 불안한 마음을 안고 타국으로 가는 것은 죽음을 불사할 정도로 행복하지 못하다는 것이겠지요. 노자의 무위지치가 궁극적으로 지향하는 것은 백성이 자기 공동체를 자랑스럽고 행복하게 여겨 타국을 부러워하는 일이 없을 만큼 행복하게 하는 것입니다. 일반적으로 내세우는 정치의 궁극적 목표는 백성을 행복하게 해주는 것입니다. 그런데 노자에 따르면 행복의 척도는 이기심의 발양을 통한 물질문명의 발달 정도가 아니라 훼손되지 않은 본래의 자연성을 꽃피우는 것입니다. 무위지치는 백성의 진정한 행복을 급선무로 합니다. 그런 점에서 노자가 무욕을 말한다고 해서 경제적 물질적 가난을 예찬한다고 이해해서는 곤란합니다. 가난은 결코 무위지치의 본질이 아닙니다. 자연이 주는 만큼 달게 먹고, 아름답게 입고, 편안하게 거주하고, 문화풍속을 즐깁니다. 무위지치는 의식주에서 고생하지 않도록 배려하는 정치입니다. 금욕주의가 아닙니다. 금욕주의는 쾌락주의만큼이나 몸과 마음을 해칩니다. 이 두 가지는 모두 자연이 아닙니다.

어린 시절 글을 깨치고 나면 눈에 보이는 글자란 글자는 다 읽고 다니다가 곧 책이란 것을 보게 됩니다. 그러면서 세상이 성큼 다른 모습으로 다가옵니다. 새로운 세계가 열리는 것이지요. 그런데 곰곰이 생각해보면 글을 알고 난 후에 다시 글을 모르는 상태로 돌아갈 수는 없음을, 글을 모르는 상태를 상상도 할 수 없게 되었음을 알게 됩니다. 말하자면 돌아올 수 없는 강을 건넌 것입니다.

그런데 노자는 인류가 이미 돌아올 수 없는 무위의 강을 건넜다는 사실을 몰랐던 것일까요. 노자가 말하는 소국과민의 나라라면 당시 현실세계에서 곧 강국에 병합되어 사라져버릴 처지에 놓이게 됨을 몰랐던 것일까요. 기계가 있는데 사람들이 그 편리한 기계를 참고 사용하지 않을 수 없다는 것을 몰랐던 것일까요. 알았을 것도 같고 몰랐을 것도 같습니다. 어쨌든 알든 모르든 개의치 않고 노자는 자신의 주장을 개진하고, 나아가 자신의 주장을 알아주지 못하는 현실을 개탄하기도 합니다.

> 나의 말은 알기도 쉽고 행하기도 쉽다. 그러나 천하에 아는 자도 없고 행하는 자도 없다. 말에는 종지가 있고 일에는 으뜸이 있다. 그런데 오직 알지 못하니 이로써 나를 알지 못한다. 나를 아는 이가 드무니 나를 본받는 것은 희귀하다. 그래서 성인은 갈포 옷을 입고 안으로 옥을 품고 있다.[31]

노자가 '나'를 드러내면서 발언합니다. 자기의 말은 이해하기도 쉽고, 행하기도 쉬운데 알아주는 이도 행하는 이도 없다고 한탄합니다. 자신을 알아주지 않는 세간의 시선을 슬퍼하는 면모를 드러냅니다. 또 장자와 달리, 말에는 종지가 있고 일에는 으뜸이 있다고 합니다. 노자 자신의 주장이 곧 중지요, 으뜸이라는 함의가 들어 있습니다. 그러나 알아주는 자는 없고 자신을 본받는 이도 드뭅니다. 그러나 겉으로 보기엔 보잘것없지만(갈포 옷), 안으로는 큰 진리(옥)를 품고 있다는 것입니다. 알기 쉽다는 그의 말을 요약하면, 자연의 도를 따르고, 자신의 자연성을 따르라는 것인데, 이게 진정 쉬울까요. 이미 무위의 강을 건너 문명의 언덕에 오른 이들이 문명을 벗어나 살아갈 수 있을까요. 이 물음에 답을 얻기 위해 우리는 이제 비로소 『도덕경』 제

---

31) 『도덕경』 70장. 吾言甚易知 甚易行 天下莫能知 莫能行. 言有宗 事有君. 夫唯無知 是以不我知. 知我者希則我者貴 是以聖人被褐懷玉.

1장으로 돌아가려 합니다. 이해의 단서를 찾기 위해서입니다.

> 말로 나타낸 도는 실상의 도가 아니요, 이름 붙여 부른 이름은 실상의 이름이
> 아니다. 무(無)는 천지의 시작을 이름한 것이요, 유(有)는 만물의 어머니를 이
> 름한 것이다. 그러므로 언제나 무(無)로써 자연의 묘(妙)를 보고, 언제나 유
> (有)로써 그 구분(徼)을 본다.[32]

앞서 노자가 '도는 천지가 생기기 이전부터 있었다(先天地生)'라고 말한
것을 기억할 것입니다. 사실 인류의 지적 인식에는 한계가 있습니다. '천지
가 생기기 이전'이라 하니 마치 현대물리학에서 말하는 빅뱅 이전을 말하는
것이 아닌가 하는 생각이 들지도 모르겠습니다. 하지만 노자는 그런 의미로
말한 게 아닌 것 같습니다. 인간이 자연세계에 대하여 구분하고 이름 붙이고
개념화하기 이전에도 이 세계는 의연히 자기운행을 해왔다는 표현입니다.
　그러니 인간의 말로 표현한 '도'는 인간의 이해와 해석을 반영한 것일 뿐
그 자체로 실상의 '도'는 아니라는 것입니다. 이름 붙이기 역시 그렇습니다.
지역에 따라, 시대에 따라 우리는 스스로 필요한 만큼 이해한 만큼 세계에
대하여 이름을 붙입니다. 그리하여 만물이 이름을 얻습니다. 그러나 그 이름
역시 실상을 그대로 지시하는 것은 아닙니다. 그래서 노자는 이런 상황에 다
시 이름을 붙입니다. 인간이 이름 붙이기 이전의 '자연세계'를 무(無)라고 이
름하고, 만물에 이름을 붙여 인간의 인식세계에 들여온 세계를 '유(有)'라고
이름하겠다는 것입니다. 그리하여 인간 가치에서 벗어난 무(無)의 눈으로 사
물의 진상, 존재의 실상인 묘(妙)를 보고, 인간의 개념인 유(有)를 가지고 인
간들이 나누어 놓은 구별과 분별의 영역인 요(徼)를 본다는 것입니다.

　이 양자는 같은 곳에서 나왔으나 이름이 다르니, 아울러 함께 말하면 현이

---

[32] 『도덕경』 1장. 道可道 非常道 名可名 非常名. 無 名天地之始 有 名萬物之母. 故常無欲 以觀其妙 常
有欲 以觀其徼

다.33)

유와 무 두 가지 개념 모두 자연세계를 지칭하기 위해 노자가 이름 붙였다는 것입니다. 무는 인류가 개입하기 이전의 자연세계를, 유는 인간의 가치가 개입되어 만물이 인간 중심적으로 해석된 세계를 지시합니다. 하지만 두 가지를 아울러 말하면 현(玄)이라고 합니다. 앞서 본 것처럼 '현'이란 '깊은 우물 속을 들여다보면 어둑어둑 잘 보이는 않는' 그런 상태, 즉 잘 보이지도 않고 구분되지도 않는 것입니다. 말하자면 노자 스스로 필요에 따라 유와 무를 나누어 세상을 보았지만, 결국 그렇게 나눈 유무도 '가물가물 알 수 없는 것'이라는 것입니다.

노자 사유의 의미

자 이제 정리해 봅시다. 노자의 『도덕경』에는 도라는 자연성에 따르는 삶과 도에 기반을 둔 통치술에 관한 이야기가 섞여 있습니다. 그래서 정치성도 강합니다. 그러나 전체적인 맥락에서 보면, 노자는 '있는 그대로의 삶을 보장하는 정치의 가능성'에 초점을 둔 것 같습니다. 그리하여 노자는 정치적으로 자연주의를 극단으로 밀고 나가 통치영역에까지 적용하면서 결과적으로 인위적 문명에 대한 비판과 거부로 나아갑니다. 노자의 관점이고 노자의 가치선택입니다.

헤겔은 그의 『역사철학강의』에서 중국과 인도의 역사를 개괄하면서 이 두 지역의 역사를 '역사'로 인정하지 않는 경향을 보입니다. 중국의 경우, 황제 일인만 자유롭고 나머지 사람들은 모두 노예상태에 있다는 것이 그 이유이고, 인도의 경우는 인간의 정신이 끊임없이 자연에 가까워지려 하니 또한 역사일 수 없다고 주장합니다. 시간이 흐르는 동안 왕조만 바뀌었을 뿐 다른 것은 바뀌지 않았다는 겁니다. 그는 이렇게 말합니다.

---

33) 『도덕경』 1장. 此兩者 同出而異名 同謂之玄.

중국과 인도가 줄곧 정체되어 자연 그대로의 식물적 생활을 현재까지 끌어온 데 반해 페르시아는 역사의 존재를 나타내는 증거, 즉 발전과 변혁의 강점이 있다.[34]

그러므로 역사는 페르시아부터 시작된다고 봅니다. 이런 헤겔의 입장에는 역사는 '발전'이어야 하고, 발전을 위해서는 '자연'과 '인간'의 차이를 인식하고 그 차이의 모순과 대립이 투쟁을 통해 정반합적인 발전을 이룰 때 비로소 인간역사가 시작된다는 전제가 깔려 있습니다. 이른바 변증법적 발전입니다. 그리하여 시민사회를 이루고, 국가를 이룰 때 이 역사발전은 정점에 이른다는 것이지요. 이것은 헤겔의 관점이고 헤겔의 선택입니다. 노자는 자연주의적 삶과 역사를 선택했고, 헤겔은 인간(이성) 중심주의적 삶과 역사를 선택한 것입니다. 어느 것이 옳은지 그른지는 사실 알 수 없고 중요하지도 않습니다. 각각의 관점에서 우리가 취할 바가 무엇인지를 보는 것이 더 의미 있을 것입니다.

자, 그러면 생각해봅시다. 우리는 어떻게 살고 있습니까? 노자의 기준에서 보면 우리는 '유(有)'의 세계에 함몰되어 '무(無)'를 잊고 살고 있습니다. 무가 있는지조차 모르고, 유의 세계에 빠져 자연성을 상실하며 살고, 그리하여 세상을 욕망의 격전장으로 만들고 있습니다.

한글 전용을 주장한 외솔 최현배(崔鉉培, 1894~1970) 선생은 명사를 '이름씨', 동사를 '움직씨', 형용사를 '아름씨'라고 하고, 이화여자대학교를 '배꽃계집큰배움집'이라고 불렀습니다. 사람들이 너무 지나친 것이 아니냐고, 현실성이 없는 것 아니냐고 하자 선생은 이렇게 말합니다.

휘어진 나무를 바로 서게 하려면 그 반대로 나무를 그만큼 휘어지게 끌어당겨 놓아야 한다.[35]

---

34) G.W.F.헤겔, 권기철 역, 『역사철학강의』(동서문화사, 2008), 172쪽.
35) 경향신문 1982년 9월 11일자 7면.

그리고 이어서 자신도 이렇게 극단적인 한글전용이 가능하지도 바람직하지도 않다고 생각하지만 지나치게 한자를 많이 사용하는 언어현실의 균형을 바로 잡기 위해선 그렇게 하는 것이 필요하다고 덧붙입니다. 말하자면 나무를 반대로 휘게 하려는 것이 목적이 아니라 똑바로 서게 하는 게 목적이라는 것입니다. 바로 이런 면에서 노자가 빛을 발하지 않을까요? 노자가 의도한 것이든 아니든, 지나치게 유위에 매몰되어 그 끝을 모르고 다투고 있는 인류의 역사에서, 유위의 반대편으로 그만큼 끌어당겨 놓는 것이 필요한 것이 아닐까요? 사실 아주 작은 소규모의 공동체가 아니라면 노자의 소국과민의 세계도, 무위하면 무불위한다는 무위지치도 세상에서는 가능하지 않아 보입니다. 그러나 가능하지 않다고 해서 의미가 없는 것은 아닙니다. 노자의 주장은 문명이 인간에게 무엇인지, 인류가 자연에서 멀어져 얼마나 방황과 혼란을 겪고 있는지, 현재의 인간의 삶이 온전한 삶인지에 대해 성찰하도록 '죽비'를 내리치는 효과를 줍니다. 무위의 자리에서 유위를 바라보게 합니다.

노자, 그 이후

그런데 아이러니하게도, 이런 노자의 사상은 노자의 주장과는 반대의 방향에서 역사 속에서 현실적으로 다양하게 포장되고 해석되고 각색되어 왔습니다. 도교와 법가, 그리고 병가가 대표적입니다. 노자는 도교의 흐름 속에서 신격화되어 숭배되고 『노자』의 책 역시 경(經)의 지위를 얻었습니다. 도교는 전국시대에 발원한 몇 가지 사상적 흐름이 합쳐지면서 형성되었는데, 대략 살펴보면, 먼저 타고난 인간의 생명을 온전히 하는 것을 목표로 하는 양생술(養生術), 세계를 음양과 오행의 기의 운동으로 설명하는 음양오행설, 불로장생을 꿈꾸는 신선사상의 전통, 그리고 제나라를 찬탈한 전화(田和)가 가문의 가계를 신성화하기 위해 삼황오제 중 황제(黃帝)에 연결 짓고 여기에 노자를 차용한 황노(黃老)도가 등이 서로 연관을 맺으며 흐르다가 한(漢)대에 이르러 '영원한 삶, 불사(不死)'에 대한 염원이라는 공통의 관심사로 수렴되면서 도교가 태어납니다.[36]

그러나 도교와 『도덕경』은 내용적으로 아무런 관련도 없습니다. 도교는 불사의 신앙을 중심으로 신비스럽고 주술적인 여러 사상이 결합한 것으로, 어떤 측면에서는 노자와 상반되는 길을 걷고 있습니다. 노자의 '도'는 자연에 순응하는 것입니다. 삶이 다하면 자연으로 돌아가는 것이 그야말로 자연입니다. 그런데 자연에 대한 지식으로 자연에 역행하는 길을 향한 욕망의 투사, 노자의 견해에서 보면 극단적인 유위를 추구한 것이 도교입니다. 본질적인 면에서 보면, 도교는 오히려 반(反)노자적이라 할 수 있습니다.

그런데도 도교와 노자가 연결된 데는 이유가 있습니다. 도교에 노자가 필요했기 때문입니다. 자연발생적으로 발전한 종교가 차츰 교세가 커지면서 도교는 무엇보다 자신들의 교리를 체계화할 수 있는 고급 이론이 필요했습니다. 그리고 또 다른 한 측면에서는 노자 사상의 어떤 측면이 도교에 부합한 면이 있습니다. 예컨대 '창천(蒼天)은 이미 죽었으니 바야흐로 황천(黃天)이 도래하는 때'라고 주장하며 일어난 황건적의 난이 그랬듯이 역사상 발발한 수많은 민란은 사회적 불평등을 타파하고자 한 도교적 민중 신앙을 토대로 한 봉기였습니다. 그럴 때마다 민란 지도자들은 기존 지배층의 질서를 옹호하는 외적 이데올로기로 작동한 유가를 비판했지만, 얼핏 신선의 풍모가 엿보이는 노자적 전통은 이들의 구미에 맞았던 것 같습니다.

그리고 최초의 노자 주석서를 쓴 사람은 한비자입니다. 그는 『해로(解老)』와 『유로(喩老)』을 써서 노자의 사상을 법가의 통치술에 적용했습니다. 예컨대 한비자는 노자의 무위를 '군주의 무위'에 적용합니다. 군주는 신하들에게 속마음을 보이지 말고, 신하를 통제해야 한다는 의미로 바꾸어버립니다. 그리고 손자는 그의 병서 여러 부분에 노자의 구절을 활용합니다.

대만의 학자 옌링펑(嚴靈峯, 1903~1999)은 중국 철학 텍스트에 대한 현대의 가장 권위 있는 수집가 중 한 사람인데, 그가 편찬한 도서목록에 실려 있

---

36) 박원재, 『군자의 나라』(명진출판사, 1999), 60-65쪽 참조.

는 『도덕경』에 대한 역대 주석서만 해도 336종이고, 서양에서도 1868년 최초의 영역본이 나온 이래 성경 다음으로 가장 많이 영역된 책이 바로 『도덕경』이라고 합니다.[37] 그리고 조선의 선비들은 관직에 나가서는 유학적 삶을 살고, 물러나서는 노자의 삶을 사는 것을 자연스러운 전통으로 여겼습니다. 조선 선비들의 이런 전통은 결국 노자의 사상이 세속적으로 보면 비현실적으로 보이지만, 사유의 세계에서 보면 본래의 자연성을 탐색하고, 돌이키고, 그곳을 향해 자신의 마음자리를 옮겨갈 수 있도록 이끌어주기 때문이 아닐까요. 본래 자기 집이 어디인지, 늘 '집'을 그리워하면서, 가끔씩 한 번쯤은 '집'에 돌아가 자신을 돌아보고, 세계를 돌아볼 수 있도록 노자가 영감을 주고, 정신을 풍요롭게 해주기 때문이 아닐까요.

다음 강에서는 노자 쪽에서 보면 순자보다 한발 더 나아가 유위의 극단에 서 있는 한비자에 대해 살펴보기로 하겠습니다.

---

37) 같은 책, 85쪽에서 재인용.

한비자(1)

외로운 법술지사의 비극적 최후

이번 강에서 다룰 인물은 한비자(韓非子)입니다. 이름만 들어도 좀 긴장되는 사상가입니다. 그는 순자의 제자로서 성악설을 계승했으며, 순자의 예치에서 한발 더 나아가 법치를 주장한 사상가입니다. 유위 쪽의 극단에 서 있습니다. 한비자는 이전 법가 계열의 여러 사상을 종합하여 자신의 사상을 완성했고, 그의 사상에 힘입어 진시황은 전국시대 6국을 병합하여 통일제국을 수립했습니다. 그 때문에 이름이 더 유명해지긴 했습니다만, 진시황과의 그 인연으로 인해 결국 비극적인 죽음을 맞이하게 된 인물이 한비자입니다.

맹자가 의리정신으로 조선 선비들의 사랑을 받고, 순자가 사회공학으로 일본에서 꽃을 피웠다면, 한비자는 중국의 역대 황제들에게 수용되어 제왕학의 핵심이 되었습니다. 하지만 제왕들은 각박하다는 평가를 듣는 법가를 표면에 내세우진 않았는데, 거기에는 이유가 있습니다.

'뒤 수레는 앞 수레가 엎어지는 것을 보고 배운다'라는 말대로 한(漢)왕조가 수립된 후, 지식인들 사이에서는 막강한 위세를 떨쳤던 진나라가 너무 쉽게 무너진 것의 원인에 대한 반성이 대대적으로 일어났습니다. 그때 한(漢)대 최고의 천재 학자로 꼽히는 가의(賈誼, BC 200~168)는 진나라 멸망의 원인을 분석한 「과진론(過秦論)」을 써서 올립니다. 사마천은 이 글을 '가의가 (진의 흥망의 역사를) 분석해 놓은 것이 참으로 훌륭하다'라고 감탄하며 「진시황 본기」 끝부분에 전문을 실어 놓았을 정도의 명문으로 전해지는데,[1] 그의 글 말미에서 그는 이렇게 말합니다.

진나라는 작은 땅을 가지고 천자의 권세에 이르렀으며, 팔주를 불러 동렬의 제

---

1) 『사기』 「진시황본기」. 善哉乎賈生推言之也.

후들에게서 조회를 받은 지 백여 년이 넘었다. …… 그러나 한 사내가 난을 일으키자 일곱 개의 종묘가 무너지고 황제의 몸은 남의 손에 죽어 천하의 웃음거리가 된 것은 무엇 때문인가? 인의(仁義)를 시행하지 않아 공수(攻守)의 형세가 달라졌기 때문이다.2)

가의는 이 글에서 제국이 아무리 강대하다 해도 가혹한 형벌과 포악한 정치로는 권력을 유지할 수 없으며, 인의(仁義)를 시행하는 것이 필요하다고 주장합니다. 인의로 민심을 얻지 못한 권력은 백성의 저항과 반란 앞에서 모래성처럼 허무하게 무너질 수 있음을 경고한 글이지요. 하여튼 그래서인지 진시황 이후의 역대 황제들은 표면적으로는 법가를 내세우지 않습니다. 대신 겉으로는 인의의 유학을 내세우고 실질적으로는 법가로 통치하는 전통을 세우게 되는데, 중국에서는 이를 내법외유(內法外儒)라고 합니다.

유교를 국교로 채택하고, '백가의 사상을 몰아내고 오직 유가의 학술만 존중한다(罷黜百家 獨尊儒術)'고 선언한 한무제(漢武帝)조차도 겉으로는 유가의 학술을 존중하는 척했지만 속으로는 법가 사상을 신봉하고 통치술로 사용했습니다(儒表法裡). 그리하여 당시의 어떤 대신(大臣)은 이런 한무제에 대하여 '안으로는 욕망이 가득하면서 겉으로는 인의를 꾸미고 있다'라고 평했는데, 이후 중국에서 줄곧 행해진 한무제식의 통치방식을 '양으로는 유학을 존숭하며, 음으로는 신불해와 한비자를 신봉한다(陽尊儒術 陰事申韓)고 말합니다.3)

한무제 이후에도 중국의 권력의 중심부에 있는 역대 제후나 황제들은 줄곧 법가 서적을 탐독했는데 심지어는 민중들의 역사서인『삼국지연의』의 제1 주인공으로 꼽히며, '어진 인품'으로 유명한 유비(劉備)가 임종 시에 아들 유선(劉禪)에게 열심히 익히도록 권한 도서목록에조차도『한비자』가 포함되

2) 然秦以區區之地 致萬乘之權 招八州而朝同列 百有餘年矣 …… 一夫作難而七廟隳 身死人手 為天下笑者 何也 仁義不施 而攻守之勢異也.
3) 史式,『古來寃案知多少』(知書房出版社, 타이베이 1922), 55쪽. 大臣汲黯曾批評其為 內多欲而外飾仁義 後世也稱武帝係 陽尊儒術 陰事申韓.

어 있습니다.4)

그러면 중국의 권력자들이 법가 서적에 열을 올린 이유는 무엇일까요? 사마천의 부친인 사마담은 「논육가요지(論六家要旨)」에서 법가에 대해 이렇게 말합니다.

법가는 친소(親疏)를 나누지 않고 귀천을 차별하지 않으며, 법에 따라 한 번에 단죄하므로, 친한 이를 친히 하고 존귀한 자를 존귀하게 대하는 온정이 끊어지고 말았다. 그러므로 일시의 계책으로는 쓸 수 있어도 오랫동안 사용할 수는 없는 것이다. 그래서 '엄격하고 은혜가 적다'고 한 것이다. 그러나 군주를 높이고 신하를 낮추며 분수와 직책을 분명히 함으로써 서로 권한을 뛰어넘거나 침범할 수 없는 것은 어떤 학파라도 고칠 수 없는 것이다.5)

한마디로 하면 법가는 '엄이소은(嚴而少恩)'이라는 것입니다. 은혜가 적어 오래 쓸 수는 없지만, 군신의 직분을 엄격하게 정리했기 때문에 그 어떤 학파도 이루지 못한 정치공학을 수립했다는 것입니다. 고대 중국에서 철저하게 권력자(군주)로서 권력의 생리와 속성에 대해 법가만큼 치열하고 고민하고 치밀하게 분석한 사상은 없습니다. 그러니 권력자의 측면에서 볼 때 법가 사상은 권력을 얻거나 유지하는 데 도움이 되었을 겁니다.

그러면 한비자(법가)는 어떤 문제의식과 고뇌 속에서, 이렇게 권력에 대해 집중 해부를 시도하고, 강력한 권력을 유지하기 위한 방도를 도모함에 수단

---

4) 진수, 『삼국지』 「촉서」 권32 선주전(先主傳) 배송지주(裵松之注). 以惡小而為之 勿以善小而不為. 惟賢惟德 能服於人. 汝父德薄 勿效之. 可讀漢書禮記間暇歷觀諸子及六韜商君書 益人意智. 聞丞相為寫申韓管子六韜一通已畢 未送道亡 可自更求聞達. 해석은 이렇다. "악이 작다고 해서 행하지 말고, 선이 작다고 해서 하지 않는 일이 없도록 하라. 오직 어질고 덕이 있어야 다른 사람을 따르게 할 수 있다. 네 아비는 덕이 부족하니 나를 본받지 말라. 가히 한서(漢書), 예기(禮記)를 읽고, 여유가 있으면 제자(諸子)와 육도(六韜), 상군서(商君書)를 두루 읽어, 다른 이의 지혜에서 도움을 얻도록 하라. 듣건대 승상이 신불해, 한비자, 관자, 육도를 모아 하나로 베꼈다가 미처 보내기 전에 도중에 잃었다 하니, 직접 구해 들어서 통달하도록 하라."

5) 『사기』 「태사공자서」. 法家不別親疏 不殊貴賤 一斷於法 則親親尊尊之恩絶矣. 可以行一時之計 而不可長用也 故曰嚴而少恩. 若尊主卑臣 明分職不得相踰越 雖百家弗能改也.

과 방법을 가리지 않은 것일까요? 아마도 거기에는 두 가지 이유가 있는 것 같습니다. 하나는 당대 현실이 그것을 요구한다고 한비자가 해석한 것이고, 다른 하나는 그 자신의 신분상의 처지가 그것을 더욱 강화한 것이 아닐까 생각합니다. 그러면 이제 한비자가 시대의 요구를 어떻게 읽었으며, 한비자 자신은 어떤 처지에 있었는지에 살펴보겠습니다.

시대가 달라지면 일도 달라져야 하는 법(世異則事異)

어떤 면에서 보면 한비자는 제자백가 가운데 시대의 변화를 가장 정확하게 꿰고 그 변화에 적합한 역사적 실천이 필요하다고 본 사상가인지도 모르겠습니다. 왜냐하면 그가 살던 시대는 사회경제적으로 이전과는 비교할 수 없을 정도의 급격한 변화를 겪고 있었고, 시대가 변한 만큼 새로운 정치시스템이 요구되던 시대였기 때문입니다.

한비자가 살았던 춘추전국시대는 제철 기술과 가축 농경의 발달로 생산량이 급격히 증가하면서 사회변동이 심화하고, 이에 따라 계층 간, 제후국 간의 영토다툼이 심화하던 시기였습니다. 다시 말해 종법질서에 기초한 귀족정치에서 군주의 권한이 강화된 군주전제정치로 전환하고 있었으며, 소규모 농업생산체제에서 대지주를 근간으로 하는 대규모 경제체제로 전환하는 시기, 즉 단순한 소규모 국가조직에서 복잡한 대규모 국가체제로 전환되던 시기였던 것입니다. 따라서 이러한 복잡한 국가 시스템을 운용하는데, 종래의 종법제에 근거한 예법질서가 통치질서로 적합한가의 문제가 제기되던 시점입니다.

이런 시대 변화를 꿰뚫어 보고 그 해결에 나선 최초의 인물이 바로 법가의 원조라고 불리는 관중입니다. 관중은 기원전 685년 제환공의 지지 아래 정치, 경제, 군사 등의 영역에서 개혁을 단행하여 부국강병을 이루고, 681년 패업(霸業)을 이루게 됩니다. 이와 반대로 시대적 상황의 변화에 적응하지 못하고 뒤처지는 제후도 나타나게 되는데, 그 대표적인 인물이 바로 송양공

(宋襄公)입니다. 송양공은 인의의 화신으로 불릴 정도로 예의에 철저했던 인물이지만, 기원전 642년 초나라와의 전투에서 인의를 지키다가 대패하여 나라를 잃고 조롱받으며 죽어간 제후입니다.

그러면 한비자는 어떤 역사의식을 가지고 있었는가? 한비자가 보기에 시대는 계속 변화하고 있고, 변화하는 시대에는 그 시대에 맞는 과제가 있습니다. 이러한 변화를 간과하고 옛것만을 고집하는 상고(尙古)주의는 어리석은 견해일 따름입니다. 한비자는 이렇게 말합니다.

상고지세(上古之世)에는 사람의 수는 적었고 금수의 수는 많아서 사람은 금수와 벌레, 뱀 등을 이길 수 없었다. 그런데 성인(聖人)이 나무를 엮어 둥지를 만들어 여러 위험을 피하게 해주어 백성들이 기뻐하며 그를 왕으로 삼고 이름을 유소씨(有巢氏)라 불렀다. 백성들이 열매와 조개 등속을 먹었는데 비린내와 냄새가 심해 배탈이 나서 백성에 병드는 자가 많았다. 성인이 부시나무를 비벼 불을 얻어 날것을 익혀주었다. 그러자 백성들이 기뻐하며 그를 왕으로 삼고 수인씨(燧人氏)라 불렀다. 중고지세(中古之世)에는 천하에 홍수가 나서 곤(鯀)과 우(禹)가 물길을 터 다스렸다. 근고지세(近古之世)에는 걸과 주가 폭정을 일삼아 탕과 무가 그들을 정벌하였다. 하나라 시대에 어떤 이가 나무를 엮고 부싯돌로 불을 얻는 자가 있다면 필히 곤과 우의 비웃음을 살 것이요, 주나라 시대에 물길을 트려는 자가 있으면 필히 탕무의 비웃음을 살 것이다.[6]

한비자는 상고(上古)와 중고(中古), 근고(近古)로 시대를 구분하고, 각 시대의 훌륭한 통치자들을 열거합니다. 상고시대에 거주를 마련한 유소씨와 불을 사용한 수인씨, 중고시대에 치수 사업을 완성한 우(禹), 근고시대에 폭정을 다스린 탕(湯)과 무(武)가 그들입니다. 그들은 모두 자기 시대를 통치한 위대한 지도자이지만, 각기 자기 시대의 요청을 수행한 인물일 뿐입니다. 시

---

6) 『한비자』「오두편」. 上古之世 人民少而禽獸衆 人民不勝禽獸蟲蛇. 有聖人作 構木爲巢以避群害 而民悅之 使王天下 號之曰有巢氏. 民食果蓏蚌蛤 腥臊惡臭而傷害腹胃 民多疾病. 有聖人作 鑽燧取火以化腥臊 而民說之 使王天下 號之曰燧人氏. 中古之世 天下大水 而鯀・禹決瀆. 近古之世 桀・紂暴亂 而湯・武征伐. 今有構木鑽燧於夏后氏之世者 必爲鯀・禹笑矣. 有決瀆於殷・周之世者 必爲湯・武笑矣.

대는 변화하게 마련이고 전 시대의 급선무가 다음 시대에 급무가 될 수는 없는 법, 새로 나타나는 문제는 새로운 방식으로 해결해야 합니다. 아무리 위대한 업적을 세운 통치자가 사용한 방법이라도 후대의 입장에서는 옛날이야기일 뿐입니다. 그들을 따라 하다가는 비웃음만 살 뿐입니다. 한비자는 이어서 이렇게 말합니다.

> 그러니 지금의 시대에 요·순·탕·무·우의 도를 아름답게 여기는 자가 있다면 필히 새로운 성인의 비웃음을 살 것이다. 그러므로 성인은 옛날의 일을 본받으려 하지 않고, 불변의 법도를 본받으려 하지 않았다. 당대의 일을 논하고 거기에서 대비책을 만들었다.[7]

한비자의 성인은 위대한 덕의 소유자가 아니라 국가에 필요한 일을 성취한 구체적인 지도자입니다. 그러니 새로운 성인이 되기 위해서는 시대의 변화를 잘 읽고 시대의 급선무에 대책을 준비해야 합니다. 그런데도 불변의 법도를 본받으려 한다면 그것은 시대에 뒤떨어진 행동입니다. 그런데도 옛것을 불변의 법도라고 본받으려 하는 무리가 있습니다. 바로 상고(尙古)주의를 고집하는 자들입니다. 한비자는 그들에 대해 이렇게 말합니다.

> 송나라에 밭 가는 자가 있었는데, 밭 가운데 그루터기 하나가 있었다. 토끼 한 마리가 달려와 그루터기에 부딪혀 목이 부러져 죽었다. 사내는 쟁기를 내던지고 그루터기를 지키고 앉아 다시 토끼가 오기를 기다렸다. 그러나 토끼를 다시는 얻지 못했고 온 나라의 웃음거리가 되었다. 오늘날 옛 왕의 정치로 현재의 백성을 다스리려 하는 자는 모두 수주대토하는 자와 동류이다.[8]

한비자가 보기에, 위대한 인물이나 위대한 사상은 언제나 옛것을 부정하

---

7) 『한비자』, 「오두편」. 然則今有美堯·舜·湯·武·禹之道於當今之世者 必爲新聖笑矣. 是以聖人不期修古不法常可 論世之事 因爲之備.
8) 『한비자』, 「오두편」. 人有耕田者 田中有株 兎走觸株 折頸而死 因釋其耒而守株 冀復得兎 兎不可復得 而身爲宋國笑. 今欲以先王之政 治當世之民 皆守株之類也.

고 새로운 것을 발전시킬 수 있어야 하는데, 당시 제자백가의 대부분은 이를 깨닫지 못하고 수주대토하는 자들과 같다는 것입니다. 중국 고대의 상고주 의에는 나름의 근거가 있습니다. 그것은 당시 동이계열의 지역에서 특히 압도적으로 우세했던 농경적 사고에서 유래하는데, 농부들은 토지에 자기생활의 근거를 두었기 때문에 해마다 반복되는 절기의 변화에 맞추어 토지를 경작해야 했고, 여기에 과거의 경험은 농사의 훌륭한 길잡이가 되었습니다. 따라서 새로운 일을 시도하려 할 때는 과거의 경험을 살피는 것이 관례가 됩니다. 그래서인지 공자 이래 학자들은 모두 고대 권위자에 의탁하여 자기 학설을 전개했는데 공자는 요, 순, 우, 탕, 문, 무, 주공의 성인들에게, 묵자는 우임금에, 맹자는 요순에, 순자는 탕무에 의탁했습니다. 이 가운데서도 한비자가 특히 비판의 대상으로 삼은 것은 법치에 강력하게 반대한 유가적 관점입니다.

유가의 역사관에는 고금일관(古今一貫)의 정신이 담겨 있습니다. 그 관점에서는 요, 순, 우, 탕, 문, 무 같은 성왕들은 각기 자기 시대의 성왕인 동시에 시대를 넘어서는 이상적 표준이 되고, 그들의 통치정신은 과거와 현재, 미래를 관통하여 실현되어야 하는 불변의 진리가 됩니다. 그런데 한비자가 보기에 이것은 시대에 뒤떨어진 과거의 유물을 '불변의 진리'로 삼아 현재화하려는 시도에 지나지 않는 것입니다. 그러면 한비자가 보기에 시대가 어떻게 달라졌는가? 그는 이렇게 말합니다.

옛날에는 장부가 밭 갈지 않았다. 초목의 열매가 많았기 때문이다. 부인도 베를 짜지 않았다. 금수의 가죽으로 충분히 입었기 때문에 힘들여 일하지 않아도 족히 부양할 수 있었기 때문이다. 백성의 수는 적고 재물은 넉넉하여 백성들은 다투지 않았다. 그래서 후한 상과 무거운 벌을 쓰지 않아도 백성들이 저절로 다스려졌다. …… 이제 백성은 많아지고 재화는 부족하니 힘들여 일해도 부양하기 어려워 백성들이 다투는 것이다. 상을 배로 주고 벌을 엄하게 해도 혼란을 면하지 못한다.9)

<hr>

9) 『한비자』 「오두편」. 古者丈夫不耕 草木之實足食也. 婦人不織 禽獸之皮足衣也. 不事力而養足 人民少而財有餘 故民不爭. 是以厚賞不行 重罰不用 而民自治 …… 是以人民衆而貨財寡 事力勞而供養薄 故民爭

재물은 많고 인구는 적었던 시절에서 이제 반대로 되었고, 그리하여 이 재물의 부족이 다툼을 가져와 상벌을 엄히 적용해도 나라는 계속 혼란스럽다는 것입니다. 한비자가 시대 변화의 핵심으로 보는 것은 바로 이 '물질적인 측면'입니다. 시대의 변화에 대한 한비자의 고찰은 계속 다음과 같이 이어집니다.

> 요가 왕이 되어 천하를 다스릴 때 …… (그는) 거친 조와 피로 밥을 짓고, 명아주와 콩잎으로 국을 끓였으며, 겨울에는 사슴가죽 옷을 여름에는 칡 옷을 입었으니, (지금) 문지기의 형편도 이보다 못하진 않았다. 무왕은 왕이 되자 몸소 가래와 쟁기를 잡고 백성들의 앞에 서서 일하니 …… (지금의) 종과 포로의 생활도 이보다 고생스럽지는 않았다. 이것으로 보건대, 옛날에 천하를 선양했다는 것은 문지기의 생활을 버리고 종과 포로의 생활에서 벗어났다는 것이니, 천하를 선양했다는 것은 그리 장한 일이 아니다.[10]

공자와 맹자가 말할 때마다 요순을 칭송했던 이유 가운데 하나는 바로 왕위를 선양했다는 점입니다. 권력을 자식에게 세습하지 않고 현자를 뽑아 그에게 넘겨줌으로써 덕으로 교화하는 정치를 펼쳤다는 것인데, 한비자는 선양행위 자체를 고생스러운 생활에서 벗어나는 것이었을 뿐 결코 훌륭하다고 칭송받을 일이 아니라고 봅니다. 당시에는 천자의 권세나 부귀가 대단하지 않았다는 겁니다. 그리고 이어서 이렇게 말합니다.

> 그러므로 옛날 재물을 가벼이 여겼던 것은 (사람들이) 착해서가 아니라 재물이 많았기 때문이고, 지금 서로 싸우고 빼앗는 것은 비루해서가 아니라 재물이 적어서이다. 천자의 지위를 사양한 것은 고결해서가 아니라 권세가 약해서이다. …… 그러므로 성인은 (재물의) 많고 적음을 살피고 박하고 후한 것을 따져서

雖倍賞累罰而不免於亂.
10) 『한비자』 「오두편」. 堯之王天下也 …… 糲粢之食 藜藿之羹 冬日麑裘 夏日葛衣 雖監門之服養 不虧於此矣. 禹之王天下也 身執耒臿以爲民先 …… 雖臣虜之勞 不苦于此矣. 以是言之 夫古之讓天子者 是去監門之養 而離臣虜之勞也 古傳天下而不足多也.

정치를 한다.11)

　한비자에 따르면, 상고시대의 아름다운 풍속은 '물질적 조건'에 따라 그랬
던 것일 뿐 인간 본성이 선하기 때문이 아니고, 천자의 지위를 사양한 것 역
시 고결해서가 아니라 권세가 약해서라는 것입니다. 줄곧 한비자는 '재물의
많고 적음'을 중심으로 시대의 변화를 논합니다. 그리고 그 재물의 정도를
살피고 잘 따져서 정치를 해야 한다고 주장합니다.

　사실 철기의 유입과 함께 시작된 생산력 증가와 이에 따른 사회변동의 측
면에서 볼 때 눈에 제일 먼저 띄는 변화는 '물자의 변화'와 그에 따른 '사회
의 변화'였을 것입니다. 이에 반해 '상고주의'의 관점에서 볼 때, 생산량이
늘고 계층구조가 바뀌었다고 해서 인간의 본성이 옛날과 달라진 것이 아니
며, 인간의 도리 역시 달라지는 게 아닙니다. 겉으로는 달라진 것처럼 보여
도 본질적으로는 달라지지 않았다는 것입니다. 어떤 것을 중심으로 보는가
에 따라 이렇게 그 해법에 관한 주장이 달라집니다. 한비자는 이렇게 '물자
의 변화'가 가속된 시대에 계속해서 인의를 내세워 시대의 문제를 해결하겠
다는 유가의 주장이 시대착오적일 수밖에 없음을 이렇게 주장합니다.

　문왕은 인의를 행하여 천하의 왕이 되었지만, 서(徐)의 언왕은 인의를 행하다
　나라를 잃었다. 이것은 옛날에는 인의가 먹혔지만 지금은 먹히지 않는다는 것
　이다. 그러므로 시대가 달라지면 일도 달라진다고 하는 것이다. …… 언왕의 인
　의로 서(徐)가 망했고 자공의 지혜로 노(魯)의 땅이 깎였으니, 이로 보건대, 인
　의와 지혜는 나라를 유지하는 근거가 되지 못한다.12)

　이제는 시대가 달라졌기 때문에 인의의 정치는 먹히지 않는다는 것입니

11)『한비자』「오두편」. 是以古之易財 非仁也 財多也 今之爭奪 非鄙也 財寡也. 輕辭天子 非高也 勢薄也
　…… 故聖人議多少·論薄厚爲之政.
12)『한비자』「오두편」. 故文王行仁義而王天下 偃王行仁義而喪其國 是仁義用於古不用於今也. 故曰 世異
　則事異 …… 故偃王仁義而徐亡子貢辯智而魯削. 以是言之 夫仁義辯智 非所以持國也.

다. 오히려 인의의 정치를 하는 것은 나라를 망치는 지름길이라는 것이지요. 이렇게 한비자는 인의를 내세우는 유가의 정치를 시대착오적이라 하여 총체적으로 부정하면서, 나아가 '어린아이의 장난'으로 비하합니다. 그리고 더 나아가 '나라를 어지럽히는 것'으로 비난합니다.

아이들이 장난하며 놀 때 흙으로 밥을 짓고, 진흙으로 국을 만들고, 나무 토막을 고기라고 하며 논다. 그러다 해가 저물어 집에 돌아가 밥을 먹는 것은 흙덩이 밥과 국을 가지고 놀 수는 있어도 먹을 순 없기 때문이다. 옛날의 전통을 칭송하고 선왕의 인의를 말하지만 나라를 바로잡을 수는 없으니, 이 또한 갖고 놀 수는 있어도 다스릴 수는 없는 것이다. 인의는 나라를 약하고 어지럽게 하니 삼진(한위조)이 그것이요, 그걸 숭상하지 않아 강해진 것은 진(秦)이다.[13]

세상의 어리석은 학자들은 모두 치란의 실정을 모르면서 옛날의 책을 제멋대로 읊어대며 당세의 정치를 어지럽히고 있다.[14]

한비자의 관점에서 볼 때, 인의의 도덕정치를 내세우는 모든 주장은 어린 애들의 장난과 같은 것이어서 비현실적인 놀이의 세계에서나 가능하다는 것입니다. 현실성이 떨어지니 유희에는 쓸 수 있지만 실제 통치에는 적용할 수 없는데, 그런데도 이런 실정을 알지 못하고 비현실적인 주장만 읊어대니 그것이 오히려 세상을 어지럽히게 된다는 것입니다.

이렇게 관념적이고 이상적인 전범에 매여 현실을 모르는 학자들의 어리석음을 비판하기 위해 한비자는 매우 참신한 비유를 하나 듭니다.

---

13) 『한비자』, 「외저설좌상편」, 夫嬰兒相與戲也 以塵爲飯 以塗爲羹 以木爲裁 然至日晚必歸饟者 塵飯塗羹 可以戲而不可食也. 夫稱上古之傳頌 辯而不愨 道先王仁義而不能正國者 此亦可以戲而不可以爲治也. 夫 慕仁義而弱亂者 三晉也. 不慕而治強者 秦也.
14) 『한비자』, 「간겁시신(姦劫弑臣)편」, 且夫世之愚學 皆不知治亂之情 謅談多誦先古之書 以亂當世之治.

어떤 정나라 사람이 있었는데, 신발을 하나 사려고 먼저 발의 탁(度)을 떠서 그
것을 집에 두었는데, 시장에 가서야 잊고 온 것을 알았다. 신발을 사려 하면서
말하길, 내가 '탁'을 잊고 왔으니, 집에 돌아가 가져오겠소, 라고 하며 돌아가
탁을 가지고 장으로 다시 갔으나 이미 장이 파한 뒤여서 신발을 살 수가 없었
다. 어떤 이가 말하길, 어째서 '발'로 직접 신어보지 않았소, 하자 그 사람이 말
했다. 차라리 '탁'을 믿을지언정, 내 발을 믿을 수 없기 때문이오.15)

실제로 눈에 보이는 '자기의 발'을 믿지 않고 그 발의 모양을 본뜬 '탁'을
믿겠다는 정나라 사람은 현실의 실정을 믿지 않고 옛날의 책만을 믿고 읊어
대는 상고주의자들을 빗댄 것인데, 그 이야기가 자못 흥미롭습니다.
　그러면 어찌해야 하는가? 시대에 걸맞게 하는 것은 무엇인가? 한비자의
주장은 이어집니다.

옛날과 지금은 그 풍속이 다르고, 새것과 묵은 것은 대비를 달리한다. 만일 너
그럽고 느슨한 정치로 다급한 세상의 백성을 다스리려 한다면, 고삐도 채찍도
없이 사나운 말을 모는 것과 같다.16)

한비자가 진단한 자기 시대는 옛날과 달리 다급한 시대(急世)입니다. 말에
비유하자면 '사나운 말'에 해당하는 시대이고, '사나운 말'에 필요한 것은 고
삐와 채찍, 즉 강력한 행정력과 고도의 중앙집권력을 갖는 정부입니다. 그런
데 이런 요구에서 볼 때, 제자백가의 대안은 대부분 그 실천의 길이 요원한
이상적인 것들이어서 통치자들에게 외면당할 뿐입니다. 군주들에게 급한 것
은 백성들에게 선정을 베풀기 위한 이상적 정책이 아니라 혼란을 끝낼 구체
적 대안이며, 도덕적 이상주의에 기초한 예법이 아니라 현실적인 법이라고
한비자는 보았습니다. 그리고 이러한 시대적 상황에 부응하여 현실을 꿰뚫

---

15) 『한비자』 「외저설좌상」. 鄭人有欲買履者 先自度其足而置之其坐 至之市而忘操之. 已得履 乃曰 吾忘持
　　度. 反歸取之. 及反 市罷 遂不得履. 人曰 何不試之以足 曰 寧信度 無自信也.
16) 『한비자』 「오두편」. 夫古今異俗 新故異備. 如欲以寬緩之政 治急世之民 猶無轡策而御駻馬.

어 보고 구체적 대안을 제시한 자들을 일러 '나라를 다스리는 방법을 아는 인재'라는 의미의 '법술지사(法術之士)' 또는 '지술지사(智術之士)'라고 불렀습니다. 훗날 법가로 통칭되는 사상가들입니다.

한(韓)의 서얼 공자, 한비자의 비극

전국시대 말기에 활동한 한비자는 분열된 중원을 통일할 지도자가 절실히 필요하다는 시대적 상황인식에 기초하여, 자기 사상을 전개했습니다. 그렇기에 한비자가 염두에 두었던 독자는 당시의 군주들이었고, 그 내용은 철저히 군주의 관점에서 군주의 권력을 강화하기 위한 통치술이었습니다. 사마천의 『사기』 「노자한비열전」에 따르면 한비자는 전국칠웅(戰國七雄) 가운데 약소국에 속하는 한(韓)의 서얼 공자로 태어났으며, 신하이자 유세객의 처지였다고 합니다.

> 한비자는 한(韓)의 여러 공자 중 한 사람으로 형명과 법술의 학문을 좋아하였으나, 그 근본은 황로학으로 귀결되었다. 날 때부터 말더듬이어서 유세는 잘 못했으나 글은 잘 썼다. 이사와 함께 순자를 섬겼는데, 이사는 스스로 자신이 한비자만 못하다고 여겼다.[17]

한비자는 궁중에서 태어났지만, 적자가 아니었기 때문에 군주가 될 수 있는 처지는 아니었습니다. 그러나 왕족이라는 그의 신분은 다른 제자백가 사상가와는 매우 다른 사상적 환경을 그에게 제공했을 것이고, 한비자가 여느 사상가와 다른 점도 바로 이 신분에 있습니다. 다른 사상가 대부분은 신흥 귀족이거나 지식인 신분이어서 권력의 중심에서 벌어지는 일들을 간접적으로 듣거나 겪은 데 비하여, 한비자는 궁중에서 생활하며 권력을 둘러싼 온갖 음모와 모략을 직접 겪고 보았을 것입니다. 그의 저서 『한비자』에는 춘추전

---

17) 『사기』 「노자한비열전」, 韓非者 韓之諸公子也. 喜刑名法術之學 而其歸本於黃老. 非爲人口吃 不能道說 而善著書. 與李斯俱事荀卿 斯自以爲不如非.

국시대 제후국들의 역사적 사례와 일화가 광범위하게 수집되어 있는데, 아마도 한비자는 명석한 두뇌로 여러 나라의 역사서와 자료를 섭렵하면서 바른말을 하는 신하가 죽임을 당하고, 훌륭한 개혁안이 무시되고, 충신의 심장이 도려내어지는 일들을 보았을 것이고, 군신 간에, 또 신하들 간에 벌어지는 온갖 암투를 자세히 목도했을 것입니다. 그래서인지 그의 사상에는 인간 본성에 대한 불신과 권력이 빚어내는 어두운 그림자가 짙게 드리워져 있습니다.

그의 사상이 황로학으로 귀결된다는 사마천의 평가는 흥미롭습니다. 앞으로 보겠지만 한비자는 노자의 사상을 기반으로 삼아 자기 사상을 전개합니다. 그리고 이사와 함께 순자에게서 배웠다 합니다. 이것은 이후 한비자의 운명을 결정짓는 인연으로 작용합니다. 사마천은 이어서 이렇게 말합니다.

> 한비자는 한의 영토가 나날이 줄고 쇠약해지는 것을 보고 한왕(韓王)에게 여러 차례 글을 올려 간언했지만 한왕은 받아들이지 않았다.[18]

한비자는 자기 나라가 중원의 한가운데 위치한 탓에, 숱한 강국의 공격을 받아 영토를 빼앗기고 백성들이 몰살당하는 비극을 목격하며 성장했습니다. 그가 순자에게 배웠으면서도 법가 쪽으로 기운 것은 이런 현실이 반영되었는지도 모릅니다. 그리하여 말더듬이로서 유세가 자유롭지 못하던 한비자는 이전 법가 사상가들, 즉 신불해, 신도, 상앙 등의 사상을 종합 정리하여 부국강병을 위한 개혁안을 만들고, 이를 한왕에게 여러 차례 올렸지만 매번 무시당할 뿐 받아들여지지 않았습니다. 그때 어떤 사람이 한비자의 저서 몇 권을 들고 진(秦)나라에 들어와 전한 모양입니다. 이 일을 사마천은 이렇게 기록합니다.

어떤 이가 한비자의 책을 진나라로 가지고 와 전했다. 진왕(진시황)이 「고분」

---

18) 『사기』 「노자한비열전」. 非見韓之削弱 數以書諫韓王 韓王不能用.

과「오두」두 편을 보고 '아, 과인이 이 책을 쓴 사람을 만나 그와 사귈 수 있다면 죽어도 한이 없겠구나'라고 말하자, 이사가 '이것은 한비가 지은 책입니다'라고 말했다.[19]

진왕의 신하였던 이사(李斯)는 순자 밑에서 한비자와 동문수학한 사이입니다. 이사는 진왕의 이 말을 듣고 자신이 아는 친구임을 밝힙니다. 개혁을 통해 부국강병을 주장하는 글을 쓴 사상가가 한나라에 있다는 사실을 알게 된 진왕은 곧 한나라를 치라고 명령합니다. 당시 전국칠웅 최대강국인 진나라의 군대가 한나라를 침략하자 다급해진 한왕은 한비자에게 도움을 요청했고, 결국 한비자는 진나라에 사신으로 가게 됩니다. 그러나 진시황과 한비자의 만남은 끝내 이루어지지 못하게 되는데, 그 사연은 이렇습니다.

앞서 사마천의 기록에는 이사가 '스스로 한비보다 못하다'라고 인정했다는 대목이 있습니다. 그래서인지 이사는 진시황에게 한비자는 위험인물이며 살려두면 화근이 될 것이니 죽이는 게 낫다고 주장하며 이렇게 말합니다.

한비는 한나라 공자 가운데 한 사람으로, 지금 군주께서 다른 6국을 병합하려 하는데 한비는 결국 한나라를 위하지 진나라를 위하지 않을 것이니, 이것은 인지상정이다. 지금 임금께서 그를 등용하지 않으며 오래 붙잡아 두었다 그냥 돌려보낸다면 이는 스스로 화근을 남기는 꼴이 된다. 허물을 잡아내어 법에 따라 처형하는 것만 못하다.[20]

이 말이 옳다고 여긴 진시황은 형리에게 한비자를 다스리도록 했는데, 이사는 사람을 시켜 독약을 보냄으로써 한비자가 자살하도록 만듭니다. 그리하여 한비자는 진시황을 직접 만나보고자 했던 뜻을 끝내 이루지 못한 채 죽

---

19) 『사기』「노자한비열전」. 人或傳其書至秦. 秦王見孤憤·五蠹之書 曰嗟乎 寡人得見此人與之游 死不恨矣 李斯曰 此韓非之所著書也.
20) 『사기』「노자한비열전」. 韓非韓之諸公子也. 今王欲幷諸侯 非終爲韓不爲秦 此人之情也. 今王不用 久留而歸之此自遺患也 不如以過法誅之.

고 맙니다. 나중에 후회가 된 진시황이 사람을 보내 사면해주려 했으나 이미 한비자는 이 세상이 사람이 아니었습니다. 스스로 누구도 믿지 말라고 주장했으면서도 동창을 믿었다가 모략을 당하고, 유세의 어려움에 대해 상세하게 서술하고서도 결국 죽임을 당함으로써 유세의 재앙에서 벗어나지 못한 한비자에 대해 사마천은 이렇게 말합니다.

> 나는 오직 한비자가 「세난편」을 저술하고도 자신은 재앙에서 벗어나지 못한 것이 슬플 따름이다.[21]

「노자한비열전」에는 노자, 장자, 신불해, 한비자 등 네 사람의 기록이 함께 실려 있는데, 그 가운데 사마천은 한비자에게 가장 많은 지면을 할애했습니다. 그는 특히 역린(逆鱗) 이야기가 나오는 「세난편」을 인상 깊게 읽었는지, 「세난편」의 내용을 거의 다 인용하고 있습니다. 다음은 그 일부입니다.

> 대저 용이란 짐승은 길을 들이면 데리고 놀면서 등에 올라탈 수 있다. 그러나 그 목 아래 한 척쯤 되는 비늘이 거꾸로 돋아 있어서 만약 사람이 이를 건드리면 반드시 그를 죽인다. 사람의 임금 또한 거꾸로 돋친 비늘이 있으니, 유세하는 선비가 임금의 역린을 건드리지 않을 수 있다면 잘하는 유세에 가까울 것이다.[22]

군주는 용에 비유됩니다. 군주를 잘 설득하면 그의 권세를 타고 부국강병을 위한 개혁을 할 수 있습니다. 그러나 조심하고 또 조심하여 역린을 건드리지 않아야 합니다. 그렇게만 할 수 있다면 유세를 잘했다 할 수 있다는 것입니다. 그렇다면 한비자는 어디에서 삐끗해버렸을까요? 어떤 역린을 건드린 것일까요? 이를 이해하기 위해 한비자가 자신의 미래를 예견이나 한 듯

---

21) 『사기』 「노자한비열전」. 余獨悲韓子爲說難而不能自脫耳.
22) 『사기』 「노자한비열전」. 夫龍之爲蟲也 可擾狎而騎也. 然其喉下有逆鱗徑尺 人有嬰之 則必殺人. 人主亦有逆鱗說之者能無嬰人主之逆鱗 則幾矣.

이 써 내려간 「고분편」을 좀 살펴볼 필요가 있습니다.

「고분(孤憤)」이란 말 그대로 외로운 법술지사의 울분을 담은 글입니다. 대신과 작위귀족들을 중심으로 한 기득권 세력이 군주의 세를 등에 업고 정치를 농단하는 현실에 비분강개하는 것입니다. 진시황이 읽고 저자를 보고 싶어 했다는 두 편 가운데 하나입니다. 「고분편」은 이렇게 시작합니다.

> 지술지사(智術之士)는 반드시 멀리 보고 밝게 살필 줄 안다. 만일 밝게 살필 줄 모른다면 다른 이의 사심(私心)을 잡아낼 수 없다. 능법지사(能法之士)는 반드시 의지가 굳고 강직하다. 강직하지 못하면 다른 이의 간사함을 바로잡을 수 없다.23)

한비자의 견해로는 법술을 아는 선비야말로 밝은 지혜와 강직한 마음을 지닌 이상적인 신하입니다. 그리고 법술지사의 임무는 바로 사사로움을 집어내고, 간사함을 바로잡는 데 있습니다. 그런데 이와 달리 사사로움과 간사함으로 똘똘 뭉친 신하들이 있습니다. 바로 한비자가 '중인(重人)'이라 칭한 권세가들입니다. 그는 이렇게 말합니다.

> 중인이란 명령이 없어도 멋대로 일을 처리하고 법을 사사로운 이익에 쓰며, 나라를 희생시키고 자기 집안의 편리를 도모한다. 그 힘이 막강하여 군주를 조종한다.24)

말하자면 중인은 세도가들입니다. 사적 이익을 위해 권세를 쓰고, 그로써 나라가 희생되는 결과를 빚어내기 때문에, 간사한 자들이라 할 만합니다. 그러니 법술지사의 관점에서는 두고 보기 어려운 자들입니다. 그래서 한비자는 이렇게 말합니다.

---

23) 『한비자』「고분편」. 智術之士 必遠見而明察 不明察 不能燭私, 能法之士 必强毅而勁直 不勁直 不能矯姦.
24) 『한비자』「고분편」. 重人也者 無令而擅爲 法以利私耗國以便家 力能得其君.

법술을 아는 선비는 밝게 살피므로 등용이 되면 이 권세가들의 음모를 밝히고, 법에 능한 선비는 굳고 곧아서 등용되면 중인들의 간악한 행위를 바로잡으려 한다. …… 이 둘은 공존할 수 없는 원수다.[25]

법술지사와 권세가는 공존할 수 없는 모순적 존재입니다. 한비자의 시대는 개혁을 요구하는 시대이고, 개혁이 필요한 이유는 기득권 세력이 법과 질서를 무시하고 사익을 도모하기 때문입니다. 그러므로 이를 근절하려는 법술지사와 권세가는 원수가 될 수밖에 없고 그래서 늘 비참한 최후를 맞이하는 것입니다. 왜냐하면 권세가는 측근으로 권세를 휘두르며 군주를 조종하지만, 법술지사는 조직도 권세도 없이 고독하게 자신의 소신을 펼 뿐이기 때문에, 맨손으로 권세가에게 대항하는 법술지사는 누명을 쓰거나 자객의 손에 비참한 최후를 맞이하게 되는 것입니다. 바로 한비자 자신처럼 말입니다.

당시의 이런 실정은 한비자에게 절망적이고 암울한 상황으로 다가왔습니다. 그는 당대의 상황 자체가 합리적이고 개혁적이고 현실적인 주장이 받아들여지기 어렵다고 보았는데, 이런 시대적 상황을 잘 보여주는 것이 바로 한비자의 '화씨벽 이야기'입니다. 이야기가 길기에 약간 요약해서 인용하겠습니다.

초나라에 화씨라는 사람이 어느 날 산에서 옥돌을 발견하여 여왕에게 바쳤는데, 왕은 '돌이다'라는 감정사의 결과를 듣고 자신을 속였다 하여 화씨를 왼쪽 발목을 자르는 월형에 처했다. 여왕이 죽고 무왕이 즉위하자 화씨는 또 옥을 바쳤다. 무왕도 '돌이다'라는 감정 결과를 듣고 오른쪽 발목을 잘라버렸다. 무왕이 죽고 문왕이 즉위하자 화씨는 옥돌을 안고 3일 밤낮을 울어 눈에서 피가 흘렀다. 이 말을 듣고 왕이 '천하에 월형을 당한 자가 많은데 그대는 어째서 이리 슬피 우는가'하고 묻자, 화씨는 '나는 발목 잘린 것을 슬퍼하는 것이 아니라 보옥을 돌덩이라 하고, 곧은 선비를 거짓말쟁이라고 하는 것을 슬퍼하는 것'이라

25) 『한비자』 「고분편」. 智術之士明察 聽用 且燭重人之陰情 能法之士 勁直聽用 且矯重人之姦行 …… 不可兩存之讐也.

고 말했다. 왕이 다시 전문가를 불러 옥돌을 다듬어 보배를 얻었다. 이를 화씨의 벽이라 부른다.26)

이 이야기는 한비자 자신의 운명을 예언한 이야기처럼 읽힙니다. 다만 화씨는 결국 진실을 밝힐 수 있었지만 한비자는 그러지 못했다는 점이 다를 뿐입니다. 그리고 이어서 한비자는 '도를 아는 자가 아직 죽임을 당하지 않은 것은 다만 아직 왕에게 옥돌을 바치지 않아서일 뿐'27)이라고 덧붙입니다. 말하자면 아직 정책을 들고나와 군주에게 바치지 않았기 때문이라는 것인데, 만일 정책을 유세하게 되면 두 발목이 잘리는 것 정도는 감수할 각오를 해야 한다는 함의가 담겨 있습니다.

그리고 이어서 한비자는 오기(吳起)와 상앙(商鞅)의 예를 듭니다. 오기는 초나라 도왕(悼王)의 신임 아래 대신과 작위귀족(封君)의 비대해진 권력을 견제하기 위한 정책을 시행하여 성공을 거두었지만, 도왕이 1년 만에 죽자 그의 정책으로 피해 입은 자들에 의해 사지가 찢겨 죽었습니다. 또 상앙은 진나라 효공(孝公)을 설득하여 변법 개혁을 시행한 결과, 8년 만에 군주의 지위를 안정시키고 진(秦)나라를 부강하게 만들었지만, 효공이 죽자 그를 미워하던 자들에게 거열(車裂)을 당해 죽었습니다. 한비자는 이런 상황을 서술한 후 이렇게 정리합니다.

(오기와 상앙) 두 사람의 말은 도리에 합당한 것이었다. 그런데도 오기와 상앙이 찢겨 죽은 것은 왜인가. 대신들이 법의 제재를 받기 싫어하고(苦法) 백성들은 통제받기를 싫어하기(惡治) 때문이다.28)

---

26) 『한비자』 「화씨편」. 楚人和氏得玉璞楚山中 奉而獻之厲王. 厲王使玉人相之. 玉人曰石也. 王以和爲誑 而刖其左足. 及厲王薨武王卽位. 和又奉其璞而獻之武王. 武王使玉人相之. 又曰石也. 王又以和爲誑 而刖其右足. 武王薨 文王卽位. 和乃抱其璞而哭於楚山之下 三日三夜 泣盡而繼之以血. 王聞之 使人問其故 曰天下之刖者多矣 子奚哭之悲也. 和曰吾非悲刖也 悲夫寶玉而題之以石 貞士而名之以誑 此吾所以悲也. 王乃使玉人理其璞而得寶焉 遂命曰 和之璧.
27) 『한비자』 「화씨편」. 道者之不僇也 特帝王之璞未獻耳.
28) 『한비자』 「화씨편」. 二子之言也已當矣 然而枝解吳起而車裂商君者何也. 大臣苦法而細民惡治也.

한비자가 자신의 저서에서 가장 많이 다룬 인물이 상앙인 점을 보면, 상앙은 한비자에게 매우 중요한 인물이었던 것 같습니다. 그리고 상앙은 사마천이 별도로 「상군열전(商君列傳)」을 쓸 정도로 무게 있게 다룬 사상가이기도 합니다. 상앙이 추진한 변법 개혁의 핵심은 법을 통한 전체주의적 통제시스템을 구축하는 것이었습니다. 그는 신분이 세습되던 사회의 불합리성을 제기하고, 공에 따라 신분이 변동될 수 있도록 개혁하고, 부국강병에 박차를 가했습니다. 그의 개혁정치는 큰 성공을 거두는데, 이를 사마천은 이렇게 서술합니다.

> 법령이 시행된 지 10년이 지나자 진나라 백성들은 모두 만족스러워했고, 길에 물건이 떨어져도 주워가지 않았으며, 산에는 도적이 없었고, 집집이 풍족하여 사람이 만족했다. …… 향읍이 크게 다스려졌다.[29]

하지만 결국 고법(苦法)하는 신하들과 오치(惡治)하는 백성들 때문에 권세가들의 모함으로 상앙 자신은 거열형을 당하고, 일족은 몰살당했습니다. 한비자가 「고분」에서 '법술지사로서 군주를 거스르는 자는 형리의 처벌에 죽지 않으면 반드시 자객의 손에 죽게끔 되어 있다'[30]고 말한 것은 바로 이 상앙의 상황에 해당합니다. 그런데 이 상앙의 비극을 사마천은 다소 냉정하게 평가합니다.

> 상군은 타고난 성품이 잔인하고 덕이 없는 사람(刻薄人)이다. …… 나는 일찍이 상군이 지은 「개색(開塞)」, 「경전(耕戰)」을 읽었는데 그 내용 역시 그의 행적과 비슷하였다. 상군이 결국 진나라에서 좋지 않은 평판을 얻게 된 것은 이유가 있다.[31]

---

29) 『사기』「상군열전」. 行之十年 秦民大說 道不拾遺 山無盜賊 家給人足 …… 鄕邑大治.
30) 『사기』「상군열전」. 太史公曰 商君 其天資刻薄人也 …… 余嘗讀商君 開塞耕戰書 與其人行事相類 卒受惡名於秦 有以也夫.
31) 『한비자』「고분편」. 是明法術而逆主上者 不僇於吏誅 必死於私劍矣.

사마천의 이런 평가 이래로 법가는 2천 년 내내 각박하다는 평가에서 벗어나지 못했습니다만, 한비자가 보기에 상앙의 이런 최후는 당시 권력의 속성에 보면 당연한 귀결이었는지 모릅니다. 그가 살았던 당시는 봉건군주제 사회이고, 이런 상황에서 개혁하자면 오직 '용의 등을 타는 것', 즉 군주를 이용하는 것 말고는 다른 방법이 없습니다. 그러나 군주의 주위에는 오랜 인맥과 혼인관계, 그리고 이해관계로 얽힌 권세가들이 포진되어 있고, 이들은 자신들의 기득권을 유지하기 위해 끝까지 개혁을 막는 강력한 반개혁 집단을 형성하고 있습니다.

이런 어려운 상황을 잘 알고 있던 한비자는, 새로운 시대가 요구하는 개혁을 위해 필요한 것은, 역린을 건드리지 않고 군주의 신임을 얻어 설득하는 것이고, 개혁에 장애가 되는 권세가들을 치밀하게 통제하는 것이라고 보았습니다. 어렵고 또 어려운 길임을 스스로 알면서도 자신은 그 길을 향해 나갔던 것입니다.

그렇다면 군주는 신하들을 어떻게 통제하고, 어떻게 법으로 백성들을 다스려야 하는가? 한비자는 그 이론적 근거를 노자에게서 취하여 자기 사상을 전개합니다. 다음 강에서는 한비자가 노자를 어떻게 해석하여 자기 이론의 근거로 삼았는지, 인간의 본성에 대해서는 어떻게 생각했는지, 그리고 신하와 백성을 어떻게 통제하여 강력한 국가를 이루고자 했는지 등에 대해 살펴보기로 하겠습니다.

제13강

한비자(2)

인간은 믿을 수 없는 것,
오직 법에 의지하라

동서고금의 사상가들을 공부하다 보면 흥미로운 점을 하나 보게 됩니다. 즉 사상가들이 저마다 자기 눈에 보이는 '세상'과 '인간'에 대한 견해에 기초하여 이런저런 주장을 개진하고 있다는 것인데, 더 흥미로운 것은 그들이 펼쳐내는 '세상'과 '인간'에 대한 견해가 매우 상이하다는 점입니다. 설령 비슷한 시대를 살았던 사상가들이라 해도 그에 대한 해석이 매우 다릅니다.

　어떤 이에게는 세상이 하늘의 고결한 이상을 실현할 장으로 보이는가 하면, 어떤 이에게는 욕망이 들끓는 투쟁의 장으로 보이기도 합니다. 또 어떤 이는 세상을 진흙 속에서 맑은 연꽃을 피우는 장으로 보기도 하고, 어떤 이는 인간의 행위까지도 자연에 포함해 만물이 한데 얽혀 유유히 흘러가는 자연의 공간으로 보기도 합니다. 인간을 바라보는 시각도 마찬가지입니다. 인간을 자연물 가운데 특별한 존재로 보기도 하고, 자연의 일부일 뿐 별다른 차별성을 갖지 않는 존재로 보기도 합니다. 또 그 본성에 대해서도 선하다 보기도 하고, 악하다 보기도 하며, 선도 악도 없다고 보기도 합니다. 또 똑같이 악하다 본다 해도, 그 악을 교화를 통해 선으로 바꿀 수 있다고 보는 사상가가 있는가 하면, 바꿀 수 없다고 보거나 아예 그 가능성에 대해 무관심한 사상가도 있습니다. 각자에게 비쳐 보이는 '세상'과 '인간'의 모습은 사람 수만큼 다양하다는 장자의 생각이 맞는 것 같기도 합니다.

한비자의 눈에 뵈진 세상과 인간

　이 가운데 세상을 인간의 욕망이 투쟁하는 장(場)으로 보고, 인간을 자기 이익을 위해 다투는 존재로 보는 사상가가 바로 순자와 한비자입니다. 그래도 순자는 본래 더러웠던 방이지만 열심히 쓸고 닦아서 깨끗하게 살아보자고 주장한데 비해, 한비자는 본래의 더러움을 없애는 데 관심을 두지 않을 뿐 아니라 그런 일은 아예 가능하지 않다고 보는 것 같습니다. 더러운 것은 본래적인 것이니 어쩔 수 없는 것, 오히려 집의 규모를 키우고 질서를 잡는 것이 더 중요하다고 봅니다. 그리하여 더 이상 더럽히지 못하도록 법을 정하고, 집을 오염시키거나 질서를 어지럽히는 자에게 벌을 주고 집 살림에 도움이 되는 자에게 상을 주자고 합니다. 결국 상벌로 튄 핏방울로 방의 더러움을 심화시킬 수 있는 주장을 펼친 사상가가 바로 한비자입니다.

한비자가 보기에 당대의 급선무는 군주의 권력을 강화하고 통치의 안정성을 확보하는 것입니다. 그의 고민은 어째서 최고의 권력을 가진 군주가 권신들에게 휘둘리고 권력투쟁 과정에서 육친에게 죽임을 당하는 일이 벌어지는 것인가 하는 의문에서 시작합니다. 그리고 그 고민의 결과 그는 이렇게 생각한 것 같습니다. 군주가 법(法)과 권력(勢)이라는 도구를 잘 챙기고 그 기술(術)을 잘 사용하지 못해서, 즉 법, 술, 세를 제대로 익히고 발휘하지 못했기 때문이라고.[1]

한비자는 고대 사상가들 가운데 그 누구보다도 냉정하고, 비관적일 정도로 현실주의적 시각을 보입니다. 그에게서는 인간이나 세상에 대한 낙관적인 희망을 조금도 발견할 수 없습니다. 그는 오직 군주를 둘러싼 살벌하고 냉엄한 현실 속에서 어떻게 하면 군주가 자신을 지키고 권한을 강화할 수 있는가 하는 것만 고민했습니다. 그리고 그가 내놓은 답이 바로 법과 술과 세인데, 통칭 법치라고 합니다. 한비자의 법치를 이해하기 위한 하나의 전제는 인간의 본성이 선하지 않다는 것입니다.

순자나 한비자 모두 '눈에 보이는 부분', 즉 인간의 경우에는 인간의 '육체'를 기본 존재조건으로 봅니다. 육체를 지녔기 때문에 이익에 대한 욕망

---

[1] 이상수는 그의 책에서 한비자의 사상을 현대의 사회과학적 사고에 기초한 정치공학의 한 측면으로, 권력의 기술로 읽고 그것을 조직을 관리하는 리더의 중요한 전략과 전술로 파악하고 있다. 즉 법가는 당시 통치자들에게 권력의 기술을 제공하는 데 그 목적을 두었다고 보는 견해인데, 매우 흥미로운 견해를 제시하고 있다. 이상수, 『한비자: 권력의 기술』(웅진지식하우스, 2007).

(이기심)을 본질로 하며, 그런 까닭에 세상의 변화를 바라볼 때도 그 변화의 본질을 '물질적'인 것에서 찾습니다. 그래서 실제적이고 현실주의적인 면모를 강하게 띱니다. 이에 반해 '눈에 보이지 않는 부분', 즉 '마음'이나 '정신'을 인간의 존재조건으로 보는 견해에서는 변함없는 본질이나 도(道)가 있다고 보고, 물질 중심의 세상 변화를 본질적인 것의 변화로 보지 않습니다. 드러난 물질은 달라져도 변화하지 않는 그 어떤 것이 있다고 봅니다. 그래서 종교적이고 낙관적인 이상주의적 면모를 강하게 보입니다.

그러므로 한비자가 외친 '시대가 달라졌으면 그 과제도 달라져야 한다'라고 한 주장에는 바로 '물질적으로 달라진 세상'이라는 전제가 붙어야 합니다. 그리고 그 바탕에는 '물질적 변화에 따라 달라지는 인간'이라는 인간관이 깔려 있습니다. 앞서 본 것처럼 그는 이렇게 말합니다.

> 옛날에 재물을 가벼이 여겼던 것은 사람들이 착해서가 아니라 재화가 풍부했기 때문이며, 지금 쟁탈하는 것은 사람들이 비루해서가 아니라 재물이 부족하기 때문이다.[2]

'곳간에서 인심 난다'는 말처럼 인심 좋은 사람이 따로 있는 게 아닙니다. 상고시대의 아름다운 전설은 인간 본성이 선했기 때문이 아니라, 재물이 풍족했기 때문입니다. '어짊(仁)이나 비루함(鄙)'은 고정된 성격으로 있는 게 아니라 재물의 족함과 부족함에 따라 다르게 나타날 뿐입니다. 한비자에게 인간의 성질을 결정하는 것이 바로 재물의 양입니다. 한비자는 인간 본성이 선하지 않다는 것을 자식을 낳은 부모의 경우를 예로 들어 설명합니다.

> 부모가 자식을 볼 때, 아들을 낳으면 서로 축하하고 딸을 낳으면 죽인다. 이 둘 모두 부모에게서 나왔지만 아들은 축하받고 딸은 죽임을 당하는 것은 나중의 편안함과 장래의 이익을 생각한 것이다. 자식에 대해서 부모는 계산하는 마음

---

[2] 『한비자』「오두편」. 是以古之易財 非仁也 財多也. 今之爭奪 非鄙也 財寡也.

으로 대하는 것이다.3)

말하자면 인간 본성이란 계산적으로 이해득실만을 따지는 것일 뿐, 인간적 정이나 도덕성 같은 것과는 무관하다는 것입니다. 게다가 사람과 사람 사이는 이해가 엇갈려 대립합니다. 한비자는 이것을 감정적 대립이 아니라 공리적인 치밀한 계산으로 전개되는 일종의 투쟁 상태라고 봅니다. 감정은 이해타산 앞에서 무력하며, 의리나 명분은 실리와는 괴리되는 것입니다.

이런 관점은 군주와 산하의 관계에도 마찬가지로 적용됩니다. 맹자의 왕도처럼 군주의 덕(德)과 신하의 충(忠)이 행복하게 결합하는 일은 꿈도 꿀 수 없습니다. 군주와 신하의 욕망은 시시각각 충돌합니다. 순자가 사회공학적으로 관료와 백성의 관계를 보았다면, 한비자는 정치공학적으로 철저히 군신관계에 집중합니다. 그는 이렇게 말합니다.

군주와 신하는 그 이해가 다르다. 그러므로 신하에게 충성심이란 없다. 신하가 이익을 보면 군주의 이익은 없어진다.4)

모든 인간이 각자의 이익을 추구하듯이, 군주와 신하도 각기 자기 입장에서 이익을 추구한다는 것입니다. 그러니 나라의 이익을 생각하는 군주와 사적 이익을 도모하는 신하의 입장은 상충할 수밖에 없습니다. 그는 저 먼 옛날의 전설적인 군주의 말을 인용하며 이렇게 말합니다.

황제(黃帝)가 말하길, 왕과 신하는 하루에 백 번 싸운다 했다. 신하는 사심을 숨기고 군주를 이용하고 시험하니, 군주는 법을 틀어쥐고 신하를 통제해야 한다. 그러므로 법도를 세우는 것은 군주의 보배이고 도당을 조직하는 것은 신하의 보배이다. 신하가 아직 군주를 시해하지 않은 것은 아직 도당이 갖춰지지 않

---

3) 『한비자』 「육반(六反)편」. 且父母之於子也 産男則相賀 産女則殺之. 此俱出父母之懷衽 然男子受賀 女子殺之者 慮其後便 計之長利也. 故父母之於子也 猶用計算之心以相待也.

4) 『한비자』 「내저설하(內儲說下)편」. 君臣之利異 故人臣莫忠 故臣利立而主利滅.

왔기 때문이다.5)

신하는 언제나 사심을 숨기고 군주를 이용하며, 군주를 시해할 준비를 하고 있습니다. 다만 아직 자신의 힘을 발휘할 수 있는 사조직(도당)이 없기에 실행하지 못하는 것일 뿐입니다. 그렇다면 어찌해야 하는가? 군주는 신하와 하루에 백 번이라도 싸워야 하고, 사조직을 갖지 못하도록 해야 하며, 이미 있는 사조직이라면 분쇄해야 한다고 합니다.

군주가 나라를 잘 다스리기 위해서는 반드시 신하의 사조직을 분쇄해야 한다. 사조직이 분쇄되지 않으면 점점 더 많은 무리를 모아갈 것이다.6)

신하가 요구하는 것을 군주가 다 들어주면 이는 원수에게 도끼를 빌려주는 것과 같다. 빌려주어서는 안 된다. 그가 그 도끼로 군주를 칠 것이다.7)

그야말로 한비자가 바라본 군신관계는 서릿발 칼날 진 살얼음판입니다. 신하는 오로지 사리사욕만을 추구하며, 세력이 커지면 군주의 자리를 넘보는 존재입니다. 따라서 군주는 신하들을 확고한 통제권 안에 가둬두어야 합니다. 신하의 요구를 다 들어주는 것은 신하의 손에 도끼를 쥐어 주는 꼴입니다. 그 도끼날이 머지않아 군주의 머리를 겨눌 것이기 때문입니다.
결국 한비자가 보기에, 선하지 않은 본성을 가진 인간이란 그 자체로 믿을 수 없는 존재입니다. 그러니 인간의 주관적 판단에 맡겨 정치를 하는 것은 더욱더 안 될 일입니다. 오직 법으로 다스려야 하며, 법치가 가능할 수 있도록 군주는 자신의 권력을 사용하고, 신하들을 통제해야 합니다. 요컨대 법과 세에 근거하여 통치술을 잘 발휘하는 것, 이것이 한비자가 생각하는 이상적

---

5) 『한비자』 「양권편」. 黃帝有言曰上下一日百戰 下匿其私 用試其上 上操度量 以割其下. 故度量之立 主之 寶也黨與之具 臣之寶也. 臣之所不弑其君者 黨與不具也.
6) 『한비자』 「내저설하편」. 欲爲其國 必伐其聚. 不伐其聚 彼將聚衆.
7) 『한비자』 「내저설하편」. 彼求我予 假讐人斧. 假之不可 彼將用之以伐我.

군주입니다. 그리하여 상앙(商鞅)의 법(法)과 신불해(申不害)의 술(術) 그리고 신도(愼到)의 세(勢)를 종합하는 이론을 구축합니다.

법(法)으로 통치하라

법치란 군주나 권력자가 자의적으로 백성을 다스리는 것이 아니라, 성문화된 법령을 공포하고 그에 따라 통치하는 것을 말합니다. 매우 당연해 보이는 법치를 한비자가 새삼스레 주장하는 데에는 이유가 있습니다. 한비자 시대에, 거의 모든 제후국의 군주들은 백성에 대한 생사여탈권을 손에 쥐고 제멋대로 통치권을 휘둘렀습니다. 혈연으로 맺어진 주대(周代) 종법제 사회는 두 개의 규범으로 질서를 유지했는데, 하나는 지배층의 기본관계를 규정하는 윤리규범인 '예(禮)'였고, 다른 하나는 그 아래 대부들이 자기 백성을 복종시키기 위해 사용한 도구인 '형(刑)'이었습니다. 그렇기에 백성의 처지에서 보면 '신분' 중심이 아니라 '법' 중심으로 통치하겠다는 말을 믿기 어려웠을 것입니다. 그런 까닭에 한비자는 '법'에 대한 백성들의 신뢰를 확보하는 것이 중요하다고 강조하며 공자의 제자인 증자(曾子)의 일화를 소개합니다.

증자의 처가 시장에 가려는데 아들이 따라오며 울었다. 어미가 말하길, 너는 돌아가 있으라. 돌아와서 너를 위해 돼지를 잡아주마. 아내가 시장에서 돌아와 보니 증자가 돼지를 잡아서 죽이려 하고 있었다. 처가 말리며 다만 아이를 달래려고 장난한 것이라 말했다. 그러자 증자가 말했다. 아이를 달래려고 장난해서는 안 된다. 아이는 아는 것이 없기에 부모를 보고 배우며 부모의 가르침을 듣는다. 지금 그대가 자식을 속이면 이는 자식에게 속임을 가르치는 것이다. 어미가 아들을 속이고 아들이 어미를 믿지 못하면 가르침이 이루어지지 않는다. 그러고는 돼지를 삶았다.[8]

---

8) 『한비자』 「외저설좌상」. 曾子之妻之市 其子隨之而泣. 其母曰 女還 顧反爲女殺彘. 妻適市來 曾子欲捕彘殺之. 妻止之曰 特與嬰兒戲耳 曾子曰嬰兒非與戲也嬰兒非有知也 待父母而學者也 聽父母之敎. 今子欺之是敎子欺也. 母欺子子而不信其母 非以成敎也. 逐烹彘也.

법치의 긍정적인 측면은 '군주 아래 모든 사람이 법 앞에 평등하다'라는 원칙을 세운 것입니다. 그러나 당시의 상황이 얼마나 혹심했는지 백성들은 법에 따라 통치한다는 것을 의심합니다. 그러니 먼저 '법치에 대한 신뢰'를 얻는 것이 필요했겠지요. 이런 고민은 한비자의 선배로 법을 강조한 상앙의 경우에도 그대로 나타납니다. 『사기』 「상군열전」에 이런 일화가 전해집니다.

(상앙은) 법안을 갖추었으나 아직 포고하지 않았다. 백성들이 믿지 않을 것을 우려했기 때문이다. 그래서 세 길이 되는 기둥을 저잣거리에 세워두고 이것을 북문 쪽으로 옮기는 이에게 10금(金)의 상을 주겠다고 했다. 백성들은 모두 이를 이상히 여겨 감히 옮기려 하지 않았다. 그러자 다시 포고를 내려 '옮기는 자에게 50금을 준다'라고 했다. 한 사람이 이를 옮기자 즉시 50금을 주어 속이지 않는다는 점을 분명히 하고 나서 마침내 법령을 공포했다.9)

한비자는 기준으로서의 법이 철저하고, 그 집행이 백성의 신뢰를 얻는다면 국가라는 조직이 완비된다고 보았습니다. 그럴 때 군주는 법에 따르고 권세의 의지하여 조직의 운영만 맡으면 되기 때문에 아무리 평범한 군주라도 훌륭한 정치를 펼 수 있다는 것입니다. 그는 법치의 중요성을 이렇게 말합니다.

법을 받드는 것이 강하면 나라가 강하고 법을 받드는 것이 약하면 나라가 약해진다. 초나라 장왕은 26개국을 병합하고 3천 리를 개척했지만 장왕이 죽자 곧 나라가 쇠약해졌다. 제나라 환공은 30개국을 병합하고 3천 리를 개척했지만 환공이 죽자 곧 나라가 쇠약해졌다.10)

나라가 강성해지느냐 쇠약해지느냐는 법을 받드는 것이 강한가 약한가에

9) 『사기』 「상군열전」. 令既具 未布 恐民之不信 已乃立三丈之木於國都市南門 募民有能徙置北門者予十金. 民怪之 莫敢徙. 復曰 能徙者予五十金. 有一人徙之 輒予五十金 以明不欺. 卒下令.
10) 『한비자』 「유도(有道)편」. 奉法者强 則國强 奉法者弱 則國弱. 荊莊王并國二十六 開地三千里 莊王之㫋社稷也 而荊以亡. 齊桓公并國三十 啓地三千里 桓公之㫋社稷也 而齊以亡.

달려 있습니다. 아무리 강성하던 나라라도 법을 받드는 것이 약하면 금세 쇠약해지게 됩니다. 그러니 법을 받드는 것이야말로 군주가 가장 중요하게 해야 할 일입니다. 법에 따라 통치하고, 상벌권의 권력을 군주가 행사할 수 있어야 하는데, 단 그 법의 적용과 집행은 엄해야 합니다. 엄격한 법으로 다스려야만 백성들이 따르는 법입니다. 그는 이런 말을 합니다.

> 초나라 남쪽 여수(麗水)의 물속에서 금이 나왔는데 이것을 훔치는 자가 많았다. 이것을 법으로 금하고, 잡히는 자는 저잣거리에서 찢어 죽여 시체가 강물을 막을 정도였는데도 그 수가 줄지 않았다. 죄 가운데 저잣거리에서 찢겨죽는 것보다 큰 것이 없는데도 그 수가 줄지 않는 것은 왜인가. 반드시 붙잡힌다고 생각하지 않기 때문이다.[11]

엄격하게 법을 시행하지 않으면 법을 세워보았자 효과가 없습니다. 일벌백계의 효과를 거두려면 엄격한 처벌로 질서를 잡아야 합니다. 한비자는 상앙의 말을 인용하여 '형을 집행할 때는 가벼운 죄에도 무거운 벌을 주어야 한다. ...... 이것이 형벌로 형벌을 없앤다는 것'[12]이라고 주장합니다. 가벼운 죄에 엄한 형벌을 내려 형벌을 내릴 일이 발생하지 않도록 한다는 것입니다. 군주가 작은 허물을 용서하면 백성들은 더 무거운 죄를 짓게 되므로 엄한 처벌로 초기에 질서문란을 방지하는 것이 더 이로운 조처라는 것입니다. 형벌로 형벌을 없애는 것, 이것이 한비자의 목적입니다.

세(勢)로 군림하라

그런데 이처럼 엄격한 법치가 제대로 실행되려면 이를 뒷받침할 수 있는 현실적인 힘이 있어야 합니다. 바로 세(勢), 즉 권력기반이 필요합니다. 군주

---

11) 『한비자』「내저설상」. 荊南之地 麗水之中生金 人多竊采金. 采金之禁 得而輒辜磔於市. 甚衆 壅離其水 也 而人竊金不止. 夫罪莫重辜磔於市 猶不止者 不必得也.
12) 『한비자』「내저설상」. 公孫鞅曰 行刑重其輕者 輕者不至 重者不來 是謂以刑去刑.

가 강력한 권력을 자신의 손아귀에 장악하고 있지 않다면 법은 허울에 불과하게 됩니다. 한 나라의 법치는 최종적으로 군주의 권위에 달려 있으며, 강제력은 위세로부터 나옵니다. 즉, 백성과 신하가 군주의 명령을 듣느냐 아니냐는 궁극적으로 권력에 달려 있다는 것인데, 세(勢)의 중요성을 가장 먼저 주장한 이는 맹자와 동시대에 직하에서 활약한 조(趙)나라의 신도(愼到)입니다. 한비자는 신도의 말을 인용하여 세의 중요성을 이렇게 말합니다.

> 신도가 이렇게 말했다. 비룡은 구름을 타고, 승천하는 뱀은 안개 속에서 노닐지만, 구름이 개고 안개가 걷히면 용이나 뱀도 지렁이나 개미나 다를 바 없이 되는 것은 그들이 타야 할 구름과 안개를 잃었기 때문이다. 현인이 불초한 자에게 굴복하는 것은 그 권세가 가볍고 지위가 낮기 때문이고 불초한 자가 현자를 굴복시키는 것은 그 권세가 중하고 지위가 높기 때문이다.[13]

비룡(飛龍)이나 등사(螣蛇)도 구름과 안개가 없으면 지렁이나 개미의 신세가 된다고 신도는 말합니다. 즉 아무리 뛰어난 능력과 지혜를 지녔다 해도 위세가 없다면 아무것도 할 수가 없다는 뜻입니다. 그러므로 중요한 것은 개인의 능력이 아니라 정치적 지위로 결정되는 권세입니다. 그는 이어서 이렇게 말합니다.

> 요임금이 필부였다면 단 세 사람도 다스릴 수 없었을 것이며, 걸왕은 천자의 지위에 있었기 때문에 천하를 어지럽힐 수 있었다. 이것으로 볼 때 권세는 족히 의지할 만한 것이지만, 현명함이나 지혜는 부러워할 만한 것이 아니다.[14]

오로지 권력과 정치적 지위만이 중요하다는 것인데, 이것은 극단적인 권력지향성을 드러내는 법가의 관점에서 보면 자연스러운 결론입니다. 이에

---

13) 『한비자』 「난세(難勢)편」. 愼子曰 飛龍乘雲 螣蛇遊霧 雲罷霧霽 而龍蛇與蚯蚓同矣 則失其所乘也. 賢人而詘於不肖者 則權輕位卑也. 不肖而能服於賢者 則權重位尊也.
14) 『한비자』 「난세편」. 堯爲匹夫 不能治三人 而桀爲天子 能亂天下 吾以此知勢位之足恃而賢智之不足慕也.

대해 유가적 입장을 가진 어떤 이가 반박합니다. 아무리 구름이 성해도 지렁이는 타지 못하고 안개가 짙어도 개미는 그것을 이용할 수 없으니, 걸주 같은 악인이 천하를 어지럽힌 것은 그 재질이 부박했기 때문이라는 것입니다. 그러자 한비자는 아주 강경한 자세로 자신의 목표를 분명하게 드러냅니다.

> 저 요순이나 걸주 같은 이는 천 년에 한 번 나올 만한 인물들이다. …… 하지만 세상을 다스리는 자들은 평범한 인물들이다. 나는 중간쯤 되는 이가 권세를 쥐고 있는 경우를 말하는 것이다. 중급의 군주는 위로는 요순에 미치지 못하고, 아래로 걸주의 행동을 하지 않지만, 법에 의지하여 세를 따르면 다스려질 것이요, 법을 등지고 세를 버리면 어지러워지는 것이다.15)

사실 당시 군주들은 능력으로 선출된 자들이 아닙니다. 세습 군주로서 그 현우(賢愚)를 예상할 수 없습니다. 그렇기에 한비자는 그야말로 누구나 그 지위에서라면 할 수 있고 해야 하는 사회과학으로서의 정치공학을 논하고 있는 것입니다. 공자나 맹자처럼 천 년에 한 번 나올까말까한 성인(聖人)을 기다리는 것, 즉 요순과 같은 성인이 나타나 다스려주길 기다리는 것은 마치 100일이나 굶은 자가 '쌀밥과 고기반찬'을 기다리고 있는 꼴이라고 합니다. 쌀밥과 고기반찬이 아니더라도 살기 위해서는 무언가 먹을거리를 장만해야 합니다. 그것이 바로 한비자가 말하는 인위적인 세(勢), 즉 평범한 군주라도 행할 수 있는 통치공학입니다. 그는 이렇게 말합니다.

> 내가 말하는 것은 (자연적인 세가 아니라) 인위적으로 얻은 세이다. 인위적인 세에서 현명함은 무슨 소용이 있는가.16)

한비자 자신은 자연의 세를 논하는 것이 아니라 인간의 세를 논하는 것이

---

15) 『한비자』「난세편」. 且夫堯舜桀紂 千世而一出 …… 世之治者不絶於中 吾所以爲言勢者 中也. 中者 上不及堯·舜 而下亦不爲桀紂. 抱法處勢 則治. 背法去勢 則亂.
16) 『한비자』「난세편」. 若吾所言 謂人之所得勢也而已矣 賢何事焉.

니, 인간에 의해 만들어지고 행사되는 권세에 현명함 같은 덕은 필요치 않다는 것입니다. 왜 그런가를 논하면서 한비자는 그 유명한 '모순(矛盾)'의 이야기를 꺼냅니다.

> 그 까닭을 밝혀보자. 어떤 이가 말하길, 여기 창과 방패를 파는 자가 있는데, 그 방패의 견고함을 자랑하며 말하길 '어떤 물건으로도 뚫리지 않는다'고 하고, 또 창을 자랑하며 말하길 '내 창은 날카로워서 어떤 물건이라도 뚫지 못하는 것이 없다'라고 하였다. 그러자 어떤 이가 '당신의 창으로 당신의 방패를 뚫는다면 어떻게 됩니까?'라고 하자 그는 아무 말도 하지 못했다. 어떤 것으로도 뚫리지 않는 방패와 어떤 것이라도 뚫을 수 있는 창은 도저히 양립할 수 없는 것이다. 현자가 세를 얻으면 (누구도) 막을 수 없고(유가의 주장), 세를 얻어 도를 행하면 막지 못할 것이 없으니(법가의 주장), 막을 수 없는 현자와 막지 못할 것이 없는 세는 창과 방패와 같은 것이다. 현자와 권세는 서로 양립될 수 없는 것이다.17)

이 모순의 이야기는 한비자가 유가 쪽 사람과 논쟁하는 가운데 나온 것입니다. 그러니 유가를 겨냥하여 한 말입니다. 법치에는 (유가에서 주장하는) 현자는 필요하지 않은 정도가 아니라 양립 불가하다고 합니다. 법치의 길과 덕치의 길은 양립할 수 없다는 것인데, 왜 그렇게 말하는지 좀 살펴볼 필요가 있습니다.

유가에서는 성인이 군주가 되면 왕도의 이상이 이루어진다고 주장합니다. 심지어 맹자는 '군자(성인)는 지나가기만 해도 백성들이 교화되고, 그 지닌 바는 신령하다'18)라고 묘사합니다. 한비자는 이렇게 유가에서 주장하는 성인 군주의 덕을 '무엇이든 뚫을 수 있다고 주장하는 창'에 비유하고 있습니

---

17) 『한비자』「난세편」. 何以明其然也. 客曰 人有鬻矛與楯者譽其楯之堅 物莫能陷也 俄而又譽其矛曰 吾矛之利 物無不陷也. 人應之曰 以子之矛 陷子之楯 何如. 其人弗能應也. 以爲不可陷之楯 與無不陷之矛 爲名不可兩立也. 夫賢之爲勢不可禁 而勢之爲道也無不禁 以不可禁之賢與無不禁之勢 此矛楯之說也. 夫賢勢之不相容亦明矣.
18) 『맹자』「진심상」. 夫君子所過者化 所存者神.

다. 그리고 자신이 주장하는 법치의 군주가 지닌 세(勢)는 '무엇이든 막을 수 있는 방패'에 해당된다는 것입니다. 그러니 이 둘의 관계는 명실상부한 '모순'의 관계, 즉 양립 불가능한 관계라는 것이지요. 그러면 한비자는 어째서 이 둘의 관계를 이렇게 극단적인 관계로 보았을까요?

유가의 견해로는 법치는 본성의 도덕성을 전제로 하는 덕치에 어긋납니다. 법의 강제적 성격은 인간의 선한 본성에 어긋나므로 잔인하다고 보는 것입니다. 그러나 한비자는 바로 이런 유가의 관점을 비판합니다. 있지도 않은 인간의 도덕성 같은 것을 바탕으로 해서는 안 될 뿐 아니라, 유가의 그런 입장은 개인도덕과 국가이익 간의 갈등을 유발하기 때문입니다. 제자(諸子)에 대한 한비자의 비판이 유가에 집중된 이유도 여기에 있습니다. 그는 '유가는 문(文)으로 법(法)을 어지럽힌다(儒以文亂法)'고 서두를 꺼낸 후 몇 가지 고사(故事)를 예로 듭니다.

> 초나라에 직궁(直躬)이란 자가 있었는데, 그 아비가 양을 훔친 사실을 관리에게 고발했다. 군주는 그자를 '죽이라'라고 명했다. 군주에게 정직하고 아비에게 패륜했다는 것을 죄로 삼은 것이다. …… 어떤 노나라 사람이 왕을 따라 전쟁에 나갔는데 세 번 싸워 세 번 패하고 돌아왔다. 공자가 그 까닭을 묻자, '아비가 늙어 자신이 죽으면 봉양할 자가 없기 때문'이라고 말했다. 공자는 그를 효자라 하여 추천하여 벼슬에 오르게 해주었다. …… 위와 아래의 이익은 이렇게 다르다.19)

군주에게 정직하면 부모에게 패륜이 되고, 부모에게 효도하면 결국 군주를 배신하게 됩니다. 국가의 실질적 이익과 개인의 윤리적 의무 사이에는 이와 같은 갈등이 발생할 수 있습니다. 그러므로 한비자는 이런 경우 개인윤리

---

19)
『한비자』「오두편」. 楚之有直躬 其父竊羊 而謁之吏. 令君曰 殺之 以爲直於君而曲於父 報而罪之 …… 魯人從君戰 三戰三北 仲尼問其故 對曰 吾有老父身死莫之養也. 仲尼以爲孝 擧而上之 …… 上下之利 若是其異也.

와 사회윤리 사이에는 일종의 양도논법(딜레마)적 관계가 성립한다고 봅니다. 유가의 입장에서는 이런 갈등관계가 벌어질 때 도덕적 의무, 가족 윤리를 우선시합니다. 공자는 위의 한비자가 사례로 든 직궁에 대해 이렇게 말했습니다.

> 섭공이 공자에게 말했다. 우리 당에 직궁이라는 자가 있는데 그 아비가 양을 훔치자 아들이 고발했습니다. 그러자 공자가 말했다. 우리 당의 정직함은 이와 다르다. 아비는 아들을 숨겨주고 아들은 아비를 숨겨준다. 정직은 그 안에 있다.[20]

맹자 역시 아버지를 업고 도망할지언정 아비를 법에 맡기지 않는다고 말했습니다. 이를 맹자는 '차마 하지 못하는 마음(不忍人之心)'이라고 했는데, 유가에서는 개인윤리의 실현이 국가의 이익에 선행합니다. 그러나 국가와 군주의 이익을 중시하는 한비자는 이런 유가의 윤리가 사적이며, 따라서 통치행위에서 배제되어야 한다고 비판합니다.

한비자가 보기에 인간의 본성이 선하다는 것에 근거하여 이상정치를 실현할 수 있다고 보는 것은 환상에 불과합니다. 그것은 마치 '화살을 만들기 위해 저절로 곧은 나무(自直之箭)를 찾는 것과 같고, 수레바퀴를 만들기 위해 저절로 둥근 나무(自圓之木)를 기다리는 것과 같은 것입니다. 그런 나무는 백 년, 천 년이 지나도 구할 수 없으며, 설사 구한다 해도 수요에 다 댈 수가 없습니다. 요컨대, 인간의 본성은 본래 선하지 않기 때문에, 성왕(聖王)이 아무리 도덕적으로 교화한다 해도 백성은 이에 감화되지 않는다는 것입니다. 용도에 맞게 나무를 가공하듯 그렇게 세를 가지고 인간을 길들이고 통제해야 하며, 그렇게 하자면 권세가 있어야 합니다. 법과 권세는 군주에게 수레와 배처럼 통치에 훌륭한 수단이 됩니다. 이를 잘 활용하지 못하는 것은 좋은

---

[20]

　『논어』「자로」. 葉公語孔子曰 吾黨 有直躬者 其父攘羊 而子證之 孔子曰 吾黨之直者 異於是 父爲子隱 子爲父隱 直在其中矣.

수레와 배를 놔두고 힘들게 걷고 헤엄치는 것과 같이 어리석은 일입니다.
견고한 수레에 좋은 말을 매어 몸을 맡기면 험한 길도 능히 넘을 수 있고, 튼튼한 배에 좋은 노를 갖추면 건너기 어려운 강도 건널 수 있다. 법술의 원리를 사용하여 엄한 형벌을 행하면 패왕의 공업을 이룰 수 있다.[21]

공평한 법에 근거하고, 권세를 이용하여 상과 형벌을 엄격하게 집행하는 것, 이것이 바로 패왕의 위업을 달성하는 유일무이의 길입니다. 한비자는 그에 해당하는 사례를 이렇게 열거합니다.

이윤을 얻어 탕은 왕이 되었고, 관중을 얻어 제는 패자가 되었으며, 상군(상앙)을 얻어 진(秦)은 강국이 되었다. 이 세 사람은 패왕의 법술에 밝고 나라를 강대하게 하는 수를 살펴 세속의 말에 구애되지 않았다. 그들은 당대 명군의 인정을 받아 포의의 선비에서 재상의 자리에 올랐다. …… 이들은 가히 존귀한 신하라 할 만하다.[22]

요컨대 한비자의 군주는 오로지 법에 따라 통치하고 권세를 잘 지키고 행사하여 상벌권을 장악하는 것입니다. 그렇다면 법을 바르게 세우고 형벌을 엄히 집행함으로써 한비자가 도달하고자 했던 이상적 상태는 과연 어떤 것인가? 그는 이렇게 말합니다.

그러므로 나라를 다스림에 법을 바르고 분명하게 하고 엄한 형벌을 베풀어, 이로써 백성을 혼란에서 구하고, 천하의 재앙을 제거한다. 강자가 약자를 능멸하지 못하도록 하고, 다수가 소수에게 폭력을 쓰지 못하게 하며 노인은 제명을 누리고 고아는 잘 길러지도록 한다. 국경이 침략받지 않고 군신이 상친하고 부자

---

21) 『한비자』「간겁시신(姦劫弑臣)편」. 託於犀車良馬之上 則可以陸犯阪阻之患 乘舟之安 持楫之利 則可以水絶江河之難 操法術之數 行重罰嚴誅 則可以致霸王之功.
22) 『한비자』「간겁시신편」. 伊尹得之 湯以王 管仲得之 齊以霸 商君得之 秦以强. 此三人者皆明於霸王之術 察於治强之數 而不以奉於世俗之言 適當世明主之意 則有直任布衣之士 立爲卿相之處 …… 此之謂足貴之臣.

가 상보하며 전쟁에 나가 죽거나 잡히는 일이 없으니, 이 또한 공이 지극히 두 터운 것이다. 어리석은 이들은 이런 도리를 알지 못하고 법가의 통치술을 포악 하다고 비난한다.[23)]

한비자의 진정한 목적이 드러나는 구절입니다. 한비자 자신은 다만 분명한 법령과 엄격한 형벌을 통해 사회혼란과 붕괴를 미연에 방지하고 아울러 외적의 침입을 막아냄으로써, 노인이 제명대로 살고, 고아가 잘 길러지고, 부자(父子)가 서로 돕는 행복한 세상을 만들고자 할 따름인데, 세인들은 이런 공을 몰라주고 각박하다느니 포악하다느니 비난만 한다는 것입니다. 아마 한비자 당시에도 법가는 이미 포악하다는 비난을 사고 있었던 모양입니다. 그러나 법시행의 혹형주의를 백성의 행복 증진에 기여하는 자비로운 조처라고 주장하는 한비자 역시 세인들의 평을 못 알아듣기는 매일반인 것 같습니다.

어쨌든 수레와 배를 얻었다면 좋은 말과 튼튼한 노를 갖춰야 합니다. 말하자면 법과 세를 얻었다면 이제는 그것을 잘 활용하여 신하들을 통제해야 하는 것입니다. 이른바 술(術), 통치술입니다.

술(術)로 통제하라

한비자의 학설 가운데 가장 중요한 부분을 차지하는 것이 바로 통치술입니다. 술(術)은 법과 달리 성문화될 수 없으며, 군주와 신하와 공유할 수 있는 것이 아니라, 오직 군주가 독점적으로 사용해야 하는 수단입니다. 한비자는 술에 대해 이렇게 말합니다.

술이란 임무에 따라 관직을 주고, 명분에 따라 실질을 책임지우며, 생살권을 가

---

23) 『한비자』 「간겁시신」. 故其治國也 正明法 陳嚴刑 將以救群生之亂 去天下之禍 使强不陵弱 衆不暴寡 者老得遂幼孤得長 邊境不侵君臣相親 父子相保 而無死亡係虜之患 此亦功之至厚者也! 愚人不知 顧以爲 暴.

지고 여러 신하의 능한 바에 과제를 주는 것으로 군주가 갖고 있는 것이다.[24]

군주는 신하에게 일을 맡기고 근무평점 매깁니다. 계획서를 제출하게 하고 그 일의 결과가 계획과 일치하면 상을 주고 일치하지 않으면 그 결과가 상회하는 경우라도 벌을 내리는 것이 술의 요점인데, 이른바 순명책실(循名責實)입니다. 이 순명책실의 원칙에 따라 상벌을 틀어쥔 군주는 신하들을 감독하는데, 이 통치술의 핵심은 '신하 길들이기'입니다.

한비자에 따르면, 현명한 군주(明君)는 신하의 충성심에 기대어서도 안 되고, 선심을 쓰거나 인기에 영합하는 정책에 의지해서도 안 됩니다. 사랑과 미움 따위의 감정은 판단에 중대한 오류를 가져올 수 있기 때문입니다. 그는 이렇게 말합니다.

> 권력(勢)에 의지해야지 신뢰에 의지해서는 안 된다. …… 통치술(術)에 의지해야지 신뢰에 의지해서는 안 된다.[25]

군주와 신하는 이해관계로 맺어진 사이일 뿐입니다. 신하는 군주를 통해 자기이익을 실현하고, 군주는 신하의 충성을 얻기 위해 혜택을 베풉니다. 전통적인 의미의 그런 충성은 기대해서도 안 되고, 의지해서도 안 됩니다. 충성이란 객관적인 기준으로 가늠할 수 없는 주관적인 것입니다. 신하 자신은 충성을 다한다고 해도 군주는 다르게 평가할 수 있습니다. 또 군주는 신하가 충성을 다한다고 여겨도 실상 신하의 처지에서는 다만 출세를 위한 발판으로 군주를 이용했을 수도 있습니다. 그러므로 신뢰관계에 의지해서는 안 됩니다. 군주가 자신에 대한 충성도를 기준으로 신하를 발탁하는 것은 조직의 체질을 허약하게 하는 것입니다. 한비자는 이렇게 말합니다.

> 성인은 나라를 다스림에 진실로 사람들이 나를 아끼지 않을 수 없는 방법을 사

---

24) 『한비자』 「정법편」. 術者因任而授官 循名而責實操殺生之柄 課群臣之能者也 此人主之所執也.
25) 『한비자』 「외저설좌하」. 恃勢而不恃信 …… 恃術而不恃信.

용해야 한다. 다른 사람이 나를 위해 일하기를 믿어선 안 된다. 나를 사랑해줄 것을 믿는 자는 위태롭고 나를 사랑하지 않을 수 없게 하는 자는 안전하다.26)

신하의 충성을 바랄 것이 아니라 신하가 충성하지 않을 수 없도록 순명책실의 원칙에 따라 상과 벌을 잘 써서 '길들이라'라는 것입니다. 한비자는 신하의 능력이 어떤 조건에서 최고로 발휘되는지 객관적으로 조명합니다. 군주와 신하는 서로 다른 욕망을 추구하고 있기에 '하루에 백 번 싸워야 하는' 투쟁의 관계이고, 그런 의미에서 군신관계는 냉혹한 진검승부의 장입니다. 이런 상황에서 군주의 지도력이란 신하의 욕망을 수렴하여 자기 용도에 맞게 길들여 집중시키는 것입니다.

이런 관점은 충신에 대한 전통적 개념을 바꿔버립니다. 세상에서 만고의 충신으로 받드는 백이숙제나 주군의 원수를 갚기 위해 용모와 목소리를 바꾼 예양의 경우에 대해 한비자는 이렇게 말합니다.

> 옛날 백이숙제라는 자는 무왕이 천하를 양위하려 했으나 받지 않고 수양산에 들어 굶어 죽었다. 이런 신하는 죽음을 두려워하지 않고 상을 이익으로 여기지 않으니 벌로 금할 수 없고 상으로도 부릴 수 없다. 이런 자는 무익한 신하이다.27)

일단 백이와 숙제는 상벌이 먹히지 않는 존재입니다. 죽음을 두려워하지 않고, 상을 이익으로 여기지 않습니다. 어찌 보면, 상벌이 먹히지 않는 이 두 사람의 존재가 있다는 사실에서 자기주장의 허점을 돌아볼 만한데도, 한비자는 오히려 벌로도 금할 수 없고 상으로도 부릴 수 없으므로 군주의 처지에서는 무익한 존재라고 잘라 말합니다. 그리고 예양에 대해서는 이렇게 말합니다.

---

26) 『한비자』, 「간겁시신」. 聖人之治國也 固有使人不得不愛我之道 而不恃人之以愛爲我也. 恃人之以愛爲我 者危矣 恃吾不可不爲者安矣.
27) 『한비자』, 「간겁시신」. 古有伯夷叔齊者 武王讓以天下而弗受 二人餓死首陽之陵. 若此臣者 不畏重誅 不利重賞 不可以罰禁也. 不可以賞使也 此之謂無益之臣也.

예양은 지백의 신하가 되어 위로는 군주를 설득하여 법술과 도수의 이치를 밝혀 환난을 피할 수 있게 하지 못했고, 아래로는 백성들을 거느리고 통솔하여 나라를 편안하게 하지도 못했다. 조양자가 지백을 살해하자 예양은 스스로 얼굴에 먹물문신을 하고 코를 잘라 용모를 바꾼 후 지백의 원수를 갚고자 했다. 이것은 자기를 해쳐 군주에게 헌신했다는 이름을 얻을 순 있지만 실제로 지백을 이롭게 한 것은 하나도 없다. 나는 이것을 하수로 본다. 그런데 세상의 군주들은 이를 높이 평가하고 있다.28)

한편으로 보면 일리 있는 평가입니다. 예양은 자기 몸을 해쳐 군주를 위한다는 명성을 얻을 수는 있었지만 실제로 군주를 위한 것은 없습니다. 그러니 실질적인 입장에서는 하수일 수밖에 없습니다. 그런데도 세상의 군주들은 오히려 그를 충신이라 여기며, 그와 같은 충신을 기다리고 있으니 한비자가 보기에 한심한 현실입니다.

여기서 주목해야 하는 것은, 한비자의 통치술의 중점은 신하가 충성을 바치지 않을 수 없도록 '길들이는 것'인데, 이 길들이기가 유위의 극단적인 양상을 보인다는 것입니다. 있는 것을 보고 찾아서 사용하는 것이 아니라 사람이든 사물이든 자신의 용도에 맞게 바꾸어 맞추는 것이 필요합니다. 한비자는 이렇게 말합니다.

저절로 곧은 화살대를 찾으려면 백 년을 찾아도 찾을 수 없다. 저절로 둥글게 굽은 나무를 찾는다면 천 년을 기다려도 바퀴 하나 만들 수 없다. 굽은 나무를 곧게 펴고 도지개로 굽혀서 나무를 용도에 맞게 만드는 것이 중요하다. …… 설사 저절로 곧은 화살대와 둥근 나무가 있다 해도 양공(良工)은 그것을 귀하게 여기지 않는다. 수레를 한 대만 만들고 말 것이 아니고 화살을 한 번만 쏘고 말

---

28) 『한비자』 「간겁시신」. 若夫豫讓爲智伯臣也 上不能說人主 使之明法術度數之理 以避禍問難之患 下不能領御其衆 以安其國。及襄子之殺智伯也 豫讓乃自黔劓 敗其形容 以爲智伯報襄子之讐。是雖有殘刑殺身以爲人主之名 而實無益於智伯 若秋毫之末。此吾之所下也 而世主以爲忠而高之.

것이 아니기 때문이다.[29]

말하자면 유위를 해서 언제나 어디서나 목적과 용도에 맞게 대상을 지배하는 것이 귀한 것입니다. 있는 것을 찾아서는 용도에 맞추기 어려울뿐더러, 설사 찾아낸다 해도 한두 개 있는 것을 가지고는 수요에 다 댈 수 없다는 것입니다. 재료를 잘 활용할 줄 아는 사람은 흠집이나 결함을 탓하지 않고 잘 다듬어 쓸 수 있어야 합니다. 이것이 한비자가 주장하는 용인술(用人術)의 핵심입니다. 그런데 한비자는 이런 생각을 극단으로 밀고 나갑니다. 용인술이 인재의 가능성을 읽어내고 발휘하도록 활용하는 데 그치지 않습니다. 그는 이렇게 말합니다.

> 까마귀를 길들이는 자는 아래 깃털을 잘라버려 사람에게 먹을 것을 의지하도록 하니 어찌 길들지 않겠는가. 현명한 군주는 신하를 기를 때 이와 같이 한다. 신하가 군주와 봉록을 이롭게 여기지 않을 수 없게 하고, 위에서 내리는 벼슬에 복종하지 않을 수 없게 하는 것이다. 봉록을 이롭게 여기고 군주의 이름에 승복한다면 어찌 복종하지 않을 수 있겠는가.[30]

한비자는 까마귀 길들이기에 빗대어 신하를 휘어잡을 수 있는 방도를 제시하고 있습니다. 까마귀의 깃털을 잘라버리면 멀리 날 수도 빨리 날 수도 없습니다. 그러니 자력으로 살아남을 수 없기에, 반드시 인간에게 의존해야만 합니다. 인간에게 의지할 수밖에 없으니 인간의 뜻에 길들여져야 하고, 그 명령에 복종해야 한다는 것입니다. 말하자면 까마귀의 깃털을 잘라내는 폭력을 동원하여 까마귀의 자연성을 파괴하면서까지 길들이고자 하는 것입니다. 그리하여 사슬 없는 우리 안에 가두는 방식으로 사람을 지배하려는 것입니다. 애초부터 인간성을 믿지 않아서인지, 한비자는 인간의 자연성을 파

---

29) 『한비자』, 「현학편」. 夫必恃自直之箭 百世無矢. 恃自圜之木千世無輪矣 …… 雖有不恃隱栝而有自直之箭 自圜之木 良工弗貴也. 何則 乘者非一人 射者非一發也.
30) 『한비자』, 「외저설우상」. 夫馴烏者斷其下翎 則必恃人而食 焉得不馴乎. 夫明主畜臣亦然 令臣不得不利君之祿 不得無服上之名. 夫利君之祿 服上之名 焉得不服.

괴하는 일에도 전혀 괘념치 않습니다.

이런 통치술은 실용주의에 바탕한 것이긴 하지만 극단적인 실효성을 추구한 나머지 있을 법한 상황에서의 유연성이 전혀 없습니다. 오직 가치 있는 것은 국가와 군주에게 '쓸모'가 있는가 없는가 하는 것입니다. 이런 관점은 근대 전체주의적 관점과 일맥상통합니다. 인간의 머릿속까지 지배하려는 철저한 전체주의적 통제는 결국 그 체제의 종말을 앞당기게 됩니다. 실효성과 쓸모만 가지고 사람과 사물을 평가하는 것은 유위의 극단의 극단입니다.

그러면 이렇게 길들여지지 않는 자는 어떻게 할 것인가? 한비자는 말합니다. 쓸모없으니 죽여 없애버리는 것만 못하다고. 그러면서 제나라를 봉함 받은 강태공의 예를 듭니다.

> 태공망이 동쪽 제나라에 봉해졌는데, 해상에 현자 광휼이 살고 있었다. 태공망이 그 말을 듣고 친히 찾아가 만나보길 청했다. 세 번이나 말을 타고 찾아갔으나 광휼이 만나주지 않자 태공망은 그를 죽였다. 이때 주공(周公, 단)이 노나라에 있었는데, 이 소식을 듣고 급히 달려와 말리고자 했으나 도착했을 때 이미 죽인 후였다. 주공이 '광휼은 천하의 현자인데 그대는 어찌해서 죽였는가' 하고 물었다. 태공망은 답하길, 광휼은 천자의 신하가 아니라 하고, 제후의 벗이 아니라고 했기 때문에, 그가 법을 어지럽히고 선인의 가르침을 바꿀까 염려하여 죽였다. 지금 말 한 필이 있는데 그 모습이 천리마 기와 같다고 해도 몰아도 가지 않고 끌어도 오지 않으면 비록 명마라 해도 아무도 타려 하지 않을 것이다.[31]

천하의 현자인 광휼(狂矞)을 왜 죽였느냐고 묻는 주공의 물음에, 강태공은 한마디로 '길들일 수 없는 말이기 때문'이라고 말합니다. 탈 수 없는 말은 필요가 없다는 것입니다. 아무리 뛰어난 덕과 능력을 지닌 명사, 현인, 천재라

---

31) 『한비자』 「외저설우상」. 太公望東封於齊, 海上有賢者狂矞 太公望聞之往請焉 三卻馬於門而狂矞不報見也 太公望誅之. 當是時也 周公旦在魯 馳往止之 比至 已誅之矣. 周公旦曰 狂矞 天下賢者也夫子何爲誅之 太公望曰狂矞也 議不臣天子不友諸侯 吾恐其亂法易教也 故以爲首誅. 今有馬於此 形容似驥也 然驅之不往 引之不前 雖臧獲不託足以旋其軫也.

해도 군주의 조직 속에서 통제되고 활용되지 않는다면 군주의 권위를 인정하지 않는 것이고, 그렇다면 용인의 범주에 들지 않으니 죽여 없애는 것이 낫다는 것입니다. 은둔행위조차도 군주의 권위에 도전하는 것으로 간주합니다. 한비자의 사상에서는 한 치의 자유도 관용도 찾아볼 수가 없습니다. 오직 인간 간의 수직적 질서에만 관심을 둘 뿐 수평적 인간관계에 대한 통찰은 전무합니다. 오직 권력의 장 안에서만 인간을 바라보기 때문입니다.

일단 신하들을 길들여 우리 안에 넣었다면 이제 본격적으로 군주의 전략을 써야 하는데, 한비자는 여기에서 노자의 사상을 이용하여 군주의 전략을 '무위'와 '허정'이라는 개념으로 정리합니다.

노자를 이용하다: 인위적 무위

한비자가 보기에 노자는 당시 제자백가 가운데 상고(尙古)주의 전통과 성인(聖人)이라는 정치 지도자상에서 벗어난 유일한 사상가였습니다. 사실 노자와 한비자는 제자백가의 양극단을 대표합니다. 노자는 인간을 순박(樸)하다 본 반면, 한비자는 전적으로 악하다고 보았고, 노자가 인간의 무위와 자연을 주장하지만 법가는 극단적인 사회통제를 주장했습니다. 자연의 극단과 인위의 극단입니다. 그런데도 한비자는 '무위'라는 공통적 개념에 기반을 둠으로써 노자와 상통한다고 보고, 사실상 노자에 대한 최초의 주석서인 「해로(解老)」와 「유로(喩老)」를 썼습니다.

한비자가 보기에, 법의 객관적 근거가 될 수 있는 도(道) 관념은 인간의 주관이 개입되어선 안 되는 것입니다. 주관적 판단이 배제된 무의지적인 '허정'과 '무위'의 도에서 법의 근거가 모색돼야 하며 이런 면에서 노자의 도 관념은 법에 객관성을 부여하는 형이상학적 원리가 된다고 본 것 같습니다. 따라서 한비자의 법의 근거가 되는 도는 자연법사상에 기초한 것으로, 법적 근거의 객관성과 법 적용의 객관성을 모두 포함하는 것입니다. 이렇게 하여 한비자는 당시에 하층백성에게만 적용되고 귀족들에게는 적용되지 않았던 법

개념을 일신하여 '법 앞에서의 평등'이라는 원리를 세웁니다.

자연법적 근거란 곧 천(天)의 도에 근거한다는 것입니다. 한비자는 순자의 천인분리(天人分離)를 계승했지만, 철저히 도를 인도(人道)에만 한정한 순자와 달리 노자처럼 도를 천도(天道)로 보면서도, 순자보다 더욱 철저하게 천과 인을 분리합니다. 그는 이렇게 말합니다.

> 사람은 털도 깃도 없으니 옷을 입지 않으면 추위를 막을 수 없다. 인간이란 위로 하늘에 속한 것도 아니고, 아래로 땅에 매인 존재도 아니다.[32]

인간은 추위를 막아줄 털과 깃을 자연으로부터 받지 못했지만, 그렇다고 해서 추위에 얼어 죽지 않을 수 있는 존재, 하늘로부터 모든 것을 다 부여받지도 못했지만, 그렇다고 땅에 묶여 꼼짝 못 하지도 않는 존재, 즉 하늘과 땅 사이에 올연(兀然)이 서서 자신의의 삶을 꾸려나갈 수 있는 존재라는 것입니다. 그러나 이런 인간이라도 일을 처리할 때는 하늘의 이치를 잘 따를 필요가 있다고 합니다.

> 능히 스스로를 보존함에 만물의 이치를 잘 따르는 자는 반드시 하늘이 살게 해준다.[33]

도와 이치에 따라 일을 하면 이루어지지 않는 것이 없다. 이루어지지 않음이 없다는 것은 크게 이루어지는 것이다.[34]

한비자의 관점에서 보면 도의 실현이 곧 법치이고, 법치의 궁극적 목표는 도를 실현하는 것입니다. 이때 도나 천은 자연의 실상, 물리법칙 등을 가리키는데, 이 자연법칙은 인간의 의지와 독립해서 존재하는 것이므로, '하늘의 때에 맞지 아니하면 비록 요임금이 열 명이 있다 해도 겨울에 싹 하나 틔울

---

32) 『한비자』, 「해로편」, 人無毛羽 不衣則不犯寒 上不屬天而下不著地.
33) 『한비자』, 「해로편」, 夫能自全也而盡隨於萬物之理者 必且有天生.
34) 『한비자』, 「해로편」, 夫緣道理以從事者 無不能成 無不能成者 大能成.

수 없는 것'35)처럼, 도를 따르지 않으면 힘만 들 뿐 실효를 얻을 수 없다는
것입니다. 한비자는 인간이 따라야 할 도와 이치를 만물의 자연적 결로 해석
하며 이렇게 말합니다.

> 도란 만물이 그러한 바이며 온갖 이치가 근거하는 바이다. 리(理)란 사물을 이
> 루는 무늬이고, 도는 만물을 이루는 소이이다. 그러므로 도라는 것은 결대로 하
> 는 것이다. 만물에는 결이 있으니…… 결대로 만물을 다스려야 한다. 만물은 각
> 기 그 결이 다르다.36)

리(理)란 본래 옥돌의 결입니다. 그리고 도(道)란 결대로 하는 것입니다.
결국 돌에서 옥을 잘라낼 때 결에 따라 쪼아야 작업도 쉽고 옥도 다치지 않
듯이, 모든 일은 만물이 각기 지닌 결, 즉 자연의 타고난 법칙에 따라 처리되
어야 그 효율이 높다는 뜻입니다. 그런데 노자는 이 도를 따르고자 한 반면,
한비자는 도를 이용하고자 한 점에서 차이가 납니다. 말하자면 통치의 효율
을 추구하기 위해 도를 적극적으로 활용합니다.
　그는 노자의 '무위'와 '허정'이라는 도의 근본 속성을 군주의 통치방식에
적용하는데, 한편으로는 주관적인 판단을 배제한 도에 근거한 통치에 적용
하고 다른 한편으로는 통치기술에 적용합니다.
　허(虛)와 정(靜)으로 (신하를) 대하여 신하 스스로 말하게 하고, 일이 실행
되기를 기다린다. 텅 비면 상대의 실정을 알게 되고, 고요하면 행동의 올바
름을 알게 된다. 말하고자 하는 자는 스스로 말하게 하고 일하고자 하는 이
는 스스로 일하게 한다. (그 신하가 내세운) 명분과 실제 행동이 일치하게 되
면 군주는 하는 일이 없이도 만사는 실정을 드러내게 된다.37)

---

35) 『한비자』 「공명(功名)편」. 非天時 雖十堯不能冬生一穗.
36) 『한비자』 「해로편」. 道者萬物之所然也 萬理之所稽也. 理者 成物之文也. 道者 萬物之所以成也. 故曰
　　道理之者也. 物有理…… 故理之爲物之制. 萬物各異理.
37) 『한비자』 「주도편」. 故虛靜以待 令令名自命也 令事自定也. 虛則知實之情 靜則知動者正 有言者自爲名
　　有事者自爲形 形名參同 君乃無事焉 歸之其情.

현명한 군주가 윗자리에서 무위하면, 신하들이 아래에서 두려움에 떤다.38)

군주가 '자신의 속마음', 즉 '주관적 판단'을 드러내지 않으면서, 객관적인 법체계가 잘 운용되게 한다면, 만사가 저절로 이루어질 수 있다고 합니다. 그렇게 국가의 법체계가 바로 잡히면 군주는 문자 그대로 무위할 수 있다는 것인데, 이렇게 무위하면 신하들까지도 두려움에 떨도록 만들 수 있습니다. 그러니 군주는 흔들림 없는 법치의 시스템을 세우고 스스로는 무위하는 것을 적극적인 통치전략으로 택해야 합니다. 그러면 군주는 어떻게 무위하는가? 그는 이렇게 말합니다.

그러므로 군주는 자기가 바라는 바를 나타내서는 안 된다. 군주가 원하는 바를 나타내면 신하는 꾸미게 된다.39)

군주는 자기의 의사를 말해선 안 된다. 군주가 의사를 말하면 신하는 영합한다.40)

그러므로 군주가 호오를 말하지 않으면 신하가 본심을 보여준다. 또 옛것과 지혜를 버리면 신하는 스스로 준비하게 된다.41)

이런 한비자식의 무위는 노자의 무위의 이상에서 보면 한참 거리가 멉니다. 한비자의 무위는 신하들의 지혜와 능력을 모두 드러내어 남김없이 이용하기 위한 것이자, 군주 자신을 감춰 위험에서 보호하고 신하들에 대한 철통같은 통제력을 유지하기 위한 것입니다. 말하자면 자연의 본성을 살리는 무위가 아니라 통치자의 권위와 통제력을 유지하기 위한 무위이고 철학적 무위가 아니라 전략으로서의 무위입니다.

---

38) 『한비자』, 「주도편」, 明君無爲於上 群臣竦懼乎下.
39) 『한비자』, 「주도편」, 故曰君無見其所欲 君見其所欲 臣自將雕琢.
40) 『한비자』, 「주도편」, 君無見其意 君見其意 臣將自表異.
41) 『한비자』, 「주도편」, 故曰去好去惡 臣乃見素. 去舊去智 臣乃自備.

이렇게 군주가 무위의 전략을 쓰기 위해서는 반드시 두 개의 칼자루를 틀어쥐고 있어야 합니다. 말을 길들이기 위해 당근과 채찍을 쓰는 것처럼, 군주는 상벌의 칼자루를 쥐고 있어야 하는데, 이것을 잃어버리면 군주의 지위를 잃게 됩니다.

밝은 군주가 신하를 통제하는 데 두 가지 자루가 있을 뿐이다. 두 가지 자루란 형벌과 덕이다. 무엇을 일러 형벌과 덕이라 하는가. 잡아서 죽이는 것을 형벌이라 하고, 칭찬하고 상 주는 것을 덕이라 한다.[42]

호랑이가 개를 굴복시킬 수 있는 것은 발톱과 이빨 덕분이다. 만일 발톱과 이빨을 뽑아 개에게 준다면 호랑이는 개에게 굴복하게 될 것이다. 군주는 형벌로 신하를 다스려야 한다. 군주가 그 형벌의 권한을 신하에게 준다면 군주가 신하에게 다스림을 당할 것이다.[43]

상벌의 칼자루를 한비자는 호랑이의 발톱과 이빨에 비유합니다. 발톱과 이빨을 잘 사용한다면 무위를 할 수 있다는 것입니다. 군주의 무위는 감정을 얼굴에 드러내지 않아야 하는데, 단지 표정 관리만이 아니라 마음도 움직이지 않아야 합니다. 두툼한 포커페이스를 유지해야 한다는 것인데, 이것은 군주에게 고도의 자기 통제능력을 요구하는 것입니다.

시비하는 의견이 바퀴통에 모인 듯해도 군주는 이에 대응하지 않는다. 허정무위가 도의 실정이다.[44]

대응하지 않는다는 것은 좋고 싫음을 드러내지 않고, 의견을 내고 싶은

---

42) 『한비자』 「이병(二柄)편」. 明主之所導制其臣者 二柄而已矣. 二柄者 刑德也. 何謂刑德 曰 殺戮之謂刑 慶賞之謂德.
43) 『한비자』 「이병편」. 夫虎之所以能服狗者 爪牙也. 使虎釋其爪牙而使狗用之 則虎反服於狗用矣. 人主者 以刑德制臣者也 今君人者釋其刑德而使臣用之 則君反制於臣矣.
44) 『한비자』 「양권편」. 是非輻湊 上不與構. 虛靜無爲 道之情也.

제13강 | 한비자(2) 인간은 믿을 수 없는 것, 오직 법에 의지하라 343

마음이 들어도 참아내는 것입니다. 이것은 매우 두터운 페르소나를 뒤집어 쓰지 않고는 가능하지 않습니다. 말하자면 듣기만 하는 것이 아니라 귀를 기울여 참아내는 인내와 판단력을 요구하는 것입니다.

요컨대, 법과 세로 백성을 다스리면 군주는 특별한 능력이나 고매한 도덕을 갖출 필요도, 또 모범을 보이거나 인격적 감화를 줄 필요도 없습니다. 법과 세로 다스리면서 술(術)만 가지고 있으면 모든 일을 해낼 수 있다고 본 것입니다. 그러면서 한비자는 자신이 주장하는 법치의 목적이 백성들의 행복 증진에 있다고 말합니다. 그런데 과연 그의 말대로 국가는 무위로 통제되고, 백성들의 행복은 증진되었을까요?

한비자가 죽은 지 3년 후 그의 조국 한(韓)은 진나라에 의해 멸망하고, 다시 10년 후 진은 중국을 통일하였습니다. 진시황은 전국을 36개의 군(郡)으로 나누고 그 밑에 현(縣)을 설치하는 군현제를 시행하여, 황제가 직접 임명한 관리를 파견하는 중앙집권제를 시행했습니다. 그리고 통일제국답게 도량형과 화폐 그리고 문자의 서체를 통일했습니다. 이 통일은 사상 분야에서도 시도되었습니다. 공리공론이나 인간의 현실을 무시한 말뿐인 도덕은 일체 불필요하며, 이것을 설파하는 학자도 무용지물이라고 보고, 농업, 의학, 점서 등 실용적 서적 이외의 모든 것을 불태우고, 법치에 도움 되지 않는 유자들을 산 채로 땅속에 묻어버리는 악명 높은 분서갱유를 단행하였습니다. 결국 법가사상으로 군주의 힘이 더욱 막강해지고, 부국강병을 이루고 통일을 이루었지만 혹심한 법으로 백성들의 억눌림은 더욱 심화되었습니다. 그렇게 힘에 의해 유지되던 권력은 진시황이 죽자 힘없이 무너져버렸습니다. 제환공의 경우와 상앙의 진효왕의 경우처럼 그렇게 허무하게 무너져 버렸습니다.

정리하자면, 한비자가 인간의 본성은 악하고 자기이익만 추구하므로 믿을 수 없으니 법으로 통치해야 한다고 주장하는 것은 지극히 현실적인 인간관처럼 보이지만, 인간에게 그런 면이 있다고 해서 인간이 악하기만 하고 자기 이익만을 추구하는 것은 아닙니다. 이런 식의 생각이 극단으로 가면 인간성 상실과 파괴라는 극한 결과를 가져옵니다. 인간 본성의 문제는 선이든 악이든 중립이든 단정할 수 있는 것이 아닙니다. 한비자의 인간관을 보면 니체가 생각납니다. 니체는 이렇게 말했습니다.

숲속의 나무들도 서로 싸운다. 왜? 행복을 위해서? 아니다. 권력을 위해서이다.[45]

모든 존재의 상황을 오로지 '싸우는 상태'로 파악하고, 그 목적이 '권력'을 위해서라고 보는 관점입니다. 앞서 본 것처럼 사람마다 '세상'과 '인간'이 다르게 보인다고 하지만 한비자와 니체에게는 오로지 '권력'을 위해 '힘을 다해 싸우는 존재'로, 그리고 '그 존재들의 싸움터'로만 비치는 모양입니다. 아무리 종교와 윤리의 이름으로, 아름답고 고상한 이념으로 수식해도 본질은 역시 '권력의지의 충돌이자 투쟁'이라는 것인데, 이들에게는 어째서 세상과 인간이 이렇게만 보이는 것인지 조금 답답하고 가련한 느낌이 듭니다.

또 한비자의 법은 '법 앞에서의 평등'이라는 새로운 법 관념을 만들긴 했지만, 그 법은 백성을 보호하기 위한 장치라기보다 위로부터의 효과적 통제를 위한 수단으로 작용했습니다. 그리고 자연의 도에 따라 무위로 통치한다고 했지만, 문제는 그가 말하는 자연의 도가 무엇인지, 그리고 그것을 누가 파악할 수 있는 것인지, 또 현명한 군주(明主)는 그것을 안다고 했지만 어떻게 알아야 하는지에 대해서는 언급이 없습니다. 한비자 역시 현명한 군주라는 막연한 개념을 수립한 것입니다. 한 사람에게 권력이 집중된 상태에서 군주가 자의적으로 법을 집행한다면 어떻게 그것을 제어할 수 있는가에 대해서도 그는 대안을 제시하지 않습니다. 실제로 중국에서는 2천 년 이상 그렇게 제어장치가 없는 황제 1인 독재가 시행되었습니다. 심지어 이런 전통은 현대 중국 정치까지 이어졌습니다. 마오쩌둥(毛澤東)은 1958년 5월 8일 중국공산당 8기 2차 대회에서 이런 말을 합니다.

진시황은 무얼 하려 했는가. 그는 다만 4백 6십 명의 유학자를 묻었을 뿐이다.

---

45) R.-J. Duppy, Politique de Nietzsche, p.54. 『물학 심학 실학』, 556쪽에서 재인용.

우리는 4만 6천 명의 유학자들을 묻어 반란을 진압했지만 아직도 이 반혁명 지
식분자들을 다 없애진 못했다. 나는 민주인사와 토론한 적이 있는데 그는 우리
를 진시황이라고 욕했다. 틀렸다. 우리는 진시황을 백 배 초과했다.[46]

또 한비자가 상정한, 고도로 자신을 통제하여 무위와 허정의 태도로 통
치하는 '완벽한 군주' 역시 그 자체가 이미 비현실적인 이상입니다. 성왕(聖
王)에 대한 유가의 기대에 그토록 날을 세워 비판했던 한비자 자신이 이처럼
비현실적 군주를 이상적으로 상정했다는 것은 스스로 자가당착에 빠지는 것
입니다.

그러나 이런 문제들을 안고 있었음에도 법가는 중국 역사에 크나큰 영향
을 끼쳤습니다. 법에 근거한 강력한 중앙집권체제의 건설을 가속하여 중국
역사에 일대 변화를 가져왔고, 진시황에서 시작하여 청나라에 이르기까지
심대한 영향을 행사했습니다. 사실 법가가 아니었다면 그 넓은 중원이 통일
된 상태를 유지하는 것 자체가 불가능했을지도 모릅니다.

이후 법가의 법치관념은 정통 유가를 자처하는 학자들로부터 이단시되었
습니다. 사마천이 '각박'하다고 평가한 이래, 주희는 한비자가 '천하를 경시
하는 노자의 태도를 이어받아 잔인(殘忍)하게 되었다'라고 비판했고 성리학
일반에서는 법가를 '권모술수와 허위 및 잔인'이라는 관점에서 비판했으며,
나아가 이익만을 중시하는 경향으로 공리지학(功利之學)이라 하여 철저히
배격했습니다.[47] 그러나 이런 비판은 법치의 외면적 결과만을 고려한 것일
뿐, 법치의 근본정신에 대해 온전히 이해한 평가라고 보기는 어려울 듯합니
다. 법의 참된 정신은 이런 일면적 이해로 2천 년 내내 왜곡되어 온 것 같습
니다.

어찌 보면 법가는 병든 세상에 대하여 파르마콘(Pharmakon)으로 작용했
는지도 모릅니다. 약과 독을 동시에 담고 있다는 것인데, 병든 시대에 빠르

---

46) 秦始皇算什么. 他只坑了四百六十个儒 我们坑了四万六千个儒 我们镇反 还没有杀掉一些反革命的知识分
子吗. 我与民主人士辩论过 你骂我们是秦始皇 不对 我们超过秦始皇一百倍.
47) 윤찬원, 『한비자: 덕치에서 법치로』(살림, 2005), 104쪽 참조.

게 약효를 발휘했지만 약효만큼이나 강한 독성을 피할 수는 없는 것입니다. 이후 중국 황제들 역시 '약'으로 쓰려했지만 언제나 그 '독'은 감출 수 없었고, 늘 그 '약'을 쓰면서도 표면적으로는 드러내지 않았던 것의 이유가 바로 여기에 있는 것 같습니다. 하지만 병세가 완화된 세상에서 '약'을 계속 먹을 순 없습니다. 오히려 건강하게 생명을 유지하기 위해선 '약'보다 '밥'과 '물'이 필요합니다. 그리고 그 밥과 물 같은 사상의 역할을 담당한 것이 표면적이나마 유학이 아니었나 하는 생각이 듭니다.

지금까지 우리는 공자의 중용을 중심으로 유위와 무위, 자연과 인간, 이상과 현실을 기준으로 하여 그 사상의 지형도를 살펴보았습니다. 대략 도표로 정리하면 이렇습니다.

무위 유위

노자	←	맹자	←	공자(중용)	→	순자	→	한비자
극단적 무위		무위지치		무위 유위(중용)		유위 강조		극단적 유위
무위자연		천도(仁)실현		인과 지의 중용		인도(知)실천		냉엄한 법치

즉 중용을 주장한 공자를 기준으로, 무위로 걸음을 내디딘 맹자와 노자, 그리고 유위 쪽으로 나간 순자와 한비자에 대해 살펴보았습니다. 그런데 이렇게 무위와 유위로 나누고 자연과 인간을 나누고, 이상과 현실을 나누는 모든 사유를 그 자체로 인간 사유의 '유위'적 결과로 보고, 각 사유방식을 바탕에서부터 철학적으로 검토하자고 나선 '철학자'가 있습니다. 바로 장자입니다. 다음 강에서 장자의 철학에 대해 살펴보겠습니다.

제14강

장자(1)

철학하는 것의 의미:
붕새가 되어 구만리 창공을 날다

이번 강부터 세 장에 걸쳐 다룰 철학자는 바로 장자(莊子)입니다. 앞서 1강의 서두에서 제자백가 중 가장 철학적인 사상가가 장자라고 말한 바 있는데, 이번 강에서는 그렇게 말한 이유와 근거를 제시해야 할 것 같습니다. 사실 이 전체 강의의 핵심은 장자라고 할 수 있는데, 이제껏 여러 사상을 검토한 것은 장자 철학을 이해하기 위한 사상사적 개괄이라고 해도 과언이 아닙니다. 그러면 왜 장자가 가장 철학적인가 하는 문제를 밝히는 것부터 이야기를 풀어야겠는데, 그러자면 먼저 무엇을 가리켜 '철학'이라고 부르는지부터 간략히 살펴보아야겠습니다.

철학한다는 것

우리는 모두 '생각'이라는 것을 하면서 삽니다. 살기 위해 생각하고, 살면서 생겨난 문제를 해결하기 위해 생각하고, 나아가 삶의 의미와 목적에 대해 생각하고, 종국에 가서는 삶의 끝에 대해서 생각합니다. 스스로에 대해 생각하고, 타인에 대해 생각하고, 세상에 대해 생각합니다. 말하자면 인간은 생존을 위해 사유하는데, 대체로 이 사유는 생존과정에서의 욕망과 관련된 것입니다. 그런 의미에서 우리는 욕망하는 존재이고 사유하는 존재인데, 생존의 필요에 따라 욕망하고 사유하는 것의 이유, 즉 왜 욕망하고 사유하는가에 대해 사유할 때 비로소 철학적 사유는 시작됩니다.

말하자면 모든 현실적 사유, 기술적 사유, 실용적 사유 등은 기본적으로 생존의 문제를 해결하려는 인간의 사유와 욕망입니다. 우리는 생존에의 필요를 충족하지 않고는 생명을 유지하기가 불가능합니다. 불교에서는 우리가 사는 세상을 욕계(欲界)라고 부릅니다. 욕계라는 말에는 인간은 욕망하는 존재이며 욕망을 떠나서는 인간을 해석하고 이해하기 어렵다는 의미가 담겨 있습니다. 그런데 욕망에는 생활자료를 획득하고 소유하려는 '소유적 욕망'만이 있는 것은 아닙니다. 자기의 존재의미를 묻고 그 답을 찾으려 하는 구도(求道) 과정 역시 욕망의 표현입니다. 어떤 철학자는 이 후자의 욕망을 일러 '존재론적 욕망'이라고 불렀습니다.[1]

그런데 이에 비해 철학적 사유는 단지 욕망 충족 자체에 머물지 않고, 왜 이렇게 저렇게 욕망하는가에 대해, 그리고 그 욕망 충족을 위한 사유가 과연 타당한지에 대해 다시 사유하는 것입니다. 그렇기에 철학적 사유는 가시적인 실용적 효과를 기대하기 어렵습니다. 아리스토텔레스는 그의 저서 『형이상학』에서 철학을 일러 모든 학문 가운데 '유일하게 자유롭고 관대한 학문'이라고 규정했습니다.[2] '자유롭다는 것'은 실용의 목적과 일상성에서 벗어나 있다는 뜻이고, '관대하다는 것'은 실용의 압박에서 나와 너그러운 정신으로 세상을 관조한다는 의미일 것입니다. 혹자는 이런 철학적 사유는 경제적으로 여유가 있어야만 가능하다고 보기도 합니다. 하지만 역으로 '부자가 되면 철학할 수 있는가'를 생각해본다면, 아마도 '불가(不可)'라는 답이 나올 것 같습니다. 오히려 경제적인 문제나 권력으로부터 자유로울 때 철학할 수 있습니다. 사실 '소유'나 '권력'에 쫓기는 자는 철학할 수 없습니다. 그리고 그 반대로 '소유'나 '권력'을 쫓는 자 역시 철학할 수 없습니다. 중요한 것은 마음에 여백을 가지는 것이며, 시대의 아픔을 자신의 아픔으로 가진 자가 철학할 수 있습니다. 철학은 미네르바의 부엉이처럼 위기를 겪은 시대에 부흥하는 것 같습니다. 모든 것이 문제없이 잘 진행된다면 무엇 때문에 고민하겠습니까?

---

[1] 마르셀은 그의 책 『존재와 신비 1』에서 문제와 신비를 대비하고 소유와 존재를 비교하며 철학적 의미를 풍부하게 하였다. 그는 '문제'의 개념을 철학적으로 부각시킨 최초의 철학자인데, 그는 욕망을 소유적 욕망(desire as possession)과 함유적 욕망(desire as implication)으로 구분한다. 여기서 존재론적 욕망이란 후자의 욕망에 대한 다른 칭위이다.
[2] 김형효, 『철학적 사유와 진리에 대하여』(청계, 2003), 25쪽 참조.

일반적으로 철학은 비실용적이고 현실적으로 무력한 학문이라고 합니다. 그리고 세계를 즉각적으로 변화시키지도 못합니다. 그래서 마르크스는 「포이어바흐에 관한 테제」에서 '철학자들은 다양한 방식으로 오직 세상을 해석해왔다. 그러나 이제 세상을 변혁할 때가 되었다'라고 하며 혁명을 주장했습니다. 그러나 일견 현실적으로 무력해 보여도, 길게 보면 결국 세계를 변혁하는 힘을 가지고 있는 것이 바로 철학입니다. 예컨대 소크라테스는 권력 앞에서 무력하게 독배를 마시고 죽었지만 그의 철학은 이후 서양 철학사의 변화를 주도했고, 예수 역시 손도 써보지 못하고 십자가에 못 박혀 죽었지만 지금까지도 큰 영향력을 행사하고 있습니다.

어쨌든 철학이란 '세상'을 어떻게 보는가 하는 것, 즉 '세상보기' 혹은 '세상읽기'입니다. 데리다(Jacques Derrida, 1930~2004)의 말대로 세상을 하나의 '텍스트(text)'라고 한다면, 철학은 이 텍스트를 여하히 읽어내는가 하는 것입니다.3) 그래서 철학적 사유의 분기(分岐)는 세상이라는 텍스트에 대한 해석 방식에 따라 달라집니다.

그런 면에서 앞서 살펴본 사상가들의 줄기를 잡아보면, '이상을 추구하는 사유'와 '현실적 실용을 추구하는 사유'로 나누어 볼 수 있는데, 그들은 각기 다른 방식으로 세상이라는 텍스트를 읽습니다.

'이상을 추구하는 사유'는 세상을 '하늘(天)'이라는 절대자가 쓴 책으로 봅니다. 이런 경향을 대표하는 사상가는 맹자와 노자입니다. 사실 세상이라는 텍스트 자체는 저자를 알 수 없고, 그 저자의 의도나 목적을 정확하게 규정하기 어렵습니다. 그런데 그 텍스트의 저자를 맹자는 '천(天)'으로 보고, 노자는 '자연'으로 봅니다. 그리고 그 의도와 목적을 해석하여 전자는 천도(天道)와 천명(天命)으로 정리하고, 후자는 무위와 허정으로 정리합니다. 따라서 인간에게 중요한 것은 그 책의 내용을 인간의 마음속에 잘 써넣고 실천

---

3) 세상을 '텍스트'로 보는 것은 데리다의 견해를 취한 것이다. 데리다는 세상을 텍스트 그 자체로 보았는데, 그는 '텍스트 밖에는 아무것도 없다'고 말했다. 박민영, 『이즘: 인간이 남긴 모든 것들』(청년사, 2008), 109쪽 참조.

하는 것입니다. 그런데 인간들은 그 책의 내용을 제대로 이해하지 못하고 자기식으로 쓰려합니다. 그것이 바로 맹자가 말하는 인욕(人欲)이고 노자가 말하는 인위(人爲)입니다. 그러므로 인욕과 인위를 버리고 책에 쓰인 내용을 마음속에서 잘 소화하는 것이 성선(性善)한 본성을 회복하는 것(맹자)이고, 자연성을 회복하는 것(노자)입니다. 그러니 인간은 하늘의 뜻에 합일되는 삶을 살아야 합니다. 자연과의 합일, 곧 천인합일(天人合一)을 추구합니다.

'현실적 실용을 추구하는 사유'에서 보면, 세상은 이미 쓰여 있는 텍스트가 아닙니다. 인간에 의해 쓰여 나가는 것이 텍스트입니다. 오직 인간만이 이 책의 내용을 쓸 수 있습니다. 인간의 이기심과 사회성의 갈등 속에서 책의 내용이 쓰이게 됩니다. 그래서 도(道)는 오직 인도(人道)만 있을 뿐입니다. 순자와 한비자가 대표적이며, 근대 서양의 합리주의가 이런 견해를 보입니다. 그러므로 인간은 자연(하늘)을 잘 연구하고 관찰하여 인간의 목적에 부합하도록 적극적으로 인간의 지능을 잘 사용해야 합니다. 인간과 자연의 분리, 즉 천인분리(天人分離)의 관점을 취합니다.

여태까지 우리가 살펴본 사유의 지형도는 이 두 가지 축으로 그 스펙트럼이 짜여 있습니다. 공자가 이상과 현실의 중용을 추구한다면, 맹자와 노자는 이상주의적 세상읽기, 순자와 한비자는 현실적 실용적 세상읽기의 지평으로 분기됩니다. 그리고 이 두 가지 지평의 사유가 갖는 공통점은 천과 인의 관계를 이분(二分)해서 상정한다는 것인데, 천인합일이든 천인분리이든 천과 인을 분리해야 성립 가능한 지향입니다. 말하자면 이 두 사유체계 모두 이분법적 사유에 기초해서 사상을 전개하고 있다는 것입니다. 노자는 일견 이분법에서 벗어나 무위자연을 주장하고 있는 것처럼 보이지만, 무위와 유위를 나누고 자연과 인위를 나누어 무위와 자연 쪽으로 지향을 분명히 하고 있다는 점에서 역시 이분법에서 벗어나지 못합니다. '인위적 목적을 갖지 않아야 한다'라는 인위적 목적을 갖는다고나 할까요.

이런 틀에서 확연히 벗어나 있는 사유를 제시한 것이 바로 장자입니다. 위의 분류에 따르면 장자는 텍스트의 실상을 보려는 사유라고 볼 수 있습니다.

'실상을 보려는 사유'에서는 세상이라는 텍스트 자체가 인간의 의지와 무관하게 이미 짜여 있다고 봅니다. 요컨대 이 세상이라는 텍스트는 저자도 목적도 의도도 가지지 않고, 설사 그런 목적이나 의도가 있다 해도 알 방법이 없으며, 설사 안다고 해도 그것이 제대로 안 것인지 아닌지를 판단할 수 있는 정답이 없을 뿐 아니라, 텍스트에 대한 해석은 해석하는 사람의 수만큼 많을 수 있으므로 결국 텍스트에 대한 이런저런 해석은 모두 인간의 유위적 산물이라고 보는 것입니다. 그리하여 텍스트에 대한 다양한 인간의 해석이 무의미한 것은 아니지만, 텍스트 자체는 인간의 해석과 무관하게 '있는 그대로 자연으로 얽혀서 서로 거래하며 유전(流轉)하는 세계'라고 봅니다.

이런 사유에서는 자연과 인간을 분명하게 구분하지 않습니다. 그는 '어찌 하늘이 사람이 아닌 것(天之非人)과 사람이 하늘이 아닌 것(人之非天)을 알겠는가'[4]라고 말하는데, 이는 천과 인이 분명히 갈라져 있지 않다는 것을 의미합니다. 장자는 인간과 자연을 단절된 것으로 보지 않고 연속된 하나로 봅니다. 결국 인간은 세상이라는 텍스트에 속한 그 일부로서, 세상과 함께 유전하는 존재라는 겁니다.

자, 그렇다면 왜 장자의 사유를 가장 철학적이라 하는가? 한마디로 말하면 장자는 단지 세상에 대한 해석에 기초하여 어떤 주장을 펴는 것이 아니라, 세상에 대한 여러 해석과 주장이 과연 타당한가를 여러 각도에서 검토하고, 그럼으로써 어떤 가치에도 매이지 않으면서 인간의 실존적 삶에 대해 성찰하도록 한다는 점에서 '철학하기(to philosophize)'를 보여준다고 할 수 있기 때문입니다. 즉, 본격적인 의미에서 '사유에 대해 사유하기'를 시도한다는 것이죠. 이와 유사한 견해를 보인 철학자가 있습니다. 칸트는 『순수이성비판』에서 '철학은 가르칠 수는 없고 다만 철학하는 것만을 가르칠 수 있을 뿐'이라고 했습니다.[5] 좀 부연하면 '어떤 철학도 가르칠 수 없다. 그런 철학이 어디에 있으며, 누가 소유하고 있는가. 설사 있다고 해도 어떻게 그것을

---

4) 『장자』 「대종사」. 庸詎知吾所謂天之非人乎. 所謂人之非天乎.
5) 엄정식, 『철학이란 무엇인가』(문학사상사, 1992), 23쪽에서 재인용.

인정할 수 있는가. 우리는 다만 철학하는 것만을 가르칠 수 있을 뿐이다'라는 것입니다. 즉, 절대적 진리로서의 철학은 부재하지만 여전히 철학하는 것, 진리를 구하는 사유만은 남는다는 것입니다.

이런저런 철학사상은 한 시대의 문제를 해결하기 위해 시작된 고뇌의 산물입니다. 그렇기에 그 시대의 문제를 해결하는 데 유효할지 모르지만 그 시대를 넘어서면 처방의 효과는 약해집니다. 그러나 철학적 토대가 강한 사유는 시대를 넘어 지속해서 가치를 갖습니다. 장자가 바로 그런 철학적 사유에 속하는 것 같습니다. 그의 철학은 우리가 사유하도록 촉구하고 스스로를 성찰하도록 이끌어줍니다.

장자를 어떻게 읽을 것인가

장자에 대해 남겨진 역사적 기록은 별로 없습니다. 오직 사마천이 『사기』 「노자한비열전」의 한 귀퉁이를 빌려 짧게 적어 놓은 것이 있을 뿐입니다. 바보의 대명사로 알려진 송(宋)나라 몽(蒙) 출신이고 이름은 주(周)입니다. 칠원(漆園)을 관리하는 벼슬아치 노릇을 했으며, 양혜왕, 제선왕과 동시대인이라 하니, 맹자와도 시대가 가깝습니다. 위(魏)나라 재상을 지낸 명가(名家)의 혜시(惠施)와 매우 가까웠다고 합니다. 사마천은 이렇게 말하고 있습니다.

> 장자는 빼어난 문장과 특이한 글로 세상일과 인간의 실정을 살피고 예리한 비유로 유가와 묵가를 공격했다. …… 그의 말은 거센 물결처럼 거침이 없었으므로 왕공이나 대인들에게 등용되지 못했다. …… 초나라 위왕(威王)이 장주가 현명하다는 말을 듣고 사신을 보내 예물을 주고 재상으로 맞아들이려 했으나 장주는 웃으며 초의 사신에게 이렇게 말했다. …… '나는 차라리 더러운 도랑에서 노닐며 즐길지언정 제후들에게 매이지 않을 것이오. 평생 벼슬하지 않고 내 뜻대로 즐겁게 살겠소.'[6]

---

6) 『사기』 「노자한비열전」 然善屬書離辭 指事類情 用剽剝儒墨 …… 其言洸洋自恣以適己故自王公大人不能器之. 楚威王聞莊周賢 使使厚幣迎之. 許以爲相. 莊周笑謂楚使者曰 …… 我寧游戲汚瀆之中自快 無爲有

여기서 눈여겨볼 부분은 '제후에게 매이느니 더러운 도랑에 노닐며 즐기 겠다'는 구절입니다. 즉, 인간이 만든 어떤 빈천과 오욕, 부귀와 영화에도 매이지 않고 자기 뜻에 따라 즐겁게 살겠다는 것인데, 장자의 이 말이 후대에 그를 '자유로운 정신을 추구하는 사상가'로 이름나게 했는지도 모르겠습니다.

『장자(莊子)』라는 책을 지금 우리가 보고 있는 모양새로 만든 사람은 위진 시대 곽상(郭象)입니다. 정치가이자 학자로 장자에 대해 최고의 주석을 남긴 학자인데, 그는 장자에 대해 이런 말을 남겨 놓았습니다.

> 대저 장자는 가히 근본을 알았다(知本)고 말할 만하다. 그리하여 자신의 광언 (狂言)을 숨기지 않았으니, 말은 비록 잘 이해되지 않아도 무언가 감응하는 바 는 있다.[7]

장자의 말이 '광언'이라고 합니다. 광언이란 '미친 소리' 아닙니까? 미친 소리가 많아서 매우 황당하긴 한데 황당함에서 끝나지 않고 그 이상의 뭔가 있는 것 같다는 것입니다. 즉 무언가 감응되는 게 있다는 것인데, 그 감응되는 바가 있어도 잘 이해는 되지 않는다면서 이렇게 말을 잇습니다.

> 감응하는 바는 있어도 잘 이해되지 않으니, 그 말이 마땅해도 쓸 데가 없다. 또 그 말이 사물과 현상을 다루고 있지 않아서 고원하여 행할 수가 없다. …… 진 실로 (세속의 것과는) 사이가 있다. 가히 무심(無心)을 아는 자라고 할 수 있 다.[8]

장자의 말은 뭔가 있는 것 같긴 하지만 잘 이해되지 않아 도무지 쓸 곳이 없고, 실제 세상과 너무나 차이가 나서 현실에서 행할 수가 없다는 것입니

국자소기(國者所羈) 종신불사(終身不仕) 이쾌오지언(以快吾志焉).
7) 곽상, 『장자』「서(序)」. 夫莊子者 可謂知本矣 故未始藏其狂言 言雖無會而獨應者也.
8) 곽상, 『장자』「서(序)」. 夫應而非會 則雖當無用言非物事 則雖高不行 …… 固有間矣.

다. 곽상은 그렇게 말해놓고도 장자를 열심히 연구하여 주석을 달았습니다. 여기서 주목할 것은 '광언'입니다.

장자가 '미친 소리'를 한다고 말하는 것은 대체적인 평가이긴 합니다만, 실제로 장자는 미치지 않았습니다. 장자를 흉내 낸 사람들이 좀 미친 것처럼 행동했지요. 사실 장자는 자신에 대한 세간의 평을 이미 알고 있었습니다. 『장자』에 이런 이야기가 있습니다. 이 이야기에는 혜시가 등장합니다. 그는 명가의 유명한 논객으로, 빈틈없는 논리와 분석으로 세상에 이름을 남긴 인물입니다.

> 혜시가 장자에게 말했다. 위왕(魏王)에게 박씨를 얻었는데 그것을 심어 키웠더니, 다섯 석이나 되었으나 무르고 견고하지 못하여 물도 간장도 담을 수 없으니 도무지 쓸모가 없었다. 잘라서 바가지로 쓰려고 했더니 깊이가 얕아서 쓸모가 없었다. 엄청나게 크긴 하지만 쓸모가 없어서 부수어 버리고 말았다.9)

혜시의 입을 빌려 장자는 자신에 대한 세간의 평을 우회적으로 박에 비유하여 표현합니다. 즉 엄청난 거대 담론을 전개하지만, 비현실적이고 무책임한 황당지설에 가까워서 도무지 쓸모가 없다는 것이지요. 박이 너무 크고 무르고 약해서 쓸모없는 것처럼, 장자의 말도 너무 우활(迂闊)해서 현실 세계에서 무용하다는 비판이 들어 있습니다. 이에 대해 장자는 '그대는 어찌…… 큰 통을 만들어 강호에 띄울 생각을 하지 못하느냐'고 한 후, 이렇게 말합니다.

> 자네 마음은 쑥 무더기(有蓬之心)처럼 막혀 있구나.10)

---

9) 『장자』「소요유」. 惠子謂莊子曰 魏王貽我大瓠之種 我樹之成而實五石 以盛水漿其堅不能自擧也. 剖之以爲瓢 則瓠落無所容. 非不呺然大也 吾爲其無用而掊之.

10) 『장자』「소요유」. 今子有五石之瓠 何不慮以爲大樽而浮乎江湖而憂其瓠落無所容. 則夫子猶有蓬之心也夫.

자신이 '아는 것에 매여 있는 마음'이 바로 유봉지심(有蓬之心)입니다. 박에 대한 혜시의 평가는 미리 자신의 용도를 정한 후 거기에 박을 가져다 맞추는 식의 평가입니다. 즉 박의 용도를 박 자체에서 찾는 것이 아니라 자신이 기존에 알고 있는 쓸모에 매여 박의 용도를 평가한 것인데, 장자는 바로이 점을 비판합니다. 즉 독자에게 유봉지심으로 자기 말을 읽지 말라고 권유하는 것입니다. 장자를 이해하기 위해서는 바로 이런 시각의 전환이 필요합니다. '쑥 무더기처럼 막힌 마음'을 헤치고 나오는 것이 필요합니다.

그렇다면 장자는 어째서 사람들에게 '미친 것처럼 보이는 소리'를 하는가? 여기에는 장자의 전략이 숨겨져 있습니다. 사람들의 시각을 전환하기 위해 의도적으로 독특한 철학적 장치로서의 수사, 즉 레토릭(rhetoric)을 사용하는 것이지요. 그냥 편하고 쉽게 말하면 좋을 텐데 장자는 여간해선 평범하게 말하는 법이 없습니다. 우화를 사용하거나 역설이나 아이러니를 사용하거나 상징을 사용하거나 비유를 사용합니다. 그렇기에 장자를 액면 그대로 읽어버리면 매우 이상해집니다. 바로 그렇게 액면 그대로 읽은 순자는 장자가 '하늘에 가려서 인간을 알지 못했다(莊子蔽於天而不知人)'고 말하면서 장자를 비현실적이고 무용한 철학사상이라고 비판합니다.

그런데 왜 장자는 이런 식으로 말하는 것일까요? '광언'에 대해 순자와 다른 방식으로 읽은 사람이 있습니다. 프랑스 학자 마르셀 그라네(Marcel Granet, 1884~1940)는 "장자는 신비적(mystical)이기보다는 지적(intellectual)이다"[11]라고 말하는데, 이는 장자를 매우 정확하게 이해한 것입니다. 장자는 제자백가의 어느 사상가보다도 사변적으로 보일 만큼 복잡하고 철저한 지적 논변(論辯)을 펼칩니다. 장자가 직접 쓴 것으로 인정되는 내편(內編)의 7편은 단 한 글자도 쓸데없이 사용된 것이 없을 정도로 장자의 주도면밀한 전략적 언어사용을 보여줍니다. 이해하기 어렵다고 곽상이 말했듯, 우리가 『장자』를 쉽게 읽어내지 못하고 마치 암호 같다거나 무슨 말인지

---

11) Granet, La Pensée, p.571. Herrlee G. Creel, What is Taoism, University of Chicago press, p.15에서 재인용.

알 수 없다는 등의 평가를 하는 것은 바로 이 언어전략 때문입니다. 그러나 그의 언어가 신비적인 초월적 세계를 논하고 있거나 그런 내용을 담고 있기에 어려운 것이 아니라, 우리의 사유를 계속해서 자극하며 반성하고 검토할 것을 요구하기 때문에 어렵게 느껴지는 것입니다. 앞으로 자세히 보겠지만, 장자에게서 이 '언어의 문제'는 매우 중요하고도 큰 비중을 차지하는 문제입니다.

이런 장자의 언어전략과 별도로, 장자의 이야기가 비현실적인 '광언'으로 보이는 또 다른 이유는 장자가 다루고 있는 문제가 사회의 구체적인 문제들이 아니라, 그 문제를 바라보고 대처하는 우리의 사유 자체를 논의주제로 삼고 있기 때문입니다. 앞에서 노자는 '선악과 시비와 장단과 고저 등은 상대적으로 성립하는 것'이라 했고, 장자는 '물(物)에는 이것 아닌 것이 없고 저것 아닌 것이 없다'라고 말하는데, 이에 대해 일반적으로 사물이 상호 대립하는 형식으로 존재한다는 의미로 해석하지만, 오히려 장자가 중요하게 보는 것은 사물 자체의 대립적인 자기 정립이 아니라 사물을 대립적으로 바라보고 인식하는 우리의 시각입니다. 한마디로 장자가 논변의 주제로 다루고 있는 '대상' 자체가 여느 사상가와는 확연히 구별된다는 것입니다.

사유의 여정(道之遈)을 떠나다

앞서 말한 것처럼, 생존을 위한 우리의 욕망과 그 사유에 대해 다시 사유하는 것이 철학적 사유의 출발입니다. 이 점에서 철학은 사유이고, 철학적 사유는 자기 생각을 돌아보고 검토하고 그 타당성에 대해 풍부하게 다시 사유하는 것입니다. 철학하기 위해 우리는 아리스토텔레스 말처럼 '자유롭고 관대해질' 필요가 있습니다. 말하자면 실용의 압박과 소유의 일상성에서 벗어나 '너그러운 정신' 혹은 '매임 없는 정신'으로 그 자체에 대해 사유할 필요가 있습니다. 장자는 이를 위해 「소요유」의 여정을 우리에게 권합니다.

많은 학자가 「소요유」와 「제물론」 편에 장자의 모든 것이 다 들어 있다고

들 말합니다. 모든 게 다 들어 있는지는 모르겠지만 핵심이 들어 있는 것은 맞습니다. 그래서 장자의 사유를 짚어보는 데 있어 이 두 편을 중심으로 하여 다른 편들을 부차적으로 살펴보려 합니다.

「소요유(逍遙遊)」에서 소요는 '천천히 걷는다'라는 의미이고 '유'는 '노닌다'라는 뜻입니다. 그러니까 제목만 보면 다리가 걷는 것인지, 마음이 걷는 것인지, 둘 다 걷는 것인지 분명치 않지만 하여튼 '천천히 걸으면서 노니는 것'입니다. 그런데 제목은 '천천히 노닐어도' 그 내용은 그렇지 않습니다. '천천히 노니는 것'과는 다른 비상한 이야기가 실려 있습니다. 나중에 보겠지만 사실 장자가 「소요유」를 첫 부분에 배치한 데에는 그의 의도가 개입되어 있습니다. 그것은 한 편의 유장한 신화적 이야기로 시작합니다.

북명(北冥)에 물고기가 있는데 그 이름을 곤(鯤)이라 한다. 곤의 길이는 몇천 리나 되는지 알 수 없다. 화(化)하여 새가 되는데 그 이름을 붕(鵬)이라 한다. 붕의 등 넓이가 몇천 리나 되는지 알 수 없다.12)

먼저 북명이라는 곳에 곤이라는 물고기가 사는데 길이가 몇천 리나 되는지 알 수 없고, 변신하여 붕이라는 새가 되었는데 그 등판이 몇천 리나 되는지 알 수 없다고 합니다. 이 부분만 해도 많은 내용이 담겨 있습니다. '북쪽에 명이라는 연못이 있는데…'로 시작하는 것, 마치 옛날이야기를 하는 것 같지 않습니까? 소요유의 이야기를 이렇게 시작하는 것도 장자의 전략입니다. 어떤 전략인가? 어린 시절을 한번 생각해 봅시다. 누가 재미있는 옛날이야기를 해주면, 우리는 딴짓을 하다가도 막 이야기 속으로 빨려 들어가서 열심히 듣습니다. 열심히 듣다 보면 다른 무언가를 잊어버리게 됩니다. 밥 먹는 것도, 엄마가 부르는 소리도, 해야 할 숙제도 잊어버립니다. 이런 신화적 언어수사의 과장적이고 동화적인 기법은 일단 우리의 현실적이고 계산적이

---

12) 『장자』, 「소요유」. 北冥有魚 其名爲鯤. 鯤之大 不知其幾千里也. 化而爲鳥 其名爲鵬. 鵬之背 不知其幾千里也.

고 분별적인 그런 사유를 잠재우는 효과가 있습니다. 물론 '에이 뻥이네' 하며 돌아서는 이도 있을 터이고, '아, 뻥인 거 같은데, 재밌네, 더 해봐'라고 하는 이도 있을 터이고, '정말?'이라고 하며 솔깃해하는 이도 있을 것입니다. 여러 가지 반응이 있겠지만 듣는 이로 하여금 일상적인 생각에서 빠져나오게 하는 효과만큼은 분명히 있습니다. 장자의 이야기를 더 들어봅시다.

노(怒)하여 하늘을 날면 그 날개가 마치 하늘의 구름을 드리운 듯하다. 이 새는 바다 기운이 움직이면 장차 남명(南冥)으로 날아가려 한다. 남명(南冥) 이란 하늘의 연못이다. 제해(齊諧)란 괴이한 일을 기록한 것이다. 그 책에는 '붕새가 남명으로 날아갈 때 3천 리나 되는 파도를 일으키고, 바람을 일으켜 타고 날아오르면 9만 리를 오르는데 6개월이나 쉬지 않고 간다'고 한다.[13]

요컨대, 북명에 곤이라는 물고기가 변신하여 붕새가 되고, 이 새가 하늘을 납니다. 목적지 남명을 향해 가는데 이 새는 한 번 날갯짓하면 3천 리나 되는 파도를 일으키고 9만 리나 날아서 오른답니다. 그리고 6개월이나 쉬지 않고 간다고 합니다.

그런데 이게 무슨 말일까요? 어찌 보면 철학은 결국 해석입니다. 자기 눈에 보이는 것만큼 해석하는 것인데, 「소요유」의 이 이야기 역시 해석하는 사람의 수만큼 다양할 것입니다. 그런 의미에서 지금부터 하려는 해석은 다양한 해석 가운데 하나로 보는 편이 온당할 듯합니다.

이 이야기는 일종의 로드맵입니다. 지금부터 우리는 장자와 함께 여행을 떠날 것입니다. 어떤 여행이냐? 생각의 여행, 사유의 여행, 즉 도를 향한 여행길(道之邊)입니다. 이 남명을 향한 붕새의 사유의 여정은 북명에서 시작하여, 중간에 메추라기와 송영자의 허들을 넘은 후, 열자(列子)를 지나 목적지(至人)에 도달하는 것으로 마무리됩니다. 혹시 이런 의문이 들지도 모르겠습

---

13) 『장자』, 「소요유」. 怒而飛其翼若垂天之雲. 是鳥也海運則將徙於南冥. 南冥者 天池也. 齊諧者 志怪者也. 諧之言曰 鵬之徙於南冥也 水擊三千里 搏扶搖而上者九萬里 去以六月息者也.

니다. 이분법을 부정한다던 장자가 어째서 남북의 이분법을 쓰는가? 앞으로 보겠지만 장자의 남북은 방편으로서의 남북입니다. 『장자』의 마지막 우화, 혼돈 이야기에서 다시 이 '남'이라는 목적지로서의 방소는 해체됩니다.

장자의 시대는 백가가 논쟁을 벌이던 전국시대입니다. 백가가 제각기 세상에 대한 자신들의 처방을 내놓고 서로 옳다고 싸우고, 서로 더 우월하다고 싸웁니다. 이에 대해 장자는 '그대들의 주장이 과연 옳은가, 그대들은 정녕 그것이 옳다고 생각하는가. 그러면 일단 싸움을 멈추고 모여서 실상이 그러한지 한번 따져보자'라고 시작하는 것입니다. 그런데 이 따져보는 방식이 이 주장과 저 주장을 대보고 비교하는 식이 아닙니다. 다른 차원의 시도를 합니다. 말하자면 싸우는 눈을 곤과 붕새에 돌려보자는 것입니다. 평면적인 싸움을 거부하고 근본에서 시작하는 것입니다. 백가들이 지금 이쪽 '링'에서 싸움을 벌이고 있다면, 장자는 일단 그 '링'에서 나와 '우리 한번 붕새가 되어 사유의 여정을 떠나보자'라고 권하면서 이야기를 펼치는 것입니다.

먼저 거창하게 등장한 북명의 곤부터 시작해봅시다. 북쪽은 빛과 볕이 들지 않는 컴컴하고 찬 곳입니다. 그리고 그 속에 사는 곤이라는 물고기는 바로 우리 자신을, 어둡고 차가운 물속은 우리의 현실을 상징합니다. 우리가 처해 있는 현실, 너나 나나 모두 스스로가 옳다고 생각하고 옳다고 주장하는 현실, 그래서 다툼과 승부가 끊이지 않고, 소유와 쟁탈이 끊이지 않는 이 세상의 현실이 북명입니다. 이것은 실제 현실일 수도 있고 자기 머릿속의 현실일 수도 있습니다. 자기 머릿속의 현실이 어둡고 찬 것, 이것을 옛날 분들은 몽매(蒙昧)라고 표현했는데, 이 몽매를 탁 열고 나오는 것이 바로 계몽(啓蒙)이죠. 그러니까 우리 인식의 몽매함, 즉 세상을 자기 생각에 맞추고 그 속에 갇혀 고통 받는 마음을 장자는 '북쪽의 어둡고 차가운 물 속의 물고기'로 표현한 것입니다.

그러므로 몽매에서 벗어나려면 일단 이 물속에서 나와야 합니다. 그리고 참된 것이 뭔지, 이 세상을 어떻게 알 수 있는지, 이 세상의 실상이 뭔지를 알려면, 우리는 변화를 해야 합니다. 이것이 바로 화(化)인데, 화는 점변(漸

變)이 아니라 질변(質變)입니다. 조금 변화하는 게 아니라 확 변하는 것이지요. 그래서 곤은 붕으로 변신합니다. 그렇게 화하여 붕은 넓은 하늘로 날아오릅니다. 창공을 나는 새는 자유롭습니다. 물속에 갇혀 있지도 않고 땅에 매여 있지도 않습니다. 우리는 새가 되어 이런 자유로움을 향해, 이렇게 넓고 탁 트인 곳을 향해 인식의 전환을 시도해야 합니다. 그런데 어디로 가야 하는가? 남명을 향해 갑니다.

남명(南冥)은 밝고 환한 곳, 즉 계명(啓明)의 장소입니다. 그러나 이렇게 자유를 향한 비상은 조금 노력하고 적당히 공부해서 되는 것이 아닙니다. 3천 리나 되는 파도를 일으키고 9만 리나 되는 바람을 일으키는 엄청난 노력이 있어야 하고, 그 과정에는 충격과 고통이 수반됩니다. '물속에 잠겨 있던 존재'가 '하늘을 나는 존재'로 변신하려면 치러야 할 대가가 매우 크다는 것입니다. 사실 평생의 학습과 경험을 통해 쌓인 생각을 뒤집어 보고 성찰하는 일이 얼마나 어렵겠습니까. 큰 파도와 바람, 먼 공간적 거리와 시간은 도를 향한 길이 평탄치 않다는 것, 계속되는 충격이 있을 것이라는 점을 미리 준비시키기 위한 장치입니다.

그런데 흥미로운 것은 이 두 존재의 크기가 인간의 감각으로는 도저히 가늠할 수 없다는 점입니다. 몇천 리나 되는 크기와 3천 리 파도, 9만 리 비행 등은 사실 인간의 감각기관을 통해서는 인식하기가 불가능한 영역입니다. 이렇게 경험적 한계에서 벗어나는 이야기와 만나면 우리는 한편으로는 '말도 안 돼'라는 생각을 하면서도 다른 한편으로는 슬그머니 일일이 현실적으로 따지는 마음, 경험적인 분별을 내려놓게 됩니다. 이것이 바로 장자가 구사하는 전략적 수사의 목적입니다.

야마(野馬)는 먼지와 아지랑이이다. 살아 있는 것들이 서로 호흡하며 내뿜는 것이다. 하늘은 푸르고 푸르지만 그것이 제 색일까. 그 멀리 떨어져 있어 그 닿은 바를 모르기 때문일까. 붕새가 아래를 내려다본다면 역시 그럴 것이다.[14]

---

14) 『장자』, 「소요유」. 野馬也塵埃也 生物之以息相吹也. 天之蒼蒼 其正色邪. 其遠而無所至極邪. 其視下也

그렇게 올라가서 아래를 내려다봅니다. 무언가 보입니다. 살아 있는 것들이 서로 호흡하며 내뿜는 '먼지와 아지랑이(塵埃)'가 보입니다. 이것을 보며 붕새는 생각합니다. '전에 땅에 살 때 그렇게 크고 멋져 보였던 것들, 힘들고 고통스러웠던 것들이 먼지와 아지랑이 같구나. 그러면 지금 눈에 보이는 저 하늘은 푸르고 푸르게 보이지만 진짜 푸른 것일까?' 하고 의문을 제기합니다.

도도히 날아올라 높은 곳에서 보는 것에는 장점이 하나 있습니다. 멀리 볼 수 있다는 것입니다. 멀리 보니 세상이 먼지와 아지랑이처럼 보이는 것입니다. 아지랑이와 먼지는 잡아도 잡히지 않고 있어도 있다고 할 수 없는 그런 것 아닙니까. 이렇게 말하는 것은 앞으로 보겠지만, 장자가 보는 세상의 실상을 표현한 것입니다. 장자는 불교의 공(空)개념과 유사하게, 이 세상의 실상은 연관되어 일어나는 거래 활동일뿐, 고정된 불변의 실체는 없다고 봅니다. 야마의 메타포는 이 세상이라는 텍스트는 고정된 것도, 독립적인 것도, 실체라고 할 만한 것도 없음을 의미합니다.

땅의 현실을 야마의 메타포로 바라본 장자는 또다시 '하늘'에 대해 의문을 던집니다. 하늘이 푸르게 보이는데 진짜 푸른색일까. 그 푸른 것이 하늘의 바른 색(天之蒼蒼 其正色也)일까. 사실 밤에 하늘은 까맣게(玄) 보입니다. 그리고 실제로 대기권 밖으로 나가면 하늘은 까맣습니다. 또 우리 눈에 누렇게 보이는 땅도 실상 하늘에서 보면 푸르게 보입니다. 우주에서 바라본 지구는 초록별이라고 하지 않습니까. 장자가 알고 말하는 것인지 아닌지 모르겠지만, 어쨌든 당연하다는 듯이 '푸른'이라는 수식어가 붙는 '하늘'에 대해 진정 그런지, 나아가 '당연하다고 생각했던 것'이 실상 당연한지에 대해 의문을 가져보라는 것입니다.

장자의 철학을 공부하며 얻을 수 있는 것 중 하나가 이렇게 '당연한 것은 없다'라는 인식입니다. 우리는 당연한 것들을 가득 안고 살아갑니다. 그리고 진리에 대해서도 강한 열망을 가집니다. 왠지 옳은 것이 있을 것 같고 뭔가

亦若是則已矣.

목숨 바쳐야 할 일이 있는 것 같기도 한데, 장자 철학을 공부하고 나면 그런 문제로부터 자유로워집니다. 당연하다고 생각되는 것들은 다 한 번씩 뒤집어 볼 필요가 있습니다. 당연한 것이 '옳다거나 옳지 않다'는 말이 아닙니다. 왜냐하면 '옳은 것도 옳지 않은 것도' 우리의 눈에 비친 것이기 때문에, 옳고 그름의 문제는 다른 시각에서 봐야 한다는 것입니다. 이렇게 평소에 무의식적으로 지니고 있었던 가치와 관념에 의문을 품고 생각하는 것, 이제 비로소 철학적 사유가 시작된 것입니다.

사유의 여정에의 허들(1): 지적 용렬함

그러나 이 남명을 향한 이 사유의 여정은 절대 순탄하지 않습니다. 그 길에는 함정이 내장되어 있습니다. 문제는 그 함정이 사유여정(道之遷) 자체에 있는 것이 아니라 우리의 마음에 있다는 것입니다. 장자는 이 문제를 검토하기 위해 두 번째 이야기를 펼칩니다. 지금까지 이야기는 카메라 앵글이 붕새에게 맞춰졌습니다만, 이제부터는 숲의 매미와 메추라기에게로 앵글이 옮겨갑니다. 매미와 메추라기가 숲에서 놀고 있다가 하늘을 나는 붕새를 봅니다.

> 매미와 메추라기가 붕새를 보고 비웃으며 말했다. '우리는 힘껏 날아올라도 느릅나무나 다목나무 가지에 머문다. 때로 거기에도 못 가서 땅바닥에 떨어져 부딪히기도 한다. 그런데 저 붕새는 뭐 하러 9만 리를 올라가서 남쪽으로 가려 하는가'라고 한다.15)

붕새를 본 매미와 메추라기는 이런 생각을 합니다. '아 바보들, 왜 저런 짓을 하지. 왜 저렇게 힘들게 높이 날아가지, 우리는 아무리 날아도 이 나무에서 저 나무로, 저 나무에서 이 나무로 다닐 뿐인데, 저 붕새는 뭐하려고 9만 리나 날아서 남명으로 가려는 것이지?' 하며 비웃습니다. 어떻게 생각하

---

15) 『장자』, 「소요유」. 蜩與學鳩笑之曰 我決起而飛 (槍)〔搶〕楡枋 時則不至而控於地而已矣 奚以之九萬里而南爲.

십니까?

우리가 세상일을 다 이해할 수 있는 것은 아닙니다. 오히려 이해할 수 없는 게 더 많지요. 이해가 안 될 때 어떤 태도를 보입니까? 아예 무시하거나, 못 들은 척하거나, 부정하고 비난하거나, 아니면 이해하려고 노력하겠지요. 그런데 여기서 메추라기는 부정하고 비난하는 쪽으로 행동했습니다. 그런데 붕새는 아무런 대꾸를 하지 않습니다. 그저 제 갈 길을 갈 뿐입니다. 자기 페이스대로 가는 거지요.

장자는 왜 이 지점에서 메추라기 이야기를 한 것일까요? 도를 향해 가는 철학적 여정에는 장애물이 있다는 것을 말하려고 하는 것입니다. 길이 있어서 가다 보면 평탄한 길만 있는 것이 아니라 발이 걸려 넘어지게 만드는 장애물들도 있습니다. 남명을 향한 여정에서 첫 번째 만난 이 장애물은 바로 '지적 용렬함'입니다. 즉 '소지(小知)'에 갇힌 마음입니다. 이때 소지라는 것은 자기가 아는 것만이 옳다고 여기며, 그것을 기준으로 다른 것을 평가하는 것입니다. 설령 의식하지는 못할지라도 우리 대부분은 '내가 아는 바가 옳다'라고 생각하며 살아갑니다. 자기 생각이 옳지 않을 수도 있음을 돌아보기란 참으로 어려운 일입니다. 메추라기의 처지에서 붕새의 비행은 바보짓으로 보일 수 있습니다. 그래서 '바보같이 저런 쓸데없는 짓을 하다니'라는 입장을 취하는 것은 자기 앎에 갇힘과 동시에 저쪽의 앎에 관심을 가져서 얻을 수 있는 지적인 기회, 즉 지적 지평을 넓힐 수 있는 기회를 잃게 되는 것입니다. 결국 자신에게는 손해로 돌아오지요.

그러나 사실 매미와 메추라기가 대붕을 이해하지 못하는 것은 자연스러운 일입니다. 장자는 이것을 '소지불급대지(小知不及大知)'라고 표현합니다. 매미와 메추라기가 대붕의 비행을 어떻게 이해할 수 있겠습니까? 매미와 메추라기는 9만 리를 날아본 적도 없고, 날 수도 없습니다. 이를 설명하기 위해 장자는 이런 말을 합니다.

소지(小知)는 대지(大知)에 미치지 못하고, 소년(小年)은 대년(大年)에 미치지 못한다. 무엇으로 그러함을 아는가. 하루살이는 그믐과 초하루를 알지 못하고, 매미는 봄과 가을을 알지 못한다. 이것들은 소년(小年)이다.16)

하루살이가 회삭(晦朔)을 알지 못하고 매미가 춘추를 모르는 것이 자연이 듯이, 소지가 대지를 이해하지 못하는 것 역시 자연이라는 것입니다. 하루밖에 살지 못하는 하루살이와 보름 정도밖에 살지 못하는 매미가 무슨 수로 초하루와 그믐을 알고, 봄과 가을을 알겠습니까? 그런데 모르는 것이 하루살이나 매미의 잘못은 아닙니다. 존재는 잘못이 없습니다. 실존은 그 자체로 어떤 오류도 없습니다. 그러니 매미와 메추라기가 붕새의 저런 여정을 모르는 것은 당연한 일입니다. 매미는 매미의 앎이 있고 메추라기는 메추라기의 앎이 있고 대붕은 대붕의 앎이 있습니다. 각자 자기 그릇과 존재조건에 맞는 앎이 있는 것이지요. 그런데 상대를 향해 '뭐 하러 그렇게 해'라고 하는 순간 문제는 달라집니다. 자기 그릇과 능력만큼 아는 것은 정당하고 당연하지만, 상대를 향하여 '넌 왜 그것을 모르느냐?'고 부정하고 비판할 때는 문제가 생깁니다. 메추라기는 바로 그런 문제를 일으킨 것입니다. 지적 용렬함이라는 문제를.

사유여정의 허들(2): 지적 교만함

그러고 나서 다시 두 번째 장애물을 만납니다. 이번에는 '지적 교만함'입니다. 지금 우리는 여행하는 중입니다. 메추라기는 대붕을 보면서 비난의 말을 던졌지만, 반대로 대붕의 여행에 관념적으로 동참하는 사람들은 이런 생각을 할 수 있습니다. '아! 나는 그래도 진리를 찾아 도를 닦는 사람이다, 잘 먹고 잘사는 일 외엔 관심 없는 사람들과 다르다'라고 하면서 자신을 예외적인 존재로 세우는 마음이 있을 수 있습니다. 바로 대지(大知)에 갇힌 마음, 즉 '지적 교만함'의 허들을 장자는 송영자에게 빗대어 이렇게 표현합니다.

---

16) 『장자』, 「소요유」. 小知不及大知 小年不及大年. 奚以知其然也. 朝菌不知晦朔 蟪蛄不知春秋 此小年也.

그런데 송영자(宋榮子)는 빙그레 이것을 웃는다. 또 세상이 모두 그를 기려도 더 권하지도 않고, 온 세상이 그를 비난해도 구애되지 않는다. 내외의 분을 정하고, 영욕의 경계를 구분하여 이에 그칠 뿐이다. 그는 세상의 일에 구구하게 따지지 않는다. 비록 그러나 아직 세우지 못한 바가 있다.[17]

송영자가 '빙그레 이것을 웃었다'라는 것은 메추라기를 향한 것입니다. '흠, 조그만 것이 아무것도 모르고 붕을 비웃는군!' 이렇게 생각하는 것입니다. 그는 일단 세속적인 부귀나 영화에는 별로 개의치 않습니다. 온 세상이 추켜세워도 온 세상이 비난해도 구애받지 않습니다. 구구하게 세상일을 따지지도 않고요. 세상의 일에 대한 욕망이나 이해로부터 일단 좀 넘어선 마음입니다. 그런데 장자는 그런데도 송영자는 '아직 세우지 못한 것'이 있다고 합니다. 왜 그럴까요. 그는 내외와 영욕을 분명히 한다고 합니다. 그런데 왜 이것이 문제가 될까요? 장자에 대해 고명한 해석을 붙인 당(唐)의 도사(道士) 성현영(成玄英)은 송영자에 대해 이렇게 말합니다.

송영자는 비록 유(有)는 능히 잊었지만 능히 무(無)를 버리지 못했다.[18]

'지적 교만함'의 문제는 세상일에 초연한 듯 행동하지만 실제로는 세상일을 도외시하는 결과를 가져온다는 것입니다. 그것을 성현영은 '유'를 잊었다고 표현한 것이지요. 하지만 문제는 '무(無)'에 집착한다는 것입니다. 유에 집착하든 무에 집착하든 여전히 유무를 나누는 이분법에 기초하여 하나를 취하고 다른 하나를 배제하는 택일적 사유를 하는 것입니다. 결국 송영자는 지적 교만에 걸려 유무의 이분법에 여전히 머물러 있는 것이지요. 매미와 메추라기가 보여준 '지적 용렬함'이나 그가 보여준 '지적 교만함'이나 결국 이분법에 매여 있다는 점에서 다를 바가 없습니다.

---

17) 『장자』 「소요유」. 而宋榮子猶然笑之. 且擧世而譽之而不加勸 擧世而非之而不加沮 定乎內外之分 辯乎榮辱之境 斯已矣. 彼其於世未數數然也. 雖然 猶有未樹也.
18) 『장자』 「소요유」. 성현영 소(疏), 榮子雖能忘有 未能盡無.

그런데 자연에도 이분법이 있을까요? 자연의 실상은 연속적인 질서입니다. 사실 우리는 무언가 대비를 이루어야 이해가 잘 됩니다. 나쁜 놈은 착한 놈이 옆에 있어야 잘 보이고, 누군가의 훌륭함은 누군가의 못남과 짝을 이루어야 더 잘 이해됩니다. 그러나 자연의 실상 자체는 그렇게 나누기 어렵습니다. 액자에 넣어야 멋진 풍경그림이 만들어지지만, 그냥 있을 때는 연속된 세계입니다.

열자(列子)

그렇게 송영자의 장애물을 벗어나서 다시 여정에 오릅니다. 그러면 다음에 누가 나오느냐? 바로 세 번째는 열자(列子)의 단계입니다.

> 저 열자는 바람을 몰고(御) 다니며, 냉연히 잘 다니며 15일이 지나서 돌아온다. (송영자는) 복을 이루는 것에 급급하지 않았다. 열자는 걷는 것은 면했다. 그러나 여전히 의지하는 것이 있다.[19)]

열자는 송영자보다 자유롭기가 한 걸음 더 나갔습니다. 땅을 딛고 걷는 것을 면했다 합니다. 다시 말해 땅이라는 현실에 매이지 않는다는 것입니다. 그리고 바람을 몰고 자유롭게 다닙니다. 그러다가 15일이면 다시 땅의 현실로 내려옵니다. 그런데 여전히 문제가 있습니다. 바로 소대(所待)가 있다는 점입니다. 이것은 또 무슨 말일까요?

대(待)는 '대접하다' '기다리다' '마주하다' 등의 뜻입니다. 대접하려면 마주해야지요. 그런데 마주한다는 것이 무슨 의미인가? 내가 누군가와 마주하려면 먼저 '나'가 있어야 합니다. 그리고 '너'가 있어야 하죠. 나와 너, 즉 주체와 객체가 있어야 대(待)가 됩니다. 말하자면 열자 역시 이분법에서 채 벗어나지 못한 것입니다. '나'라는 것이 '바람'이라는 것을 몰고(御) 다니며, 자

---

19) 『장자』 「소요유」. 夫列子御風而行 冷然善也 旬有五日而後反. 彼於致福者 未數數然也. 此雖免乎行 猶有所待者也.

유롭기가 15일에 한정되어 있다는 것입니다. 그러니 아직 목적지에 도달한 것이 아닙니다. '나(주체)'가 있고 '대상(객체)'이 있기 때문입니다.

열자는 바람을 '타는 것(乘)'이 아니라 몰았습니다(御). '타는 것'이 몸을 실어 맡기는 것이라면, '모는 것'은 직접 운전하거나 다스린다는 의미입니다. 그러니 열자는 자신이 몰고 다닌 '바람', 즉 변화 자체를 대상적 실체로 보고 있는 것입니다. 하지만 장자는 '변화한다'라는 것은 '고정되지 않음'이고, '변화하는 것' 배후에 불변의 존재론적 실체는 없다고 봅니다. 그러므로 장자는 열자에 대하여 여전히 '대상(所待)'이 있다고 한 것입니다. 열자에 대한 장자의 이야기는 도교나 신선사상을 추구하는 술사들을 겨냥한 것이 아닌가 하는 생각이 살짝 듭니다. 변화의 원리를 대상적으로 장악하고 이용해서 불로장생을 추구하고, 신비한 이적을 일으키며 세상을 풍미하는 그런 도사들을 가리켜 '15일이면 (땅으로) 돌아오는 자'들로 묘사한 것이 아닌지. 하여간 이어서 장자는 이렇게 말합니다.

> 만약 천지의 올바름을 타고 여섯 기운의 변화를 몰며 무궁에서 노니는 자라면 어디에 기대는 바가 있겠는가.[20]

'천지의 올바름(正)'이란 장자의 눈에 비친 자연의 실상, 즉 세상의 모든 존재자가 관계망으로 연결되어 있음을 의미합니다. 그러면 천지의 올바름을 탄다는 것이 무슨 의미인가? 이를 이해하는 데 도움이 되는 이야기가 있습니다.

시애틀이라는 이름을 가진 인디언 부족의 추장에게 어느 날 백인 대통령이 그들 부족이 사는 땅을 팔라고 요구합니다. 이에 대해 그는 '이해할 수 없다. 어떻게 어머니인 땅을 팔라는 것인가. 소유하지도 않은 것을 어찌 파는가. 하지만 안 판다고 해도 결국은 백인들이 차지할 것임을 알기에 팔기는 하겠지만' 하면서 한 가지 요구조건을 제시합니다. 그런데 그 조건은 자신이

---

20) 『장자』 「소요유」. 若夫乘天地之正 而御六氣之辯 以遊無窮者 彼且惡乎待哉.

나 자기 부족, 심지어 인디언 종족을 위한 것이 아니었습니다. 「시애틀 추장의 편지」에서 그는 이렇게 말했습니다.

나는 한 가지 조건을 제시할 작정이다. 그것은 백인들이 이 땅의 짐승들을 형제로서 받아들여야 한다는 것이다.

그러나 이러한 요구는 물론 받아들여질 리가 없습니다. 그래도 추장은 이어서 계속 말합니다.

우리는 안다. 땅이 인간에게 속한 것이 아니라 인간이 땅에 속해 있다는 것을.
우리는 안다. 가족을 묶어주는 핏줄처럼 모든 것은 연결되어 있다는 것을.
만물은 이어져 있다. 땅에서 일어나는 일은 땅의 자녀들에게도 일어난다.
생명의 거미줄은 사람이 짠 것이 아니다.
사람은 그 거미줄의 한 오라기에 지나지 않는다.
그가 거미줄에 무슨 짓을 하든 그것은 곧 자신에게 하는 일이 된다.

'인간이 자연에 가한 것은 그대로 인간에게 돌아올 것'이라는 말은 우리를 숙연하게 합니다. 그런데 사실 맞는 말입니다. 이 세상에 존재하는 것은 거리가 멀든 가깝든 서로 연결되어 있고, 그것을 상징적으로 표현하자면 그 '뿌리를 같이 쓰고 있는 것'입니다. 상대를 해쳐 상대의 뿌리가 죽어 썩으면, 나의 뿌리도 같이 썩어갑니다. 즉, 내가 너를 상하게 하는 행동은 곧 나를 상하게 행동으로 돌아온다는 것이죠.
이렇게 '너'와 '나', '나'와 '세상'은 이어진 채로 관계적으로 존재합니다. 메를로퐁티는 이런 말을 합니다. '너의 보이는 것에 나의 안 보이는 것이 상감(象嵌)되어 있고, 너의 안 보이는 것에 나의 보이는 것이 그려져 있다.' 말하자면 주객의 관계를 연기(緣起)로 바라보는 것입니다. 결국 천지의 올바름을 탄다는 것은 시애틀 추장처럼 하늘과 공기와 흐르는 시냇물과 어머니 대지와 뭇짐승들이 모두 연결된 핏줄임을 아는 것입니다.

그리하여 천지의 올바름을 타면, 우주에 감도는 풍(風), 한(寒), 서(暑), 습(濕), 조(燥), 화(火)의 '여섯 가지 기운의 변화를 몰고(御六氣之辯)' '제약 없이 평안하게 노닐게 된다(遊無窮)'라는 것입니다. 여섯 가지 기운의 다채로운 변화과정을 '타는 것'이 아니라 '모는 것'이라고 합니다. 말하자면 부단히 진행되는 자연의 변화를 능동적으로 받아들이고 대처한다는 것입니다. 앞으로 보겠지만 여기서 천지의 올바름은 '탄다'고 하면서, 육기의 변화는 '몬다'고 한 것은 매우 그 의미가 심장합니다.

사유여정의 목적지, 지인(至人), 신인(神人), 성인(聖人)

그렇게 하여 기대는 바 없이(無待) 바로 이런 상태에 도달한 마음이 바로 장자 사유여정의 목적지입니다. 장자는 그런 마음을 지인(至人), 신인(神人), 성인(聖人)으로 의인화하여 다음과 같이 표현합니다.

그러므로 지인(至人)은 내(己)가 없고, 신인(神人)은 공(功)이 없으며, 성인(聖人)은 명(名)이 없다.[21]

'객체로서의 대상이 없다(無待)'라는 것은 결국 주체로서의 '나'를 세우지 않는다는 것입니다. 나를 세우지 않는다는 것은 '나'를 소멸시켜 없애는 것이 아닙니다. '나'가 왜 없습니까? 숨도 쉬고, 말도 하고, 밥도 먹고, 노래도 하고, 일도 하고, 싸움도 합니다. 바로 이렇게 존재하는 개별자로서의 '나'가 없다는 것이 아니라, 이 '나'가 세계(자연)와 구분되는 별개의 독립적인 존재가 아니라 자연의 연속적 관계망 속에서 상호작용하며 유전(流轉)하는 존재라는 사실을 자각함으로써, 분리되고 고정된 '나'라는 의식을 세우지 않는다는 것입니다. 바로 이런 상태에 도달한(至) 마음이 되면, 우리는 '나 자신'이

---

21) 『장자』 「소요유」. 故曰 至人無己 神人無功 聖人無名.

랄 것이 없는 마음이 될 것이요(至人), 굳이 공을 내세우지 않을 것(神人)이요, 이름을 추구하지도 않을 것(聖人)이라는 뜻입니다. 여기서 지인과 신인과 성인은 별개의 존재를 가리키는 것이 아닙니다. 목적지에 도달한 마음을 강조점에 따라 다르게 표현한 것입니다. 그런데 어째서 굳이 이 세 가지의 존재로 나누어 설명하는 것일까요?

앞서 말했듯 장자는 언어 문제에 굉장히 천착했습니다. 특히 언어의 뜻을 일의(一義)적으로 고정하는 것을 경계합니다. 왜냐하면 이름이 있으면 마치 그 이름에 해당하는 실체가 있는 것처럼 느끼기 때문입니다. 장자가 말하는 세상의 실상(道)은 존재들이 얽혀서 하나의 그물이 되어 출렁거리는 그 자체입니다. 그런데 우리가 무언가에 대해 '무엇'이라고 말하려면 그것이 고정된 것이어야 합니다. 예컨대 자전거 바퀴라고 말하려면 바퀴가 고정되어 있어야 합니다. 바퀴가 돌아가기 시작하면 그 모양이 달라져버립니다. 그러니 바퀴가 어떻게 생겼다고 말하려면 고정된 상태를 유지하고 있어야 하는 것이죠. 그런데 장자에 따르면 이 세상에 그렇게 멈춰 있는 경우는 한 순간도 없다는 것입니다. 존재들의 그물망은 쉴 때도 없고 고정된 때도 없이 움직이고 변화한다는 겁니다. 대기의 흐름도, 산의 모양도, 물의 흐름도, 우리 몸의 세포들 하나하나까지도 한 번도 고정되거나 쉬는 적이 없습니다. 항상 그렇다는 것입니다. 그렇다면 이것을 어떻게 언어로 표현하는가? 할 수 없다는 것입니다. 그래서 부득이하게 도(道)라고 칭한다는 것이죠.

하지만 또 도라고 말하면 도가 뭔가 실체로 있는 것 같습니다. 그래서 장자는 말을 자꾸 바꿉니다. 도라는 표현도 자주 쓰지 않습니다. 도를 일관된 의미로 사용해야 독자도 '장자의 도는 이런 거구나!' 하고 이해할 수 있는데, 오히려 장자는 그렇게 이해할까 도를 다르게 표현합니다. 그리하여 출렁거리는 그물망에 속한 존재자들의 존재과정을 나타내는 도라는 개념에 미세한 차이를 두고, 그 강조점에 따라 다양한 칭위를 사용합니다. 예컨대 존재의 다양성을 강조할 때는 천뢰(天籟), 존재의 비고정적 개방성을 강조할 때는 도추(道樞), 무정형성과 한 덩어리로 움직임을 강조할 때에는 대괴(大塊), 관계성을 강조할 때는 만연(蔓延), 조화를 강조할 때는 천예(天倪), 자연의 균형을 강조할 때는 천균(天鈞), 무한한 창조적 가능성의 잠재를 강조할 때는 천부(天府), 얽혀 있는 채로 편안한 조화의 실상을 강조할 때는 영녕(攖寧), 인간의 의지가 개입될 수 없는 한계를 논할 때는 명(命) 등을 사용합니다. 이렇게 다양하게 사용된 어휘들은 마치 별개의 의미를 가진 것처럼 보여 일관성 있는 이해를 어렵게 만들지만, 실상 장자의 의도가 치밀하게 반영된 언어의 전략적 수사입니다.

이런 맥락에서 지인, 신인, 성인 역시 목적지에 도달한 마음 상태를 강조점에 따라 다르게 표현한 것으로 보아야 합니다. 지인의 지(至)는 '도달하다'라는 의미입니다. 그리고 또 '최고'라는 의미도 있죠. 그러니 '목적지에 도달한 지극한 마음'을 지시합니다. 신인의 신(神)은 귀신의 줄임말인데 귀(鬼)와 신(神)은 곧 음양의 신비로운 작용을 가리킵니다. 그러므로 신인은 바로 '오묘하고 신비로운 마음의 작용'을 지시합니다. 마지막으로 성인(聖人)은 인간이 도달할 수 있는 최고의 경지를 가리킬 때 두루 사용되는 개념인데, 장자는 이 칭위를 주로 인간세, 즉 소유세계에 대한 대처의 문제를 논할 때 주로 사용합니다. 그리고 이에 더하여 오직 「대종사(大宗師)」 편에만 나오는 진인(眞人)이 있는데, 진인은 주로 인식의 문제를 논할 때 사용합니다.

그러니, 이 개념들은 어떤 특정한 인간을 지시하는 칭위라기보다는 목적지에 도달한 마음의 작용과 상태를 다양하게 의인화한 것으로 생각됩니다. 이런 존재가 실제로 있다고 설정하고, 그렇게 되기 위해 흉내 내거나 노력하는 사람들이 바로 불로장생을 추구하는 도교의 술사들이 아닌가 생각되고요. 그러나 우리는 도사의 길이 아니라 철학의 입장에서 장자를 보려 합니다.

그러면 이 '목적지에 도달한 마음'은 어떤 상태이고, 어떻게 작용하는가? 이제 다음 강에서는 이 목적지에 도달한 마음에 드러난 세상의 실상에 대해 살펴보면서, 마음의 문제를 본격적으로 논해보기로 하겠습니다.

제15강

장자(2)

구별되지만 차별되지 않는 세계의 실상

이번 강은 장자 철학 두 번째 강의입니다. 여기서는 『장자』 가운데 제일 복잡하고 난해하기 짝이 없는 「제물론(齊物論)」을 중심으로 다른 편의 우화들을 곁들여 살펴볼 것인데, 앞서 말했듯이 『장자』의 핵심적인 부분은 「소요유」와 「제물론」에 들어 있기 때문입니다

「소요유」에서 우리는 북명의 곤이라는 물고기가 붕새가 되어 남명을 향해 가는 여정을 살펴보았습니다. 붕새가 메추라기와 송영자의 허들을 넘어 열자를 거쳐 마지막에 신인, 지인, 성인의 목적지에 도달한다는 것, 즉 '나(己)' 없고 '공(功)' 없고 '이름(名)' 없는 자리에 이르게 된다는 것이었습니다. 말하자면 「소요유」에는 사유여정의 출발지와 목적지가 제시되어있는 셈입니다. 그 출발점은 우리가 '지금까지 알았던 것들'과 '마땅하다고 생각했던 것들'을 뒤집어 새로운 시각에서 바라보는 것이고, 그 목적지는 자아가 해체되어 '나'라는 의식을 품지도 않고, 공(功)을 내세우지도 않으며, 인간이 지은 이름(名)에 구애되지 않는 상태입니다. 그리고 이 목적지, 즉 무기(無己), 무공(無功), 무명(無名)에서 가장 핵심이 되는 것은 바로 '무기(無己)'인데, 「제물론」에서는 이 문제를 본격적으로 다룹니다.

그러면 한번 생각해봅시다. 살면서 우리에게 제일 중요한 것은 무엇입니까? 바로 '나', 내가 가장 중요하다는 것에 대체로 동의할 것입니다. 대개 우리가 생각하고 고민하는 것의 중심에는 '나'라는 것이 놓여 있고, 모든 문제는 '나'와 관계될 때 비로소 문제가 됩니다. 그것이 당위에 관계된 것이든 이해관계나 인간관계에 관계된 것이든 '나'와 관계되지 않으면 우리는 '강 건너에서' 사태를 구경하는 처지가 됩니다. 문제가 되지 않는다는 것이지요.

그리고 이렇게 생생하게 존재하는 '나'와 더불어, '나'가 보는 '세계'가 있

습니다. '나'와 '세계'가 이렇게 명료하게 눈앞에 있고 손에 잡히는데, 그런데도 장자는 놀라운 주장을 합니다. '나'와 '세계'가 지금 우리 눈으로 보고 있는 것처럼 진짜 그렇게 존재하는 것인가 하는 문제를 제기합니다.

어찌 보면 좀 어리둥절한 느낌도 듭니다. '나'가 있고, '세계'가 있고, 그래서 '나'가 '세계'를 주체적으로 인식합니다. 자연스럽고 당연하게 그렇게 합니다. 그리하여 '나'라는 주체가 '너'라는 객관적 대상을 인식해서, 그 인식 내용을 기반으로 한 지식과 정보로 그 대상을 다루거나 소유하거나 하는 것이 우리가 알고 있는 데카르트적 인식법입니다. 세상과 구별되는 '나'를 세워 '이성'을 통해 세상을 인식한다는 '코기토(cogito)', 즉 '이성적 인식 주체'로서 인간을 보는 관점이 바로 그것입니다.

그런데 장자는 이런 식의 관점에 정면으로 문제를 제기합니다. 그러면 장자는 과연 '나'와 '세계'가 어떤 식으로 존재한다고 보는 것일까요? 이 점을 본격적으로 살펴보기 전에, 왜 그 내용을 중심적으로 논의하는 편에 '제물론'이라는 이름이 붙었는지, 이 문제부터 좀 살펴봐야겠습니다.

근사한 제목을 지닌 「소요유」 편은 '한가로이 노닌다'라는 의미를 지녔지만 실상 그 내용은 곤의 사유여정, 즉 출발점과 목적지를 보여주는 것이었습니다. 그런데 내용을 잘 따져보면, 이 목적지에 도달한 마음의 자유로움을 표현한 것이 바로 '한가로이 노닌다'라고 한 것이 아닌가 싶습니다. 「제물론」이라는 제목도 역시 그런 것 같습니다. 말하자면 장자가 말하는 목적지에 도달한 마음의 상태에서 현현하는 세상을 표현한 말인 것 같다는 것이지요.

목적지에 도달한 마음: 오상아(吾喪我)

그러면 목적지에 도달한 마음에는 세상이 어떻게 현현하는가? 제물의 세상이란 어떤 모습인가? 이를 살펴보기 위해 우리는 「제물론」의 첫 번째 우화에서 시작해야 합니다. 이 우화에 바로 목적지에 도달한 하나의 마음이 등장합니다. 그는 남곽자기라는 이름을 지녔는데, 그 이름에 장자의 주의 깊은 의도가 담겨 있습니다. 변신을 통해 비행한 붕새가 향해 간 곳이 어디였습니까? 바로 남명이었습니다. 남쪽으로 날아간 것이죠. 그러니 '남쪽 성곽(南郭)'이라는 말은 목적지를 암시합니다. 그곳에 사는 '자기(子綦)'라는 인물, 즉 남곽자기(南郭子綦)가 제물의 의미를 전해줄 첫 번째 화자입니다. 남곽자기의 '오상아'는 「제물론」 전체를 이해하는 실마리가 됩니다.

> 남곽자기가 안석에 기대어 앉아 있는데, 하늘을 우러르며 길게 숨을 쉬니, 멍하여 그 짝을 잃은 것과 같았다. 안성자유가 곁에서 모시고 서 있다가 말하길, 어디에 계신 겁니까. 형체는 진실로 마른 나무(枯木)와 같고, 마음은 진실로 죽은 재(死灰)와 같이 하고 계십니다. …… 지금 안석에 기대어 있는 분은 전에 안석에 기대어 있는 분이 아닙니다.[1]

제자 안성자유의 말에 따르면, 남곽자기의 모습이 달라졌다고 합니다. 그 달라진 모습을 보고 제자는 놀랍니다. 어떤 '변화'가 이루어졌기 때문입니다. 이 변화는 곤어의 대붕으로의 변신만큼이나 크고 놀라운 일인 모양입니다. 그런데 그 변화된 모습이 마치 '짝을 잃은 듯(喪其耦)'하다고 합니다. 그러면 '짝'이란 무엇인가. 다름 아닌 상대, 즉 대상화된 타자 혹은 세계가 아닐까요? 그리고 '그것을 잃었음'은 '대립적 상대'가 소멸했음을 의미할 것입니다. 제자의 물음에 대해 남곽자기는 이렇게 답합니다.

지금 나는 아(我)를 잃어버렸노라.[2]

남곽자기는 자신이 상아(喪我)했다고 답합니다. '짝을 잃었다는 것' 즉 대상의 소멸은 곧 '나'의 해소와 동시에 진행되는 사건입니다. 말하자면 내외

---

1) 『장자』「제물론」. 南郭子綦隱机而坐 仰天而嘘 荅焉似喪其耦. 顏成子游立侍乎前 曰 何居乎. 形固可使如槁木 而心固可使如死灰乎. 今之隱机者 非昔之隱机者也.
2) 『장자』「제물론」. 今者吾喪我.

를 잊는 것이지요. '나(我)'가 없으면 그 상대인 '물(物)'도 성립하지 않습니다. 즉, '오상아'는 필연적으로 상대와 나를 동시에 잊는 물아양망(物我兩忘)으로 귀결됩니다. '보는 자'와 '보이는 것', 즉 주체와 객체의 이분법적 경계가 소멸한 마음입니다.

그러면 주객을 잊은 마음이 어째서 '마른 나무'와 같고, '죽은 재(死灰)'와 같은가? 무엇이 말라버리고 죽어버린 것일까요? 아마도 '나'라는 고정된 자의식일 것입니다. '나'가 실체라는 의식이 소멸한 모습의 상징적 수사입니다. 마치 바닷물처럼. 파도치는 물은 한 번도 '나'라는 의식을 가지고 움직인 적이 없고 움직인다는 의식을 갖지도 않을 것 같습니다. 다만 바람과 대기조건과 기타 내적 요인의 연관 속에서 생기(生起)할 뿐입니다. 어디까지 '나'가 움직인 것인지 '나'가 생각한 것인지 경계 짓기 어렵습니다. 그런데 어째서 '나'를 잊은 마음의 상태를 '고목'과 '죽은 재'에 비유한 것일까요?

이것을 이해하는 데 도움이 되는 시가 있습니다. 이렇게 주객을 잃은 '오상아'의 마음을 시인 고은은 '어둠'으로 표현합니다. 그리고 그 마음의 상태를 「눈길」이라는 시에서 이렇게 표현합니다.

바라보노라 온갖 것의
보이지 않는 움직임을
……
귀 기울여 들리나니 대지의 고백
나는 처음으로 귀를 가졌노라
나의 마음은 밖에서는 눈길
안에서는 어둠이노라

이 시인은 마음이 '어둠(무분별)'이 되면서 '보이지 않는 것의 움직임'을 보고, '대지의 고백'도 들을 수 있게 되었다고 합니다. 이 시인의 말을 고려한 맥락에서 보면, '고목' 같고 '죽은 재' 같다는 '오상아'의 마음 상태는 무

감각한 목석은 아닌 것 같습니다. 오히려 모든 소리를 빠짐없이 들을 수 있는 귀를 갖게 되고, 모든 사물을 놓치지 않고 보는 눈을 갖게 되며, 모든 것을 샅샅이 느낄 수 있는 촉감을 갖게 되는 상태인 것 같습니다. 마치 맑은 거울과 같은 마음을 회복하게 되는 것이지요. 이 마음은 비출 뿐(느낄 뿐) 동요하지 않고, 들을 뿐 휘둘리지 않으며, 볼 뿐 사로잡히지 않습니다. 그 대상이라 여겨온 것이 실상 자기 몸의 연장일 뿐이고, 또 역으로 '자신' 역시 세계의 연장일 뿐 별도의 실체가 아님을 알기 때문입니다.

제물의 세계:
'바람 소리'는 있어도 '바람의 소리'는 없는 각득기의의 평등 세계

이렇게 '상아'에 이르렀다면 이제 '상아'한 마음에 비친 세상의 실상을 논할 차례입니다. '나'를 의식하지 않는 마음, 즉 자아를 해체한 마음에 세상은 어떻게 비칠까요? 오상아한 마음은 '천뢰'를 듣는 '텅 빈 마음(虛心)'입니다. 남곽자기는 이렇게 말합니다.

대저 대지(자연)가 뿜어내는 기운을 이름하여 바람이라 한다. 바람이 일지 않으면 그뿐이지만, 일어나면 만 가지 구멍들이 요란하게 소리를 낸다. 너는 홀로 그 요요한 소리를 듣지 못했는가. ······ 작은 바람이 불면 작은 소리로 화답하고, 큰바람이 일면 큰 소리로 화답한다. 사나운 바람이 가라앉으면 여러 구멍은 비게 된다.3)

장자 특유의 메타포가 많이 구사된 구절들입니다. '대지가 뿜어내는 숨결'인 바람은 도의 작용을 말하는 것이고, 다양한 소리에 대한 묘사는 도가 온갖 존재(구멍)에 산종(散種)되어 어떻게 작용하는가(소리 내는가)를 비유적으

---

3)

『장자』「제물론」, 子綦曰 夫大塊噫氣 其名爲風 是唯無作 作則萬竅怒呺 ······ 泠風則小和 飄風則大和 厲風濟則衆竅爲虛. 而獨不見之調調刁刁之.

로 표현한 것 같습니다. 막혀 있는 구멍은 바람을 통하게 할 수 없고, 따라서 소리 나게 할 수 없습니다. 구멍이 비어 있어야 바람은 소리를 낼 수 있습니다. 그러니 '나를 잊었다'라는 것은 '나를 구멍처럼 허(虛)하게 비웠다'라는 뜻일 텐데, 장자는 나아가 '오직 도는 허(虛)에 모인다(唯道集虛)'라고 말합니다. 그러니 남곽자기는 이미 도가 넘나들 수 있도록 마음을 허하게 비워낸 마음(虛心)을 의인화한 것이겠죠.

그런데 '구멍'은 단독으로 소리 낼 수 없습니다. 대지가 바람을 일으키면 소리를 내고, 가라앉으면 뭇 구멍들은 다시 허로 돌아옵니다. 마치 거울과 같습니다. 온갖 사물이 거울에 비치면 거울은 그것을 가감 없이 비추지만, 사물이 떠나가면 거울은 아무런 자취도 남기지 않고 허로 복귀합니다. '구멍의 울림'과 '거울의 비춤'은 그런 면에서 마음의 작용에 대한 비유로 보입니다. 어떻게 그렇게 볼 수 있는가?

우리는 자신이 스스로 무언가를 생각하고 결정하고 행한다고 의식하지만, 실상 우리 마음은 존재자들의 거래와 연관에 따라 다양한 모습과 소리로 작용하고 있을 뿐이라는 것이 장자의 생각입니다. 작용이 끝나면 허로 돌아올 뿐입니다. 바람 자체는 소리를 내지 않습니다. 바람은 공기와의 마찰이나 여러 물(物)의 구멍과 만나야 소리를 낼 수 있습니다. 그러니 '구멍'도 '바람'도 소리의 진짜 주인은 아닙니다. 다만 관계 속에서 일어나는 상호작용일 뿐입니다. 바람은 소리를 내되, 그 소리를 자기 것으로 소유하지 않습니다. 다시 말해, '바람 소리'는 있어도 '바람의 소리'는 없습니다. 큰 구멍을 만나면 큰 소리를 내고, 작은 구멍을 만나면 작은 소리를 냅니다. 모든 것을 만나 모든 소리를 내지만, 어느 것에도 매이거나 한정되지 않습니다.

또 '모든 구멍'도 역시 마찬가지입니다. 큰바람을 만나면 큰 소리를 내고, 작은 바람을 만나면 작은 소리를 냅니다. 그리고 바람이 멎으면 다시 고요하게 텅 빈 구멍으로 돌아옵니다. 그 어느 소리도 '자기 것의 소리'는 없습니다. 연관에 따른 변화와 작용에 응할 뿐입니다. 거울은 사물이 다가오면 비추고 떠나면 허로 돌아올 뿐, 마음에 드는 것이라 해서 저장하거나 마음에 들지 않는다 해서 비추길 거부하지 않습니다. 그런데 더 중요한 것은 이런 작용을 일으키는 주체를 어디에서도 찾을 수 없다는 것입니다. 남곽자기는 계속 말합니다.

> 감히 묻습니다. 천뢰(天籟)는 무엇입니까. …… 대저 불어나오는 소리는 만 가지로 다르지만(吹萬不同), 그 스스로 그럴 뿐이다. 모두 스스로 취한 것이니 소리 나게 하는 자가 그 누구이겠는가.4)

천뢰는 '하늘의 퉁소소리'라는 뜻입니다. 이때 천(天)은 인(人)과 대립하는 천이 아니라, 인간이 내는 소리(人籟)와 자연이 내는 소리(地籟)를 모두 포괄하는 천입니다. 말하자면 인간을 포함한 모든 존재자의 존재과정을 가리킵니다. 각 존재자가 내는 소리(존재과정)는 취만부동(吹萬不同)이지만, 스스로 그럴 뿐, 즉 자연(自然)이라고 장자는 말합니다. 다시 말해 각 개별자에게서 상이한 방식으로 울려 나오는 천뢰, 즉 개별자의 존재과정은 존재자마다 다 다르지만, 스스로 그럴 뿐 누구의 주재 하에 그렇게 되었는지는 확정할 수 없다는 것입니다.

주재자가 없다는 것은 모든 존재자가 '각기 자신의 방식으로 마땅한 바(各得其宜)'에 따라 평등하게 거래하고 있음을 표현합니다. 그러므로 '오상아'한 남곽자기가 '허심'에서 들었다는 천뢰는 '다양한 존재자들의 존재과정을 각기의 고유성에 따라 있는 그대로, 평등하게 본다는 것' 같습니다. 그러면 이것, 즉 각득기의의 평등이 왜 중요한가? 그것이 바로 제물의 핵심이기 때문입니다.

마음과 연관되어 현현하는 세계

「제물론」의 '제물'이란 '만물이 고르다'는 의미인데, '만물이 고르게 평등

---

4) 『장자』 「제물론」. 敢問天籟 …… 夫吹萬不同 而使其自己也 咸其自取 怒者其誰邪.

한 채로 하나로 이어져 있다'는 의미에서 '제일(齊一)'이라고 표현할 수 있습니다. 그런데 이 '제일'은 '획일(劃一)'과는 엄연하게 다릅니다. '획일'은 '똑같이 만들어서 가지런히 맞춘 것'이지만, 제일은 똑같이 맞추지 않습니다. 큰 것은 큰 대로 작은 것은 작은 대로, 있는 그대로 평등한 질서, 각 개별자가 구별되지만 차별되지 않는 연관된 질서를 '제일'이라고 합니다. 그러면 장자는 이 제물의 세계를 별도로 추구한 것인가? 그렇지는 않은 것 같습니다. 장자 철학에서는 '무언가를 권하기'는 하지만 '무언가를 추구하는 것'은 거의 없기 때문입니다.

장자의 말에 따르면, '평등하고 조화롭게 연관되어 거래하는' 이런 세계가 따로 있는 것이 아닙니다. 장자는, 이상적인 상태를 만들기 위해 열정적인 노력을 기울인 후 제물의 세계가 오는 것이 아니라 '나'라는 존재가 이른바 무기(無己), 즉 '상아'의 '허심'을 이룰 때, 그 허심이라는 마음의 거울에 비친 세계가 바로 제물의 세계라고 주장합니다.

그러면 왜 제물이라는 '세계'가 객관적으로 존재하거나 노력을 통해 대상적으로 존재하게끔 할 수 있는 것이 아니라, '허심'을 이룰 때 현현하는 것일까요? 여기에는 '세계'와 '나(마음)'에 대한 장자의 시각이 담겨 있습니다. 장자는 누구에게나 동일하게 인식되는 '객관적 세계'라는 것이 '실체(reality)'로서 존재하지 않는다고 봅니다. 그러면 어떻게 존재하는가? 바로 우리의 마음과 연관되어 일어나는 것이라고 장자는 봅니다. 즉 우리의 마음이 보는 만큼 세상이 열린다는 것입니다. 장자는 이렇게 말합니다.

> 세계는 나와 함께 일어나고(天地與我並生), 만물은 나와 하나로 연속되어 있다
> (萬物與我爲一). 이미 하나로 연속되어 있는데, 어떻게 그에 대해 말할 수 있는
> 가.[5]

이 구절에서 장자는 세 가지를 이야기하고 있습니다. 세계는 '나'와 함께

---

[5] 『장자』, 「제물론」. 天地與我並生 而萬物與我爲一. 旣已爲一矣 且得有言乎.

일어나므로 객관적 실체로 존재한다고 볼 수 없다는 것, 모든 존재자는 '나'와 하나로 연속되어 있다는 것, 그러므로 세계든 만물이든 '나'와 연속되어 있으니 대상화하여 객관적으로 말할 수 없다는 것입니다. 이해하기가 퍽 어려운 말들입니다. 하나씩 차근차근 따져보기로 하지요.

여기 A가 있다고 합시다. 자기 눈에는 이것이 A라고 보입니다. 너무나 당연하고 확실하게 그렇게 보입니다. 그래서 생각하죠. '모든 사람에게 이것이 A라고 보일 것이다.' 만일 그 A가 객관적 실체로서 존재한다면 누구에게나 동일하게 보여야 하는 게 맞습니다. 그런데 놀랍게도 실상은 그렇지 않다는 것이 문제입니다.

A=A라는 동일률(tautology)은 성립되지 않는 것으로 판명되었습니다. 말하자면 동일한 것은 이 세계에 어느 것도 없고, 누구나 A라고 인식하는 A 역시 존재하지 않는다는 것입니다. 그 단적인 예를 보여주는 것이 '언어'입니다. 예컨대, 여기 '사과' 하나가 있다고 합시다. '사과'를 가리키는 말은 모든 나라에서 서로 다릅니다. 모든 언어권에서 이것을 다르게 지칭합니다. 이것을 언어의 자의성(恣意性)이라고 하죠. 지칭어와 지칭대상 사이에 필연성이 없다는 말입니다. 그래서 언어학자들은 생각했습니다. '의성어'는 좀 비슷하지 않을까. 그래서 의성어를 따져봤습니다. 그랬더니 매우 의외의 결과가 나온 것입니다. 우리나라 돼지는 '꿀꿀꿀'하니까 다른 나라 돼지들도 '꿀꿀꿀'할 줄 알았는데, 영국이나 미국의 돼지는 '오잉크오잉크(oink)'하더라는 겁니다. 고양이도 한국 고양이는 '야옹야옹'하지만 영국 고양이는 '뮤우뮤우(mew)'한다고 합니다. 유사하게 표기될 것 같았지만 매우 다르게 표기되던 거지요. 표기가 다르다는 것은 각기 표기한 것에 가깝게, 그렇게 다르게 들린다는 것입니다.

앞서 여러 사상가를 살펴보았지만, 철학을 공부하면서 가장 놀라운 점 가운데 하나는 세계의 본질과 인간 본성을 바라보는 서로 다른 수많은 견해가 존재한다는 사실입니다. 인간을 금수로 보는 견해도 있죠. 인간을 생물학적 본능을 가진 짐승하고 별 차이가 없는 것으로 보는 겁니다. 그렇기에 인간답

게 살려면 적극적으로 노력해야 한다고 주장하지요. 그런데 인간의 식욕이
나 성욕 같은 기본적 욕구는 인간의 본성에 속하지 않는다고 보는 견해도 있
습니다. '이기심은 본성의 영역이 아니다. 다만 본능일 뿐이다. 본성은 그런
것이 아니다. 마치 구름이 끼었다고 해서 태양이 없다고 말하는 것과 같다.
구름이 걷히거나 구름을 뚫고 올라가면 태양이 보인다.' 이렇게 생각하는 견
해도 있지요. 같은 인간을 보면서 왜 이렇게 다른가? 왜 같은 사물을 놓고
서로 다르게 보는 것일까? 어쩌면 세상은 '보는 것'이 아니라 '보이는 것'일
지도 모릅니다. 결국 우리가 알고 있는 '나'와 '세계'라는 것은 해석된 형태
로 나타나기 때문에 해석자의 수만큼 다양하게 나타나는 것이기 때문일 것
입니다.

세상은 보는 것이 아니라 보이는 것

그렇기에 '세상(대상)'에 대한 다양한 이해와 그것에 대한 묘사를 접할 때,
우리는 세상 그 자체를 이해하기보다는 그렇게 세상을 그려낸 사람의 마음
에 비친 세계를 이해할 수 있게 되고, 나아가 그 사람을 이해하는 데 도움을
얻을 수 있습니다. 예컨대 예술지상주의를 지향한 소설가 김동인이 계몽주
의 작가 이광수에 대해 논한 『이광수론』을 보면, 이광수를 이해하기보다는
김동인의 생각을 이해하는 데 도움이 됩니다. 그리고 도스토옙스키가 묘사
한 제정 러시아의 인간과 톨스토이가 묘사한 그것이 얼마나 다릅니까? 도스
토옙스키에게 보인 세계(물론 자신은 자기가 본 세계라고 생각하겠지만)는 굉장
히 어둡고 참혹합니다. 그리고 그의 세계에서 사는 인간들은 가련하거나 악
독하거나 술과 향락에 절어 있거나 자기만의 관념에 빠져 미쳐있거나 그렇
습니다. 이에 반해 톨스토이의 인물들은 '인간의 존엄과 가치'를 지키기 위
해 노력하는 그 무언가를 보여줍니다. 여담입니다만, 이런 톨스토이에 대해
작가 이문열은 이렇게 말합니다. '뭔가, 이 영감은 유복한 가문에 태어나
서…… 한평생 잘살다 간 주제에 좋은 말은 혼자 다하고 있다'고.[6] 그에게

는 그렇게 보인 것이겠지요. 그런데 저한테는 어떻게 보였는가 하면, '그런 조건에도 불구하고 끊임없이 선(善)에 대해, 부자들의 탐욕에 대해, 신성(神性)과 인간성(人間性)에 대해 고민한 사람'으로 보입니다. 그래서 저에겐 '그 영감'이 크게 보입니다. 이렇게 서로에게 각각 다르게 보이는 것이 세상이고 대상입니다.

이처럼 서로 다르게 보이는 것은, 세상은 개별자의 마음속으로 연속되어 들어와 비치고, 개별자의 마음은 세계로 연속되어 나가며 세상을 드러내기 때문입니다. 이렇게 세상을 비추는 개별자의 '마음'을 장자는 성심(成心)이라고 합니다. 소유욕이 가득한 성심에는 세상이 소유대상으로 비칠 것이고, 아무런 의도도 목적도 갖지 않는 성심에는 세상이 놀이터로 보일지도 모릅니다. 이 '성심'에 대해서는 뒤에서 자세히 살펴보기로 하겠습니다.

어쨌든 이런 이유로 장자는 '천지는 나와 함께 일어나고, 만물은 나와 더불어 하나로 연속되어 있으며, 이미 하나로 연속되어 있으니 어떻게 그것에 대해 말할 수 있느냐'고 하는 것입니다. 결국 세계는 내 마음과 함께 드러나는 것이니, 곧 나의 마음이 세계를 만든다는 것인데, 이것은 결코 텅 빈 물리적 공간에 우리의 마음이 자기 의지에 따라 물리적인 세상을 그려서 지어낸다는 의미가 아닙니다. 연속적인 세계의 한 고리로 우리가 존재하는 것처럼, 우리의 마음 역시 세계와 연속되어 있으며, 그 연속성에 따라 세계가 우리 마음에 현현(顯現)한다는 것이죠. 바로 그렇기에 우리는 결코 세상을 그 자체로, 있는 그대로 인식할 수 없다는 것입니다. 세계는 객관적으로 존재하는 것이 아니라 우리 마음에 해석된 모습으로 존재하기 때문입니다. 이 문제는 앞으로 좀 더 자세히 살펴보겠습니다.

그러면 연속되었다는 것은 대체 무슨 의미인가? 이런 상상을 한번 해봅시다. 거대한 그물 하나가 출렁거리면서 운동하고 있습니다. 매우 큰 그물입니다. 그 그물에는 그물코가 있는데, '나'라는 존재는 그 그물에 연결된 '코' 중의 하나이고, 각 개별자 역시 각각의 '코'로 존재하는데, 그 그물 전체는 하

---

6) 이문열 편, 『세계명작산책』 10권(살림, 2003), 96쪽.

나로 연결되어 있습니다. 바로 그걸 표현한 것이 '연속(一)'입니다. '하나됨'의 경험은 동질성이 아니라 '이어져 있음'의 체험을 가리킵니다.

세상이 문제인가, 마음이 문제인가

이렇게 연속된 관계에서는 객관이 별도로 성립하기가 어렵습니다. 대상화가 되지 않기 때문입니다. '나'하고 분리가 돼서, 내 눈앞에 마주해야 '대상'이 되는데, 그럴 수가 없습니다. 이렇게 '세상'이 '나'와 연속된 것이 실상인데, 우리가 이 연속적 유대에서 인위적으로 이탈하여 그물망 자체를 어떤 고정된 실체로 대상화하면서 문제가 발생합니다. 장자는 이렇게 말합니다.

> 대상화하지 않으면 '나'라고 할 만한 것이 없다(非彼無我). '나'라는 존재가 실체라는 의식을 해체한다면 소유할 만한 실체가 존재하지 않는다(非我無所取). 그리고 이것(실체성을 해체하는 것)이 존재의 실상에 가까운 것이다(是亦近矣).[7]

장자는 이미 이어져 있는 '나'와 '세계'를 관념적, 의식적으로 이탈할 때 존재의 실상이 왜곡되기 시작한다고 봅니다. 이러한 이탈은 자신이 바라보는 세계가 고정된 '실체'이고, 세계를 바라보는 '나' 역시 독립적 자기 동일성을 지닌 '실체'로 여기는 의식을 갖게 합니다. '나'와 '내 것'을 의식하기 시작하면서, 세상이 표상화되고 소유하고 장악해야 할 대상으로 '나' 앞에 마주 선다는 것입니다.

그러나 우리가 이렇게 세상을 대상화하여 연속성을 단절시킨다고 해서, 실상이 달라지는 것은 아닙니다. 세계는 여전히 연속적인 관계망 속에서 변화합니다. 예컨대 아무리 부모 자식과의 관계가 끊어진 채 산다고 해서 그 실존적인 핏줄의 연속성이 끊어지는 것은 아닌 것처럼 말입니다. 오히려 그러한 '단절'은 마음의 고통과 왜곡을 가져옵니다. 장자는 이렇게 말합니다.

---

7) 『장자』 「제물론」. 非彼無我 非我無所取. 是亦近矣.

우리가 존재의 실정(情)을 알든 알지 못하든 그 존재의 실상(眞)에는 달라짐(損益)이 없다.[8]

우리가 세계의 실상을 알든 모르든 실상은 조금도 달라지지 않는다는 것입니다. 존재의 실상은 마치 모래로 빚어 만든 조각품처럼 실체가 없는 일시적이고, 고정성이 없는 것인데, 우리 마음이 마치 세상이 실체인 것처럼 착각하여 그것을 소유하려고 집착하기 때문에 우리의 마음이 수고롭고 세상이 혼란해지는 것입니다. 그러면 세상이 문제인가, 내 마음이 문제인가? 장자는 말합니다. 수고로움과 혼란의 이유는 존재의 실상에 있는 것이 아니라고, 우리 스스로 지어낸 오랏줄에 묶여 고통 받고 있는 자신의 마음에 있다고 말입니다. 이런 사태를 한탄하여 장자는 말합니다.

우리는 한번 형체를 받고 태어나면 그것이 다할 때까지 그것(나라는 자의식)을 잊지 않는다. 그런데 물(物)과 더불어 (소유를 위하여) 해치고 다투면서 상(傷)함이 극(極)을 이루는 것이 마치 말달리는 듯하여 막을 수 없으니 슬프지 아니한가. 종신(終身)토록 부림을 받다가 그 성공을 보지 못하고 피곤해져 그 돌아갈 바를 모르니 슬프지 않은가.[9]

장자의 문제의식이 가장 집약적으로 드러난 부분입니다. 심지어 장자는 '슬프다'고 표현합니다. 태어나자마자 한시도 쉬지 않고 변화하다가 소멸하는 일시적인 형체인 우리 몸을 고정된 '나'로 여기는 자의식을 죽을 때까지 지니고 살면서, 대상을 '내 것'으로 소유하려 들고 그로 인해 문제와 고뇌로 고통 받는 우리 현실이 슬프다는 것입니다. 이런 상황에서는 불가피하게 타자와 더불어 소유를 놓고 말달리듯 경쟁할 수밖에 없습니다. 그러나 종신토록 시달리지만 끝내 성공을 보지 못합니다. 왜냐하면 장자가 보기에 세상에

---

8) 『장자』 「제물론」. 如求得其情與不得 無益損乎其眞.
9) 『장자』 「제물론」. 一受其成形 不忘以待盡. 與物相刃相靡 其行盡如馳 而莫之能止 不亦悲乎. 終身役役 而不見其成功 茶然疲役而不知其所歸可不哀邪.

는 소유할 만한 것이 실체로 존재하지 않기 때문입니다. 성공하지 못하면서 생명이 다할 때까지 시달려도 돌아가 쉴 곳이 없습니다. 그래서 우리의 삶이 허무해지는 것(芒)입니다. 그리고 이렇게 삶이 허무해지는 것은 '마음으로 짓기(成心)' 때문이라고 장자는 말합니다.

> 인생이 본디 이처럼 허무한 것(芒)인가. 나만 홀로 허무한 것인가. 다른 사람들은 허무하지 않은 것인가. 대체 성심을 따라 그것을 스승으로 삼는다면 누군들 스승이 없겠는가.10)

 장자는 묻습니다. 우리의 삶 자체가 본래 이렇게 비극적인가? '나'만 그렇게 느끼는 것인가? 다른 사람도 그런 것인가? 장자의 이 물음은 그 자체로 다음과 같은 '물음'을 함축하고 있습니다. '이런 삶에서 벗어나는 길은 없는가?' '이런 상황을 해결하고 치유하는 것은 불가능한가?'
 장자는 우리 삶의 혼란과 수고로움이 '성심'으로 인한 것이고, 나아가 자신의 성심을 스승으로 삼는 것(師心), 즉 절대적 기준 혹은 '옳은 것의 기준'으로 삼기 때문이라고 합니다. 왜냐하면, 모든 것은 변화하면서 지나가는 것이므로 우리가 '벗어나야 한다고 여기는 상태'라는 것은 고정된 실체가 아니고, '해결해야 하는 문제' 역시 실체로 존재하지 않는 것임에도, 우리 마음, 즉 성심이 그것을 '문제' 삼아 해결하려 하기 때문이라는 것입니다. 그리하여 장자는 우리가 문제 삼는 그 '문제'가 실상은 '문제'가 아닌 실체성이 없는 것, 즉 성심에서 비롯된 허구임을 주목하고, '문제 삼는 마음'을 해소함으로써 문제를 해소하려고 합니다. 장자는 이렇게 문제가 해소된 마음을 허심이라 부르면서, 이 허심을 통해 이런 현실을 극복할 수 있을 뿐 아니라 더 나아가 삶 자체가 즐거운 것이 될 수 있다고 말합니다.
 그러면 생각해봅시다. '성심'이란 어떤 마음의 작용이며, 그것은 어떻게 기능하는가에 대해서 말입니다. 사실 우리가 각기의 자리에서 자신의 존재

---

10) 『장자』 「제물론」. 人之生也 固若是芒乎. 其我獨芒而人亦有不芒者乎. 夫隨其成心而師之 誰獨且無師乎.

조건에 따른 관점으로 세계를 이해하는 것 자체, 즉 '성심을 갖는 것'은 피할 수 없는 일일뿐더러 각각의 관점과 시각을 갖는 것 자체는 문제가 되지 않습니다. 앞서 보았듯이 붕새는 붕새의 시각에서 세상을 보고, 메추라기는 메추라기의 시각에서 세상을 보는 것 자체는 아무런 문제가 없습니다. 그 자체로 '자연'입니다. 그러면 무엇이 문제인가?

바로 자신의 '성심'에 스스로 결박되어 고통 받거나, 아니면 자신의 성심을 타자에게 적용하려 하거나, 또는 그것으로 타자를 판단하거나 강제하려는 것입니다. 예컨대 베짱이는 베짱이가 중요하다고 생각하는 즐거움으로 살고, 개미는 개미가 옳다고 생각하는 방식으로 삽니다. 그런데 베짱이가 개미에게 '놀 줄도 모르는 바보'라고 한다거나, 개미가 베짱이에게 '대책 없이 놀기만 하는 날라리'라고 말할 때 문제가 일어나기 시작합니다. 그렇게 되면 각 개별자의 성심은 긴장관계에 놓이게 되고 갈등을 빚으면서 시비를 유발하게 되는 것입니다. 장자는 바로 그 점을 문제 삼습니다. 나아가 더욱 문제가 되는 것은 자신이나 타자의 성심을 진리라고 간주하여 그것을 보편화하고자 하는 것입니다. 그래서 장자는 '자신의 성심을 스승으로 삼는다면 그 누군들 스승이 없겠느냐'고 말합니다. 말하자면 누구나 자신의 생각이 옳다고 생각한다는 것이지요.

그러면 불가피하게 가질 수밖에 없는 이 성심을 어떻게 해야 하는가? 만일 우리가 개별적이고 폐쇄적인 성심에만 갇혀 있다면 우리의 삶은 '고통'과 '허무'의 연속이겠지요. 하지만 우리의 마음은 우리를 '성심'에 가두기도 하지만, 다른 한편 자기를 넘어서 성찰할 수 있는 위력을 가지기도 합니다. 그래서 이런 '마음의 신비로운 작용'을 성리학에서는 허령불매(虛靈不昧)하다고 하고, 맹자는 '모든 것이 내 안에 갖추어져 있다(萬物皆備於我)'라고 하는 것 같습니다. 바로 이 지점에 철학하는 의미가 있는 것입니다. 장자는 이렇게 말합니다.

그 지(知)로써 심(心)을 얻고, 심(心)으로 상심(常心)을 얻는다.[11]

이때의 지(知)는 당위나 이해관계를 분별하는 지성이 아니라, 성찰하는 지(知), 자신과 사태를 돌아보고 또 돌아보는 지(知)를 가리킵니다. 말하자면 철학적 성찰이라 할 수 있는데, 이를 통해 결국 '평상한 마음(常心)'을 얻는다는 것입니다. 장자에 따르면, 우리가 '실체'로 존재한다고 알고 있는 세계는 결국 우리 '마음'에 비춘 영상과 같은 것이고, 세계 역시 우리 '마음'에 의해 해석된 세계입니다. 세상은 일정한 것도 아니고, 정해진 모양이 있는 것도 아닙니다. 그러면 세상은 어떻게 생겼는가? 100명의 사람에게 물어보면 100가지로 이야기합니다. 그것은 다만 표현의 차이가 아니라 100가지로 보이기 때문에 사람 수만큼 다양하게 나타난다는 것이 장자의 생각입니다. 보는 자에 따라 세상이 다르게 나타나는 것은 피할 수 없는 일입니다. 그러면 세계가 나를 만드는가, 내가 세계를 만드는가? 나는 세계로 연속되고, 세계는 나로 연속됩니다. 그런 연속적인 마음과 세계와의 관계에서 주된 것은 마음이라고 보기 때문에 장자는 마음 문제에 계속 천착해 들어갑니다. 그렇기에 결국 따져 보아야 하는 것은 바로 우리의 '마음'입니다. 그러면 장자는 '마음'을 어떻게 보고 있는가?

마음, 그리고 허심의 미러링(Mirroring)

장자에게서는 모든 것이 그러하듯, '마음' 역시 실체가 아닙니다. 마음이 '실체'가 아니라는 것이 무슨 의미인가? 이것을 이해하는 데 도움이 되는 이야기가 하나 있습니다. 중국의 선불교를 일으킨 보리달마에게 혜가(惠可)라는 제자가 있었는데, 스승과 제자가 어느 날 이런 말을 주고받습니다.

'제 마음이 편안치 못하오니, 스님께서 편안케 해주십시오.'
'마음을 가지고 오너라. 편안케 해주리라.'
'마음을 찾아보아도 얻을 수가 없습니다.

---

11) 『장자』, 「덕충부」. 以其知得其心 以其心得其常心.

'나는 이미 네 마음을 편안케 했다.'12)

말하자면 '마음'이란 대상적으로 볼 수 있고, 잡을 수 있고, 그래서 파악하여 지배할 수 있는 그런 것이 아니라는 것입니다. 즉 '마음'이라는 것이 '실체'가 아니라는 것을 깨닫는 것만으로도 마음을 편안케 할 수 있다는 것입니다.

어쨌든 마음은 대상화하여 잡을 수 있는 것이 아니라, 오로지 무언가를 매개로 해서만 나타납니다. 모든 것을 다 보면서 자신은 보지 못하는 '눈'처럼 '마음'은 '마음'을 볼 수가 없습니다. 거울이라는 매개를 통해서만 눈을 볼 수 있는 것처럼, 마음은 그 마음에 비친 세계를 통해서만 자신을 볼 수 있습니다. 마치 영사기 안의 필름의 내용을 알기 위해서는 그 영사막에 비친 모습을 통하는 것이 유일한 길인 것처럼, 우리는 우리의 마음이 투사되고 있는 반영매체, 즉 마음에 의해 해석된 '세계의 모습'을 통해서만 그 마음을 드러냅니다. 장자는 바로 그렇게 드러난 마음의 작용을 반성하며 검토합니다.

『장자』 전편에는 '심(心)'이라는 말이 대략 180여 번 등장합니다. 그리고 성심, 유심, 허심, 상심, 유봉지심, 사심 등등 마음의 작용을 표현하는 '심'의 칭위들이 다양하게 사용되지만, 성리학의 이기론처럼 마음의 구조를 논하거나 형이상학적 근거를 논하지 않습니다. 심지어 마음이 '무엇'이라고 정의내리지도 않습니다. '마음'은 '대상화'가 불가능하므로 '마음' 그 자체의 실상을 볼 수 없으며, '보는 마음'이든 '보이는 마음'이든 그 마음은 실체가 아니기 때문입니다. 그렇기에 세계를 비추어 담고 있는 구체적 사태로서의 '심의 작용'만을 논할 수 있다는 것이지요. 마음의 작용을 떠나 마음이 따로 있는 것이 아니기 때문입니다.

장자가 마음의 문제를 이토록 중점적으로 다루는 것은, 그것이 존재의 실상에 기초한 가장 현실적인 문제해결 방법, 즉 실용적인 방법이기 때문입니다. 예를 하나 들어볼까요. 우리가 사는 이 세상이 온통 가시투성이에 돌밭

---

12) 문재현 역, 『전등록』(도서출판 바로보인, 1995), 139쪽.

길이라고 가정해봅시다. 그리고 우리가 이 험한 가시투성이의 돌밭길을 죽는 날까지, 우리의 육신이 소멸하는 그 날까지 걸어가야 하는 불가피한 도정에 있다고 합시다. 이런 상황에서 우리가 취할 수 있는 가장 현실적인 방법이 무엇일까요. 우선 생각할 수 있는 것이 가야 할 길을 가죽과 같이 덮을 수 있는 재료를 사용하여 포장하는 것일 겁니다. 하지만 온 세상의 길을 포장한다는 것은 비용도 비용이려니와 가능하지도 않습니다. 그러면 어떻게 해야 하는가? 장자식 해법은 이렇습니다. '너의 발에 튼튼하고 질기고 두툼한 가죽신을 신어라. 그리고 자유롭고 당당하게 세상을 다녀라.' 말하자면 마음의 갑옷을 입는 것인데, 이 갑옷은 보호대가 아니라 실상을 보기 위한 방편입니다. 이런 면에서 장자는 결코 세상에서 도피하거나 무시하는 철학자가 아닙니다. 오히려 '가죽신'을 챙겨 신고 험한 세상을 껴안고 가라고 합니다. '가죽신을 신는 것'은 바로 '마음의 전회(轉回)'를 가리킵니다. 성심에서 허심으로의 전회죠.

허심에 이르는 길, 좌망(坐忘)

'허무한(芒) 삶'에서 '즐거운(喜) 삶'으로의 전회는 이상적인 세계가 도래하면서 이루어지는 것이 아니라, 우리 마음의 전회를 통해 이루어진다고 장자는 말합니다. 즉, 마음으로 짓는 일(成心)을 멈추고 허심, 즉 존재의 실상을 그대로 수용할 수 있는 거울 같은 마음을 이룰 때 가능하다는 것인데, 이를 위해 장자는 '좌망(坐忘)'을 논합니다. 좌망이란 멍하게 넋을 놓고 앉아 있는 것이 아닙니다. 허심을 이루어 존재의 연속적 유대를 회복하는 것을 지칭합니다. 허심은 존재의 실상에 다가가기 위한 필요조건입니다. 그리고 나아가 어느 것에도 집착하지 않는 허심은 역설적으로 모든 것에 깊이 있는 관심과 소통을 가능하게 합니다.

'좌망 이야기'의 등장인물은 공자와 그의 제자 안회입니다. 이 두 사람은 유가의 대표적 인물들인데, 장자는 이들의 입을 빌어 자기 생각을 전합니다.

이야기는 이렇게 진행됩니다.

안회가 스승 공자에게 말했다. '제가 공부에 얻은 것이 있습니다.'
'무엇이냐.'
'인의를 잊었습니다.' '좋지만 아직 멀었구나.'
다른 날 또 와서 안회가 말했다. '제 공부에 얻은 것이 있습니다.'
'무엇이냐.'
'예악을 잊었습니다.' '좋지만 아직 아니구나.'
다른 날 또 와서 안회가 말했다. '저는 공부에 얻은 것이 있습니다.'
'무엇을 말하는 것이냐.'
'좌망에 들었습니다.' 깜짝 놀라며, '좌망이라니, 무엇을 말하는 것이냐.'[13]

이 대화에서 가장 흥미로운 것은 안회가 자신의 공부에서 '얻은 것(益)'이
있다고 말하면서, 그 '얻은 것'이 곧 '잊은 것(忘)'이라고 말하는 대목입니다.
말하자면 '더하는 공부'가 아닌 '덜어내는 공부' 즉, 뺄셈 공부입니다. 그런
데 또 주목되는 것은 '잃었다(失)'고 하지 않고 '잊었다(忘)'고 한 것입니다.
그러면 이것이 왜 중요한가.

'잃는 것(失)'은 어떤 것을 소유하고 있던 상태에서 소유하지 않은 상태로
의 전이를 표현합니다. 즉 대상의 상실입니다. 그러나 '잊는 것(忘)'은 마음
속에 있었던 것을 더 이상 마음속에 지니지 않음을 표현합니다. 그리고 나아
가 마음에서 개의치 않는 것, 매이지 않는 것으로 그 의미가 확대될 수 있습
니다. 따라서 공부의 진전이 '지식' 차원이 아니라, '마음' 차원에서 이루어
진 것이며, 이론적 앎의 차원이 아니라 삶의 확실성의 차원에서 이루어진 것
임을 보여줍니다.[14]

---

13) 『장자』「대종사」. 顔回曰 回益矣 仲尼曰 何謂也 曰 回忘仁義矣 曰 可矣 猶未也 他日 復見 曰 回益矣
曰 何謂也 曰回忘禮樂矣 曰 可矣 猶未也 他日 復見 曰 回益矣 曰 何謂也曰 回坐忘矣 仲尼蹴然曰 何謂
坐忘.
14) 이 말은 비트겐슈타인이 사용한 말이다. 그는 「확실성에 관하여」(On Certainty)라는 글에서 지식
은 이론적 앎에, 확실성은 삶에 각각 관련되는데, 시비를 가리는 지식은 정당화와 논박에 연루되어

그러면 무엇을 잊었는가? 처음 잊은 것은 인의의 당위이고, 다음에 잊은 것은 예악의 의식과 음악이라고 합니다. 그러면 '인의(仁義)'와 '예악(禮樂)'을 잊는다는 것이 장자에게서 무슨 의미를 갖는가?

우리가 무언가 '옳은 것'의 기준을 세워 '당위적 범주'를 한정하게 되면, 그 '옳은 것' 즉 인의(仁義) 너머의 실상을 보기 어려워집니다. 즉, 인과 의를 내세우면 필연적으로 '불인'과 '불의'를 마주 세워 배척하거나 단죄하게 됩니다. 하지만 주의할 것은 '망인의'가 인의를 그른 것으로 보거나, 인의를 행하지 말라고 말하는 것은 아니라는 겁니다. 다만 인의를 독선적이거나 배타적으로 행하지 않는 것, 남에게 강요하지 않는 것, 인의를 행해도 그것을 인의라고 명목을 지어 의식하지 않는 것이 중요하다는 것입니다. '만물을 조화롭게 하지만 의로 여기지 않고, 은택이 만세에 미치지만 인으로 여기지 않는'[15] 대종사처럼 인의를 행하면서도 인의를 행한다는 의식을 갖지 않는 것, 인의를 행해도 '행하는 자(주체)'를 세우지 않는 것, 결과적으로 인의를 행해도 그 마음에 그 행적이나 자취를 남기지 않는 것입니다. 장자는 이것을 '다만 노니는 것일 따름(此所遊已)'이라고 합니다.

『장자』에는 '놀다, 노닐다(遊)' 등의 표현이 매우 자주 등장합니다. 일반적으로 유심(遊心)이나 '소요유'등은 '한가로이 노니는 마음'으로 해석되는데, 이는 곧 무목적적 행위를 가리킵니다. 이성적이고 계산적인 사유가 개입되지 않은 것, 이분법적인 택일적 사유가 해체된 마음의 상태를 지시합니다. 독일의 미학자 쉴러는 '인간은 놀이를 즐기고 있을 때만이 완전한 인간'이라고 하고, 요한 호이징가는 '인간은 호모 사피엔스가 아니고 호모 루덴스(노는 사람)'라고 정의합니다. 그는 놀이는 자유로운 행위이며, 실제 생활 밖에 있고, 물질적인 이익이나 효용과 무관하게 자기가 만들어내는 한정된 시간과 공간 안에서 일정한 규칙에 따라 질서정연하게 이루어지는 것이라 합니

있는 반면, 확실성은 삶의 사실들을 통해 얻어진다고 말하고 있다. 여기서 안회가 얻었다는 '잊음'은 비트겐슈타인이 말한 삶의 확실성 차원에서의 지각에 해당하는 것으로 보인다.
15) 『장자』, 「대종사」. 澤萬物而不爲義 澤及萬世而不爲仁.

다.16)

요컨대 '노니는 마음'은 모든 이성적인 판단과 계산적 요구를 거부하는 마음에서 움트는 것입니다. 이런 마음은 특별히 무언가를 원하지도 않고 추구하지도 않습니다. 그리고 무엇인가를 행하더라도 목적을 두지 않습니다. '노니는 삶'은 그 어떤 존재이유도 필요로 하지 않고 그 자체로 삽니다. 자신의 행하는 행위에 대해 어떤 이유도 갖지 않습니다. 자연으로 삽니다.

다음으로 '예악을 잊는다는 것'은 무슨 뜻인가? '예악'이란 사회의 질서와 안정을 도모하기 위한 하나의 사회시스템입니다. 관습이나 규율, 법체계 등등을 가리킵니다. 사회가 유지되려면 꼭 필요한 것입니다. 그러면 이것들을 다 버리고 무질서한 사람이 되라는 것인가? 그렇지 않습니다. 다만 이런 예악이 생긴 유래와 근거를 알고 그것에 매이지 말라는 것입니다. 장자의 관점에서 보면 예악이란 인간사회의 질서를 도모하고 유지하기 위한 '부득이의 원칙'에 따른 최소한의 합의로서의 장치 혹은 제도입니다. 그러나 현실에서 예악의 형식적인 위의(威儀)는 본래의 의미와 취지에서 벗어나 우리를 옭아매며 더 나아가 실상에서 멀어진 허구적 틀로서 작용할 위험이 상존합니다. 예악이 고정화된 규범이 되면 그것은 인간의 필요해서 설치된 '합의'의 시스템에서 멀어져 각 개별자의 고유성을 그 틀 안에 맞추어 넣으려는 억압기제로 작용하게 되고, 그 틀의 고정성이 경직된 것으로 계승되면서 제도화되고 실상을 왜곡할 가능성이 커진다는 것입니다. 그런 의미에서 장자가 존재의 실상을 회복하기 위한 전제조건으로 제시한 것이 바로 '망인의'와 '망예악'입니다.

그런데 공자는 이 두 가지를 잊는 것이 좋기는 하지만, 아직 멀었다고 말합니다. 그러다가 안회가 더 나아가 좌망에 이르렀다고 하니, 그제야 공자는 깜짝 놀라며 집중적인 관심을 표명합니다. 그러면 좌망은 무엇인가? 안회는 이어서 말합니다.

---

16) 요한 호이징가, 김윤수 역, 『호모 루덴스』(까치, 1981) 참조.

안회가 답했다. 팔과 다리를 버리고(墮肢體), 총명을 몰아냈으며(出聰明), 형(形)을 떠나고 지(知)를 버려 동어대통(同於大通)하였습니다. 이를 일러 좌망이라 한 것입니다.[17]

요컨대, '좌망'이란 '자아'가 고정된 것도 독립적인 것도 아님을, 또 마음과 의식이 실체가 아니라 다만 흘러 지나가는 일시적인 존재과정임을 깨닫는 것입니다. 그리하여 내 몸이 실체라는 관념은 다만 '나'의 마음에 비친 것을 해석한 것임을 알고 시비의 판단을 중지하는 것입니다. '좌망'은 구체적인 뺄셈 공부를 통해 얻어지는 역설적 성과입니다. 언제나 그렇듯이 장자의 부정은 긍정의 다른 얼굴을 안고 있습니다. 안회가 '잊는 것'을 통해 '얻은 것'처럼 '버림'으로써 '얻고', '비움'으로써 '채우는' 결과를 가져옵니다.

먼저 안회는 '팔과 다리'를 버렸다고 합니다. 그것은 내 몸이 실체가 아님을, 일시적으로 여러 요인이 화합하여 일어난 것임을, 조금 있으면 썩어서 문드러질 것임을 알았다는 것입니다. 마치 허공에 피어나는 연기처럼 곧 스러지고 말 허환(虛幻)하고 순간적임을 말이죠.

그다음으로 '총명'을 몰아냈다고 합니다. 자신이 보고 듣는 것을 실체로 여겨 의지하거나 매이지 않게 되었고, 그에 대해 분별하는 분별지를 버렸다는 것입니다. 성찰지(省察知)와 분별지는 구별이 필요합니다. '너'와 '나'를 따지고 '이익'과 '손해'를 따지고 '약자'와 '강자'를 따지고 '시'와 '비'를 따지고 '선'과 '악'을 따지는, 그 마음이 바로 분별지입니다. 우리는 아는 것이 많을수록 많이 따집니다. 그러나 따질수록 결론은 보지 못합니다. 타협은 볼 수 있지만 시비를 가릴 수는 없습니다. 어떤 논쟁이든 시비는 가려지지 않습니다. 각자의 시비, 즉 각자 옳다고 여기는 것이 다르기 때문이죠. 총명을 버린다는 것은 분별지를 버린다는 것입니다.

그리하여 자신의 인식세계에 들어온 형(形), 즉 사물과 현상들을 실체로 여겨 집착하거나 그것을 통해 얻은 지식(知)을 소유하려 하지 않게 되었다는

---

17) 『장자』 「대종사」. 顔回曰墮肢體 黜聰明 離形去知 同於大通 此謂坐忘.

것입니다. 『장자』에는 기형불구가 많이 등장합니다. 왜 그럴까요. 대부분의 우리는 사람들의 겉모양을 보고 판단을 하는 경향이 강하기 때문이죠. 진정한 덕은 겉으로 드러나지 않는다(德不形)고 합니다. 마음의 눈으로 볼 때만 우리는 진정한 존재의 덕을 볼 수 있습니다. 그러기 위해서는 형을 떠나고, 따지는 마음으로 판단하지 말라는 것이지요.

동어대통(同於大通)하라

그리하여 드디어 장자가 말하고 싶은 클라이맥스에 도달합니다. '동어대통'하라. 대통이란 앞서 말한 그 그물망입니다. 그것과 하나로 연결되는 것(同), 연속되는 것이 곧 동어대통입니다. 즉 허심으로 복귀하여, 세상을 안으면서 동시에 세상에 안겨 들어가는 것입니다. 앞의 표현을 빌리자면 '무기(無己)'에 이르렀다는 것입니다. 이 사태를 안회는 이렇게 정리합니다.

> 심재(心齋)하기 전에는 안회라는 '나'가 실체로 있었지만, 심재를 하고 나니 애초부터 '안회'라는 '나'가 있지 않음을 알았다.[18]

심재 전에는 '나'가 있었지만 심재 후에는 '나'가 애초부터 존재하지 않았음을 알았다는 안회의 진술은 '나'라는 물리적 존재의 유무를 논하는 것이 아닙니다. '나 없음'이라는 무기(無己)는 물리적인 '나'의 존재를 파괴하거나 소멸하려는 것이 아니라, '나'라는 존재가 고정된 존재론적 본질을 갖는 '실체'가 아님을 의미합니다. 다만 관계적으로 일시적으로만 존재한다는 것입니다. 그러니 '나의 주장'이나 '나의 것'을 내세울 수 있는 주체가 설 수 없게 됩니다. 그리하여 그 '나'의 해체를 통해 연속적 세계의 실상에 복귀해 들어간다는 것인데, 이것을 '동어대통'으로 표현합니다. '통(通)'이란 연속이요, 하나로의 연결입니다. 물리적인 끈으로의 묶임이 아니라 마음에서의 유대요,

---

18) 『장자』, 「인간세」. 顔回曰回之未始得使 實自回也. 得使之也 未始有回也.

이어짐입니다. 장자는 '좌망'을 통한 연속적 유대의 회복을 자유롭게 노니는 '물고기 이야기'로 표현합니다.

> 샘이 마르면 물고기들은 땅 위로 나와 서로 물기를 불어넣어 주고 물방울로 적
> 셔주지만, 강호(江湖)에서 서로를 잊고 사는 것(兩忘)만 못하다. 요를 칭송하고
> 걸을 비난하는 것은 양망하여 화기도(化其道)하는 것만 못하다.19)

> 물고기는 강과 연못에서 서로를 잊고(相忘) 사람은 도에서 상망한다.20)

물고기가 가장 자유로운 곳은 물속입니다. 인간도 가장 자유로운 때는 바로 도에 있을 때(연속되어 존재할 때)라고 장자는 말합니다. 왜 그런가? 물고기와 물은 연속되어 있기 때문입니다. 몇몇 물고기들이 잘난 체하면서 물 밖으로 나와서 '자아'를 세우고 '더 멋지게 살려고' 했지만, 현실은 단절의 고통이었습니다. 그리하여 서로 너무 가여워하며 자기 것을 뿜어줍니다. 하지만 한계가 있지요. 이렇게 물고기가 물에서 자유로운 것처럼 인간도 도에 있을 때 자유로울 수 있습니다. 도에 있다는 것은 만물이 연속되어 있음을 아는 것, 깨닫는 것, 마음으로 알고 몸으로 행하는 것입니다.

요컨대, 동어대통은 '주체와 객체를 모두 잊고(兩忘)' '그 연속된 세계의 변화를 따르라(化其道)'는 것입니다. 그리하여 결과적으로 경험하게 되는 '하나 됨(爲一)'은 '똑같아짐(同一性)'의 경험이 아니라 '이어짐(連續性)'의 경험입니다. 이러한 연속성은 우리에게 어떤 감정을 수반하는 경험으로 전환될 수 있습니다. 예컨대 타자에 대한 사랑이나 타자의 고통에 대한 아픔으로 나타날 수 있습니다. '사랑'이 대상에 대한 소유의 관념으로 전락하지 않는다면 이 사랑은 타자에 대한 연속의 경험입니다. 그리고 '고통'의 공유는 '사랑'이라는 관념보다 더욱 연속의 경험을 강화합니다. 그리하여 이 두 가지가

---

19) 『장자』 「대종사」. 泉涸魚相與處於陸 相呴以濕相濡以沫 不如相忘於江湖. 與其譽堯而非桀也 不如兩忘
而化其道.
20) 『장자』 「대종사」. 魚相忘乎江湖 人相忘乎道術.

통합되면 '자비'라는 하나의 태도로 정립되는 것 아닐까요.

장자는 동어대통을 하게 되면 '얽힌 채로 편안한 상태(攖寧)'을 얻을 수 있다고 말합니다. 마치 바람이 그물에 걸리지 않고 통과하는 것처럼 '영녕'의 마음은 '복잡한 세상에 복잡하게 얽힌 채로 편안'할 수 있다는 것이죠. 그러면 다음 강에서는 동어대통을 이룬 마음이 누리는 여러 가지 공효와 '그러면 어떻게 살아야 좋은가'의 문제에 대해 장자의 말을 좀 더 살펴보도록 하겠습니다.

제16강

장자(3)

어떻게 살 것인가:
꿈같은 세상, 꿈을 꿈인 채로 즐기라

이번 강은 장자 강의의 마지막 부분입니다. 그러니만큼 이번에는『장자』의 특정한 편을 중심으로 살피지 않고, 장자 철학을 전체적으로 정리하는 맥락에서 '동어대통'의 길과 '어떻게 사는 것이 온전해지는 삶의 길인가'를 중심으로 강의를 마무리하려 합니다.

앞의 강의에서 우리는 북명의 곤이라는 물고기가 붕새로 변신하여 남명을 향한 사유여정에서 도달한 목적지가 '나 없음(無己)'이라는 것, 이 '나 없는 마음'에 현현하는 세계가 '제물의 세계'이며, 이 제물의 세계는 차별적인 물상(物象)들을 가지런히 고른 다음에 비로소 '평등'해지는 그런 평등이 아니라 긴 것은 긴 대로 짧은 것은 짧은 대로 '있는 그대로 평등한 세계'라는 것도 살펴보았습니다. 이런 평등은 대상을 평등하게 만드는 이상적인 노력을 통해서가 아니라 세상을 보는 우리 마음이 '평등'해지는 '허심'에서 비롯되며, 허심에 도달하기 위한 공부인 좌망과 심재는 어떤 것을 학습하거나 지적 역량을 강화하는 '더하기' 공부가 아니라 '덜어내는 공부', '걷어내는 공부', 즉 해체 공부라는 것을 살펴보았습니다.

허심을 위한 공부(1), 피차의 이분법적 의식을 걷어내라

그러면 이제 '온전한 삶의 길'을 모색하기 위해, 구체적인 삶 속에서 이 해체 공부를 어떻게 해야 하는지를 보겠습니다. 공부의 내용이 '걷어내는' 공부이니, 일단 무엇인가를 걷어내야겠지요. 우선 들 수 있는 것은 '이분법적 사고'에서 나온 자기중심적 편견이고, 나아가 '실체가 아닌 것을 실체로 붙잡고 있는' 뒤집힌 견해입니다. 이를 위해 장자는 먼저 우리가 '있다고 믿는 것'의 근거를 해체합니다. 그 첫 번째는 '이것'과 '저것'을 나누는 피차(彼此)입니다.

사실 피차는 보는 '나'를 세우는 성심으로부터 비롯되는 필연적인 결과입니다. '나'를 주인으로 세우고 상대를 대상화하는 한, '너'와 '나'를 나누어 양방을 모두 실체화하는 것은 피할 수 없습니다. 피차는 '이쪽'과 '저쪽'입니다. 이쪽이 '차(此)'이고 저쪽이 '피(彼)'이죠. 우리는 '이것'을 '이것'이라고 믿고 '저것'을 '저것'이라고 믿지만, 실상 '이것'이 이것이 아니고, '저것'이 저것이 아니라고 장자는 말합니다. 즉, '이것'과 '저것'은 고정된 것이 아니라, 시각이나 입장에 따라 다르게 정해지면서 동시적으로 발생하는 사태라는 것입니다. 장자는 이를 '피시방생지설(彼是方生之說)'이라고 하며 이렇게 말합니다.

물(物)에는 저것 아닌 것이 없고, 또 이것 아닌 것이 없다. 스스로를 저것으로부터 본다면 (자타가) 보이지 않고, 자아를 세우면 (자타를) 인식하게 된다. 그러므로 말하기를 저것은 이것에서 나오고, 이것 역시 저것으로 인한다고 한다. 저것과 이것(彼是)이 나란히 함께 생겨난다(方生)는 설이다.[1]

모든 존재자는 '이것'의 처지에서 볼 때 '저것' 아닌 것이 없고, '저것'의 처지에서 볼 때 '이것' 아닌 것이 없다는 것입니다. '기준'으로 삼는 시각에 따라 객체이기도 하고 주체이기도 합니다. 그런데 장자의 시각에서 보면 이 둘은 별개의 것이 아닙니다. '이것'을 정하지 않으면 '저것'을 정할 기준이 성립되지 않고, 역으로 '저것'을 지시하지 않으면 '이것'이 정해지지 않습니다. 따라서 '나'라는 '이것'은 상대인 '저것'과의 관계에서 성립될 뿐 별도의 존립근거를 갖지 않는다는 것입니다.

그런데 여기서 흥미로운 것은 장자가 '피차'라는 말 대신 피시(彼是)라는

---

1) 『장자』, 「제물론」. 物無非彼 物無非是. 自彼則不見自知則知之. 故曰彼出於是 是亦因彼. 彼是方生之說也.

말을 사용하고 있다는 점입니다. 시(是)라는 것은 '이것'이라는 뜻과 함께 '옳다'는 의미도 있습니다. 즉, 우리가 '이것(是)' 혹은 '이쪽'이라는 의식을 가질 때, 이미 '나의 쪽'이 '옳다(是)'는 판단을 전제하거나 그렇게 결론 내릴 의도를 갖고 있다는 것을 시사하는 것이지요. 즉, 피시의 구분에는 이미 시비 판단의 계기가 전제되어 있다는 것입니다.

사실 이는 '자아' 문제와 뿌리 깊게 연관되어 있으며, 우리 인식의 가장 기본적인 틀을 보여주는 것입니다. 요컨대 누구나 '자신이 옳다'고 생각한다는 것, 바로 그것입니다. 이것은 비난할 일도 아니고 비난받을 일도 아닙니다. 한번 생각해봅시다. 만약 '누구나 자기가 옳다고 생각한다'라는 것을 전제로 깔고 소통한다면, 훨씬 시비가 줄어들고 평화로워질 가능성이 커집니다. 예컨대 어떤 두 사람이 잘 지내다가, 어느 순간 아무 생각 없이 튀어나온 어떤 말 때문에 '다툼'이 일었다고 합시다. 미워하는 마음도 없었고, 싸울 마음도 없었는데 다툼이 일어난 것이지요. 거기까지는 사고입니다. 마치 교통사고처럼 탁 부딪쳐서 일어난 사고입니다. 그러니 '자연'입니다. 그런데 그 다음에 서로 '자신의 옳은 것'으로 상대를 이기려고 하면 그때부터 '자신은 옳고' '상대는 그르다'고 '마음으로 짓는 일'이 시작되어 '피시'가 나뉘고 '시비'가 벌어지게 됩니다. 말하자면 '성심'을 '사심(師心)'으로 삼는 일이 벌어지게 되는 것입니다. 그러므로 시비의 근원은 따로 있는 게 아니라 바로 우리의 '성심'에서 비롯된다는 것이 장자의 생각입니다. 그는 이렇게 말합니다.

> 어리석은 자는 성심(成心)을 스승으로 삼는다. 성심이 없는데도 시비가 있다는 것은, 오늘 월(越)나라로 간 자가 어제 도착했다는 것과 같다. 이는 없는 것을 있다고 여긴 것이다. …… 내가 홀로 어찌하겠는가.[2]

마음으로 짓지 않았는데도 시비가 생기는 것은 있을 수 없는 일이라는 겁

---

[2] 『장자』 「제물론」. 未成乎心而有是非 是今日適越而昔至也. 是以無有爲有 …… 吾獨且奈何哉.

니다. 마치 월나라를 향해 오늘 출발한 이가 어제 도착했다고 하는 것처럼 그야말로 어불성설입니다. 없는 것을 있다고 강변하는 것과 같다는 것입니다. 장자는 이를 '홀로 어찌하겠느냐'고 하며 안타까워합니다.

또 장자에 따르면 '이것'과 '저것', '옳음'과 '그름'만이 동시적 사태로 생기하는 것이 아닙니다. '생'과 '사' 그리고 '가'와 '불가'처럼 이분법적인 짝을 갖는 것은 모두 그러하다고 합니다. 즉 상대를 전제해야만 성립하는 관계인 것입니다. 장자는 이렇게 말합니다.

> 바야흐로 생(生)이 있으니 바야흐로 죽음이 있고, 바야흐로 죽음이 있으니 바
> 야흐로 삶이 있다. 바야흐로 가(可)함이 있으니 바야흐로 불가(不可)함이 있고,
> 바야흐로 불가함이 있으니 바야흐로 가함이 있다.3)

사실 '살아 있는 것'만이 죽을 수 있고, 살아 있는 자만이 '죽음'에 대해 생각할 수 있습니다. 어느 시인의 말대로 '죽음에 관한 연구'는 죽음에 속한 것이 아니라 '삶'에 속하는 것입니다.4) 또한 '가'와 '불가' 역시 상대적으로 성립합니다. 그 어느 것도 절대적인 자기 근거를 갖지 않습니다. '가한 것'의 범주를 세워야 '불가한 것'의 영역이 정해집니다. 이 둘은 동시적인 범주일 뿐, 독립적인 자기 근거를 갖지 않습니다. 그러나 그런데도 우리는 생사와 시비, 가와 불가의 족쇄에 매여 삽니다.

'이쪽'을 옳은 것으로 규정하고, '삶'을 좋은 것으로 규정하면, '저쪽'은 그른 것으로, '죽음'은 싫은 것이 되는 것이 필연입니다. 실상에서 보면 연속적인 것의 '다른 두 측면'일 뿐인데, 그것을 '그른 것'과 '싫은 것'으로 보게 된다는 것입니다. 이런 경향은 우리 문화에서 심하게 나타납니다. '다르다'와 '틀리다'를 잘 구별하여 사용하지 않는 것이 그것인데, 예컨대 여기 하얀 색연필과 빨간 색연필이 있다고 합시다. 대부분 이 둘에 관해 물으면, 이 둘

---

3) 『장자』, 「제물론」. 方生方死 方死方生. 方可方不可 方不可方可.
4) 이성복, 『이성복 아포리즘』(문학동네, 2001), 154쪽.

은 '다르다'라고 말하지 않고, '이 둘은 틀리다'라고 말합니다. '다른 것'을 '틀리다'고 하는 것인데, 여기에는 '자기 생각과 다른 것은 틀리다'라고 보는 인식이 깔려 있습니다. 이런 식의 사고, 즉 '자기 생각'이나 '자신이 속한 사회의 기준'에서 벗어나는 생각을 '틀린 것'으로 여기는 경향은 인간과 사회의 다양한 변화를 가로막는 요인으로 작용할 수 있습니다.

허심을 위한 공부(2), 시비를 화(和)하라

그런데 과연 '나'만 '자신이 옳다'는 의식을 가지고 있는가? 그렇지 않습니다. 누구나 가지고 있는 의식입니다. 그럼 누가 옳은가? 아무도 옳지 않습니다. 그러면 누가 그른가? 아무도 그르지 않습니다. 각기 각자의 방식으로 옳은 것입니다. 장자는 바로 이것을 '각자의 옳음에서 비롯(因是)하여 각기의 근거로 시비하는 것(兩行)'이라고 표현합니다.

그렇다면 한번 따져봐야 합니다. '자기 생각이 옳다'는 인식의 기초가 되는 '우리의 앎'은 과연 기초할 만한 것이고, 믿을 만한 것인가? 장자는 아니라고 말합니다. 우리의 지각과 지성, 즉 분별지는 그 '부분성(partiality)과 편파성(bias)'으로 인해 사물 전체를 한꺼번에 볼 수 없습니다. 보이지 않는 것은 볼 수 없고 들리지 않는 것은 들을 수 없습니다. 그러나 볼 수 없고 들을 수 없다 해서 존재하지 않거나 변화하지 않는 것은 아닙니다. 또 누군가를 볼 때도 우리는 그의 이마와 뒤통수를 한꺼번에 볼 수 없으며 숲과 나무를 동시에 보는 것은 관념 속에서나 가능한 일입니다. 상상력을 발동하지 않는 한 이 두 가지를 동시에 볼 수는 없습니다. 우리의 감각과 지성은 태생적으로 편파적이고 부분적입니다. 한계를 갖습니다. 서 있는 건물을 보면서 무너지는 건물을 볼 수는 없습니다. 그러나 무너지는 것은 서 있기 때문이요, 서 있는 것은 언젠가 무너지게 되어 있습니다. 양면을 모두 보는 것은 불가능하지만 그 양면은 서로 의지해 있습니다. 밤과 낮은 서로 연속되어 있지만 우리는 밤과 낮을 동시에 볼 수 없습니다. 그러나 볼 수 없다고 해서, 이 둘이 연속되어 있지 않은 별개의 것은 아닙니다.

그런데 여기서 문제가 되는 것은 우리의 '앎'이 제한적임을 자각하는 것이 용이하지 않다는 점이고, 그런데도 이 제한적인 지식에 기초하여 우리의 시비가 일어난다는 것입니다. 장자는 이를 원숭이들의 '조삼모사'에 비유합니다.

> 신명(神明)을 수고롭게 하여 하나로(一) 만들지만, 그 같은 바(同)를 알지 못하는 것이니. 이를 일러 조삼(朝三)이라 한다. 무엇을 일러 조삼이라 하는가. 저공(狙公)이 도토리를 주며 말하기를, 아침에 세 개 주고 저녁에 네 개 주겠다 하니, 여러 원숭이가 모두 성을 냈다. 다시 말하길, 그러면 아침에 네 개 주고 저녁에 세 개 주겠다 하니, 여러 원숭이가 모두 기뻐했다. 명실(名實)은 변한 것이 없는데 기뻐했다 성냈다 하니, 역시 인시(因是)이다. 이런 까닭에 성인은 시비(是非)를 화(和)하고 천균(天鈞)에서 쉰다. 이것을 일러 양행(兩行)이라고 한다.[5]

신명을 수고롭게 하는 분별지, 즉 계산적 사유는 어떻게 사용해도 존재의 실상(同)을 볼 수 없습니다. 그런데도 그것에 의지해서 희비(喜悲)하는 것은 그야말로 원숭이 꼴이라는 것입니다. 원숭이들은 실상이 달라진 것도 없는데 스스로 화내고 웃습니다. '조삼모사'이든 '조사모삼'이든 차지하는 도토리 양은 변함이 없는데도, 각자 '자기가 옳다고 여기는 것'에 매여, 당장의 눈앞의 계산에 속아서 기뻐하고 성냅니다. 분별지에 기초한 계산적 지식은 진리를 가장한 허구일 뿐이라는 것이 장자의 생각입니다. 여기서 중요한 것은 '자신이 옳다'고 여기는 것까지는 어쩔 수 없지만, 그것에 매여 '자신만이 옳다'고 여기며 시비할 때 문제가 시작된다는 점입니다.

---

[5]

『장자』, 「제물론」. 勞神明爲一而不知其同也. 謂之朝三. 何謂朝三. 狙公賦芧 曰 朝三而暮四 衆狙皆怒. 曰 然則朝四而暮三 衆狙皆悦. 名實未虧而喜怒爲用 亦因是也. 是以聖人和之以是非而休乎天鈞 是之謂兩行.

그렇기에 장자는 시비를 중단(斷)하라거나 소멸(滅)시키라고 하지 않습니다. 시비를 화(和)하라고 합니다. 단(斷)도 멸(滅)도 아닌, 즉 시비의 부정도 긍정도 아닌 화(和)입니다. 바로 이 점에 주목할 필요가 있습니다. 화(和)한다는 것은 시비를 한마디로 잠재워버리거나 잘라버리는 것이 아니라 서로 '자기 앎'에 기초한 시비의 근거가 허구적인 것임을 알아서, 스스로 풀어지도록 하는 것, 즉 해소되도록 한다는 것입니다. '화시비(和是非)'는 시비하지만 시비가 없는 것, 시비가 없으면서도 각자의 시비가 모두 인정되는 것, 즉 양행입니다. 바로 이런 '화시비'를 위해서는 '자연의 균형에 맡기는 것(休天鈞)'이 필요합니다. 자아의 판단을 최소화하고, 자연의 조화에 맡겨 분별지를 쉬게 해야 합니다. 그러면 휴천균(休天鈞)하기 위해선 무엇이 필요한가? 어떻게 해야 하는가?

허심을 위한 공부(3), 도추에 서서 조지우천(照之于天)하라

생사, 가불가, 시비가 모두 상대를 전제로 해야만 성립하는 관계의 네트워크입니다. 자아를 '타자의 타자'라는 식으로 해석하는 것이지요. 결국 상대하여 생기(生起)하는 것은 연관해서 성립하는 것이고, 이 연관 역시 고정적 실체가 아니기 때문에 근거가 없습니다. 그러므로 장자는 피차와 시비의 이분법적 대립의 근거를 해체한 도추(道樞)에 서서, 조지우천(照之于天)하라고 권합니다. 그는 이렇게 말합니다.

> 이런 까닭에 성인(聖人)은 이로 말미암지 않고, 조지우천(照之于天)하니 이것은 '모두 자기 옳음에서 비롯하는 것(因是)'이다. …… 이것과 저것이 그 짝을 찾지 못하는 것이 도추(道樞)이다.[6]

도추란 문을 여닫는 '지도리'입니다. 문의 열림과 닫힘 모두 도추에서 일

---

[6] 『장자』 「제물론」. 是以聖人不由 而照之於天 亦因是也 …… 彼是莫得其偶 謂之道樞.

어나지만, 도추는 열림만을 옹호하거나 닫힘만을 옹호하지 않습니다. 열림과 닫힘 운동의 근원이면서 스스로는 움직이지 않습니다. 자신은 움직이지 않지만 문의 모든 움직임을 그 안에 담고 있으면서, 여닫히는 문의 움직임에 제한 없이(無窮) 응하지만 열림이나 닫힘에 매이지 않습니다.

도추는 '텅 비어 있으면서 모든 것에 응하는 마음(虛心)'의 은유입니다. 도추에 서면 시비를 가르는 기준점이 해소되기 때문에 개별자의 무궁한 시비에 자유롭게 응할 수 있습니다. 시비에 대한 '자아'의 편중이 없기 때문에 상황에 따른 시비를 '부득이'라는 상황의 원리에 따라 판단할 수 있습니다. 즉, 시비하려는 마음 없이 '시비의 근거가 없는 시비'를 상황의 필요에 따라 인정할 수 있다는 것입니다. 옳다고 주장하지만 그것이 절대적으로 옳아서가 아니며, 그르다고 주장하지만 그것이 절대적으로 그르기 때문이 아닙니다. 옳은 것도 그른 것도 모두 고정된 근거를 갖지 않습니다. 다만 우리 마음이 그렇게 판단한 것일 뿐입니다.

그렇기에 존재의 실상에서 사물을 보는 마음은 '이쪽'이라는 제한된 자리에서 사물을 보지 않습니다. '자연으로 비추는 마음(照之于天)', 즉 자연의 존재과정 전체에서 사물을 봅니다. 그리하여 조화 속에서 개별자를 있는 그대로 긍정하는, 있는 것만으로 족한 존재로 보는 인시(因是)가 가능해진다는 것입니다.

전체의 과정에서 보면 이것과 저것은 동시적이고, 시비 역시 동시적입니다. 동시적이면서 상관적입니다. 이 둘 모두를 상관적으로 포용하면서 보는 것이 중요합니다. 한쪽만 존재하지도 않고 한쪽만 사라지지도 않습니다. 동시에 출현하고 동시에 사라집니다. 현상적으로 있으면서 그 근거가 없고, 그 근거가 없으면서 현상적으로 있습니다. 그래서 '있으면서 없다'고 말합니다. 이것과 저것, 시와 비, 생과 사는 별개의 것은 아니지만(不二) 별개의 것으로 현상합니다(不一). 이 둘을 함께 보아야 합니다. 불일이불이(不一而不二)의 실상을. 이것이 도추의 관점이고, 조지우천이며, 밝게 비추는 허심입니다. 바로 이 자리에 설 때 비로소 보면서도 보는 것에 예속되지 않는 자유로운 시각이 성립됩니다.

언어라는 것

그런데 장자에 따르면, 무한히 변화하고 유전하는 세계를 마치 '지속적으로 현전하는 실체'인 양 착각하게 하는 요인 중 하나가 바로 우리의 '언어'입니다. 장자가 언어 문제에 천착하며 독특한 언어 수사를 구사한 것은 바로 이것 때문인데, 장자는 세 가지 면에서 우리의 언어에 대해 문제를 제기합니다.

하나는 언어가 존재과정의 실상(道)을 온전하게 반영하지 못한다는 점, 즉 언어의 한계입니다. 존재의 실상은 연속적인 흐름, 즉 변화인데, 언어는 그와 반대로 대상을 고정해 개념화하는 데 그 본질이 있기 때문입니다. 그런 까닭에 언어는 존재의 실상을 왜곡하고 실체화한다는 것입니다.

두 번째는 그런데도 언어가 지시하는 세계를 하나의 실체, 즉 '하나의 명(名)=하나의 사물'로 착각하는 경우가 많다는 점, 즉 언어의 허구적 성격과 부정적 측면입니다. 이름(名)은 그것이 대상의 실체적 본질이라는 그릇된 환상을 불러일으킵니다. 추상명사 역시 동일한 기능을 합니다. 사랑이나 기쁨, 증오, 평화 같은 말들도 마치 그에 상응하는 어떤 확고한 실체인 듯한 인상을 주지만, 실상은 그렇지 않습니다. 바로 여기에 언어의 문제와 한계가 있습니다.

그리고 마지막으로, 이 두 가지 문제가 있음에도 불구하고 우리는 언어를 매개하지 않으면 세계에 대한 이해와 해석 및 세계와의 소통이 가능하지 않다는 것입니다. 즉 역설적 상황입니다. 변화하는 세계를 언어로 표현하는 순간, 변화하는 세계의 고정화가 불가피합니다. 그러나 세계는 한시도 고정되어 있지 않습니다. 이러한 변화는 한시도 중단 없이 진행됩니다. 『크라튈로스』에서 소크라테스가 '아는 자도 없고 알 수 있는 대상도 없다'고 말한 것은 전적으로 바로 이런 의미를 담고 있습니다.

언어는 우리와 세계를 이어주는 일종의 길 같은 것입니다. 로마로 가는 길과 로마는 연결되어 있고 뗄 수 없지만 로마로 가는 길이 로마 자체는 아닙니다. 모든 강은 바다로 연결되어 있지만 강이 곧 바다는 아니며, '달을 가리키는 손가락'이 달 자체는 아닙니다. 언어는 실상에 이르는 길을 '지시하는 기호'로서의 의미를 지니지만 실상 그 자체는 아닙니다. 자연과정의 실상은 언어로 표상할 수 있는 정지의 틈, 고정화된 순간을 한시도 보여주지 않기 때문이지요. 그러므로 언어가 드러내는 것은 존재하는 사물 자체가 아니라 우리의 의식에 의해 파악된 것의 표상일 뿐입니다. 실제로 일어나는 사실 그 자체는 언어로 담아 전할 수 없습니다. 이름은 이름으로 불리는 '사물 그 자체'가 아니며, 서술된 사태는 '사태 그 자체'가 아닙니다. 예컨대 '사과'라는 말은 '사과' 자체가 아니며, '뜨겁다'는 말은 전혀 '뜨겁지' 않습니다. 장자는 이런 말을 합니다.

> 길은 다니니까 생기는 것이고, 물(物)은 그렇게 부르니까 그런 것이다. 왜 그러한가. 그러니까 그러하다. 왜 그렇지 않은가. 그렇지 않으니까 그렇지 않다.[7]

장자에 따르면 언어적 개념화, 즉 이름 짓기는 우연적입니다. 마치 사람들이 많이 다닌 곳에 길이 생기는 것처럼 사물은 우연히 그렇게 부르다 보니 그것이 이름이 된 것이고, 시간이 지나면서 그것이 개념으로 고정되고, 절대화되었다는 것입니다. 언어로 분절된 세계는 그 자체로 자기 동일성을 갖지 않습니다. 우리가 세계에 부여한 이름은 본질적으로 그 존재자와 필연적 관계가 없는 자의적(恣意的)입니다. 결국 우리가 지각하고 표상하는 세계란 언어라는 자의적 매개를 통해 해석되고 고정됨으로써 '실체화된 세계'에 지나지 않는 것입니다.

그러나 언어에 이런 한계가 있음에도, 우리는 언어 없이 살아갈 수 없습니다. 사고도 소통도 할 수 없습니다. '도는 말로 표현할 수 없다'라는 말도 사실 말입니다. 언어가 없이 세상을 어떻게 이해하고 표현할 수 있을까요? 연

---

7) 『장자』, 「제물론」. 道行之而成 物謂之而然. 惡乎然. 然於然. 惡乎不然. 不然於不然.

속된 세계를 우리는 통으로 이해하기 어렵습니다. 그러니 이것을 이해의 범
주 안으로 들이기 위해 자릅니다. 예컨대 일 년은 연속되어 있지만 우리는
이를 봄, 여름, 가을, 겨울로 분절하고, 다시 '달'로 분절하고, '날'로, '시간'
으로, '분'으로, '초'로 분절합니다. 하지만 정확히 몇 월 며칠부터 봄이, 여
름이, 가을이, 겨울이 시작되는지는 확정할 수 없습니다. 다만 편의상 그렇
게 나누는 것일 뿐입니다. 이를 언어의 '분절성'이라고 하는데, 불교의 '단식
(段食)'하고 유사합니다. '잘라서 먹는다'는 뜻입니다. 예컨대 여기 돼지가
한 마리 있다고 합시다. 이것을 통째로 먹을 수 있을까요? 통으로 먹을 수
없으니 잘라서 먹어야 합니다. 날 것으로 먹어도 잘라서 먹어야 합니다. 우
리 인식능력의 한계는 연속되어 있음을 알아도 이 세상을 통으로 이해할 수
없다는 것입니다. 하지만 우리가 돼지고기 한 점을 먹으면서 돼지가 그 '한
점'처럼 생겼다고 인식하지는 않습니다. 돼지를 통으로 기억하면서 '한 점'
먹는다고 생각하죠. 마찬가지로 분절되어 표현된 언어로 세계를 이해해도,
세계가 그 언어(고기 한 점)처럼 생겼다고 생각하는 우를 범치 말라는 것입니
다. 그래서 장자는 절대로 언어 자체를 부정하거나 언어를 버리라고 말하진
않습니다. 그것이 고기 '한 점'과 같은 것이라는 점을 알고 쓰라는 것이지요.

요컨대 우리는 객관적인 세계에 존재하는 것이 아니라 언어를 매개로 하
여 해석된 세계에 존재합니다. 그렇기에 우리는 언어를 버릴 수 없습니다.
장자가 권하는 것은 언어를 버릴 수 없지만 언어에 묶여서는 안 된다는 것입
니다. 요컨대 언어를 사용해도 그 언어가 가지고 있는 '고정성'에 매이지 않
아야 한다는 것이지요. 그리고 '길이라는 것은 다니니까 생긴 것'인 것처럼,
우리 역시 열심히 '다니면 새로운 길을 만들 수 있는 것'이기도 합니다. 즉,
언어는 세상을 이해하고 자신을 표현하는 도구가 될 수 있고, 그 도구의 외
연은 무한하고 우연적이어서, 활발하고 창조적인 언어사용을 통해 세상을
더욱 풍부하게 이해하고 만들어 나갈 수 있는 것입니다. 바로 이런 맥락에서
장자는, '언어의 한계'를 드러내는 방편으로 독특한 '언어수사'를 사용하면
서, 동시에 세상에 대한 활활발발(活活潑潑)한 존재과정을 다채롭게 드러내

는 소통수단으로 언어를 사용합니다. 이것이 바로 장자의 언어가 다언(多言)과 역설, 아이러니, 우화 등으로 점철된 이유입니다.

이제 장자의 중심문제인 '나'와 '세계' 그리고 '언어'의 실체성이 해체되고, 그리하여 오직 관계적으로만 '나'가 존재하고, 세상은 변화할 뿐 고정된 실체가 아니라는 자각에 이르렀다면, 어떻게 사는 것이 온당하게 사는 것일까요?

세상도 나도 꿈과 같은 것: 집착 없이 노니는 마음으로

'나'와 '세계'가 존재하기는 존재하는데, 어떻게 존재하는가? 장자는 말합니다. 바로 꿈처럼 존재한다고. 꿈처럼 존재하는 것이니 '없는 것'인가? 없지 않습니다. 그러면 '있는 것'인가? 그렇다고 '있는 것'도 아닙니다. '있으면서 없는' 그저 꿈일 뿐이라는 겁니다. 실제로 그랬는지 확인할 길은 없지만, 어느 날 장자가 이런 꿈을 꾸었다고 합니다.

> 옛날 장주가 꿈에 나비가 되었는데, 자유롭게 나는 나비였다. 스스로 기분 좋게 뜻대로 날고 있었고, (자신이) 주(周)임을 알지 못했다. 잠시 후 깨어나자, 황황히 주(周)가 되었다. 장주가 꿈에 나비가 된 것인가. 아니면 나비가 꿈에 장주가 된 것인가. 장주와 나비는 필시 구분이 있다. 이것을 일러 물화(物化)라고 한다.[8]

꿈을 꿀 때 장주는 자신을 장주로 의식하지 않았고, 꿈속에서 '나비'로 행복했습니다. 깨어난 후에야 장주는 그것이 꿈이었음을 알았습니다. 그러나 꿈이었음을 알았지만 깨고 나니 장주와 나비가 혼동됩니다. 혹시 나비가 장주가 되는 꿈을 꾼 것은 아닌가. 여기서 꿈을 꾼 자도 꿈에서 깨어난 자도 무언가 불확실합니다.

---

8) 『장자』, 「제물론」. 昔者莊周夢爲胡蝶. 栩栩然胡蝶也. 自喩適志與. 不知周也. 俄然覺. 則蘧蘧然周也. 不知周之夢爲胡蝶與. 胡蝶之夢爲周與. 周與胡蝶. 則必有分矣. 此之謂物化.

꿈속의 내용은 당연히 허구적입니다. 그러나 꿈을 꾸고 있을 당시에는 그 것을 알지 못합니다. 깨고 난 후에야 꿈임을 알고 나비와 자신의 차이를 압니다. 그런데 깨고 나서도 혼동이 됩니다. 지금 장주의 모습 역시 나비의 꿈 속일 수도 있다는 것이 그것인데, 말하자면 깨어나 자신을 자각하고 있는 장주 역시 꿈이 아니라고 단정할 수 없습니다. 그리하여 장주는 새로운 통찰을 얻게 됩니다. 꿈속에서의 '나비'도 꿈이지만, 꿈에서 깨어난 장주 역시 '꿈'이라는 것을.

물리적으로 나비가 장주가 되는 일은 없습니다. 그러므로 이 혼동은 실재로 두 존재자의 혼동은 아닙니다. 다만 꿈속에서 나비를 실재라고 여긴 것이나 깨고 나서 장주를 실재라고 여기는 것이나 다르지 않다는 것입니다. 분명히 서로 다른 것으로 구별되지만 둘 모두 꿈처럼 허구적이라는 겁니다. 그러니 오직 남는 것은 '변화하는 존재과정(物化)'뿐입니다. 대상과 자아도 실체성이 없습니다. 장자의 '나비의 꿈'은 세계와 자아에 대한 반성적 사유로 우리를 인도합니다. 장자가 자신을 주체로 보고 있다는 자체, 그가 꿈에서 깨어 꿈을 꾸었다고 의식하는 자체도 하나의 꿈이라는 것입니다. 대상세계의 허구성뿐 아니라 자아주체의 허구성을 논하기 위해 장자는 이렇게 어렵고 복잡한 우화를 엮어냅니다.

요컨대, 나비도 꿈이고, 꿈을 꾸고 난 장주도 꿈이며, 나비와 장주를 혼동하는 것도 꿈이고, 꿈이라고 아는 것도 꿈입니다. 다만 남는 것은 꿈처럼 실체성 없이 오묘하게 얽힌 채로 변화하는 것, 바로 존재의 실상, 곧 물화라는 것입니다.

그렇다면 이 '꿈'으로서의 삶과 세계는 어떻게 수용해야 하는가? 장자가 권하는 것은 '꿈'은 '꿈인 채'로 즐기라는 것입니다. 아무리 복잡하게 얽혀 있고, 견디기 힘들어 보여도 모두 꿈처럼 허망한 것이기 때문에 집착할 이유가 없습니다. 그러나 꿈이라고 해서 무시하거나 부정할 수도 없습니다. 집착하지도 않고, 무시하거나 부정하지도 않을 수 있는 마음은 바로 '놀이'하는 마음입니다. 그렇기에 장자는 붕새 여정의 목적지에서 누리게 되는 마음 상태를 '천천히 노니는 것'이라고 표현한 것이 아닐까요. 놀이하는 마음은 '합리'와 '이성'을 넘어서는 마음인데, 이 마음은 허심으로 귀결됩니다. 장자는 대상과 자아를 해체하고 '동어대통을 이룬 허심의 공효'를 '존재의 실상과의 만남에서 누리는 자유롭고 활달한 소통'이라고 보고, 이를 포정이라는 인물의 이야기를 통해 논합니다.

'허심'의 칼로 인간세를 헤쳐 나가다: 포정해우

'포정해우(庖丁解牛)'는 포정이라는 백정이 신기(神技)에 가까운 솜씨로 소를 해체하는 이야기입니다. 이 이야기에서 장자는 저항과 걸림투성이의 인간세를 도에 따라 살아가는 것(攖寧)이 어떤 것인지, 포정의 은유를 통해 보여줍니다. 즉, 포정의 소의 해체는 허심으로 생사궁통(生死窮通)의 결을 떼어내고 굳어 있는 관념을 해체하여 실상과 만나는 것을 비유적으로 보여줍니다. 이 이야기에 함께 등장하는 문혜군(文惠君)은 포정의 이야기를 듣고 난 후 포정을 통해 양생(養生)의 도를 알았다고 합니다. 장자는 이 이야기를 통해 '삶을 영위하는 도'를 제시합니다.

> 포정이 문혜군을 위해 소를 잡는데, 손으로 잡고 어깨를 기울이고 발로 밟고 무릎을 구부리면서 칼질을 하는 소리가 서걱서걱 중음(中音)하지 않는 것이 없었다. 마치 상림(桑林)의 춤에 부합하는 듯했으며, 경수(經首)의 회(會)에 맞는 것 같았다. 문혜군이 말했다. '아! 훌륭하구나. 기술이 여기에 이르렀구나.'[9]

포정이 소를 해체하는 모습이 마치 무당이 대를 잡고 신명을 내는 것처럼 자유롭고 활달합니다. 마치 은나라 탕왕의 음악, 상림에 맞추어 춤을 추는 듯하고, 요임금이 상제에 제사 지낼 때 쓰던 음악, 경수의 박자를 타는 듯한 그 신묘한 솜씨에 문혜군은 감탄을 금치 못합니다. 곽상은 포정이 부드럽고

---

[9] 『장자』, 「양생주」. 庖丁爲文惠君解牛 手之所觸 肩之所倚 足之所履 膝之所踦 砉然嚮然 奏刀騞然 莫不中音. 合於桑林之舞 乃中經首之會. 文惠君曰 譆 善哉. 技蓋至此乎.

시원하게 소를 해체하는 것이 '소의 리(理)에 맞게 한 것(旣適牛理)'이라고 보는데, 리는 옥의 결이니 말하자면 포정 해우술의 요체는 결에 따르는 것입니다. 여기서 결, 즉 리는 성리학의 형이상학적 본체로서의 리(理)라는 고정된 의미가 아니라 각 사물이 갖고 있는 내적 흐름, 다시 말해 각득기의(各得其宜)의 고유성을 지시합니다. 결을 가진 것들은 결만 잘 다루어주면 찢어지듯 떨어져 나옵니다. 이미 떨어질 준비가 되어 있는 것에 약간의 자극만 주는 것이라 할까. 결이란 곧 자연적 구분입니다. 연속되어 있지만 구분되어 있는 결, 그 결을 따르는 것이 우리가 할 수 있는 경계구분의 최대치임을 장자는 말하는 것이겠지요. 자연에 가할 수 있는 최적의 인위(人爲)는 바로 결을 따르는 것이라는 의미입니다. 결에 따르는 것은 횡절(橫截)하지 않는 것입니다. 문혜군이 포정의 '기술'을 예찬하자, 포정은 이렇게 말합니다.

포정이 칼을 내려놓고 대답하기를, 신(臣)이 좋아하는 것은 도(道)입니다. 기(技)에서 더 나아간 것입니다. 처음 신이 소를 잡을 때, 보이는 것이 소가 아닌 것이 없었습니다. 3년이 지나자 소의 전체 모습은 보이지 않게 되었습니다. 그리고 지금 신은 신(神)으로 소를 대할 뿐 눈으로 보지 않습니다. 감관의 지각이 멈추자 신(神)이 작용합니다. 타고난 결에 따라(天理) 큰 틈새를 치고, 빈 곳을 따라서 그 고유성을 따랐을 뿐(因其固然)입니다.10)

소의 해체를 마친 후, 포정은 자신이 좋아하는 것은 도이며, 이 도는 문혜군이 말하는 기(技)보다 더 나아간 것이라고 말합니다. 여기서 포정의 칼은 포정의 손인 동시에 포정이 세상을 보는 시각이자 태도, 곧 마음이라고 할 수 있습니다. 포정이 처음 소를 잡을 때는 보이는 것마다 뼈와 살이 엉겨 있는 소로 보였는데, 다음으로 소의 뼈와 고깃살의 결이 보이고, 그 사이에 유간(有間)한 틈이 보이기 시작했습니다. 말하자면 처음에는 소가 하나의 대상

---

10) 『장자』. 「양생주」. 庖丁釋刀對曰 臣之所好者道也 進乎技矣. 始臣之解牛之時 所見無非〔全〕牛者. 三年之後 未嘗見全牛也. 方今之時 臣以神遇而不以目視 官知止而神欲行. 依乎天理 批大郤 導大窾 因其固然.

화된 실체로 보였는데, 시간이 흐르자 그 소의 엉겨 있는 뼈마디와 고깃살 너머의 틈, 즉 연속성 속에서 각득기의의 자연의 구분인 결이 보이기 시작했다는 것입니다. 이렇게 대상화가 소멸하면 자신과의 연속성이 드러납니다. 연속성 속에서 '자아(감관)'를 버리자 보이는 것에 매이지 않게 되었고, 소의 타고난 결(天理)과 그 실상이 보이기 시작합니다. 즉, 신(神)이 작용하기 시작합니다. 포정은 이를 '그 고유성에 따라서 했을 뿐(因其固然)'이라고 말합니다. 그러자 소는 소대로 해체되고, 포정의 칼은 칼대로 자유를 얻게 되었습니다.

> 지금 신의 칼은 19년이나 지났고, 수천 마리의 소를 해체했지만 칼날이 마치 이제 막 숫돌에 간 것과 같습니다. 저 뼈의 마디에는 틈이 있어서 칼날에는 두께가 없습니다. '두께가 없는 칼'로 그 틈을 가르면 널찍하여 칼을 놀리는 데 반드시 여유가 있습니다. 이런 까닭에 19년이 지났어도 칼날이 숫돌에 간 듯 새로운 것입니다.[11]

포정은 소의 뼈마디와 고깃살을 넘어섰습니다. 뼈마디와 고깃살 역시 은유입니다. 포정의 칼에 대비되는 뼈마디와 고깃살은 곧 우리의 삶에서 봉착하게 되는 온갖 장애와 저항을 가리킵니다. 뒤바뀐 실체 관념과 언어가 빚어내는 가상의 장애물들이 해소된 것입니다. 하지만 뼈마디와 고깃살은 결코 제거되거나 없어지지 않습니다. 없어지는 것은 저항과 마찰입니다. 즉, 더 이상 문제가 되지 않는 것입니다. 포정이 말하는 양생의 도는 '삶의 문제해결은 이 문제가 소멸함에서 감지되는 것', 즉 '문제 삼는 마음의 해소'에 있는 것입니다.

포정의 말에 따르면 뼈마디에는 틈이 있지만 칼날에는 두께가 없습니다(無厚). 두께 없는 것으로 틈 있는 것에 들어가니 칼날이 노니는 것에 여유가

---

[11]

『장자』「양생주」. 今臣之刀十九年矣 所解數千牛矣 而刀刃若新發於硎 彼節者有閒 而刀刃者無厚 以無厚入有閒 恢恢乎其於遊刃必有餘地矣 是以十九年而刀刃若新發於硎.

있고, 그래서 19년이나 쓴 칼이 새로 숫돌에 간 것처럼 예리하다는 것입니다. '두께 없는 칼날'이 여유 있게 소의 틈 사이를 노니는 것은 허심으로 여유 있게 세상을 소요하는 마음의 비유입니다. 허심으로 응할 때 하루 종일 행하고도 마음에 자취를 남기지 않습니다. 거울처럼 비출 뿐이기 때문입니다. 그리고 허심은 마치 바람이 그물을 손상 없이 통과하는 것처럼 부딪치지 않습니다. 무후한 칼날이 소뼈와 근육의 결을 손상 없이 통과하는 것처럼, 허심은 세상의 복잡한 이해관계를 자취 없이 헤쳐 나갈 수 있다는 것입니다. 장자는 허심의 이러한 공능(功能)을 신(神)으로 표현하는데, 이 신으로 실상과 조우합니다. 감관을 폐하는 것은 보고 듣는 것에 매이지 않음이고, 보고 듣는 것에 매이지 않음은 보이고 들리는 것을 실체로 여기지 않는다는 것입니다. 무후한 칼날의 자취 없음은 허심에 자취 없음을 비유한 것입니다. 그러나 허심이 방심(放心)을 의미하는 것은 아닙니다. 포정은 이어서 말합니다.

비록 그렇다 해도 매번 뼈와 살이 엉긴 곳에 이르면 저는 그것이 어려운 일임을 보고 놀라 경계하며 시선을 고정하고 천천히 행동합니다. 칼을 움직이는 것이 심히 미세하며 뼈에서 살이 떨어져 나가는 것이 마치 흙무더기가 떨어지는 것과 같습니다. 칼을 든 채 일어나 사방을 둘러보고 잠시 머뭇거리다가 흡족한 마음이 들면 칼을 닦아 칼집에 넣습니다. 문혜군이 말하였다. 훌륭하도다. 내가 오늘 포정의 말을 듣고 양생(養生)을 얻었노라.12)

그렇지만 칼을 댈 적마다 일의 어려움을 알기 때문에 두려움으로 삼가 경계하고, 한눈팔지 않고 천천히 행동하면서, 세밀하게 칼질하면 흙덩이가 땅에 떨어지듯 살덩어리가 떨어진다고 포정은 말합니다. 허심으로 실상과 조우하는 일이 완전한 수동의 방심으로 사는 것을 의미하는 게 아니라는 겁니다. 언제나 족(族), 즉 살이 엉긴 곳을 만날 수 있듯이, 삶에 어려움이 있다

---

12) 『장자』 「양생주」. 雖然 每至於族 吾見其難爲 怵然爲戒 視爲止 行爲遲. 動刀甚微 謋然已解如土委地. 提刀而立爲之四顧 爲之躊躇滿志善刀而藏之. 文惠君曰 善哉. 吾聞庖丁之言 得養生焉.

는 것을 알기에 포정은 경계하고 집중하며 느리게 행하고 섬세하게 칼을 놀립니다. 이런 신중한 포정의 손놀림은 부득이(不得已)한 용심(用心)의 표현입니다. 그리고 그 결과는 언제나 중(中)을 지향합니다. '부득이양중(不得已養中)'입니다.

부득이(不得已)한 인간세의 요구, 양중(養中)으로 응하라

장자의 사유를 따라가다 보면 피할 수 없는 질문에 부딪치게 됩니다. '그렇다면 인간의 역사는 어떻게 보아야 하는가?' 장자는 세상을 구하기 위한 정답을 제출하며 겨루는 것을 비판하긴 하지만 그 문제들을 무시하지 않습니다. 장자는 '둔천(遁天)'도 거부하지만 '둔세(遁世)' 역시 거부합니다. '둔천'이든 '둔세'이든 이분법적 사유에서 나온 택일적 사고이기 때문입니다. 궁극적으로 장자에게 인간의 역사세계가 중요하지 않은 것은 아닙니다. 장자는 인간 역사에 매이는 것을 경계하지만 역사 자체를 부정하지 않으며, 세속의 처세훈을 말하는 것은 아니지만 비현실적인 이상론을 펴는 것도 아닙니다. 역사 속에 파묻혀 자신의 실상을 잃고 눈먼 군중으로 휩쓸려 다니는 것도 경계하지만 역사를 무시하거나 외면할 것을 권하지 않습니다. 발을 끊으라는 것이 아니라 마음에 발자취를 남기지 말라는 것입니다.

장자가 인간세의 문제에서 권하는 핵심 메시지는 '부득이'에 맡겨 '양중'하라는 것인데, 그러면 이 '부득이'를 어떻게 해석해야 온당한가? 인간의 역사세계에서 '부득이'의 원칙을 따라야 할 문제라면 우리가 역사세계를 살아가면서 불가피하게 봉착하는 문제일 것이고, 그 문제의 요체는 다양하게 펼쳐지는 개별자들의 상이한 시각과 욕망의 조정일 것입니다. 이를 위해서는 개별자들 간에 최소한의 공통적인 시각이 필요합니다. 그렇게 본다면 이 '부득이'란 어쩔 수 없이 상황에서 요구되는 '최소한의 합의'를 가리키는 것으로 볼 수 있는데, 이 최소한의 합의라는 것은 법이나 제도, 관습, 규약들로 표현될 것입니다. 요컨대 법과 문화 시스템입니다. 하지만 우리는 우리가 속해 있는 공동체의 법과 문화 시스템이 '부득이'의 요청에 따른 '최소한의 합의'라는 사실을 망각하고, 각자의 이익을 추구하는 데 얼마나 몰두해 왔는가는 고금의 역사가 명료히 보여주고 있습니다. 장자는 바로 이런 점을 성찰해볼 것을 권합니다.

장자는 피할 수 없는 역사세계의 부득이한 요청에 어찌 대처해야 하는가를 논하기 위해 '섭공(葉公) 이야기'를 펼칩니다. 초나라 섭공이 제나라에 사신으로 가게 되었는데, 왕의 명이기 때문에 어쩔 수 없이 가야 하는 상황입니다. 초나라 왕이 제나라 왕을 설득해야 하는 시급한 일이 있는데, 일이 중하고 급한 것은 초나라의 입장이고, 제나라 입장은 그렇지 않은 터라, 섭공은 사신 임무에 대한 우려가 극에 달해 있습니다. 그러나 거절할 수도 피할수도 없습니다. 진퇴양난의 딜레마입니다. 그래서 섭공은 중니(공자)에게 도움을 청합니다. 그러자 장자는 공자의 입을 빌어 이렇게 말합니다.

> 그 어찌할 수 없는 것을 알아 마치 명(命)을 받은 듯 편하게 하는 것이 지덕(至德)이다. 남의 신하가 된 자는 진실로 부득이한 것이 있다. 일이 행해지는 상황에서 그 몸을 잊어야 하는데, 어느 겨를에 열생오사(悅生惡死)함에 (마음이) 미치겠는가. 그대는 가도 좋을 것이다.13)

장자는 어찌할 수 없는 것, 즉 부득이한 것을 명을 받은 듯 편안하게 하는 것이 지덕이라고 합니다. 그런데 지덕은 어찌해서 명을 받은 듯 편안하게 모든 것을 받아들일 수 있는가? 그것은 판단하거나 차별하지 않기 때문입니다. 지덕은 역사적 현실의 구체적 사태를 피하지 않습니다. 그것이 복(福)이든 화(禍)이든 취사선택하지 않습니다. 그러나 그렇다고 해서 무시하지도 않습니다. 두려울 것도 피할 것도 없이 그대로 받아들일 수 있는 것은 '열생오사(悅生惡死)'하지 않기 때문입니다. 태어남도 죽음도 '인력이 개입될 수 없는

---

13) 『장자』 「인간세」. 知其不可奈何而安之若命 德之至也. 爲人臣子者固有所不得已. 行事之情而忘其身 何暇至於悅生而惡死. 夫子其行可矣.

명(命)'입니다. 삶을 좋아하고 죽음을 싫어한다고 해서 어찌할 수 있는 것이 아닙니다. 즉 부득이입니다. 피하고자 하여도 피할 수 없으니 명이지요. 그러니 신하된 입장에서는 '참으로 부득이한 것이 있으니(固有所不得已)'가야 합니다. 그러나 그렇다고 해서 함부로 갈 수는 없습니다. 길을 찾아서 가야 합니다. 장자는 그 길을 이렇게 제시합니다.

> 말이라는 것은 바람 따라 일어나는 물결과 같다. 그것을 행하면 득실이 생긴다. 대저 바람과 물결은 일어나기 쉽고, 얻고 잃는 것은 위험에 빠지기 쉽다. 그러므로 분노는 다른 이유에서 일어나는 것이 아니다. 교묘하게 꾸민 말과 치우친 말에서 일어난다. 짐승은 죽을 때 울음소리를 가리지 않으며 호흡이 거칠어져, 여기에서 사나운 마음이 생긴다. 너무 준엄하게 다그치면 반드시 불초한 마음으로 응하게 된다.14)

말은 바람처럼 물결처럼 고정된 실체 없이 쉽게 일어나는 것인데, 그런데도 그 말을 실체로 여겨 행동에 옮기게 되면 득실을 따지게 되고 득실을 계교하는 마음은 더 나아가 위태로운 상황을 일으킨다는 것입니다. 그러니 말이라는 바람은 분노라는 물결을 쉽게 일으켜 마음을 사납게 하는데, 그 사단이 되는 것은 언제나 기교를 부린 말(巧言)과 치우친 말(偏辭)입니다. 짐승조차도 호흡이 거칠어지면 마음이 사나워지듯이, 상대를 너무 준엄하게 다그치면 공격하는 마음이 생기게 마련입니다. 그러므로 작위하지 말아야 합니다. 그리고 이어서 이렇게 말합니다.

> 그저 사물의 흐름에 따라 노니는 마음으로 부득이에 따라 중을 기르는 것(養中)이 지극한 것이다. 거기에 무엇을 작위하여 대응하겠는가. 명령을 그대로 전하는 것만 못하다. 그러나 그것이 어려운 일이다.15)

---

14) 『장자』「인간세」. 言者風波也. 行者實喪也. 風波易以動 實喪易以危. 故忿設無由 巧言偏辭. 獸死不擇音 氣息茀然 於是並生心厲. 剋核大至 則必有不肖之心應之 而不知其然也.
15) 『장자』「인간세」. 且夫乘物以遊心 託不得已以養中 至矣. 何作爲報也. 莫若爲致命. 此其難者.

말하자면 마음이 사물의 흐름을 타고 자유롭게 노닐게 하고 '부득이에 맡겨 중도를 지키는 것(不得已養中)'이 최선이라는 것입니다. 무엇 때문에 조작할 것이 있느냐는 것인데, 바로 그것이 쉬운 일이 아니라는 겁니다. 그러나 조작과 억지, 즉 조장하거나 억누르는 것, 이것은 우리의 삶을 더 위태롭고 피곤하게 합니다.

양중의 길

마음이 사물의 흐름을 타고 노닌다는 것은 자신과 대상을 분리하지 않고 대상의 각득기의를 존중함을 이릅니다. 상대가 하는 말이 아니라 그 말을 하는 마음의 뿌리를 살펴, 마치 자기 자신의 욕망을 이해하듯이 상대의 욕망을 이해하는 것입니다. 여기에는 절대적인 기준의 선악도 시비도 존재하지 않습니다. 세계의 시비와 선악은 그 누구도 확정할 수 있는 문제가 아닙니다. 시비와 선악은 그 자체로 절대적 기준을 갖지 않습니다. 그것을 판단할 자격이나 견해를 가진 존재자는 어디에도 없습니다. 그렇다면 우리는 상황이 요구하는 것에 응하기 위해 어떻게 시비와 선악을 구분하고 행사할 것인가? 장자의 답변은 '부득이'의 요청에 따라 '양중'하라는 것입니다.

양중이란 어느 쪽에도 마음이 치우침이 없도록 하는 것, '자아'의 개입이 '부득이'보다 지나치지도 모자라지도 않도록 능동과 수동이 균형을 잡는 것입니다. 자신의 욕구에 치우치지도 않고 상대의 욕구에도 치우치지 않는 것입니다. 이 두 가지는 허심에서야 가능한 일인데, 마치 다가오는 대상에 묵묵히 응하여 비추는 거울처럼 세상의 불가피한 필요에 응하는 마음이 곧 양중, 부득이함에 맡긴 양중입니다. 대상에 응하여 비추되 자신의 욕망을 드러내지 않는 거울처럼, 세상의 필요에 응하되 자신의 의도를 내세우지 않는 것입니다. 자아현시가 강해지면 능동과잉이 되고, 자아은적이 강해지면 수동과잉이 됩니다. '드러냄'이든 '감춤'이든 '자아'를 강하게 세울 때 일어나는 일입니다. 장자는 이 균형을 잡기 위해 경계하고(戒之) 삼가야 할 것(愼之)이 있다고 말하며 사마귀와 양호자, 그리고 애마자의 경우를 거론합니다. 먼저 사마귀에 대해 이렇게 말합니다.

> 그대는 저 사마귀를 알지 못하는가. 노하면 그 팔뚝을 들어 수레바퀴에 맞서면서 자신이 감당하여 이기지 못할 것을 알지 못한다. 이는 자신의 재주를 뽐내는 것이다. 경계하고 신중하라. 자신을 자랑하고 뽐내면서 상대를 범하게 되면, 위태롭게 된다.16)

당랑거철(螳螂拒轍)의 고사가 전하는 교훈입니다. 가장 일반적으로 드러나는 자기현시입니다. 당랑권(螳螂拳)의 모델이 된 사마귀의 성난 팔이 훌륭하지 않은 것은 아니지만, 수레바퀴를 당할 수는 없는 법. 자신의 재주를 뽐내고 과신하지 말고 경계하고 삼가라. 자기 능력을 과신하다가 수레바퀴에 깔려 죽는 사마귀 신세가 되리라. 그러니 '나'를 내세워 '내 주장'을 상대에게 강요하는 일을 삼가라는 것입니다. 그리고 이어서 호랑이를 사육하는 자의 사례를 듭니다.

> 그대는 저 양호자(養虎者)를 알지 못하는가. 감히 살아 있는 것을 호랑이에게 주지 않는 것은 호랑이가 그 동물을 물어 죽이려는 노기(怒氣) 때문이다. 감히 통째로 먹이를 주지 않는 것은 호랑이가 그 동물을 찢어버리는 노기 때문이다. 호랑이의 배가 고픈지 부른지 때를 맞추어 그 성난 마음을 잘 통제해야 한다. 호랑이는 사람과 다른 유(類)이지만 자기를 길러주는 자를 따르는 것은 순(順)이오, 따르지 않고 죽이는 것은 역(逆)이다.17)

호랑이 사육자가 호랑이에게 살아 있는 동물을 먹이로 주지 않고, 또 먹이를 통째로 주지 않는 것은 호랑이의 사나움을 촉발하지 않기 위해서입니다.

---

16) 『장자』 「인간세」. 汝不知夫螳螂乎. 怒其臂以當車轍 不知其不勝任也是其才之美者也. 戒之 愼之. 積伐而美者以犯之. 幾矣.

17) 『장자』 「인간세」. 汝不知夫養虎者乎. 不敢以生物與之 爲其殺之之怒也 不敢以全物與之 爲其決之之怒也 時其飢飽 達其怒心. 虎之與人異類而媚養己者 順也 故其殺者 逆也.

공복 상태를 잘 살펴 그 사나운 기질이 나오지 않도록 잘 길들이는 것이 사
육자의 기술입니다. 이것이 바로 순리입니다. 다시 말해 호랑이의 본성을 존
중하는 상존(相尊)입니다. 상대의 모습을 있는 그대로 인정하고 그에 적합한
수단을 찾아 상대의 자정(自正)을 돕는 것, 이것이 중요합니다. 자신의 선을
드러내기 위해 상대의 악 혹은 사나움을 촉발하는 것은 어리석은 짓이며, 결
과적으로 무용할 뿐 아니라 재앙을 초래하게 되는데, 이것이 바로 역리(逆
理)라는 것입니다. 그리고 이어 애마자의 사례를 말합니다.

> 대저 말을 사랑하는 자는 광주리로 똥을 받아내고, 무명조개로 오줌을 받아낸
> 다. 마침 모기나 등에가 엉겨 붙었다 하여 때에 맞지 않게 채찍으로 치면 재갈
> 을 끊고 머리를 흔들어 다치게 하며 가슴을 부순다. 의도는 지극히 돌보는 것이
> 었지만, 사랑하는 것을 잃게 되어버렸으니 삼가지 않을 수 있겠는가.18)

애마자(愛馬者)가 지극한 정성으로 말의 시중을 들어주어도, 말의 처지를
생각하지 않고, 말을 아끼는 자기 마음에 매여 때에 맞지 않는(不時) 행동을
하게 되면 결국 자신의 의도와 다르게 말을 잃게 된다는 것입니다. 나의 아
끼는 마음이 상대의 요구보다 승(勝)해지면서 아타(我他)의 균형이 무너졌기
때문입니다. 사랑하는 마음 때문에 사랑하는 것을 잃게 된 것인데, 상대를
사랑하는 마음만 앞세워 상대의 처지를 배려하지 않고 자기의 성심(成心)으
로만 한다면 결국 돌아오는 것은 낭패이거나 재앙입니다. '자아'을 세우지
않고 허심으로 '부득이'에 대처하는 것이 자신도 살리고 상대도 살리는 것,
그러니 삼가지 않을 수 있겠느냐는 것입니다. 결국 상대에 맞설 때도, 상대
를 길들일 때도, 상대를 사랑할 때도, 자신의 성심을 내세우지 말고, 상대를
존중하여 그로부터 적합한 방편을 찾아야 한다는 것입니다. 바로 상존하며
자정할 수 있도록 돕는 것이 최선이라는 것이죠. 이것이 바로 장자가 권하는

---

18) 『장자』「인간세」. 夫愛馬者 以筐盛矢 以蜄盛溺. 適有蚊虻僕緣 而拊之不時 則缺銜毁首碎胸. 意有所至
而愛有所亡. 可不愼邪.

실상에 입각한 인간세의 지혜입니다.

제왕같이 자유로운 허심의 공효와 혼돈(渾沌)의 죽음

지금까지 우리는 장자의 사유를 좇으면서 동어대통을 이루기 위한 온전한 삶의 길과 존재의 실상에 입각한 인간세의 길에 대해 살펴보았습니다. 그리고 그 끝에서 우리는 지인(至人)으로 의인화된 종착점을 만나게 되는데, 장자는 지인의 마음씀(用心)을 이렇게 표현합니다.

> 지인(至人)의 용심(用心)은 거울과 같아서 보내지도 않고 맞이하지도 않는다. 응하되 저장하지 않기 때문에 능히 승물(勝物)하지만 해치지 않는다.[19]

장님이 얻는 광명은 따로 만들어서 보는 것이 아니라 스스로 눈을 뜸에서 온 것입니다. 이렇게 '눈'이 밝아지기 위해선 '걷어내는 공부'를 통해 마음을 비우는 것이 필요한데, 이 허심의 작용이 마치 거울과 같다는 것입니다. '허심'은 단지 이기적 욕망만을 버리는 것을 의미하지 않습니다. 대상화하지 않는 것, 대상의 실체성을 고집하지 않는 것, 존재 본연에서 나오는 '무용지대용(無用之大用)'을 아는 것 등이 모두 포함됩니다. 거울은 고정된 상(相)을 갖지 않습니다. 오는 대로 맞이하고 가는 대로 보냅니다. 이 거울 같은 마음은 세상의 변화에 대한 최대한의 수용력을 갖게 해주는데, 바로 이 허심의 공효를 장자는 '능히 세상을 감당하면서도 그 마음에 상처를 입지 않는 수용력(勝物而不傷)'으로 표현합니다.

거울은 큰 것은 크게, 작은 것은 작게, 붉은 것은 붉게 있는 그대로 비춥니다. 붉은 것을 비췄다고 해서 스스로 붉어지지 않으며, 큰 것을 비췄다고 커지지 않습니다. 또 어떻게 비출 것인지 미리 계획하거나 준비하지 않습니다. 차별 없이 비출 뿐 거부하거나 불러들이지 않습니다. 담담히 있는 그대로 응할 뿐 그 미추와 선악을 가려서 기억하거나 저장하지 않고, 판단하거나

---

19) 『장자』「응제왕」. 至人之用心若鏡 不將不迎 應而不藏 故能勝物而不傷.

선택하지 않습니다. 그런 까닭에 거울 같은 마음은 모든 물(物)을 다 비추어 감당하지만 그 물로 인해 마음이 물들지 않습니다. 어떤 것이든 모두 비추지만 그 물(物)의 모습을 왜곡하거나 재단하지 않습니다. 모든 물을 감당하는 수용력을 가지지만 그 모습을 바꾸지 않으며, 바꾸도록 종용하지도 않습니다. 그리하여 하루 종일 비추어도 거울에는 자취가 남지 않으며 수고롭지 않습니다.

바로 이런 마음을 장자는 '제왕같이 자유로운 마음(應帝王)'이라고 하는데, 바로 이 마음이 본래 마음의 실상이라고 합니다. 그런데 우리가 '나'와 '세상'을 나누고, 세상을 소유 장악하려는 의식을 갖게 되면서 이 실상이 가려지게 됐다는 것이죠. 그러나 실상이 가려졌다고 해서 그 실상이 달라지는 것은 아닙니다. 장자가 좌망이나 심재 등의 마음공부를 제안하는 것도 별도의 어떤 것을 찾기 위해서가 아니라 다만 본래 마음의 작용을 가리고 있는 소유적 사유의 덮개를 걷어내고 그 실상을 드러내기 위한 것입니다.

『장자』 내편을 마무리하는 '혼돈의 죽음'은 바로 이 문제를 논하기 위한 것입니다. 우리가 어떤 과정을 통해 본래 '제왕 같은 자유로움을 누릴 수 있는 본래 마음의 실상'을 잃게 되었는가, 그리고 존재의 연속적 실상은 어떻게 단절되었는가를 논하는 것입니다. 이야기는 이렇습니다.

남해의 제(帝)는 숙(儵)이요, 북해의 제는 홀(忽)이며, 중앙의 제는 혼돈(渾沌)이다. 숙과 홀이 때때로 혼돈의 땅에서 서로 만났는데, 혼돈의 대접이 매우 훌륭했다. 숙과 홀은 혼돈의 덕에 보답하고자 생각하여 말하기를, 사람들에게는 모두 보고 듣고 먹고 숨 쉬는 구멍이 일곱 개 있는데, 혼돈만이 없으니 시험 삼아 뚫어주자. (그래서) 하루에 구멍 하나씩 뚫었는데, 7일이 되자 혼돈이 죽었다.[20]

---

20) 『장자』, 「응제왕」. 南海之帝爲儵 北海之帝爲忽 中央之帝爲渾沌. 儵與忽時相與遇於渾沌之地 渾沌待之甚善. 儵與忽謀報渾沌之德 曰 人皆有七竅以視聽食息 此獨無有 嘗試鑿之. 日鑿一竅 七日而渾沌死.

남해의 숙과 북해의 홀이 어느 날 중앙의 혼돈을 방문했는데, 혼돈의 대접이 대단히 훌륭해서 숙과 홀은 보답해야겠다고 생각합니다. 그런데 여기서 잠깐 생각해봅시다. 혼돈은 과연 어떻게 대접한 것일까요? '혼돈'의 메타포는 '연속되어 구별 없음'을 나타냅니다. 그러니 '혼돈의 훌륭한 대접'이란 '구별 없음, 차별 없음'에서 나오는 있는 그대로의 인정과 존중, 즉 자기 생각으로 상대를 바로 잡으려는 상정(相正)이 아니라 상대의 시각을 그대로 인정해주는 상존(相尊)과 자정(自正)이었을 것입니다. 그런데 이런 대접이 훌륭하다고 느껴놓고도, 숙과 홀은 상존이 아니라 상정으로 보답을 하고, 혼돈은 그들의 '보답'이라는 인위적 행위로 파괴되고 맙니다. 일곱 개의 구멍을 하나씩 뚫자 7일 만에 죽어버린 것입니다.

자연의 생성과 소멸과정, 즉 도는 베푼다는 의식을 갖지 않고 또 보답을 바라지도 않습니다. 태양이 은혜를 바라고 만물을 비추어 생육하는 것이 아니며 만물 역시 태양에 보답하려 하지 않습니다. 연속적 세계라는 하나의 몸 안에서 일어나는 자연적 거래입니다. 이 거래는 '한 몸' 안에서 일어나는 일이어서 주체와 객체가 구분되지 않는 것인데, '누가' '누구'에게 보답할 수 있겠습니까. '보답'이라는 명분으로 자기 생각을 남에게 강요하고(相正), 그 생각으로 지배하려 할 때(劃一), 존재의 실상(齊一)은 훼손되기 시작하고, 마음의 본래적 자유는 상실되게 된다는 것입니다.

그리하여 자기 생각으로 남을 바꾸려는 인위적 보답이 혼돈을 죽음으로 이끌었습니다. 이 '죽음' 역시 메타포입니다. '원초적 실상'의 상실, 자유로운 제왕 같은 마음의 상실을 의미합니다. 구멍이 이루어지면서(成) 혼돈의 목숨은 무너집니다(毁). 그 은폐의 주역은 일곱 개의 구멍, 즉 일곱 개의 감각기관입니다.

그러면 이것이 왜 문제인가? 앞서 보았지만 장자에 따르면 도에 대한 자각은 '자아'가 물(物)과 동일해지는 것이 아니라 하나의 연대로 이어지는 것입니다. 상호연관 속에서 자아는 세상과 얽혀 들어가 세상을 만들고, 다시 세상 속으로 얽혀 들어가며 세상에 의해 만들어집니다. 세계가 '나'로 연결되고, '나'가 세계로 연결됩니다. 그렇게 되면 '나'라고 할 만한 '나'가 없어집니다. 경계가 해소되는 것이지요. 이것이 바로 세계의 실상이고 이 실상을 자각하면서 '나'의 해체에 도달하는 것입니다. 그런데 여기서 문제가 되는 것은 우리의 의식입니다. 인간의 감각기관을 통해 수용된 감각내용을 기초로 하여 형성된 인간 의식은 이러한 실상을 이해하는 데 도움이 되지 않습니다. 오히려 세계를 의식의 범주에 들이기 위해 이름 짓고 개념화하고 유형화합니다. 그리하여 연속된 세계에서 자아(관찰자)를 분리해냅니다. 그러나 그렇게 한다고 해서 세계가 연속적이지 않은 것은 아닙니다. 다만 우리가 실상을 왜곡하고 자기의식에 의해 만들어진 껍데기 속에 구속되거나 안주해 있을 뿐입니다. 그러면 우리는 의식에서 벗어날 수 있는가?

장자에 의하면 우리는 의식을 가진 채로 의식에서 벗어나고, 세상에 대한 자기의식 속에 안주해 있는 채로 세계와 연속되어 있다고 합니다. 그러므로 중요한 것은 오감을 통해 느끼면서도 그것의 바탕이 허구인 줄 아는 것이고, 언어를 사용하면서도 그 언어의 바탕이 실체가 아님을 아는 것입니다. 연속되어 있는 채로(자연의 실상) 불연속적이고(우리의 의식상에서), 불연속성을 지닌 채로(성심에서) 존재의 실상에 연속되어 있다는 것입니다. 이런 실상을 명료히 깨닫는 것, 이것이 중요합니다.

『장자』 내편의 이야기는 '남명을 향한 대붕의 비행'에서 시작하여 '혼돈의 죽음'으로 마무리됩니다. 이 두 우화에서 공통으로 남과 북의 방소가 등장합니다만, 그 의미는 같지 않습니다. 전자의 남과 북은 출발지와 목적지를 지시하지만, 후자의 남과 북은 각기 '드러난 유(有)'와 '은적(隱迹)의 무(無)'를 지시합니다. 예컨대 낮이 드러날 때 밤이 은적하고, 밤이 드러날 때 낮이 숨는 것과 같습니다. 낮과 밤은 연속적이지만 동시에 느낄 수 없는 것은 밤과 낮이 동시에 같은 공간에 존재할 수 없기 때문입니다. 이것이 실상입니다. 낮과 밤, 유와 무는 동시에 존재할 수 없지만 하나의 존재과정의 두 가지 양태입니다. 이 둘은 상호존립을 위해 필요 불가결하고 분리 불가능한 연속적 과정입니다. 장자는 이를 혼돈으로 묘사합니다.

그런데 이 혼돈을 유와 무로 이분화하여 별개의 실체로 세우는 것이 바로 실상을 왜곡하는 것이며, 그 이분법적 사유의 기초가 일곱 개의 구멍에 의지한 감각과 의식임을 지적하면서 장자는 이를 '혼돈의 죽음'으로 의인화한 것입니다.

그리하여 장자의 사유여정에는 일정한 목표점, 즉 남명으로 묘사된 지점이 제시되어 있지만 궁극에 가서는 그러한 목표에 도달하기 위한 인위적 노력 자체도 이분법적 틀에서 벗어나지 않는 것임을 보여주기 위하여 애초에 제시했던 도달 목표가 허구적임을 보여줍니다. '혼돈의 죽음'에 이르면 목표 지점 자체, 즉 남과 북의 경계가 해소됩니다. 애초에 설정되었던 남북의 '허구'는 그 목표에 도달하기 위한 인위적 노력 역시 해체해야 함을 깨닫도록 준비시키는 '방편적 허구'입니다. 결국 사유여정의 끝에서 장자는 '도를 닦는다는 마음'조차도 해체할 것을 권합니다. 그것, 즉 '도'도 '마음'도 역시 실체가 아니므로.

'마무리' 장이어서 그런지 강의가 길어졌습니다. 여러분에게 장자의 사유여정이 의미 있는 과정이 되었는지 궁금합니다. 다만 이 여정을 통해 우리의 마음이 조금 더 편편해지고 가벼워졌기를 바라는 마음입니다. 마음 가벼움(輕安)은 각 존재자의 각득기의를 인식하도록 해주는 필수적인 마음조건입니다. 우리가 어떤 사태에 직면했을 때, 그 사태의 실상에 대해 가장 정확하게 읽어낼 수 있는 것은 그 사태에 대한 책임과 이해관계에서 벗어난 가벼운 마음일 때입니다. 장자 말대로 꿈같은 세상, 꿈을 꿈인 채로 가벼운 마음으로 즐기며 살 수 있다면 자신이 자연으로 받은 바를 훼손하지는 않을 수 있다(才全)는 생각이 듭니다.

이것으로 강의 전체를 마치겠습니다.

장자, 에필로그

이 강의를 시작하면서 예상한 것은 장자 부분에서 가장 어려움을 많이 겪으리라는 것이었다. 그래서 그 어려움을 줄여보기 위해, 앞부분에 길게 장자를 이해하기 위한 초석을 닦느라 이런저런 분석과 정리를 행했다. 그랬음에도 과연 장자는 설명하기도 정리하기도 어려웠다. 설명하는 이도 어려운데 읽는 이는 말해 무엇 하겠는가. 아마 독자들 역시 한 번에 죽 읽어나가기에 어려움을 느꼈을 것이다. 가다가 중간중간 멈춰 생각하고 따져봐야 하는 대목을 만났을 터이니.

어쨌든 그렇게 장자를 마쳤지만, 마치고 나서도 왠지 할 말이 더 남아 있는 듯한 느낌이 든다. 장자는 '지금, 여기'를 사는 우리에게 어떤 메시지를 던지는 것일까, 또 장자는 후대의 사람들에게 어떤 자취와 영향을 남겼을까, 하는 것이 그것이다.

세상에 사는 의미를 찾을 수 없고, 어떻게 살고 왜 살아야 하는지가 손에 잡히지 않는 방황의 시간이 길었던 시절, 나는 '내가 이 세상에 나온 이유가 무엇일까' 하는 생각에 오랫동안 침잠해 있었던 적이 있다. 그런데 진정 우리가 이 세상에 나온 이유라는 게 있기는 한 것일까. 불교에 따르면 우리가 인간의 몸을 얻어 이 세상에 나오는 것은, '인도양에 사는 눈먼 거북이 200년에 한 번 바다 위에 올라와 호흡할 때, 마침 둥둥 떠다니던 구멍 뚫린 널판의 바로 그 구멍에 거북의 목이 탁 하고 걸릴 확률'로 희유한 것이라 한다. 이른바 '맹구우목(盲龜遇木)'이다. 더 흥미로운 것은 이렇게 희유하게 태어난 이유가 깨달음을 얻기 위해서라고 말하는데, 인간의 몸을 얻을 때만이 깨달음의 기회가 주어진다는 것이다.

이렇게 귀한 인연으로 내가 인간의 몸을 얻었다는 것은 퍽 위로가 되는 것이었다. 그래서 그 논리를 한번 따라가 보기로 했다. 뭔가를 깨달아야 한다고 했으니, 자세를 갖춰야겠는데, 깨달음이라는 거창한 목표를 세우기에는 좀 버거워서 나는 이렇게 정리했다. '나는 배우기 위해 나온 것이다.' 그렇다면 이번 생에서 그 '무엇인가'를 배워야 하는데, '그것은 대체 무엇일까!' 긴 시간 동안 이 문제를 화두처럼 물고 있으면서, 그 '무엇'이란 막연히 어떤 '진리'나 '도' 같은 것이리라 생각하고 있었다.

자신을 알기 위한 오디세이

그래서 진리를 찾기 위해 동서 사상가들에 대한 일종의 오디세이를 시작했다. 그 과정에서 수다한 사상가들을 만났다. 그러다 "상대를 아는 것은 지(知)이고 자신을 아는 것은 명(明)"이라는 노자의 말을 만났다. 말하자면 지는 대상에 대한 지식 차원의 앎이고, 명은 자신에 대한 밝은 통찰인데, 노자는 후자를 더 중시하는 듯했다. 무언가 절대적으로 옳은 어떤 것, 말하자면 진리 그 자체가 있으리라 생각하고 헤매고 있던 나에게 이 말은 참신한 충격이었다.

무언가 세상에 대한 객관적이고 분석적인 논변을 치밀하게 펼치지 않으면서, 한마디씩 압축적인 함의가 담긴 경구를 툭툭 던지는 노자나 장자 그리고 불경의 구절들은, 설사 내가 그 뜻을 이해하지 못하는 경우가 많았어도, 머리를 거치지 않고 바로 가슴을 때리는 먹먹함을 줄 때가 많았다. 자신을 안다는 것, 그리하여 밝아진다는 것. 이것이 나에게 중요했다.

중국의 현대 작가 위화는 『인생』의 서문에서 "자신을 이해하면 곧 세계를 이해한 것"이라고 말한다. 이 말을 들으면서 나는 이 작가야말로 장자의 핵심을 꿰고 있다고 생각했다. 더하여 "작가의 사명은 발설이나 고발 혹은 폭로가 아니"라고 하면서 "사람은 살아가는 것 자체를 위해 살아가지, 그 이외의 어떤 것을 위해서가 아니"라고 덧붙였다. 과연 앞뒤 맥락이 맞아떨어지는 생각이다.

젊은 시절 나는 무언가를 위해 살아야 한다고 생각했다. 병든 세상을 고치기 위해, 진리를 위해, 대의를 위해, 더 나은 역사를 만들기 위해 내가 할 수 있는 최선을 다해 살아야 한다고. 그러므로 무언가 본원적인 어떤 것이 있을 것이고, 그것을 찾기 위해 내 삶을 던져야 한다고 생각했다.

그러던 나에게 장자는 '밖'이 아니라 '안'을 보게 만들어주었다. 그 '무엇'을 '나의 밖'에서 찾을 수 없음을 보여주었고, 그리하여 '나의 안'을 깊이 들여다볼 수 있게 해주었다. 결국 세상은 내 마음만큼 현현하는 것이고, 내가 사는 세상은 내가 이해하고 받아들이고 만들어가는 만큼 나에게 다가오는 것이라는 점을 흥미로운 방식으로 일러주었다.

장자를 만나고 나서 나는 이 세상의 모든 것과 매우 강고하게 '이어져 있음'을 느끼게 되었다. 바다가 아무리 물결쳐도 바닷물이 늘고 줄지 않는 것처럼, 내 마음은 늘 출렁거리고 있지만 마음 자체는 늘 '온전한 거울'임을 알았다. 또 어떻게 물결치든 어느 물결 하나 바다 아닌 게 없듯이 어떻게 살아도 그 자체로 의미 있는 삶이 아닌 것도 없음을 알았다. 우리는 모두 하나의 바다로 이어져 있고, 그 어느 바닷물도 짜지 않은 것이 없다는 것, 즉 한 맛(一味)이라는 가르침은 모든 존재자의 삶을 '있는 그대로' 보게 만들어주었다.

장자는 공부의 최고 단계에서 누리는 삶을 영녕(攖寧)이라고 한다. '얽힌 채로 편안하다'는 의미인데, 세상의 일에 몸이 얽혀 살아도 마음에서 편안하다는 뜻이리라. 그런데 이것이 어떻게 가능한 것일까? 아마도 그것은 얽혀 돌아가는 세상사를 거울처럼 평등하게 비추는 마음에서일 것이다. 거울이 꽃과 사과를 차별해서 어느 하나만 아름답게 비추지 않고, 그 둘을 '있는 그대로 평등하게' 비추는 것처럼.

그런 의미에서 돌이켜보건대, 병든 세상을 고쳐보겠다고 흥분하며 밖을 향하여 살았던 한 시절의 삶이나, 자신을 알아야겠다며 안으로 향하며 살았던 삶이나 역시 큰 바다의 물결이었음을 이제는 평등하게 보게 된다. 각 시기의 삶은 그 각각의 의미가 있었음을. 나아가 어느 곳 어느 때에 펼쳐지는 개별자들의 삶이든 그 역시 각각의 의미가 있음을. 그야말로 모든 존재자가 '있는 것 자체로 족한 존재'이고 위화의 말대로 각 존재자의 삶이 '살아가는 것 자체로 살아가는 의미'임을 보게 된다. 장자는 나에게 이런 의미를 던져주었다.

장자, 그 이후

사실 장자 자신이 메타적 차원에서 전국시대의 여러 사상을 '사유에 대해 사유'하면서 검토하겠노라고 내세운 적은 없다. 그런데도 그는 '자연의 실상'에 비추어 인간들이 각자 자기 눈에 보이는 세상에 대해 어떤 해석을 가했는지를 근본에서부터 검토했기 때문에 제자백가 가운데 가장 그 철학성이 두드러진다. 무위를 주장해도 유위를 주장해도 그것은 '인간들의 주장'인 유위라는 것, 인간과 세상을 어떻게 해석해도 그것이 '유위'를 벗어나지 못한다는 것, 하지만 그 유위 자체가 그릇된 것은 아니라는 것, 다만 자신의 주장이 성심에서 비롯된 유위임을 알고 유위하라는 것을 우리에게 알려주었다. 그러니 여태까지 제자백가에 대한 강의자의 이런저런 해석 역시 장자의 입장에서 보면 또 하나의 유위를 더한 것이 지나지 않음을 다시 돌아보게 된다.

장자는 그가 직접 쓴 내편에 그의 후학들이 외편(外編)과 잡편(雜編)을 더하면서 더욱 풍부하게 계승되었다. 그리고 위진시대 현학자들은 얼마나 장자를 고명(高明)하게 해석하느냐의 정도를 놓고 서로의 수준을 평가할 정도로 장자를 사랑하고 그의 광언(?)을 실천에 옮기려고 애썼다. 그리고 이백이나 도연명 같은 시인은 장자를 자신의 시 속에서 구현하려 했다. 그러다 『장자』라는 책이 경의 이름을 달고 『남화진경(南華眞經)』으로 대접받은 것은 당 고조(唐高祖) 이연에 이르러서이다. 당나라를 창업하면서 도교 술사들의 도움을 받은 그는 도교 지원정책의 일환으로 도교 이론화작업을 추진하게 되는데, 그때 노자는 이연의 조상으로 떠받들려 대우받았고, 이에 덩달아 장자역시 남화진인(南華眞人)으로 받들어졌다. 아마도 '남쪽의 빛나는 진인'이라는 뜻이니, 붕새 여정의 목적지인 남명을 의식한 이름인 듯하다.

장자가 지닌 철학성, 즉 사유에 대한 사유가 본격적으로 다시 꽃 피어난것은 불교가 중국에 전래되어 중국 불교로 다시 태어나는 과정에서였다. 특히 수많은 종파를 탄생시키며 발전했던 중국 불교사에서 그 발전의 끝에 놓여 있는 선불교는 붓다를 아버지로, 장자를 어머니로 해서 태어났다는 말이나올 정도로 장자의 영향을 많이 받았고 또 그를 포섭하고 있는데, 특히 육조 혜능에 이르러 찬연히 그 빛을 발하게 된다. 불립문자(不立文字), 교외별전(敎外別傳), 직지인심(直指人心), 견성성불(見性成佛)을 종지로 하며, '마음'의 문제를 바로 치고 들어가는 그들의 활활발발(活活潑潑)한 언어의 구사에서, 매임도 걸림도 없는 마음의 본래 자리를 찾아 수행하는 그들의 모습에서, 나는 장자의 얼굴을 발견하게 된다. 하여 이제 장자의 종지를 얻었다면우리 마음공부의 지평을 넓혀보기 위해 선불교에 관심을 가져보는 것을 어떨까. 세상을 보는 우리의 눈을 더 밝혀주지 않을까. 세상을 품는 우리의 마음을 더 넓혀주지 않을까. 틀림없이 그러하리라.

장자, 제자백가를 소요하다

2판 1쇄 발행 2023년 9월 18일

글	정용선
펴낸이	박유상
펴낸곳	빈빈책방(주)
편집	배혜진·정민주
디자인	기민주

등록	제2021-000186호
주소	경기도 고양시 덕양구 중앙로 439 서정프라자 401호
전화	031-8073-9773
팩스	031-8073-9774
이메일	binbinbooks@daum.net
페이스북	/binbinbooks
네이버블로그	/binbinbooks
인스타그램	@binbinbooks

ISBN 979-11-90105-60-6 (03150)